Shamati
(J'ai entendu)

Shamati (J'ai entendu)
Copyright © 2023 de Michaël LAITMAN

Tous droits réservés
Publié par Laitman Kabbalah Publishers

www.kabbalah.info/fr   french@kabbalah.info

1057 Steeles Avenue West, Suite 532,
Toronto, ON, M2R 3X1, Canada

ISBN 978-1-77228-148-4

Aucune partie de ce livre ne peut être utilisée ou reproduite d'aucune manière sans la permission écrite de l'éditeur, sauf dans le cas de brèves citations pour des articles de presse ou des commentaires.

Compilation : Rav Michaël Laitman, PhD
Traducteurs : L. Schemoul, N. Burnot, O. Caunes, Y. Sabal
Traducteurs et relecteurs : A. Soffer, N. Ringel
Correcteurs des épreuves : O. Caunes, J. Benmoyal
Mise en page : P. Mignault, M. L. Renaud, G. Renaud Conception de la couverture : Baruch Khovov
Post production : Uri Laitman
Rédacteur en chef : O. Caunes
Rédacteur en chef associé : M. Coursol

Première édition : Novembre 2023

Table des matières

1. Il n'y a rien hormis Lui..................14
2. À propos de la *Shekhina* en exil 23
3. À propos de l'accession spirituelle......25
4. Quelle est la raison du poids que l'on ressent en s'annulant devant le Créateur pendant le travail ? 35
5. *Lishma* est un éveil d'En-Haut et pourquoi a-t-on besoin d'un éveil d'en-bas ?.......38
6. Qu'est-ce que l'appui de la *Torah* dans le travail ?.................47
7. Qu'est-ce que « l'habitude devient une seconde nature » dans le travail ?................56
8. Quelle est la différence entre une ombre de *Kedousha* et une ombre de *Sitra Akhra* ?............58
9. Qu'est-ce que trois choses qui élargissent l'esprit de l'homme dans le travail ? 63
10. Qu'est-ce que « Fuis mon bien-aimé » dans le travail ?...............65
11. La joie avec un frisson............66
12. L'essentiel du travail de l'homme.....67
13. Au sujet de la grenade 67
14. Qu'est-ce que la magnificence - grandeur du Créateur ?.................70
15. Qu'est-ce que les autres dieux dans le travail ?...71
16. Qu'est-ce que le jour du Seigneur et la nuit du Seigneur dans le travail ?................77
17. Qu'est-ce que la *Sitra Akhra* est appelée « *Malkhout* sans couronne » ? 86
18. Qu'est-ce que « mon âme pleure en secret » dans le travail ?.................90

19. Que veut dire que le Créateur hait les corps dans le travail ?...................92
20. *LISHMA* 115
21. Quand l'homme ressent qu'il est en dans un état d'ascension 119
22. *Torah Lishma* (en Son Nom) 121
23. Vous qui aimez le Seigneur, haïssez le mal 124
24. Il les sauvera de la main des méchants................126
25. Les choses qui viennent du cœur 129
26. Le futur de l'homme dépend et est lié à sa gratitude envers le passé 132
27. En quoi consiste « Le Seigneur est élevé et les humbles verront » ? 134
28. Je ne mourrai pas, mais Je vivrai 135
29. Lorsque des pensées viennent à l'homme 136
30. Le plus important est de vouloir donner sans réserve................137
31. Tout ce qui satisfait l'esprit des créatures...........139
32. Le destin est un éveil de l'En-Haut 140
33. À propos des sorts de *Yom Kipourim* et de Haman................142
34. L'avantage de la terre est en tout 161
35. En ce qui concerne les animaux - la vitalité de la *Kedousha* (la Sainteté) 174
36. Quelles sont les trois distinctions du corps chez l'homme ? 183
37. Un article sur *Pourim* 186
38. La crainte de Dieu est Son trésor................206
39. Ils cousirent des feuilles de figuier 212
40. La foi dans le Rav, quelle est la mesure ?..........216
41. Que signifient la grandeur et la petitesse dans la foi ?................222

42. Quel est le sens de l'acronyme *Eloul* dans le travail ? 224
43. Considérations au sujet de la foi et de la vérité 237
44. L'intellect et le cœur 241
45. Deux discernements concernant la *Torah* et le travail 241
46. La domination d'Israël sur les *Klipot* 245
47. À l'endroit où vous trouvez Sa Grandeur 246
48. L'essence de la base 248
49. L'essentiel, c'est l'intellect et le cœur 250
50. Deux états 251
51. Si ce vilain vous rencontre 257
52. Une transgression n'éteint pas une Mitsva 258
53. À propos de la limitation 263
54. Le but du travail 265
55. Où Haman est-il mentionné dans la *Torah* ? 269
56. La *Torah* signifie indiquer 270
57. Il le sacrifiera à Sa volonté 275
58. La joie est le reflet des bonnes actions 279
59. À propos de la verge et du serpent 281
60. Une Mitsva qui vient par la transgression 290
61. Tout autour de lui n'est que tumulte 292
62. Il descend et incite, monte et calomnie 296
63. Empruntez sur mon compte et je rembourserai 297
64. De *Lo Lishma*, on arrive à *Lishma* 299
65. À propos de ce qui est dévoilé et de ce qui est caché 302
66. Au sujet du don de la *Torah* 305
67. Éloignez-vous du mal 309
68. La connexion de l'homme aux Sephirot 313

69. D'abord il y aura la correction du monde..........319
70. D'une main puissante et d'un courroux débordant 321
71. Mon âme pleurera en cachette 324
72. La confiance est l'habit de la lumière................325
73. Après le *Tsimtsoum* 328
74. Monde, année, âme.....................331
75. Il y a le discernement du monde à venir et il y a un discernement de ce monde..............332
76. Sur toutes tes offrandes, tu offriras du sel 332
77. L'âme de l'homme lui enseignera....................333
78. La Torah, le Créateur et Israël ne font qu'un.....335
79. *Atsilout* et *BYA* 335
80. Concernant dos à dos....................337
81. Concernant l'élévation de *MAN* 338
82. La prière qu'il faut toujours prier 340
83. Concernant le *Vav* de droite et le *Vav* de gauche................342
84. Que signifie « Alors il chassa l'homme du jardin d'Éden, pour qu'il ne prenne pas de l'arbre de vie » ?................346
85. Quel est le fruit de l'arbre Hadar, dans le travail ?................349
86. Ils bâtirent des villes *Miskenot* 351
87. Shabbat *Shekalim*................368
88. Tout le travail a lieu uniquement où il y a deux chemins................374
89. Pour comprendre les paroles du Saint *Zohar*.....375
90. Dans le *Zohar Béréshit*................375
91. Au sujet de « remplaçable » 376
92. Explication du discernement de « la chance »...378
93. À propos des nageoires et des écailles............379

94. Et vous préserverez vos âmes 382
95. De l'enlèvement du prépuce 383
96. Que sont les déchets de la grange et de la cave de vinification dans le travail ? 385
97. Le déchet de la grange et de la cave de vinification 392
98. La spiritualité est appelée ce qui ne s'annulera jamais 395
99. Il n'a pas dit méchant ou juste 397
100. La *Torah* écrite et la *Torah* orale 408
101. Un Commentaire sur le Psaume, « pour le vainqueur des roses » 409
102. Vous prendrez du fruit des beaux arbres 412
103. Celui au cœur généreux 416
104. Le saboteur était assis 417
105. Un sage disciple, aussi bâtard soit-il, précède un grand-prêtre ignorant 418
106. Que suggèrent les douze *Khalot* du Shabbat ? .. 423
107. Concernant les deux anges 425
108. Si tu me quittes un jour, Je te quitterai pour deux 426
109. Deux sortes de chair 433
110. Un champ que le Seigneur a béni 436
111. Vent, voix et parole 439
112. Les trois anges 441
113. La prière de dix-huit 457
114. La prière 461
115. Minéral, végétal, animal et parlant 462
116. Selon celui qui a dit que les *Mitsvot* ne nécessitent pas d'intention 465
117. Tu t'es forcé et tu n'as pas trouvé, n'y crois pas 466

118. Pour comprendre la notion des genoux qui s'inclinent devant Baal 469
119. Ce disciple qui apprit en cachette 471
120. La raison pour laquelle on ne mange pas de noix à *Rosh Hashanah* 472
121. Elle est comme les navires marchands 473
122. Comprendre ce qui est écrit dans le *Shoulkhan Aroukh* 477
123. Son divorce et sa main viennent ensemble 479
124. Le Shabbat de *Béréshit* et des six mille ans 480
125. Celui qui réjouit le Shabbat 483
126. Un sage vient en ville 487
127. La différence entre l'essentiel, la substance, et l'ajout d'abondance 490
128. La rosée goutte de ce Galgalta à *Zeir Anpin* 494
129. La Divinité dans la poussière 497
130. Tibériade de nos sages, ta vue est bonne 498
131. Celui qui vient pour se purifier 499
132. À la sueur de ton visage, tu mangeras du pain ..500
133. Les lumières de Shabbat 500
134. Le vin enivrant 501
135. Ne tue pas un innocent ni un juste 501
136. La différence entre les premières lettres et les dernières lettres 502
137. Tselofkhad ramassait du bois 503
138. À propos de la crainte et de la crainte qui vient parfois à une personne 504
139. La différence entre les six jours d'action et le Shabbat 505
140. Ô combien j'aime Ta Loi 506
141. La fête de Pâque 507
142. L'essence de la guerre 507

143. Mais Dieu est bon pour Israël..................508
144. Il y a un certain peuple 510
145. Pourquoi il donnera la sagesse précisément aux sages..................511
146. Un commentaire sur le *Zohar*..................514
147. Le travail de réception et de don 515
148. L'examen de l'amer et du doux, de la vérité et du mensonge..................515
149. Pourquoi nous devons étendre *Hokhma* 516
150. Taillez jusqu'à l'Éternel, car Il a fait la fierté 518
151. Et Israël vit les Égyptiens 519
152. Car la corruption aveugle les yeux des sages 521
153. La pensée est une conséquence du désir............523
154. Il ne peut y avoir un espace vide dans le monde 524
155. La propreté du corps 525
156. De peur qu'il prenne de l'Arbre de Vie 526
157. Je dors, et mon cœur veille 527
158. Pourquoi il n'est pas d'usage de manger les uns chez les autres lors de la Pâque 530
159. Et il arriva au cours de ces jours..................532
160. La raison de la dissimulation des Matsot............534
161. À propos du don de la *Torah* 535
162. À propos de *Hazak* que nous disons après la conclusion de la série..................539
163. Ce que les auteurs du *Zohar* ont dit 541
164. Il y a une différence entre la matérialité et la spiritualité 542
165. Une explication à la demande d'Elisha à Élie 542
166. Deux discernements dans la compréhension.....543
167. La raison pour laquelle on l'appelle Shabbat *Téshouva*..................545

168. Les coutumes d'Israël 546
169. La notion de juste accompli 548
170. Tu n'auras point dans ta poche
une grosse pierre 548
171. *Zohar*, *Amor* 550
172. À propos des obstacles et des retards 555
173. Pourquoi disons-nous *Lekhaim* 556
174. La dissimulation 557
175. Si la route est trop longue pour toi 559
176. En buvant du Brandy après la *Havdala* 562
177. Expiations 562
178. Trois partenaires de l'Homme 564
179. Les trois Lignes 565
180. Dans le *Zohar*, *Amor* 570
181. L'honneur 572
182. Moïse et Salomon 573
183. Le discernement du Messie 573
184. La différence entre la foi et la raison 574
185. L'ignorant, la crainte du Shabbat est sur lui 576
186. Fais de ton Shabbat un jour de semaine,
et n'aie pas besoin des gens 576
187. S'assurer de faire des efforts 577
188. Tout le travail est là où il y a deux chemins 578
189. L'action agit sur la pensée 579
190. Chaque action laisse une empreinte 580
191. Le temps de la chute 585
192. Les Lots 587
193. Un mur qui sert les deux 590
194. Sept complets 592
195. S'ils méritent, je vais la hâter 596
196. Une prise pour les externes 598
197. Livre, auteur, histoire 599

198. Liberté 599
199. Chaque homme d'Israël 600
200. La purification du *Massakh* 601
201. Spiritualité et matérialité 602
202. À la sueur de ton visage tu mangeras du pain ...603
203. L'orgueil de l'homme l'abaissera 604
204. Le but du travail 605
205. La sagesse crie dans les rues 608
206. La Foi et le plaisir 609
207. Recevoir afin de donner 610
208. Le Labeur 612
209. Les trois conditions dans une prière 612
210. Un beau défaut chez toi 613
211. Comme celui qui se tient devant un roi 615
212. Étreinte de la droite, étreinte de la gauche 616
213. La révélation du manque 617
214. Connu dans les portes 619
215. La foi 623
216. Droite et gauche 624
217. Si je ne suis pas pour moi, qui le sera ? 625
218. La *Torah* et le Créateur ne font qu'un 626
219. À propos de la dévotion 628
220. La souffrance 630
221. Autorités multiples 631
222. La part accordée à *Sitra Akhra* pour la séparer de *Kedousha* 631
223. Vêtement, sac, mensonge, amande 634
224. *Yessod* de *Noukva* et *Yessod* de *Dekhoura* 635
225. S'élever 636
226. *Torah* écrite et *Torah* orale 636
227. La récompense d'une *Mitsva* : une *Mitsva* 637
228. Le poisson avant la viande 637

229. Les poches de Haman 639
230. Le Seigneur est élevé et le faible verra.............641
231. La pureté des récipients de réception 642
232. Compléter l'effort..643
233. Clémence, pardon et expiation 645
234. Celui qui interrompt les paroles de la *Torah* et s'engage en conversation.................................648
235. Consulter le livre à nouveau 649
236. Mes adversaires m'outragent toute la journée...650
237. Car l'homme ne peut Me voir et vivre 651
238. Heureux est l'homme qui ne T'oublie pas et la personne qui s'exerce en Toi.......................652
239. La différence entre *Mokhin* de *Shavouot* et de Shabbat *Minkha* 653
240. Recherche ceux qui Te recherchent quand ils recherchent Ta face 655
241. Appelez-Le pendant qu'Il est proche.................658
242. Qu'est-ce que réjouir le pauvre un bon jour dans le travail..661
243. L'examen de l'ombre la nuit de *Hoshana Rabba*..662

Introduction

Parmi les ouvrages et les notes dont se servait mon maître, Baruch Shalom HaLevi Ashlag (RABASH), il y avait un cahier qu'il gardait toujours sur lui. Dans ce cahier, il avait consigné ses conversations avec son père, le kabbaliste Yéhouda Lev HaLevi Ashlag (Baal HaSoulam).

En 1991, ayant ressenti un malaise au cours de la fête du Nouvel An juif, il me fit venir à son chevet tard le soir et me transmit ce cahier en me disant : « Prends ce cahier et étudie-le ». Le lendemain, au petit jour, mon maître est mort dans mes bras, nous laissant, moi et un grand nombre d'élèves, sans guide en ce monde.

Le cahier est une compilation d'articles du Baal HaSoulam retranscrits immédiatement par le Rav Baruch Ashlag après qu'il les eut entendus de la bouche de son père. Vu leurs particularités, nous avons décidé de conserver le style linguistique utilisé lors de la rédaction desdits articles. Mon maître s'en est largement inspiré et il s'est basé sur eux pour enseigner. Considérant qu'ils sont d'une importance extrême, nous avons décidé de les publier sous le nom de « Shamati » (NdT : « j'ai entendu », en hébreu).

Rav Michaël Laitman

1 - Il n'y a rien hormis Lui
J'ai entendu, *Parashat* Jétro 1, le 6 février 1944

Il est écrit « Il n'y a rien hormis Lui », ce qui signifie qu'il n'existe aucune force au monde qui soit en mesure d'aller à l'encontre de la volonté du Créateur ; et si l'homme voit qu'il existe des choses en ce monde qui nient la *Pamlia Shel Maala* (la Cour céleste), c'est parce qu'ainsi en est Sa volonté. Cela est considéré comme une correction, qui s'appelle « la gauche repousse et la droite attire », c'est-à-dire que ce que la gauche « repousse » est considéré comme une correction. Cela signifie qu'il y a des choses dans le monde dont le but est de détourner l'homme du droit chemin, par lesquelles il est rejeté de la *Kedousha*[1].

Le bénéfice de ces rejets, c'est qu'à travers eux l'homme reçoit un besoin et un désir authentique que le Créateur lui vienne en aide, car autrement il voit qu'il est perdu. Non seulement il ne progresse pas dans le travail, mais il se voit régresser. C'est-à-dire que même dans *Lo Lishma*[2] il n'a pas la force de pratiquer la *Torah* et

---
[1] *Kedousha* : la sainteté.
[2] *Lo Lishma* : litt. pas pour elle-même.

les *Mitsvot* (commandements). Ce n'est qu'en surmontant véritablement tous les obstacles au-dessus de la raison, qu'il pourra observer la *Torah* et les *Mitsvot*. Mais il n'a pas toujours la force de s'élever au-dessus de la raison et il est alors contraint, Dieu l'en préserve, de se détourner de la voie du Créateur, même de *Lo Lishma*.

Et lui, chez qui il y a toujours plus de brèches que de mur, c'est-à-dire que les descentes sont plus nombreuses que les ascensions, il ne voit pas comment il peut en finir avec ces situations, et il lui semble qu'il restera toujours hors du domaine de la *Kedousha*. Car il voit que même dans une mesure infime il lui est difficile d'observer, si ce n'est qu'en surmontant au-dessus de la raison. Mais il n'est pas toujours capable de surmonter. Quelle donc sera la fin ?

C'est alors qu'il arrive à la conclusion que personne n'est en mesure de l'aider, si ce n'est le Créateur Lui-même, et cela l'entraîne à établir dans son cœur une exigence authentique que le Créateur lui ouvre les yeux et le cœur et le rapproche véritablement de la *Dvékout*[3] éternelle au Créateur.

---

[3] *Dvékout* : attachement, adhésion.

Il s'avère que de tous les rejets qu'il avait subis, tous provenaient du Créateur. C'est-à-dire que ce n'est pas parce qu'il était en faute qu'il n'a pas pu surmonter. Mais pour ceux qui désirent véritablement se rapprocher du Créateur, pour qu'ils ne se contentent pas de peu, c'est-à-dire de rester à l'état de petit enfant inconscient, c'est pourquoi il lui est donné une aide d'En-Haut, afin qu'il ne puisse pas dire que, Dieu merci, il a la *Torah*, les *Mitsvot* et les bonnes actions, et que lui manque-t-il encore ?

Et ce n'est que lorsqu'il y a vraiment chez cet homme un désir authentique qu'il reçoit l'aide d'En-Haut et qu'il lui montre constamment comment il est en faute dans son état actuel. C'est-à-dire qu'il lui envoie des pensées et des opinions qui s'opposent au travail et cela afin qu'il voie qu'il n'est pas en complète union avec le Créateur.

Et autant qu'il s'efforce, il se voit toujours plus éloigné de la *Kedousha* que ceux qui ont le sentiment d'être en union complète avec le Créateur. Tandis que chez lui, il y a toujours des plaintes et des exigences et il ne parvient pas à s'expliquer le comportement du Créateur, la façon dont Il se comporte avec lui.

Et cela entraîne de la souffrance. Pour quelle raison n'est-il pas en union complète avec le Créateur ? Au point qu'il lui vient le sentiment que véritablement, il n'a aucune part dans la *Kedousha*. Et même s'il reçoit parfois un éveil d'En-Haut qui lui redonne temporairement de la vitalité, il retombe aussitôt dans le lieu le plus vil. C'est cependant justement ce processus même qui le conduira finalement à réaliser que seul Dieu peut lui venir en aide et le rapprocher réellement de Lui.

L'homme doit toujours s'efforcer de rester sur le chemin qui est celui de la *Dvékout* au Créateur, c'est-à-dire que toutes ses pensées doivent être orientées vers Lui. Même s'il se trouve dans la pire des situations, qu'il lui est impossible de se trouver dans une descente plus grande que celle-là, il ne doit jamais quitter le domaine du Créateur, c'est-à-dire penser qu'il y a une autre autorité qui ne lui permet pas de rentrer dans la *Kedousha* et qui a le pouvoir de faire du bien ou du mal. Ce qui veut dire qu'il ne doit pas penser qu'il y a là à l'œuvre le pouvoir de la *Sitra Akhra* (l'autre côté) qui ne permettrait pas à l'homme de faire de bonnes actions et de suivre les voies de Dieu, mais que tout est l'œuvre du Créateur.

Comme le dit le *Baal Shem Tov*[4], celui qui prétend qu'il y a un autre pouvoir à l'œuvre dans le monde, c'est-à-dire des *Klipot* (écorces), cet homme-là se trouve dans l'état de « servir d'autres dieux ». Ce n'est pas nécessairement par la pensée d'hérésie qu'il commet une transgression, mais c'est en pensant qu'il existe une autre autorité et un autre pouvoir que le Créateur qu'il commet la transgression. De plus, celui qui affirme que l'homme possède sa propre autorité, qui prétend que c'est lui-même qui n'a pas voulu suivre hier les voies du Créateur, cela aussi s'appelle commettre la transgression d'hérésie, car cela signifie qu'il ne croit pas que seul le Créateur dirige le monde.

Quand il a commis une transgression, il doit bien sûr être désolé et regretter de l'avoir commise ; mais ici encore, il lui faut mettre en ordre le regret et la souffrance, quel est le point qu'il considère comme étant à l'origine de la transgression, le point sur lequel le regret doit être éprouvé.

L'homme doit alors éprouver du regret et dire : le fait que j'aie commis la transgression,

---

[4] Le fondateur du mouvement hassidique

c'est parce que le Créateur m'a rejeté de la *Kedousha* vers un lieu de souillure, les cabinets, là où se trouve le rebut. C'est-à-dire que le Créateur lui donne le désir et l'envie de s'amuser et de respirer l'air d'un lieu puant.

(On peut dire qu'il est écrit dans les livres que parfois l'homme s'incarne en porc et on peut comprendre cela d'après ce qu'il a dit, que l'homme reçoit le désir et l'envie de recevoir de la vitalité de choses qu'il avait déjà déterminées comme étant de l'ordure, et maintenant il veut recevoir d'elles de la nourriture).

De même, quand l'homme ressent qu'il est maintenant dans un état d'ascension et qu'il ressent un peu de goût au travail, il ne doit pas dire : « Maintenant, je suis dans une situation où je comprends qu'il vaut la peine d'être au service du Créateur. » Il doit plutôt reconnaître que maintenant, il a trouvé grâce aux yeux du Créateur. C'est pourquoi le Créateur le rapproche, et de là il ressent maintenant du goût au travail. Et il devrait bien veiller à ne jamais quitter la *Kedousha* en se disant qu'il existe une autre force agissante hormis celle du Créateur.

(De là, on pourrait conclure que le fait de

trouver grâce aux yeux du Créateur – ou le contraire –, ne dépend pas de l'homme lui-même, mais seulement du Créateur. Pourquoi il plaît maintenant au Créateur, et qu'ensuite ce n'est plus le cas ; c'est quelque chose que l'homme ne peut pas comprendre avec son esprit externe).

De même, quand il regrette que le Créateur ne le rapproche pas, il doit aussi faire attention à ce que cela ne soit pas pour son propre compte qu'il regrette d'être éloigné du Créateur, parce que ça serait comme recevoir pour son propre intérêt, car celui qui reçoit est dans un état de séparation. Il doit plutôt regretter l'exil de la *Shekhina* (la présence divine), c'est-à-dire le fait qu'il cause le chagrin de la *Shekhina*.

L'homme doit s'imaginer que c'est comme lorsqu'il ressent une douleur dans un petit organe quelconque, mais la douleur est ressentie surtout dans le cerveau et le cœur, parce que le cœur et le cerveau sont la totalité de l'homme. Et naturellement, on ne peut comparer ce que ressent un organe particulier avec ce que ressent l'homme dans toute sa stature, là où se ressent surtout la douleur.

Il en est de même pour la douleur que l'homme ressent du fait qu'il est éloigné du Créateur, puisque l'homme n'est qu'un simple organe de la sainte *Shekhina*, la sainte *Shekhina* constituant l'âme générale d'Israël. C'est pourquoi la sensation de la douleur privée ne ressemble pas à la sensation de la douleur générale, cela veut dire que le chagrin de la *Shekhina* provient du fait que ses organes sont éloignés d'elle et qu'elle ne peut pas leur apporter de subsistance.

(Et l'on dit que nos sages ont dit : Quand un homme éprouve du chagrin, que dit la *Shekhina* ? « Je suis épuisée[5] »). Et parce qu'il ne pense pas au chagrin de l'éloignement pour lui-même, il évite de tomber sous l'autorité du désir de recevoir pour soi, qui équivaut à la séparation d'avec la *Kedousha*.

Il en est de même quand l'homme sent qu'il se rapproche un peu de la *Kedousha*. Quand il éprouve la joie d'avoir trouvé grâce aux yeux du Créateur, là aussi il doit dire que sa joie provient essentiellement du fait qu'il y a maintenant de la joie En-Haut, chez la sainte *Shekhina*, parce qu'elle a pu rapprocher d'elle son organe privé

---

[5] Litt. « J'ai la tête lourde ».

et qu'elle n'est pas contrainte de renvoyer son organe privé à l'extérieur.

L'homme se réjouit alors d'avoir eu le privilège de causer la joie de la *Shekhina*. C'est en accord avec le calcul précédent, que lorsqu'il y a de la joie chez un individu, cela n'est qu'une partie de la joie qui existe dans tout l'ensemble. Et par ces calculs, il perd sa propre individualité et évite de se faire attraper dans le filet de la *Sitra Akhra* qui est le désir de recevoir pour soi.

Et bien que le désir de recevoir soit une chose nécessaire « car c'est toute la personne », parce que tout ce qui existe chez l'homme hors du désir de recevoir n'appartient pas à l'être créé, mais on l'attribue au Créateur. Cependant, le désir de recevoir du plaisir doit être corrigé pour qu'il devienne afin de donner sans réserve. En d'autres termes, le plaisir et la joie que le désir de recevoir prend doivent être avec l'intention qu'il y ait de la délectation En-Haut du fait que les créatures ont des plaisirs. Car c'était le but de la création que de faire du bien à Ses créatures et cela est appelé « la joie de la *Shekhina* en Haut ».

Pour cette raison, l'homme doit penser à des

stratagèmes par lesquels il peut apporter de la délectation En-Haut. Et s'il éprouve du plaisir, il est certain qu'il y aura de la délectation En-Haut. C'est pourquoi il éprouve un désir ardent d'être toujours dans le palais du Roi et de pouvoir s'amuser avec les trésors du Roi, car cela entraînera sûrement la délectation En-Haut. Par conséquent, toutes les aspirations de l'homme ne devraient être orientées que vers le Ciel.

2 - À propos de la *Shekhina* en exil
J'ai entendu, 1942

Le Saint *Zohar* dit : « Il est *Shokhen* (résident) et Elle est *Shekhina* (la présence divine) ».

Il nous faut interpréter ces termes. Nous savons qu'en ce qui concerne la Lumière Supérieure, il n'y a aucun changement ; comme il est écrit : « Moi, l'Éternel, je n'ai pas changé ». Tous les noms et appellations ne concernent que les *Kélim* (récipients), qui sont le discernement du désir de recevoir qui est inclus dans *Malkhout*, la racine de la création. De là, il s'enchaîne et descend jusqu'à ce monde, jusqu'aux créatures.

Tous ces discernements, à partir de *Malkhout* qui est la racine de la création des mondes, jusqu'aux créatures, sont appelés **Shekhina**. Le *Tikoun* (correction) général est que la Lumière Supérieure brillera en eux dans sa perfection absolue. La lumière qui brille dans les *Kélim* est appelée ***Shokhen*** et les *Kélim* sont généralement appelés ***Shekhina***. En d'autres termes, **la Lumière réside dans la *Shekhina***. Ceci signifie que la Lumière est appelée *Shokhen* puisqu'elle réside dans les *Kélim*. De ce fait, tous les *Kélim* sont appelés *Shekhina*.

Avant que la Lumière ne brille en eux dans sa perfection absolue, nous appelons ce temps « **le Temps des Corrections** ». C'est-à-dire que nous faisons des corrections pour que la Lumière brille en eux parfaitement. Avant cela, cet état est nommé « **la *Shekhina* en exil** ». C'est-à-dire que dans les Mondes supérieurs la perfection n'est pas encore atteinte.

Ce monde-ci en bas est un état où la Lumière Supérieure doit se trouver à l'intérieur du désir de recevoir. Ce *Tikoun* est appelé « **recevoir afin de donner** ». En attendant, le désir de recevoir est empli de choses ignobles et insensées, ce qui ne laisse pas de place où la Gloire des Cieux puisse se révéler. Ceci signifie que là où le cœur devrait être un *Mishkan*[6] (résidence) pour la Lumière Divine, il devient un endroit de crasse et d'ordure. En d'autres termes, l'infamie s'empare de tout le cœur. Et cela s'appelle « la *Shekhina* dans la poussière ».

Cela veut dire qu'elle est abaissée à la poussière, tout le monde déteste ce qui touche à la Sainteté et il n'y a aucun désir, ni envie de la soulever de la poussière ; à la place, ils choisissent des choses ignobles et cela cause le chagrin de la *Shekhina*, parce qu'on ne lui laisse pas une place dans le cœur afin qu'il devienne une résidence pour la Lumière Divine.

3 - À propos de l'accession spirituelle
J'ai entendu

Nous discernons beaucoup de degrés et de discernements dans les mondes. Il faut savoir que tout ce qui se rapporte aux discernements et degrés parle de l'accession des âmes, à ce qu'elles reçoivent des mondes. Ceci obéit à la loi : « **Ce à quoi nous ne pouvons accéder,**

---

[6] *Mishkan* (résidence, tabernacle) est de la même racine que *Shokhen* et *Shekhina*.

nous ne pouvons le nommer ». C'est ainsi parce que le mot « nom » indique l'accession, comme une personne qui dénomme un objet après avoir accédé à quelque chose à son sujet en fonction de son accession.

Ainsi, la réalité entière est divisée en trois discernements relatifs à l'accession spirituelle :

1. *Atsmouto* (Son Essence)
2. *Ein Sof* (l'Infini), béni soit-il
3. **Les Âmes**

1. Nous ne parlerons pas du tout de *l'Atsmouto*. C'est parce que la racine et la place des créatures émanent de la Pensée de la Création, à laquelle elles sont reliées, comme il est écrit : « Tout acte accompli commence par une pensée ».

2. *Ein Sof* se rapporte à la Pensée de la Création, laquelle est Son désir de faire du bien à Ses créations dans la mesure de *Ein Sof*, qui s'appelle *Ein Sof*, béni soit-il. C'est le lien qui existe entre *Atsmouto* et les âmes. Nous percevons ce lien comme le désir de faire le délice de ses créatures. *Ein Sof*, béni soit-il, c'est le début. Il est appelé « une Lumière sans *Kli* (récipient) », c'est

là que commence la racine des créatures, c'est-à-dire le lien entre le Créateur et les créatures, appelé « Son désir de faire du bien à Ses créations ». Ce désir commence dans le monde de *Ein Sof* et s'étend à travers le monde d'*Assiya*.

3. **Les Âmes** sont celles qui reçoivent le bien qu'Il souhaite faire.

Ein Sof est appelé ainsi parce que c'est le lien entre *Atsmouto* et les âmes – que nous percevons comme « Son désir de faire du bien à Ses créations ». Nous ne pouvons parler que de ce lien, de ce désir de faire plaisir. C'est là que tout commence et c'est appelé « Lumière sans *Kli* (récipient) ». C'est là que commence la racine des créatures, c'est-à-dire le lien entre le Créateur et les créatures, appelé « Son désir de faire du bien à Ses créations ». Ce désir commence dans le monde de *Ein Sof* et s'étend à travers le monde d'*Assiya*.

Tous les mondes sont considérés en eux-mêmes comme Lumière sans *Kli*, dont il n'y a pas lieu de parler. Ils sont considérés comme *Atsmouto* et il n'y a aucune possibilité de les comprendre.

Ne vous étonnez pas que nous distinguions là plusieurs discernements. C'est parce que ces discernements sont là à l'état de potentiel. Ensuite, quand les âmes viendront, ces discernements apparaîtront dans les âmes qui recevront les Lumières Supérieures selon ce qu'elles auront corrigé et réglé, de telle façon que les âmes seront capables de les recevoir, chacune selon ses capacités et qualifications. Alors, ces discernements apparaîtront de ce fait réels. Cependant, tant que les âmes n'accèdent pas à la Lumière Supérieure, toutes les choses sont considérées, en elles-mêmes, *Atsmouto*.

En ce qui concerne les âmes qui reçoivent des mondes, les mondes sont considérés *Ein Sof*. C'est parce que ce lien entre les mondes et les âmes, c'est-à-dire, ce que les mondes donnent aux âmes, provient de la Pensée de la Création, laquelle est un lien entre les âmes et *Atsmouto*.

Ce lien est appelé *Ein Sof*. Quand nous prions le Créateur et lui demandons de nous aider et de nous donner ce que nous voulons, nous faisons appel au discernement de *Ein Sof*. Là, est la racine des créatures, laquelle veut leur transmettre délice et plaisir, appelés « Son désir de faire du bien à Ses créations ».

La prière est vers le Créateur qui nous a créés et Son Nom est « **Son désir de faire du bien à Ses créations** ». Il est appelé *Ein Sof* parce que cela réfère à avant le *Tsimtsoum*[7]. Et, même après le *Tsimtsoum*, aucun changement ne se produit en Lui, tout comme il n'y a aucun changement dans la Lumière, et Il reste toujours avec ce nom.

La prolifération des noms ne concerne que les bénéficiaires. De ceci, le premier nom qui apparaît – la racine pour les créatures – est appelé *Ein Sof*. Ce nom reste inchangé. Tous les *Tsimtsoumim* et les changements sont faits uniquement en fonction des bénéficiaires et Il brille toujours au sein du premier nom, qui est Son désir de continuellement faire du bien à Ses créations.

C'est pourquoi nous prions le Créateur, appelé *Ein Sof*, qui brille sans *Tsimtsoum* ni fin. La fin, qui apparaît par la suite, c'est les corrections pour les bénéficiaires, de sorte qu'ils puissent recevoir Sa Lumière.

La Lumière Supérieure est composée de deux aspects : celui qui accède, et ce à quoi il

---

[7] Restriction.

accède. Ce que nous disons à propos de la Lumière Supérieure ne se limite qu'à la façon dont celui qui accède est impressionné par ce à quoi il accède. Cependant, en eux-mêmes – c'est-à-dire seul celui qui accède, ou seulement ce à quoi il accède –, ces aspects ne sont pas appelés *Ein Sof*. Plus exactement, ce à quoi il accède est appelé *Atsmouto*, et celui qui accède est appelé « âmes », ce qui est un nouveau discernement, une partie du tout. C'est nouveau dans le sens où le désir de recevoir est imprimé en lui. Et en ce sens, la création est appelée « existence apparue ex nihilo » (existence venant de l'absence).

En eux-mêmes, tous les mondes sont considérés comme simple unité et il n'y a aucun changement dans la Divinité. Ceci est la signification de « Moi, le Seigneur, je n'ai pas changé ». Il n'y a pas de *Sephirot* et de *Béhinot* (discernements) dans la Divinité.

Même les appellations les plus subtiles ne font pas référence à la Lumière elle-même, puisque ceci est un discernement de *Atsmouto*, dans lequel il n'y a aucune compréhension. Plus exactement, tous les *Sephirot* et les discernements ne parlent que de ce qu'une personne atteint en eux. C'est parce que le Créateur a voulu que nous comprenions l'abondance et y accédions selon « Son désir de faire du bien à Ses créations ».

Afin que nous accédions à ce qu'Il a voulu que nous atteignions et comprenions, « Son désir de faire du bien à Ses créations », Il nous a créés et nous a donné les sens et ces sens découvrent selon leurs impressions de la Lumière Supérieure.

Par conséquent, beaucoup de discernements nous ont été donnés, puisque le sens général est appelé « le désir de recevoir » et est divisé en maints détails, en fonction de la mesure selon laquelle les bénéficiaires sont capables de recevoir. Donc, nous trouvons beaucoup de divisions et de détails, appelés ascension et descente, expansion et départ, etc.

Puisque le désir de recevoir est appelé « créature » et « nouveau discernement », la discussion commence précisément là où le désir de recevoir commence à recevoir des impressions. À partir de là, on commence à parler. On peut parler de discernements, de fragments d'impressions. Car ici, il y a déjà un lien commun entre la lumière et le désir de recevoir.

Ceci est appelé « Lumière et *Kli* ». On ne peut pas parler de lumière sans *Kli*, puisqu'une lumière à laquelle le bénéficiaire n'accède pas est considérée *Atsmouto*, de laquelle il est défendu de parler puisqu'elle est inaccessible – et comment pouvons-nous nommer ce que nous ne pouvons atteindre ?

De ceci, nous apprenons que quand nous prions pour que le Créateur nous envoie salut, guérison, et ainsi de suite, il y a deux choses que nous devrions distinguer :

- Le Créateur ;
- Ce qui émane de Lui.

Du premier discernement, considéré *Atsmouto*, il est interdit de parler, comme nous l'avons dit plus haut. Le second discernement, ce qui émane de Lui, qui est considéré comme la Lumière qui se répand dans nos *Kélim*, c'est-à-dire dans notre désir de recevoir, nous appelons *Ein Sof*. Ceci est le lien qu'a le Créateur avec les créatures, qui est « Son désir de faire du bien à Ses créations ». Le désir de recevoir est considéré comme la lumière qui se répand et atteint finalement le désir de recevoir.

Quand le désir de recevoir reçoit la lumière

qui se répand, la lumière qui se répand est alors appelée *Ein Sof*. Elle parvient aux bénéficiaires sous beaucoup de vêtements, afin que l'inférieur puisse les recevoir.

Il s'avère que tous les discernements et les changements sont spécifiquement faits chez le bénéficiaire, en fonction de comment il est impressionné par eux. Cependant, nous devons examiner ce dont nous parlons. Quand nous parlons des discernements dans les mondes, ce sont des discernements potentiels. Et quand le bénéficiaire atteint ces discernements, ils sont appelés « réels ».

L'accession spirituelle, c'est quand celui qui atteint et ce qu'il atteint se rencontrent, car sans celui qui atteint, il n'y a pas de forme à ce qui est atteint, puisqu'il n'y a personne pour recevoir la forme de ce qui est atteint. C'est pourquoi ce discernement est considéré comme *Atsmouto*, où il n'y a de place pour aucune discussion. Par conséquent, comment pouvons-nous dire que ce qui est atteint a sa propre forme ?

Nous ne pouvons parler que de là où nos sens sont impressionnés par la lumière qui se répand, laquelle est « Son désir de faire du bien à Ses créations », et qui parvient de fait aux bénéficiaires.

C'est comme lorsque nous regardons une table, notre sens du toucher ressent que c'est quelque chose de dur. Nous discernons également la longueur et la largeur, tout en fonction de nos sens. Cependant, cela ne veut pas dire que la table apparaît de la même façon à quelqu'un qui a d'autres sens. Par exemple, un ange, lorsqu'il regardera la table, la verra en fonction de ses sens. Nous ne pouvons donc déterminer aucune forme pour un ange, car nous n'avons aucune idée de ses sens.

Donc, puisque nous n'avons aucune compréhension du Créateur, nous ne pouvons dire quelle forme ont les mondes selon Sa perspective. Nous ne percevons les mondes qu'en fonction de nos sens et sensations. C'était Sa volonté que nous Le percevions ainsi.

Ceci est la signification de « Il n'y a pas de changement dans la Lumière ». Plutôt, tous les changements sont dans les *Kélim*, c'est-à-dire dans nos sens. Nous mesurons tout en fonction de notre imagination. Il s'ensuit que si beaucoup de gens observent une chose spirituelle, chacun y accédera selon son imagination et ses sens et verra donc une forme différente.

En plus, la forme elle-même changera pour une personne en fonction de ses hauts et de ses bas, tout comme nous l'avons dit plus haut que la Lumière est une Lumière simple et que tous les changements sont uniquement chez les bénéficiaires.

Puissions-nous être exaucés par Sa Lumière et persévérer dans les voies du Créateur, Le servir non pas pour être récompensés, mais pour donner satisfaction au Créateur et sortir la *Shekhina* de la poussière. Puisse la *Dvékout* (adhésion) avec le Créateur et la révélation de Sa Divinité nous être accordées.

4 - Quelle est la raison du poids que l'on ressent en s'annulant devant le Créateur pendant le travail ?
J'ai entendu, le 12 *Shvat* 1944

Il faut savoir que la raison du poids que quelqu'un ressent lorsqu'il souhaite travailler à s'annuler devant le Créateur et ne pas avoir à se soucier de son propre intérêt, c'est qu'il parvient à un état où il lui semble que le monde entier se maintient à sa place et que lui seul apparemment en est absent, et il quitte sa famille et ses amis dans le but d'annuler son « moi » devant le Créateur.

Il n'y a qu'une seule raison à cela qui s'appelle le **manque de foi**. Cela signifie qu'il ne voit pas en faveur de qui il s'efface, c'est-à-dire qu'il ne ressent pas l'existence du Créateur. C'est ce qui entraîne chez lui la sensation de poids.

Néanmoins, lorsqu'il commence à ressentir l'existence du Créateur, son âme aspire immédiatement à s'effacer et à s'unir à la racine, à être en elle comme une bougie dans un flambeau, sans connaissance et sans raison ; elle aspire à ce que cela se produise en lui naturellement, comme une bougie qui s'annule devant un flambeau.

Par conséquent, l'essentiel du travail consiste à parvenir à la sensation de l'existence du Créateur, c'est-à-dire ressentir l'existence du Créateur, la sensation que « la terre entière est remplie de Sa gloire ». Tel sera tout le travail de l'homme, ce qui signifie que toute la vigueur qu'il mettra dans le travail sera destinée à atteindre cela et rien d'autre.

Et qu'il ne s'embrouille pas en pensant qu'il doit acquérir quelque chose. Il ne lui manque qu'une chose : la foi dans le Créateur, il ne doit penser à rien d'autre et le seul salaire qu'il doit espérer recevoir pour son travail est la foi dans le Créateur.

Nous devons savoir qu'il n'y a pas de différence si l'homme atteint une petite ou une grande illumination, parce qu'il n'y a pas de changement dans la lumière. Tous les changements sont dans les récipients qui reçoivent l'abondance, comme il est écrit : « Moi, le Seigneur, Je n'ai pas changé ». Ainsi si quelqu'un peut agrandir ses récipients, dans cette mesure il agrandit l'illumination.

Cependant, une question demeure : comment l'homme peut-il agrandir ses récipients ? La réponse est la suivante : il les agrandit dans la mesure où il glorifie le Créateur et Le remercie de l'avoir rapproché de Lui, pour qu'il Le ressente un peu et qu'il pense à l'importance du but, ce qui signifie qu'il a réussi à avoir un certain contact avec le Créateur. Et selon l'importance qu'il accorde à ce contact, l'illumination grandit en lui.

L'homme doit savoir que jamais il ne parviendra à connaître la véritable étendue de l'importance du lien entre l'homme et le Créateur, parce qu'il n'est pas à sa portée d'en estimer la véritable valeur. Au contraire, c'est dans la mesure même où il saura l'apprécier qu'il en saisira la grandeur et l'importance. Il y a en cela une vertu par laquelle il peut parvenir à ce que cette illumination demeure en lui de façon permanente.

5 - *Lishma* est un éveil d'En-Haut et pourquoi a-t-on besoin d'un éveil d'en bas ?
J'ai entendu, en 1945

Atteindre le discernement de *Lishma*[8], personne ne peut le comprendre, car c'est au-delà de l'esprit humain de saisir comment une telle chose peut exister dans le monde. C'est parce que la seule chose qu'il soit donné à l'homme de comprendre, c'est que s'il s'engage dans la *Torah* et les Commandements, et qu'il atteint quelque chose, il doit y avoir là un intérêt pour lui-même, sinon il serait incapable de faire

---
[8] *Lishma*, litt. pour son nom, à elle.

quoi que ce soit. C'est donc une illumination qui vient d'En-Haut et seul celui qui y goûte peut savoir et comprendre. Il est écrit à ce propos : « Goûtez et voyez combien le Seigneur est bon. »

Ainsi, il nous faut comprendre pourquoi quelqu'un doit rechercher avis et conseil concernant la façon d'atteindre *Lishma*. Après tout, aucun conseil, aucun labeur ne saurait l'aider à atteindre la notion de *Lishma* si le Créateur ne lui donne pas la seconde nature, appelée le désir de donner.

Voici la réponse apportée par nos sages (Traité des Pères 2,21) : « Il ne t'appartient pas de parachever le travail, pas plus qu'il ne t'est possible de t'y soustraire. » Ceci signifie que l'homme doit enclencher l'éveil d'en bas, parce que cela est considéré comme une prière.

La prière est considérée comme un manque et sans manque il n'y a pas de satisfaction possible. Ainsi, lorsqu'on éprouve un besoin de *Lishma*, la satisfaction vient d'En-Haut, la réponse à la prière vient d'En-Haut, ce qui signifie qu'on reçoit satisfaction pour le manque.

Donc, le fait que le travail personnel soit

nécessaire afin de recevoir *Lishma* du Créateur, s'applique seulement au manque et au Kli (récipient). Cela dit, on ne peut jamais atteindre la satisfaction par soi-même : c'est un cadeau reçu du Créateur.

Néanmoins, la prière doit être entière et venir du fond du cœur. Cela signifie que l'on sait à 100 % qu'il n'y a personne au monde qui puisse nous aider si ce n'est le Créateur Lui-même.

Cela dit, comment en arrive-t-on à savoir qu'il n'y a que le Créateur qui puisse nous aider ? On peut en prendre conscience précisément si on a épuisé toutes les forces dont on dispose, sans que cela nous ait aidé en quoi que ce soit.

Ainsi, on doit faire tout ce qu'il est possible de faire au monde pour atteindre le discernement « pour le Ciel ». C'est alors qu'on peut prier du plus profond de notre cœur, et que le Créateur entend notre prière.

Néanmoins, lorsqu'on fait des efforts en vue d'atteindre *Lishma*, il faut savoir qu'on doit prendre sur soi le désir de travailler entièrement pour donner, complètement, c'est-à-dire uniquement pour donner et ne pas recevoir quoi que ce soit. C'est seulement alors qu'on commence à s'apercevoir que les organes ne souscrivent pas du tout à cette idée.

À partir de cela, on en arrive à prendre clairement conscience que l'on n'a pas d'autre alternative que d'épancher notre cœur devant le Seigneur pour qu'Il nous aide afin que le corps accepte de devenir Son esclave sans condition, puisqu'on voit bien qu'on ne peut pas persuader le corps de s'annuler complètement. C'est donc précisément lorsqu'on voit qu'il n'y a plus aucune raison d'espérer que notre corps accepte de lui-même de travailler pour le Créateur, que notre prière peut venir du fond du cœur et c'est alors qu'elle est exaucée.

Nous devons savoir qu'en atteignant *Lishma*, on met à mort le mauvais penchant. Le mauvais penchant est le désir de recevoir et l'acquisition du désir de donner empêche le désir de recevoir d'être en mesure de faire quoi que ce soit. On considère cela comme sa mise à mort. Puisque sa fonction lui a été retirée et qu'il ne lui reste plus rien à faire, car on ne s'en sert plus, ceci est considéré comme sa mise à mort.

Lorsqu'on se demande « Quel avantage revient-il à l'homme de toute la peine qu'il se donne sous le soleil ? », on voit qu'il n'est pas difficile de se subordonner à Son Nom, pour deux raisons :

1. De toute façon, qu'on le veuille ou non, on est obligé de fournir des efforts en ce monde, et que reste-t-il de tous les efforts accomplis ?
2. En revanche, si on travaille *Lishma*, on reçoit du plaisir également pendant le travail lui-même.

Selon le commentaire du prédicateur de Douvna au sujet du verset : « Et tu ne m'as pas invoqué, ô Jacob ! Car tu t'es lassé de moi, ô Israël. » Il dit que ça ressemble à un homme riche qui est descendu du train avec une petite valise. Il l'avait placée à l'endroit où tous les marchands déposaient leurs bagages et d'où les porteurs les prenaient pour les emmener à l'hôtel où les marchands résidaient. Le porteur pensa que le marchand aurait certainement pris lui-même le petit bagage et qu'il n'avait pas besoin d'un porteur pour le faire, c'est pourquoi il prit un bagage de grande taille. Le marchand voulait lui payer une petite somme, comme il a l'habitude de le faire, mais le porteur ne voulait pas l'accepter. Il dit : « J'ai déposé un gros sac à la bagagerie de l'hôtel, ça m'a fatigué et j'ai eu du mal à porter votre valise, et c'est tout ce que vous voulez me payer pour ça ? »

La leçon à en retenir est la suivante : lorsque quelqu'un vient en disant qu'il a fait de gros efforts pour observer la *Torah* et les commandements, le Créateur lui dit : « Tu ne M'as pas invoqué, ô Jacob ! » C'est-à-dire que ce n'est pas mon bagage que tu as pris, mais qu'il appartient à quelqu'un d'autre. Puisque tu as dit que tu as fait tant d'efforts pour observer la *Torah* et les commandements, tu as dû travailler pour un autre maître. Va chez lui pour qu'il te paie. C'est la signification de « **Car tu t'es lassé de Moi, ô Israël** ». Ceci signifie que celui qui travaille pour le Créateur ne ressent pas l'effort du travail, mais au contraire, plaisir et exaltation de l'esprit.

Cependant, celui qui travaille pour d'autres buts ne peut venir se plaindre au Créateur qu'Il ne lui donne pas de vitalité dans le travail, puisqu'il n'a pas travaillé pour le Créateur, pour que le Créateur le paie. Au lieu de cela, il peut aller se plaindre aux gens pour qui il a travaillé afin qu'ils lui apportent plaisir et vitalité.

Puisqu'il y a beaucoup de buts dans *Lo Lishma*[9], il doit demander au but pour lequel il a travaillé de lui donner une récompense, à savoir plaisir et vitalité. Il est dit à propos d'eux : « Ils leur ressemblent, ceux qui les fabriquent, Tous ceux qui se confient en elles. » (Psaumes 135,18)

Cependant, on peut se dire qu'après tout, on voit que même lorsque quelqu'un prend sur lui le fardeau du Royaume des Cieux sans aucune autre intention, il n'en ressent toujours pas de vitalité, qui pourrait nous faire dire que c'est cet apport de vitalité même qui le conduit à prendre sur lui ce fardeau. La raison pour laquelle il le fait est uniquement due à la foi au-dessus de la raison.

En d'autres mots, ceci est accompli en se surpassant de force, pas pour son propre bien.

Alors il peut se demander pourquoi il ressent l'effort causé par ce travail, puisque le corps attend à chaque instant le moment où il en sera libéré, parce que l'homme ne ressent aucune vitalité dans ce travail. Lorsqu'il œuvre dans l'humilité et n'a pour seul but que de travailler afin de donner, pourquoi le Créateur ne lui

---

[9] *Lo Lishma*, litt. pas pour son nom, à elle.

apporte pas goût et vitalité dans le travail ?

Pour y répondre, nous devons savoir que cet état de choses est une grande correction. Si tel n'était pas le cas, c'est-à-dire si Lumière et vitalité avaient été présentes du moment où l'homme commence à prendre sur lui le fardeau du Royaume des Cieux, il aurait ressenti la vitalité dans le travail, c'est-à-dire que le désir de recevoir aurait également consenti à accomplir ce travail. Dans cet état, s'il consent c'est certainement parce qu'il veut satisfaire son désir, c'est-à-dire qu'il travaillerait pour son propre bénéfice.

Si tel était le cas, il n'y aurait jamais eu de possibilité réelle d'atteindre *Lishma*. L'homme aurait été contraint de travailler pour son propre bénéfice, car il aurait éprouvé un plaisir plus grand dans le travail du Créateur que dans les voluptés de ce monde. Il aurait ainsi été contraint de rester en *Lo Lishma*, puisqu'il aurait éprouvé une satisfaction dans le travail. Là où il y a satisfaction, il n'est pas possible de faire quoi que ce soit, comme il n'est pas possible de travailler sans profit. Il s'ensuit que si on recevait satisfaction dans le travail de *Lo Lishma*, on devrait demeurer dans cet état.

Cela ressemblerait à ce que les gens racontent à propos de la foule qui pourchasse un voleur afin de le capturer, et le voleur court aussi en hurlant « attrapez le voleur ! » Dans ce cas, il est impossible de reconnaître le vrai voleur afin de l'attraper et lui reprendre ce qu'il a volé.

Cependant, lorsque le voleur, c'est-à-dire le désir de recevoir, ne ressent aucune saveur ou vitalité dans le fait d'accepter le fardeau du Royaume des Cieux, si dans cet état il travaille avec la foi au-dessus de la raison, en se forçant, et que le corps devient accoutumé à ce travail contre le désir de recevoir, alors cette personne a les moyens d'en venir à travailler avec le but d'apporter satisfaction à son Créateur, car la première chose demandée à une personne est d'arriver par son travail à la *Dvékout*[10] avec le Créateur, c'est-à-dire l'équivalence de forme, où toutes ses actions sont orientées vers le don.

Comme il est dit dans le verset, « alors tu te délecteras dans le Seigneur. » « **Alors** » signifie qu'au début, lorsqu'il commence le travail, il ne ressent pas de plaisir. Au contraire, il doit se forcer. Après, cependant, quand il s'est déjà

---

[10] Adhésion.

habitué à travailler afin de donner, et non pas à se demander s'il trouve goût dans le travail, mais qu'il croit que par son travail il fait le plaisir de Son Créateur, il doit croire que le Créateur accepte le labeur des inférieurs quelle que soit la forme de leur travail, et que l'intention est tout ce qui Lui importe, car c'est elle qui procure satisfaction au Créateur ; c'est **alors que l'homme se délecte dans le Seigneur**.

C'est-à-dire que même pendant le travail du Créateur, il éprouve déjà plaisir et satisfaction, puisque maintenant il travaille vraiment pour le Créateur, car l'effort qu'il a fait pendant le travail forcé l'a qualifié pour qu'il puisse être en mesure de travailler vraiment pour le Créateur. Il s'ensuit que là aussi, le plaisir qu'il reçoit est par rapport au Créateur, c'est-à-dire spécifiquement pour le Créateur.

6 - Qu'est-ce que l'appui de la *Torah* dans le travail ?
J'ai entendu, en 1944

Lorsque l'homme étudie la *Torah* et veut que toutes ses actions soient afin de donner, il doit essayer de toujours avoir l'appui de la *Torah*.

L'appui est considéré comme une nourriture qui est amour, crainte, allégresse, fraîcheur, etc. Il doit soutirer tout cela de la *Torah*. En d'autres termes, la *Torah* devrait lui prodiguer tous ces résultats.

Cependant, lorsque quelqu'un étudie la *Torah* et n'a pas ces résultats, ceci n'est pas considéré comme étant la *Torah*. Car « *Torah* » veut dire la lumière revêtue dans la *Torah*, ce que nos sages ont dit : « J'ai créé le mauvais penchant, J'ai créé la *Torah* en tant qu'épice. » Ceci fait référence à la Lumière qui s'y trouve, puisque c'est elle qui le ramène vers le bien.

Il faut encore savoir que la *Torah* est divisée en deux aspects :

1. La *Torah* ;
2. La *Mitsva* (commandement, bonne action).

En réalité, il est impossible de comprendre ces deux aspects avant d'avoir reçu le privilège de marcher dans la voie de Dieu selon « Les Pensées du Seigneur sont avec ceux qui Le craignent », car lorsqu'on est dans l'état de préparation pour entrer dans le Palais du Seigneur, il est impossible de comprendre les chemins de la Vérité.

Cependant, il est quand même possible de donner un exemple que même celui qui se trouve en période de préparation pourra quelque peu comprendre. Comme nos sages ont dit (*Sotah* 21) : « Rabbi Yossef disait : "Une *Mitsva* protège et sauve lorsqu'on la pratique, la *Torah* protège et sauve aussi bien quand on la pratique que quand on ne la pratique pas." »

« Quand on la pratique » fait référence aux temps où on reçoit la Lumière. L'homme peut alors utiliser cette Lumière qu'il a acquise tant que la Lumière est encore avec lui et qu'il est en joie grâce à la Lumière qui brille pour lui. Ceci est appelé une *Mitsva*, ce qui veut dire qu'il n'est pas encore arrivé à la *Torah* et il est capable de mener une vie de *Kedousha* (Sainteté) seulement grâce à la Lumière.

Il n'en va pas de même avec la *Torah* : quand l'homme accède à une certaine voie dans le travail, il peut emprunter le chemin auquel il a accès, même s'il ne la pratique pas, c'est-à-dire même quand il ne reçoit pas la Lumière. C'est parce que seule la Lumière l'a quitté, alors qu'il peut encore emprunter la voie à laquelle il a accédé durant le travail, même si la Lumière l'a quitté.

Il faut toutefois savoir qu'une *Mitsva*, lorsqu'elle est pratiquée, est plus grande que la ***Torah* lorsqu'elle n'est pas pratiquée**. Pratiquée sous-entend qu'à ce moment-là, on reçoit la Lumière ; on dit « pratiquée » quand on reçoit la Lumière. Donc, alors qu'on a la Lumière, une *Mitsva* est plus importante que la *Torah* lorsqu'on n'a pas la Lumière, c'est-à-dire qu'on n'éprouve pas la vitalité de la *Torah*. D'un côté, la *Torah* est importante puisqu'on peut recourir au chemin qu'on y a acquis, mais d'un autre côté elle est sans vitalité, appelée « Lumière ». Tandis qu'avec une *Mitsva*, on reçoit la vitalité qu'on nomme « Lumière ». Par conséquent, à cet égard, une *Mitsva* est plus importante.

Donc, lorsque quelqu'un est sans vitalité, il est considéré comme « méchant ». C'est parce qu'à ce moment-là, il ne peut pas dire que le Créateur dirige le monde en étant « bon et bienveillant ». S'il est appelé « méchant », c'est parce qu'il condamne son Créateur, puisqu'à ce moment-là, il sent qu'il n'a aucune vitalité et qu'**il n'a rien dont il puisse être content**,

de sorte qu'il puisse dire que maintenant il éprouve de la gratitude envers le Créateur pour lui avoir donné délices et plaisir.

On ne peut pas dire qu'il puisse dire qu'il croit au fait que le Créateur accorde Sa Providence « bonne et bienveillante » aux autres, puisque nous comprenons le chemin de la *Torah* comme une sensation dans les organes du corps. Si quelqu'un ne ressent pas le bien et le plaisir, qu'est-ce que cela lui apporte qu'une autre personne éprouve du bien et du plaisir ?

Si quelqu'un pouvait vraiment croire que la Providence est révélée chez son ami comme « bonne et bienveillante », cette croyance aurait dû lui procurer délices et plaisir – que le Créateur dirige le monde en prodiguant délices et plaisir. Si ceci ne lui procure pas gaieté et joie, quel est l'avantage de dire que le Créateur prend vraiment soin de son ami avec bienveillance ?

En effet ce qui importe c'est ce qu'il ressent dans son propre corps, s'il se sent bien ou mal. Il apprécie le plaisir d'un ami seulement s'il peut jouir du bienfait accordé à son ami. En d'autres termes, nous apprenons qu'avec la sensation du corps, ce qui importe ce ne sont pas les raisons, mais seulement si on se sent bien. Alors l'homme dit que le Créateur est « bon et bienveillant ». S'il se sent mal, il est incapable de dire que le Créateur se comporte avec lui en étant « bon et bienveillant ».

Donc, s'il apprécie précisément le bonheur de son ami et se réjouit de cela, et s'il ressent du contentement parce que son ami se sent bien, alors il peut dire que le Créateur est un bon dirigeant. Mais s'il n'a aucune joie et se sent donc mal, comment peut-il alors dire que le Créateur est bon et bienveillant ?

Par conséquent, l'état dans lequel l'homme n'a ni entrain ni joie est déjà un état dans lequel il n'a pas d'amour pour le Créateur, de sorte qu'il puisse justifier son Concepteur et être joyeux, comme il conviendrait à quelqu'un qui a le privilège de servir un roi grand et important.

De manière générale, il faut savoir que la Lumière supérieure est à l'état de repos absolu. Toute expansion des Noms Saints se fait grâce aux inférieurs. En d'autres termes, tous les noms qui sont attribués à la Lumière Supérieure viennent de la perception des inférieurs. Ceci signifie que la Lumière Supérieure est dénommée en fonction de ce qu'ils perçoivent.

Pris différemment, l'homme nomme la Lumière Supérieure en fonction du chemin par lequel il y accède, c'est-à-dire selon sa sensation. S'il ne ressent pas que le Créateur lui donne quelque chose, quel nom peut-il donner au Créateur s'il ne reçoit rien de Lui ? Seulement quand il croit au Créateur, il attribue tous les états qu'il ressent au Créateur. Dans cet état, il nomme le Créateur en fonction de sa sensation.

S'il se sent bien dans l'état dans lequel il se trouve, il dit que le Créateur est appelé « bon et bienveillant », puisque c'est ce qu'il ressent, qu'il reçoit le bien de Lui. Dans cet état, il est appelé *Tzadik* (juste), puisqu'il justifie son Concepteur (qui est le Créateur). S'il se sent mal dans l'état dans lequel il se trouve, il est incapable de dire que le Créateur lui envoie le bien. C'est pourquoi il est alors appelé *Rasha* (méchant), puisqu'il *Marshia* (condamne) son Concepteur. Il ne peut être question d'être entre les deux, c'est-à-dire que l'homme dise qu'il se sent à la fois bien et mal dans son état. Ou bien il se sent bien, ou bien il se sent mal.

C'est ce que nos sages ont dit (*Bérakhot* 61) :

« Le monde n'a été créé que pour les méchants absolus ou pour les justes absolus. » C'est parce qu'il n'y a aucune réalité où on se sent bien et mal en même temps. Quand nos sages parlent du degré intermédiaire, c'est qu'avec les créatures, qui ont un discernement du temps, il est possible de dire intermédiaire – en deux temps, l'un après l'autre –, tout comme nous apprenons qu'il y a des ascensions et des descentes, qui sont deux temps différents : parfois on est méchant et parfois on est juste. Mais, qu'on se sente bien et mal simultanément au même moment, cela n'existe pas.

Il s'ensuit que quand ils disent que la *Torah* est plus importante qu'une *Mitsva*, c'est précisément **au temps où elle n'est pas pratiquée**, c'est-à-dire quand on n'a aucune vitalité. Alors, la *Torah* est plus importante qu'une *Mitsva* qui n'a pas de vitalité. Car on est incapable de recevoir quoi que ce soit d'une *Mitsva* qui n'a pas de vitalité. Tandis qu'avec la *Torah*, on a toujours une voie dans le travail, de ce qu'on a reçu alors qu'on pratiquait la *Torah*. Bien que la vitalité nous ait quittés, la voie reste tracée en nous et nous pouvons nous en servir. De plus, il y a un temps où une *Mitsva* est plus importante que la *Torah*, quand il y a de la vitalité dans la *Mitsva* et pas de vitalité dans la *Torah*.

Donc, quand elle n'est pas pratiquée, signifiant quand on n'a pas de vitalité et de joie dans le travail, il n'y a d'autre recours que la **prière**. Cependant, **durant la prière, on doit savoir qu'on est méchant** parce qu'on ne ressent pas de délices et de plaisir dans le monde, bien qu'on fasse des calculs qui nous mènent à penser que le Créateur ne prodigue que le bien. Mais les pensées qu'on a ne sont pas toutes vraies dans le sens du travail.

Dans le travail, si les pensées mènent à l'action, c'est-à-dire à une sensation dans les organes, de telle sorte que les organes ressentent que le Créateur est bon et bienveillant, les organes doivent tirer de cela de la vitalité et de la joie. Si on n'a aucune vitalité, que valent tous nos calculs si maintenant les organes n'aiment pas le Créateur qui leur prodigue l'abondance ?

Donc, il faut savoir que si on n'a ni vitalité ni joie dans le travail, c'est signe qu'on est méchant, parce qu'on n'a pas le bien dont il est question ci-dessus. Tous les calculs sont faux s'ils ne débouchent pas sur un acte, c'est-à-dire une sensation dans les organes qu'on aime le Créateur parce qu'il prodigue délices et plaisir aux créatures.

7 - Qu'est-ce que « l'habitude devient une seconde nature » dans le travail ?
J'ai entendu, en 1943

Lorsque l'homme s'habitue à une certaine chose, celle-ci devient pour lui une seconde nature. C'est pourquoi il n'y a rien dans la réalité que l'homme ne puisse ressentir ; c'est-à-dire que bien que l'homme ne ressente pas la chose, de toute façon, puisqu'il s'y est habitué, il en vient à la ressentir.

Il convient de savoir qu'il existe une différence entre le Créateur et les créatures en ce qui concerne la sensation. Chez les créatures, il y a celui qui ressent et ce qui est ressenti, celui qui perçoit et ce qui est perçu ; c'est-à-dire que celui qui ressent partage une certaine réalité. Alors qu'une réalité sans quelqu'un qui ressent, ce n'est que le Créateur, car « aucune pensée ne peut Le saisir ».

Tandis que chez l'homme, toute sa réalité ne provient que de sa perception de la réalité. De même, la véracité de la réalité n'est considérée comme véridique que par rapport à celui qui ressent la réalité. C'est-à-dire que ce que goûte celui qui ressent est, à ses yeux, la vérité.

Par exemple, s'il ressent de l'amertume dans la réalité, c'est-à-dire s'il sent qu'il est dans une certaine situation qui lui est nuisible et qu'il en souffre, cet homme, dans le travail, s'appelle méchant – car il condamne le Créateur qui s'appelle bon et bienveillant, puisqu'Il ne fait que le bien dans le monde. Cependant, l'homme ressent qu'il reçoit du Créateur le contraire, car la situation dans laquelle il se trouve est mauvaise.

Il convient de comprendre ces propos d'après ce qu'ont dit les sages : « Je n'ai créé le monde que pour les méchants absolus ou pour les justes absolus » ; la signification en est que soit l'homme fait l'expérience de quelque chose et en ressent le bon goût, et alors il justifie le Créateur et il dit que le Créateur ne procure que bontés dans le monde ; soit il fait l'expérience de quelque chose d'amer, et alors il est méchant, car il condamne le Créateur.

Il s'avère que tout se mesure selon la

sensation de l'homme, tandis qu'au Créateur, on ne peut attribuer de sensation, comme il est écrit dans le cantique de l'unicité « Comme elle Tu seras à jamais, il n'y a pas en Toi manque ni surplus. » C'est pourquoi tous les mondes et les changements ne sont que par rapport à ceux qui reçoivent, selon ce que l'homme perçoit.

8 - Quelle est la différence entre une ombre de *Kedousha* et une ombre de *Sitra Akhra* ?

J'ai entendu au mois de *Tamouz*, juin 1944

Il est écrit « Avant que souffle la brise du jour et que les ombres fuient » (Cantique des Cantiques 2,17).

Il faut comprendre ce que sont les « ombres » dans le travail et ce que sont les deux ombres.

Le fait est que quand on ne ressent pas La Providence, qu'Elle mène le monde comme « bonne et bienveillante », ceci est considéré comme une ombre qui cache le soleil. En d'autres termes, tout comme l'ombre matérielle qui cache le soleil ne change pas le soleil en aucune façon et que le soleil brille de toute sa vigueur, ainsi celui qui ne ressent pas l'existence de La

Providence n'induit aucun changement En-Haut. Il n'y a effectivement aucun changement En-Haut, comme il est écrit : « Moi, le Seigneur Je n'ai pas changé ».

Tous les changements sont donc chez ceux qui reçoivent.

Il y a deux distinctions dans cette ombre, c'est-à-dire dans cette dissimulation :

1. Quand on a encore la capacité de vaincre l'obscurité et les dissimulations que l'on ressent à justifier le Créateur et à demander au Créateur que le Créateur ouvre nos yeux pour voir que toutes les dissimulations que l'on ressent viennent du Créateur, c'est-à-dire que le Créateur fait tout ceci à une personne afin qu'elle puisse trouver sa prière et désirer passionnément s'attacher à Lui. Car c'est seulement à travers la souffrance que l'on reçoit de Lui et qu'on souhaite se libérer des ennuis et fuir les tourments, on fait alors tout ce qui est en notre pouvoir. Ainsi, lorsque l'on reçoit les dissimulations et de l'affliction, on est certains de suivre le traitement connu, de faire beaucoup de prières pour que le Créateur nous aide et nous délivre de l'état dans lequel nous sommes. Dans

cette situation, on croit toujours en La Providence.

2. Quand on se trouve dans un état où on ne peut plus surmonter et dire que toutes les souffrances et tous les maux que l'on ressent sont parce que le Créateur nous les a envoyés, pour que nous ayons une raison de nous élever, on risque alors d'arriver à un état d'hérésie, parce qu'on ne peut pas croire en La Providence, et bien sûr, on ne peut pas prier.

Il y a donc deux sortes d'ombres et ceci est la signification de « que les ombres fuient », c'est-à-dire que **les ombres disparaîtront du monde**.

L'ombre de la *Klipa* (coquille, écorce) est appelée « Un autre dieu est stérile et ne porte pas de fruit. » Tandis que la *Kedousha* (Sainteté) est appelée « À son ombre, j'ai pris plaisir à m'asseoir et son fruit était doux à mon palais. » C'est-à-dire qu'on dit que toutes les dissimulations et les afflictions que l'on ressent sont dues au Créateur qui nous a envoyé ces situations pour que nous soyons en mesure de travailler au-delà de la raison.

Quand nous avons la force de dire cela, que le Créateur a provoqué tout ceci et que c'est pour notre profit, c'est-à-dire qu'à travers cela, nous pouvons parvenir au travail dans le but de donner et non au travail pour soi-même. À ce moment, nous parvenons à réaliser, c'est-à-dire à croire que le Créateur apprécie tout spécialement ce travail, lequel est basé entièrement au-dessus de la raison.

Il s'ensuit que l'on ne demande pas au Créateur que les ombres disparaissent du monde, mais on dit : « Je vois que le Créateur veut que je Le serve de cette façon, tout à fait au-dessus de la raison. » Donc, dans toute chose que l'on fait, on dit « Bien sûr, le Créateur apprécie ce travail, pourquoi donc devrais-je m'en faire si je travaille dans un état de dissimulation de la Face ? » Puisqu'on veut travailler dans le but de donner, autrement dit, afin que le Créateur en retire du plaisir, il n'y a donc aucun amoindrissement de ce travail, c'est-à-dire de sentir qu'on est dans un état de dissimulation de la Face et que le Créateur n'apprécie pas ce travail.

Au lieu de cela, on accepte la direction du Créateur, c'est-à-dire comment le Créateur veut que l'homme ressente l'existence du Seigneur pendant le travail et qu'il l'accepte de tout cœur et de toute son âme. Cela est ainsi parce qu'il ne considère pas ce qui peut lui plaire, mais ce qui peut plaire au Créateur. Donc, cette ombre lui apporte la vie.

Ceci est appelé : « À son ombre, j'ai pris plaisir », c'est-à-dire qu'il convoite un tel état dans lequel il peut surmonter dans une certaine mesure au-dessus de la raison. Donc, s'il ne s'applique pas dans un état de dissimulation, alors qu'il y a encore de la place pour demander au Créateur qu'Il le rapproche de Lui et qu'il est négligent en cela, alors il lui est envoyé la seconde dissimulation dans laquelle il ne peut même pas prier. Ceci est dû au péché de ne pas s'être appliqué de toutes ses forces pour prier le Créateur. Pour cette raison, il échoue dans un état de pareille bassesse.

Cependant, après qu'il fut parvenu à cet état, il est alors pris en pitié par l'En-Haut et, de nouveau, il est donné à l'homme un éveil d'En-Haut. La même séquence reprend de nouveau jusqu'à ce que, finalement, il se fortifie dans la prière, et que le Créateur écoute sa prière, le rapproche de Lui, et le ramène vers le bien.

9 - Quelles sont les trois choses qui élargissent l'esprit de l'homme dans le travail ?

J'ai entendu au mois d'*Eloul*, août 1942

Le Saint *Zohar* interprète ce que nos sages ont écrit : « Trois choses élargissent l'esprit de l'homme : une belle femme, une belle demeure et de beaux *Kélim* (récipients). » Il dit : « une belle femme, c'est la Sainte *Shekhina* (la Divinité). Une belle demeure, c'est le cœur, et les beaux *Kélim*, ce sont ses organes ».

Il faut savoir que la Sainte *Shekhina* ne peut apparaître dans sa vraie forme, qui est un état de grâce et de beauté, que lorsque l'homme a de beaux *Kélim*, c'est-à-dire des organes qui sont le reflet du cœur. Ceci signifie qu'il doit tout d'abord purifier son cœur pour qu'il soit une belle demeure, ceci en annulant le désir de recevoir pour soi et en s'habituant à travailler de façon à ce que toutes ses actions soient uniquement dans le but de donner. C'est ce qui fait les beaux *Kélim* : que ses désirs, appelés *Kélim*, soient débarrassés de la réception pour soi-même et qu'ils soient purs, c'est-à-dire afin de donner.

Cependant, si la demeure n'est pas belle, le Créateur dit : « Lui et Moi ne pouvons demeurer dans la même demeure. » C'est parce qu'il doit y avoir équivalence de forme entre la Lumière et le *Kli* (récipient). Donc, quand l'homme affirme sa foi en la pureté, aussi bien en esprit que dans le cœur, alors il lui est accordé une belle femme, c'est-à-dire que la Sainte *Shekhina* se révèle devant lui comme un état de grâce et de beauté, et ceci élargit son esprit.

En d'autres termes, le plaisir et la joie qu'il ressent alors proviennent de l'apparition de la Sainte *Shekhina* dans les organes, ce qui remplit les *Kélim* intérieurs et extérieurs. C'est ce qui s'appelle « l'élargissement de l'esprit ».

On obtient cela par le biais de « la jalousie, l'avidité et l'honneur », qui « font sortir l'homme hors du monde ». La jalousie, c'est sa jalousie de la Sainte *Shekhina*, c'est-à-dire que sa jalousie est comme celle du Seigneur des armées. L'honneur signifie qu'il veut accroître la gloire des cieux ; et l'avidité, c'est comme « Tu as entendu l'avidité des humbles ».

10 - Qu'est-ce que « Hâtons-nous mon bien-aimé » dans le travail ?

J'ai entendu au mois de *Tamouz*, 1944

Il convient de savoir que lorsque l'homme commence à emprunter le chemin et qu'il veut tout faire pour contenter les cieux, il connaît des états d'ascensions et de chutes. Parfois, l'homme connaît une chute si terrible qu'il pense à fuir la *Torah* et les **Mitsvot**. Cela signifie que des pensées l'assaillent et qu'il n'est pas désireux d'être sous l'autorité de la Sainteté.

Dans ce cas-là, l'homme doit croire que c'est le contraire. C'est la Sainteté qui le fuit, car lorsque l'homme veut nuire à la Sainteté, celle-ci le devance et le fuit en premier. Si l'homme croit en cela et qu'il se surpasse lors de la fuite, alors ce qui a « fui »[11] devient ce qui a « béni »[12], comme il est écrit : « Bénis Seigneur sa vaillance et agrée l'œuvre de ses mains. » (Deutéronome 33)

---

[11] חרב barakh
[12] דרב berakh

11 - La joie avec un frisson
J'ai entendu, en 1948

La joie s'appelle l'amour, qui est existence. Cela ressemble à quelqu'un qui se construit une maison sans faire aucun trou dans les murs. Il s'ensuit qu'il ne peut pas entrer dans la maison, car il n'y a pas d'espace vide dans les murs pour entrer dans la maison. Par conséquent, il faut faire un espace vide par lequel il entrera dans la maison.

Donc, là où il y a l'amour, il faut qu'il y ait aussi la crainte. Car la crainte est l'espace. C'est-à-dire qu'il faut éveiller la crainte que peut-être on ne sera pas capable d'avoir l'intention de donner. C'est pourquoi, quand il y a les deux, il y a perfection ; sinon, l'un veut annuler l'autre.

Il faut donc tâcher d'avoir les deux en même temps. C'est pourquoi on a besoin et de l'amour et de la crainte. L'amour est appelé existence, alors que la crainte est appelée le manque et le vide. Ce n'est que lorsque les deux sont ensemble qu'il y a perfection. Ceci est appelé « deux pieds », et c'est justement quand on a deux pieds qu'on peut marcher.

12 - L'essentiel du travail de l'homme
J'ai entendu au repas du 2ᵉ jour de *Rosh Hashana* (le Nouvel An), 1947

L'essentiel du travail de l'homme devrait être de trouver goût à faire plaisir au Créateur. Car tout ce que l'homme fait dans son propre intérêt l'éloigne du Créateur, en raison de la disparité de forme. Tandis que s'il agit dans l'intérêt du Créateur, aussi petit soit son acte, celui-ci est néanmoins considéré comme une *Mitsva*[13].

Par conséquent, l'essentiel des efforts de l'homme doit être d'acquérir la force de ressentir le goût du don sans réserve, ce qui se fait en diminuant la force qui ressent le goût dans la réception pour soi, et alors, progressivement, l'homme trouve goût à donner sans réserve.

13 - Au sujet de la grenade
J'ai entendu au repas la veille du 2ᵉ jour de *Rosh Hashana* (le Nouvel An), 1947

Au sujet de la grenade, il a dit que c'est une allusion à ce qu'ont dit les Sages : « même les

---

[13] Une bonne action.

vauriens parmi vous sont pleins de *Mitsvot*[14] comme une grenade » (*Irouvin* 19).

Il a dit que *Rimon* (grenade) vient du mot *Romemout* (magnificence), qui est le secret de ce qui est au-dessus de la raison. C'est le sens de « même les vauriens parmi vous sont pleins de *Mitsvot* ». La mesure de la satisfaction dépend de la capacité d'aller au-dessus de la raison, c'est ce qui s'appelle *Romemout*, car le vide ne se trouve que là où il n'y a aucune existence (comme dans « Tu suspends la terre sur le vide »).

Il s'agit donc de savoir **quelle sera la mesure de satisfaction** d'un endroit vide. La réponse est : **en fonction de combien il s'est élevé (*Romem*) au-dessus de la raison**. Cela signifie que le vide doit être comblé avec la *Romemout*, c'est-à-dire un discernement au-dessus de la raison. L'homme doit demander au Créateur de lui donner cette force. On peut dire que le vide n'a été créé – **c'est-à-dire que l'homme n'arrive à la sensation du vide** – que pour le remplir de la magnificence du Créateur ; c'est-à-dire qu'il accepte tout au-dessus de la raison.

C'est ce qui est écrit : « Dieu a fait ainsi qu'il

---

[14] De bonnes actions, pluriel de *Mitsva*.

Le craigne », c'est-à-dire que le fait que ces pensées de vanité viennent à l'homme, c'est afin qu'il ait besoin d'assumer la foi au-dessus de la raison.

Pour cela, on a besoin de l'aide du Créateur. Cela signifie que l'homme est obligé de demander au Créateur qu'Il lui donne la force pour qu'il puisse croire au-dessus de la raison. Il se trouve que c'est précisément là que l'homme a besoin de l'aide du Créateur, afin qu'Il l'aide. Il en est ainsi parce que l'intellect extérieur lui fait comprendre le contraire.

Par conséquent, l'homme n'a d'autre conseil que de demander au Créateur qu'Il l'aide. À ce propos, il est dit : « Le penchant de l'homme le vainc chaque jour, et s'il n'y avait pas le Créateur pour l'aider, il ne pourrait lui faire face. » Il se trouve que l'homme est alors dans la situation où il comprend que personne ne peut l'aider, si ce n'est le Créateur. Ce qui est « Dieu a fait ainsi » afin « qu'il Le craigne », car la crainte est le discernement de la foi ; ce n'est que là que l'homme a besoin du salut du Créateur.

14 - Qu'est-ce que la magnificence / grandeur du Créateur ?
J'ai entendu, en 1948

La magnificence (*Romemout*) du Créateur signifie qu'il faut Lui demander qu'il nous donne la force d'aller au-delà de la raison. Ainsi, il y a deux significations à la magnificence du Créateur :

A. Ne pas employer la raison – qui est l'intelligence, quand l'homme cherche des réponses à ses questions –, mais vouloir que le Créateur réponde à ses questions. C'est ce qui s'appelle *Romemout*[15], parce que toute l'intelligence provient d'En-Haut et non pas de l'homme, afin qu'il puisse répondre à ses questions. Quand l'homme utilise son intelligence extérieure pour répondre à ses questions, c'est que le désir de recevoir comprend qu'il y a un avantage à respecter la *Torah* et les *Mitsvot*. Alors que pour ce qui est d'aller au-delà de la raison, cela l'oblige à travailler contre l'avis du désir de recevoir.

B. La magnificence du Créateur signifie que l'homme a besoin que le Créateur réponde

---
[15] *Romemout* signifie aussi élévation.

à ses souhaits.

C'est pourquoi :

1. L'homme doit aller au-delà de la raison, et alors il voit qu'il est vide et qu'il a besoin du Créateur.
2. Seul le Créateur peut lui donner cette force, pour qu'il puisse aller au-delà de la raison. C'est-à-dire que le fait que le Créateur donne, c'est ce qui s'appelle la magnificence du Créateur.

15 - Qu'est-ce que les autres dieux dans le travail ?
J'ai entendu, le 24 Av, le 3 août 1945

Il est écrit : « Tu n'auras pas d'autres dieux devant Ma face. » Le Saint *Zohar* interprète ceci en disant qu'il faudrait des pierres avec lesquelles on pèse. Il demande à ce propos comment on pèse le travail en pierres pour que l'homme puisse connaître son état dans les chemins de Dieu ? Il répond qu'il est connu, lorsqu'on commence à travailler plus que d'habitude, que le corps se met à donner des coups de pieds et s'oppose à ce travail de toutes ses forces. Car tout ce qui concerne le don est une charge et un fardeau pour le corps ; il ne peut tolérer ce travail et la résistance du corps se manifeste sous forme de pensées étrangères. Il en vient à poser les questions de « qui » et de « quoi », et par ces questions, l'homme se dit que toutes ces questions lui sont certainement envoyées par la *Sitra Akhra* (l'autre côté) pour le gêner dans le travail.

Il est dit que si à ce moment l'homme dit qu'elles viennent de la *Sitra Akhra*, alors l'homme enfreint ce qui est écrit : « **Tu n'auras pas d'autres dieux devant Ma face**. » La raison en est que l'homme doit croire que ceci lui vient de la Sainte *Shekhina*, puisque « **Il n'y a rien hormis Lui** ». C'est que la Sainte *Shekhina* montre à l'homme son véritable état, comment il marche dans les voies de Dieu, en lui envoyant ces questions, appelées « pensées étrangères ». C'est-à-dire que par ces pensées étrangères, elle voit comment il répond aux questions considérées comme des pensées étrangères. Et de tout ceci, l'homme devrait connaître son véritable état dans le travail, afin de savoir quoi faire.

C'est comme un ami qui veut savoir combien son ami l'aime. Nul doute que lorsqu'ils sont face-à-face, son ami se pare, à cause de la honte. C'est pourquoi il lui envoie une personne qui calomnie son ami. Alors, il voit la réaction de son ami quand il est éloigné, et il peut ainsi connaître la véritable mesure de l'amour de son ami.

De même, lorsque la Sainte *Shekhina* se dévoile devant une personne, c'est-à-dire quand le Seigneur lui donne vitalité et joie, l'homme a honte de dire ce qu'il pense du travail du don et du fait de ne rien recevoir pour soi. Par contre, lorsqu'il n'est pas en face d'elle, c'est-à-dire quand la vitalité et la joie se refroidissent, ce qui est considéré comme « pas devant ma face », alors la personne peut voir son véritable état par rapport au discernement du don sans réserve.

Si l'homme croit en ce qui est écrit – qu'il n'y a rien hormis Lui et que c'est le Créateur qui envoie toutes ces pensées étrangères, ce qui signifie qu'Il est l'opérateur –, il sait assurément quoi faire et comment répondre à toutes ces difficultés. C'est comme si elle lui envoie des messagers pour voir comment il parle de façon calomnieuse d'elle, de son Royaume des Cieux. C'est ainsi qu'il peut interpréter le sujet susmentionné.

L'homme peut comprendre que tout ceci vient du Créateur. C'est parce qu'il sait que lorsque le corps inflige des coups à une personne avec ses pensées étrangères, que ça ne lui arrive pas quand elle n'est pas engagée dans le travail, mais que ces coups arrivent dans une sensation complète, à tel point que ces pensées lui démolissent l'esprit, qu'elles viennent expressément après s'être engagé dans la *Torah* et le travail plus que d'habitude.

Ceci est appelé « des pierres avec lesquelles on pèse ». Ceci signifie que ces pierres tombent dans son esprit quand il veut comprendre ces questions. Par la suite, il va peser le but de son travail : si cela vaut vraiment la peine de travailler afin de donner ; de travailler de toutes ses forces et de toute son âme ; que tous ses désirs ne soient que d'espérer que ce qui doit être acquis dans ce monde le soit uniquement dans le but de travailler pour apporter du contentement à son Créateur, et non pour une question matérielle quelconque.

C'est alors que commence un vif débat, puisqu'il voit qu'il y a des arguments des deux côtés. À ce propos l'écriture avertit : « **Tu n'auras pas d'autres dieux devant Ma face.** »

Ne dites pas qu'un autre dieu vous a donné les pierres pour peser votre travail, mais « **devant Ma face** ». Car l'homme doit savoir que ceci est considéré « **Ma face** ». C'est ainsi qu'il verra la véritable forme de la base et de la fondation sur lesquelles la structure du travail est construite.

La lourdeur dans le travail est essentiellement due au fait que ces deux textes se réfutent :

1. D'une part, l'homme devrait voir à ce que tout son travail soit d'atteindre la *Dvékout*[16] avec le Seigneur, que tout son désir ne soit qu'en vue de donner un contentement à son Créateur, et pas du tout pour son propre bénéfice.

2. D'autre part, nous voyons que ceci n'est pas le but principal, puisque le but de la création n'était pas que les créatures donnent au Créateur, puisqu'il n'y a aucun manque en Lui, ou que les créatures Lui donnent quoi que ce soit. Au contraire, le but de la création était Son désir de faire le bien à Ses créatures, c'est-à-dire que les créatures reçoivent de Lui délice et plaisir.

Ces deux sujets se contredisent d'un extrême

---

16 Adhésion, attachement.

à l'autre. D'un côté, l'homme doit donner sans réserve ; de l'autre, l'homme doit recevoir. Cela signifie qu'il y a le discernement de la correction de la création, qui est :

1. Arriver à la *Dvékout*, discernée comme l'équivalence de forme, afin que toutes nos actions soient uniquement en vue de donner sans réserve.
2. Ensuite, il est possible d'atteindre le but de la création, qui est de recevoir délice et plaisir du Créateur.

Par conséquent, quand l'homme est habitué à marcher dans les voies du don, il n'a en aucun cas des *Kélim* (récipients) de réception. Lorsqu'il marche dans les chemins de la réception, il n'a pas de *Kélim* de don. C'est pourquoi, par « **des pierres pour peser** », il acquiert les deux ensemble. C'est parce qu'après la négociation qu'il avait durant le travail, quand il surmonte et assume le fardeau du Royaume des Cieux sous la forme du don dans le cœur et l'esprit, cela signifie que lorsqu'il va attirer l'Abondance Supérieure – puisqu'il a déjà une base suffisamment solide pour que tout soit sous la forme du don –, de ce fait, même lorsqu'il reçoit un peu de luminescence, il le reçoit déjà dans le but de donner.

La raison en est que toute la fondation de son travail est construite uniquement sur le don. Ceci veut dire qu'il « reçoit afin de donner ».

16 - Qu'est-ce que le jour du Seigneur et la nuit du Seigneur dans le travail ?
J'ai entendu, en 1941, Jérusalem

Nos sages ont dit à propos du verset : « Malheur à ceux qui désirent le jour du Seigneur ! Qu'attendez-vous du jour du Seigneur ? Il sera ténèbres et non lumière ». (Amos 5,18) Il y a une métaphore à propos d'un coq et d'une chauve-souris qui attendaient le jour. Le coq dit à la chauve-souris : « J'attends la lumière car la lumière est mienne ; mais toi, pourquoi as-tu besoin de la lumière ? » (*Sanhédrin* 98, p.2) L'explication est que, puisque la chauve-souris n'a pas d'yeux pour voir, quel bénéfice tire-t-elle de la lumière du soleil ? Au contraire, pour celui qui n'a pas d'yeux, la lumière du soleil l'obscurcit encore plus.

Il nous faut comprendre cette métaphore, c'est-à-dire quel est le rapport entre les yeux et la contemplation de la Lumière du Seigneur que le texte nomme « le Jour du Seigneur ». On nous donne la métaphore de la chauve-souris pour dire que celui qui n'a pas d'yeux reste dans l'obscurité.

Il faut aussi comprendre ce qu'est le jour du Seigneur et ce qu'est la nuit du Seigneur et quelle est la différence entre les deux. On reconnaît le jour des hommes au lever du soleil, mais comment peut-on reconnaître le jour du Seigneur ?

La réponse est : comme l'apparition du soleil. C'est-à-dire, quand le soleil brille sur la terre, nous appelons cela le « jour ». Et quand le soleil ne brille pas, nous appelons cela « l'obscurité ». Il en va de même avec le Créateur, le jour est appelé « révélation » et l'obscurité est appelée « dissimulation de la face ».

Ceci signifie que lorsqu'il y a révélation de la face, lorsque pour l'homme c'est aussi clair que le jour, cela s'appelle « jour ». Comme l'ont dit nos sages à propos du verset « Le meurtrier se lève avec la lumière pour tuer le pauvre et le misérable et la nuit, il est comme un voleur. » Puisqu'il est dit, « la nuit, il est comme un voleur », il s'ensuit que la lumière est le jour. Il dit ici que si pour toi la question est aussi claire que la lumière qui se pose sur les âmes, il est un meurtrier, et il est possible de sauver son âme. (*Pessachim* 2) Nous voyons ainsi qu'en ce qui concerne « le jour », la *Guémara* dit que c'est une question claire comme le jour.

Il s'ensuit que le jour du Seigneur signifie qu'il sera clair que la Providence – comment le Créateur dirige le monde – est bonne et bienveillante. Par exemple, lorsque l'homme prie, sa prière est immédiatement exaucée et il reçoit ce pour quoi il a prié et il réussit partout où il se tourne. Ceci est appelé « le Jour du Seigneur ».

Par contre, l'obscurité, qui est la nuit, signifiera la dissimulation de la face. Ceci procure à l'homme des doutes sur le fait que la Providence soit bonne et bienveillante, ainsi que des pensées étrangères. Autrement dit, la dissimulation de la Providence lui amène toutes sortes d'opinions et de pensées étrangères. Ceci est appelé « nuit » et « obscurité ». À savoir que l'homme se trouve dans un état où il ressent que le monde s'est assombri pour lui.

C'est ainsi qu'il faut interpréter ce qui est écrit « Malheur à ceux qui désirent le jour du Seigneur ! Qu'attendez-vous du jour du Seigneur ? Il sera ténèbres et non lumière. » En effet, ceux qui attendent le jour du Seigneur, attendent de se voir octroyer la foi au-dessus de la raison, que leur foi soit aussi forte que s'ils voyaient de leurs propres yeux, avec certitude, qu'il en est ainsi, c'est-à-dire que le Seigneur surveille le monde avec bonté et bienveillance.

En d'autres termes, ils ne veulent pas voir comment le Seigneur surveille avec bonté et bienveillance, parce que la vue est contraire à la foi. C'est-à-dire que la foi se trouve précisément là où elle est opposée à la raison. Et, quand l'homme fait ce qui est contraire à sa raison, ceci est appelé « la foi au-dessus de la raison ». Ceci signifie qu'ils croient que la providence du Créateur sur les créatures est bonne et bienveillante. Et lorsqu'ils ne la voient pas avec certitude absolue, ils ne disent pas au Seigneur : « Nous voulons voir le discernement de bonté et de bienveillance dans la raison. » Mais ils veulent que cela reste chez eux en tant que foi au-dessus de la raison.

Ils demandent donc au Seigneur **de leur**

prodiguer une force telle que cette foi soit aussi forte que s'ils l'avaient vue au moyen de la raison. Cela signifie qu'il n'y aura pas de différence entre la foi et la connaissance par la raison. C'est ce que ceux qui veulent être en adhésion avec le Seigneur appellent « **le jour du Seigneur** ».

Autrement dit, s'ils ressentaient ceci comme connaissance, alors la Lumière de Dieu, appelée « l'Abondance Supérieure », irait aux *Kélim* de réception, appelés « *Kélim* de séparation ». Et ceci, ils ne le veulent pas, puisque cela irait au désir de recevoir, qui est l'opposé de la *Kedousha* (Sainteté), qui est contre le désir de recevoir à des fins personnelles. Au lieu de cela, ils veulent être attachés au Seigneur, et ceci ne peut se faire que par l'équivalence de forme.

Cependant, pour accomplir ceci, c'est-à-dire pour que l'homme ait un désir et une envie de s'attacher au Seigneur, puisqu'il est né avec la nature du désir de recevoir uniquement à des fins personnelles, comment est-il possible d'accomplir quelque chose qui soit absolument contre nature ?

Pour cette raison, il devra faire des efforts

considérables, jusqu'à ce qu'il acquière une seconde nature, laquelle est le désir de donner sans réserve. Car lorsqu'il acquiert le désir de donner, alors il est apte à recevoir l'Abondance Supérieure et non à l'endommager, parce que tous les défauts ne parviennent qu'à travers le désir de recevoir pour soi. En d'autres termes, même lorsqu'il fait quelque chose dans le but de donner, au plus profond de lui se trouve la pensée qu'il recevra une récompense pour cet acte de don qu'il est en train d'accomplir.

En un mot, l'homme est incapable de faire quoi que ce soit s'il ne reçoit rien en retour pour cet acte. Il doit y prendre plaisir et, quel que soit le plaisir reçu pour lui-même, ce plaisir va obligatoirement le séparer de la Vie des vies et l'amènera à rompre la *Dvékout*[17] avec le Créateur, puisque la *Dvékout* se mesure par l'équivalence de forme. Il est donc impossible d'être en état de don pur sans un mélange de réception du côté de ses propres forces.

Par conséquent, pour que l'homme ait les forces du don, nous avons besoin d'une seconde nature, pour qu'il ait la force d'atteindre

---

[17] Adhésion.

l'équivalence de forme. Autrement dit, le Créateur donne et ne reçoit rien, car Il ne manque de rien. Ceci signifie que ce qu'Il donne n'est pas à cause d'un manque, c'est-à-dire que s'Il n'avait personne à qui donner, Il ressentirait ceci comme un manque. Nous devons voir ceci comme **un jeu**, c'est-à-dire que lorsqu'Il veut donner, ce n'est pas quelque chose dont Il a besoin, mais cela est comme **un jeu**.

C'est comme ce que nos sages on dit à propos de la matrone qui a demandé : « Que fait le Créateur après avoir créé le monde ? » La réponse fut : « Il s'assoit et joue avec le Léviathan », comme il est écrit « ce Léviathan que Tu as créé pour jouer avec » (*Avoda Zara* – Idolâtrie –, p.3). Le Léviathan fait référence à la *Dvékout* et à la connexion (ainsi qu'il est écrit, « selon les espaces libres et des ornements tout autour »). Ceci signifie que le but, qui est la connexion du Créateur avec les créatures, n'est qu'un jeu et non pas une question de désir et de besoin.

La différence entre le jeu et le désir est que tout ce qui vient dans le désir est une nécessité. Si l'homme ne satisfait pas son désir, il est en manque. Alors que dans le jeu, même s'il n'obtient pas son objectif, ceci n'est pas considéré comme un manque, comme on dit : « peu importe si je n'ai pas obtenu ce à quoi je pensais ». Ce n'est pas tellement important, parce que le désir qu'il avait pour l'objet était seulement un jeu, ce n'était pas sérieux.

Il s'ensuit que le sommet de la perfection est que tout le travail de l'homme soit entièrement dans le but de donner et qu'il n'ait aucun désir ni envie de recevoir du plaisir pour son travail. Ceci est un degré élevé puisqu'il s'applique au Seigneur. C'est ce qu'il appelle « le Jour du Seigneur », car le jour du Seigneur est appelé « perfection » tel qu'il est écrit : « Que les étoiles du matin s'obscurcissent ; qu'il attende la lumière mais n'en ait point. » (Job 3,9) Car la Lumière est considérée comme perfection.

Lorsque l'homme acquiert la seconde nature, le désir de donner, que le Créateur lui donne après la première nature, qui est le désir de recevoir et qu'il reçoit maintenant le désir de donner sans réserve, alors l'homme est apte à servir le Créateur à la perfection ; c'est ce qui est considéré comme « le Jour du Seigneur ».

Par conséquent, celui qui n'a pas encore

acquis la seconde nature pour pouvoir servir le Seigneur dans le discernement du don, et qui espère acquérir ce discernement du don – c'est-à-dire quand il a déjà fait tous les efforts qu'il pouvait pour obtenir cette force –, est considéré comme celui qui attend le jour du Seigneur, c'est-à-dire l'équivalence de forme avec le Seigneur. Quand vient le jour du Seigneur, il est rempli de joie. Il est heureux de s'être défait de l'emprise du désir de recevoir pour lui-même qui le séparait du Créateur. À présent, il s'attache au Créateur et il est considéré comme ayant atteint le sommet.

Par contre, pour celui dont le travail est uniquement dans la réception pour soi, c'est le contraire. Il est heureux parce qu'il pense tout le temps qu'il récoltera une récompense pour son travail. Quand, il voit que le désir de recevoir ne recevra pas de récompense pour son travail, il devient triste et paresseux. Parfois, il en vient à « douter de la pensée d'origine » et dit : « Je ne me suis pas engagé pour ceci ».

Et si on lui disait que le jour du Seigneur, où il atteint la force du don sans réserve, c'est son gain, du fait qu'il s'engage dans la *Torah* et les *Mitsvot*, il dirait « Pour moi, c'est l'obscurité et non la lumière » – puisque cette connaissance l'amène à l'obscurité, comme nous l'avons vu plus haut.

17 - Qu'est-ce que la *Sitra Akhra* est appelée « *Malkhout* sans couronne »
J'ai entendu, en 1941 à Jérusalem

Couronne signifie *Kéter* et *Kéter* est l'Émanateur et la Racine. *La Kedousha* (Sainteté) est connectée à la racine, ce qui signifie que la *Kedousha* est considérée comme étant en équivalence de forme avec sa racine. C'est-à-dire que tout comme notre racine, autrement dit le Créateur, désire uniquement donner sans réserve, de même il est écrit « Son désir de faire le bien aux créatures », ainsi la *Kedousha* n'est que don sans réserve au Créateur.

La *Sitra Akhra*, cependant, n'est pas ainsi. Elle aspire uniquement à recevoir pour elle-même. Pour cette raison, elle n'est pas attachée à la racine qui est *Kéter*. C'est pourquoi, la *Sitra Akhra* est caractérisée comme n'ayant pas de *Kéter* (couronne). En d'autres termes, elle n'a pas de *Kéter* parce qu'elle est séparée de *Kéter*.

À présent, nous pouvons comprendre ce que

nos sages ont dit (*Sanhédrin* 29) : « Celui qui ajoute, amoindrit ». C'est-à-dire que quand on ajoute au compte, on l'amoindrit. Il est écrit (*Zohar*, *Pekoudei* point 249) : « Il en est de même ici, en ce qui concerne l'intérieur, il écrit : "Tu feras le tabernacle avec dix rideaux". En ce qui concerne l'extérieur, il écrit : "douze rideaux", ajoutant des lettres, c'est-à-dire qu'il ajoute la lettre *Ayin* au douze et déduit du compte. Il déduit un du compte de douze à cause de l'ajout de *Ayin* au douze ».

Nous savons que les comptes ont seulement lieu dans *Malkhout*, qui calcule la hauteur du degré (au travers de l'*Ohr Hozer* en elle). Nous savons aussi que *Malkhout* est appelée « le désir de recevoir pour soi-même ». Lorsqu'elle annule son désir de recevoir devant la racine et qu'elle ne veut plus recevoir mais seulement donner à la racine, comme la racine qui est désir de donner sans réserve, alors *Malkhout*, appelée **Ani** (moi), devient **Eïn** (néant). Ce n'est qu'alors qu'elle déploie et reçoit la lumière de *Kéter* pour construire son *Partsouf* et devenir **douze** *Partsoufim* de *Kedousha*.

Cependant, lorsqu'elle désire recevoir pour

elle-même, elle devient le **mauvais** *Ayin*[18] (Œil). Autrement dit, là où il y avait *Eïn*, c'est-à-dire annulation devant la racine qui est *Kéter*, cela est devenu *Ayin* (qui signifie voir et connaître dans la raison). Ceci est appelé ajouter. Ce qui signifie qu'elle désire ajouter la connaissance à la foi et travailler dans la raison. En d'autres termes, elle se dit qu'il vaut mieux travailler dans la raison et alors le désir de recevoir ne s'opposera pas au travail.

Ceci cause une **soustraction**, puisqu'ils sont séparés de *Kéter*, appelée « le désir de donner sans réserve », laquelle est la racine. Il n'est plus question d'équivalence de forme avec la racine, appelée *Kéter*. Pour cette raison, *Sitra Akhra* est appelée « *Malkhout* sans couronne ». Cela signifie que *Malkhout* de la *Sitra Akhra* n'a pas de *Dvékout*[19] avec *Kéter*. De ce fait, ils n'ont que onze *Partsoufim*, sans le *Partsouf* de *Kéter*.

Telle est la signification de ce que nos sages ont écrit –« Quatre-vingt-dix-neuf sont morts du **mauvais œil** » –, parce qu'ils n'ont pas le

---
[18] *Eïn* =(אין néant) s'écrit avec la lettre *Aleph*. (א.) *Ayin* (עין = œil) s'écrit avec la lettre *Ayin*. (ע) Les deux mots ont la même prononciation.
[19] Adhésion.

discernement de *Kéter*. C'est-à-dire que la *Malkhout* en eux, qui est le désir de recevoir, ne veut pas s'effacer devant la racine, appelée *Kéter*. C'est-à-dire qu'ils ne désirent pas faire du *Ani* (moi), appelé « le désir de recevoir », le discernement *Eïn* (néant), qui est l'annulation du désir de recevoir.

Au lieu de cela, ils veulent ajouter et ceci est appelé le **mauvais** *Ayin* (Œil). Donc, là où il devrait y avoir un *Eïn* avec *Aleph*, ils insèrent le mauvais *Ayin*. C'est-à-dire qu'ils tombent du degré où ils étaient par manque de *Dvékout* avec la racine.

Cela est la signification de ce que nos sages ont dit : « Quiconque est fier, le Créateur dit : "Lui et Moi ne pouvons résider dans la même demeure" » puisqu'il fait deux autorités. Cependant, lorsque l'homme est en état de *Eïn* et qu'il s'efface devant la racine, et que sa seule intention est uniquement de donner sans réserve, comme la racine, il n'y a là qu'une seule autorité ; l'autorité du Créateur. Ainsi, tout ce que l'homme reçoit dans ce monde n'est que pour donner sans réserve au Créateur.

Ceci est la signification de ce qu'il a dit : « Le

monde entier fut créé pour moi et moi – pour servir mon Maître ». De ce fait, je dois recevoir tous les degrés au monde pour que je puisse tout donner au Créateur, ce qui est appelé : « servir mon Maître ».

18 - Qu'est-ce que « mon âme pleure en secret » dans le travail ?
J'ai entendu, en 1940 à Jérusalem

Lorsque la dissimulation domine l'homme et qu'il est arrivé à une situation où il ne ressent aucun goût pour le travail et qu'il n'est absolument pas en mesure d'imaginer et de ressentir en aucune manière le discernement d'amour et de crainte, et qu'il n'est pas capable de faire quoi que ce soit dans la *Kedousha* (Sainteté), alors il n'a pas d'autre recours que de pleurer vers le Créateur, qu'Il prenne pitié de lui et qu'Il retire de lui l'écran, de ses yeux et de son cœur.

Le sujet des pleurs est une chose très importante. C'est comme ce qu'ont dit les Sages : « Toutes les portes sont scellées, sauf les portes des larmes ». À ce propos, le monde s'interroge : si les portes des larmes ne sont pas scellées, alors pourquoi a-t-on besoin de portes ?

Il a dit que cela ressemble à un homme qui demande à son ami une chose nécessaire – cette chose le touche jusque dans son cœur et il demande et le supplie avec toutes sortes de prières et requêtes –, et son ami y est complètement indifférent. Quand il voit qu'il n'y a plus de place pour une prière et une requête, alors il se met à pleurer à haute voix, et c'est à ce propos qu'il a été dit : « Toutes les portes sont scellées, sauf les portes des larmes ». Ainsi, quand est-ce que les portes des larmes ne sont pas scellées – précisément quand toutes les portes sont scellées, alors il y a de la place pour la porte des larmes, et on voit alors qu'elles ne sont pas scellées.

Tandis que lorsque les portes des prières sont ouvertes, il n'y a pas de place pour les portes des larmes et des pleurs ; c'est ce qui signifie que les portes des larmes sont scellées. Mais alors, à quel moment les portes des larmes ne sont-elles pas scellées ? Justement quand toutes les portes sont scellées, alors les portes des larmes sont ouvertes, du fait qu'il a encore recours à la prière et à la requête.

Telle est la signification de « **mon âme**

pleure en secret », c'est-à-dire que lorsque l'homme arrive à un état de dissimulation, alors « mon âme pleure », parce qu'il n'a pas d'autre conseil, et c'est le sujet de « Tout ce que tu peux accomplir avec tes seules forces, fais-le ! » (Ecclésiaste 9,10)

19 - Que veut dire que le « Créateur hait les corps » dans le travail ?
J'ai entendu, 1943, Jérusalem

Le Saint *Zohar* dit que le Créateur hait les corps.

Il dit qu'il faut interpréter cette phrase comme étant une référence au désir de recevoir, appelée *Gouf* (corps). Puisque le Créateur a créé Son monde pour Sa gloire, comme il est écrit « Tout ce qui porte Mon Nom, Je l'ai créé pour Ma gloire, Je l'ai formé, oui, Je l'ai fait », donc, c'est en contradiction avec les arguments qu'avance le corps, que tout est pour lui, pour son seul bénéfice. Le Créateur dit le contraire, que tout doit revenir au Créateur. De là, les sages ont dit que le Créateur dit : « lui et Moi ne pouvons résider dans la même résidence ».

Il en résulte que le principal séparateur, qui

empêche d'être en adhésion avec le Créateur, c'est le désir de recevoir. C'est apparent quand le méchant vient, c'est-à-dire que le désir de recevoir se présente et demande : « Pourquoi veux-tu travailler pour le Créateur ? » On pense qu'il parle comme le font les êtres humains, c'est-à-dire qu'il veut comprendre avec sa raison, mais il n'en est rien, puisqu'il ne demande pas pour qui il travaille, car c'est certainement un argument rationnel, car cet argument s'éveille chez celui qui est doté de raison.

Au lieu de cela, l'argument du méchant est d'ordre corporel. Il demande : « **Quel est le travail ?** » En d'autres termes : Quel profit vas-tu tirer des efforts que tu fournis ? Cela veut dire qu'il demande : « Si tu ne travailles pas pour toi-même, quel avantage le corps, appelé "le désir de recevoir pour soi-même" va-t-il donc en tirer ? »

Puisqu'il s'agit d'un argument corporel, la réponse ne peut-être que corporelle : « il émoussa ses dents, s'il n'avait pas été là, il n'aurait pas été sauvé ». Pourquoi ? Parce qu'il n'y a pas de salut pour le désir de recevoir pour soi, même au temps de la rédemption. Car la notion de rédemption sera lorsque tous les profits rentreront dans les *Kélim* du don et pas dans ceux de la réception.

Le désir de recevoir pour soi doit toujours demeurer en déficience. Car remplir le désir de recevoir équivaut vraiment à la mort. La raison en est, comme nous l'avons dit ci-dessus, que la création était d'abord pour Sa gloire (ce qui répond à ce qui est écrit que Son souhait est de faire le bien pour Ses créatures, pas pour Lui-même). L'interprétation sera que la quintessence de la Création, qui est de révéler à tous que le but de la création est de faire du bien à Ses créatures, c'est spécifiquement quand quelqu'un dit qu'il est né pour honorer le Créateur. À ce moment, dans ces *Kélim*, le but de la création est révélé, qui est de faire le bien à Ses créatures.

C'est pour cette raison que l'homme doit toujours examiner le but de son travail, à savoir que le Créateur reçoive du contentement de chacun de ses actes, parce qu'il cherche l'équivalence de forme avec le Créateur. Cela s'appelle « **toutes tes actions seront pour le Ciel** », c'est-à-dire que l'homme veut que le Créateur éprouve de la joie de tout ce qu'il fait, comme il est écrit « donner du contentement à son Créateur ».

Alors il faut maîtriser ce désir de recevoir et lui dire : « J'ai déjà décidé que je ne veux recevoir aucun plaisir dont tu puisses jouir. À cause de ton désir, je suis obligé d'être séparé du Créateur, car la disparité de forme me réduit à la séparation et à l'éloignement du Créateur. »

L'espoir devrait être que puisque l'homme ne peut pas échapper à la domination du désir de recevoir, et de ce fait, qu'il se trouve en perpétuelles ascensions ou descentes, alors il attend du Créateur qu'Il lui ouvre les yeux et lui donne le pouvoir de surmonter les obstacles, de travailler uniquement pour Son bénéfice. Il est écrit : « **Je n'ai demandé qu'une chose au Créateur et c'est cette chose que je demande** ». « **Cette** » est la Sainte *Shekhina*. Et il demande « **que je puisse résider dans la maison du Seigneur tous les jours de ma vie** ». (Psaume 27,4) La maison du Seigneur, c'est la Sainte *Shekhina*.

Maintenant, nous pouvons comprendre ce que nos sages ont dit à propos de ce verset : « **Vous prendrez pour vous au premier jour**, le premier pour le compte des méfaits. » Il faut comprendre quelle est la joie, s'il y a de la place pour le compte des méfaits.

Il dit que nous devons savoir qu'il est question d'importance du **labeur**, alors il y a un contact entre l'individu et le Créateur. Ce qui veut dire que l'homme ressent qu'il a besoin du Créateur, puisque lors du labeur, l'homme se rend compte qu'il n'y a personne au monde qui puisse le sauver de sa situation, sauf le Créateur. Alors l'homme réalise qu'**il n'y a rien hormis Lui** qui puisse le sauver de la situation où il est et de laquelle il ne peut s'extraire.

Ceci est appelé avoir un contact intime avec le Créateur. L'homme ne sait pas apprécier cette relation, c'est-à-dire que l'homme doit croire et alors il est en adhésion avec le Créateur, c'est-à-dire que toute sa pensée ne se résume qu'au Créateur, qu'Il lui vienne en aide. Sinon, l'homme voit qu'il est perdu.

Par contre, celui qui a le privilège de recevoir la Providence personnelle, et qui se rend compte que le Créateur est à l'origine de tout, comme il est écrit, « **Lui seul fait et fera toute action** », celui-là n'a rien à ajouter et il n'a pas d'espace pour prier pour que le Créateur l'aide. Car il s'aperçoit que même sans sa prière, le Créateur est de toute façon à l'origine de tout. C'est pourquoi l'homme n'a pas de place pour faire de bonnes actions, car il voit bien que, de toute façon, tout se fait par le Créateur sans lui. Alors, dans cette situation, l'homme n'a aucun besoin de l'aide du Créateur pour faire quoi que ce soit.

À ce moment, l'homme n'est plus en contact avec le Créateur, n'a plus besoin de lui dans la mesure où il est perdu si le Créateur ne l'aide pas.

Il en découle que l'homme ne possède plus ce contact qu'il avait avec le Créateur pendant le labeur. Il donne l'exemple d'une personne qui se trouve entre la vie et la mort et qui demande à son ami de le sauver de la mort. De quelle façon va-t-il demander cela à son ami ? Il demandera certainement à cet ami d'avoir pitié de lui et de le sauver en utilisant tout le pouvoir dont il dispose. Et cet ami n'oubliera certainement pas de prier pour lui, car il est clair que, sinon, il perdra la vie.

Cependant, si quelqu'un demande des objets de luxe à son ami, quelque chose qui n'est pas nécessaire, il n'est pas suffisamment attaché à son ami afin que celui-ci accède à sa demande au point que son esprit ne soit pas distrait de demander. Il s'ensuit que s'il ne s'agit pas d'une question de vie ou de mort, celui qui demande n'est pas vraiment attaché à celui qui donne.

Donc, lorsqu'une personne ressent le besoin de demander au Créateur de lui sauver la vie, à savoir que « les méchants durant leur vie s'appellent morts » alors le contact entre l'homme et le Créateur devient un contact intime. C'est pourquoi, pour le juste, la place du travail signifie avoir besoin de l'aide du Créateur, sinon il est perdu. C'est à cela que les justes aspirent, à une place pour travailler de façon à avoir une relation intime avec le Créateur.

Il en ressort que si le Créateur leur donne une place pour travailler, ces justes sont très contents. C'est pourquoi il a été dit « le premier pour le compte des méfaits ». Pour eux, c'est une joie d'avoir maintenant une place pour travailler, c'est-à-dire qu'ils ont maintenant besoin du Créateur et qu'ils peuvent alors entrer en contact intime avec Lui, car personne ne se présente au Palais du Roi sans avoir un besoin.

C'est ce qui est écrit : « **Vous prendrez pour vous** ». Il est précisé « pour vous » parce que « tout dépend du Ciel, sauf la crainte du Ciel ». En d'autres termes, le Créateur peut pourvoir la Lumière d'abondance, car c'est ce qu'il possède. Mais l'obscurité et le lieu de manque ne sont pas en Son domaine.

Étant donné qu'il y a cette règle **que seulement d'un lieu de manque il y a la crainte du Ciel**, et le lieu de manque s'appelle « le désir de recevoir », **c'est seulement à cette condition qu'il y a une place pour le labeur, par cette résistance**, quand le corps vient et demande : « quel est le travail ? » Et l'homme n'a pas de réponse à cette question. Alors l'homme est obligé d'accepter le fardeau du Royaume des Cieux au-dessus de la raison, « tel un bœuf sous le joug ou un âne sous sa charge », sans aucune discussion. « Il parla et sa volonté fut faite ». Ceci s'appelle « **pour vous** », à savoir que ce **travail n'appartient qu'à vous et non à Moi**, c'est-à-dire le travail que le désir de recevoir exige.

Mais si le Créateur lui donne quelque illumination du Ciel, son désir de recevoir se soumet et il s'annule telle une bougie devant un flambeau. Et il n'a plus de labeur, car il ne doit plus accepter le fardeau du Royaume des Cieux par contrainte, « tel un bœuf sous le joug ou un âne sous sa charge. » Comme il est écrit : « **Vous**

qui aimez le Seigneur, haïssez le mal. » Ce qui signifie que l'amour du Créateur ne s'étend qu'à partir du mal.

C'est-à-dire dans la mesure qu'il a la haine du mal, qu'il voit que son désir de recevoir l'empêche d'atteindre l'intégralité de son but, dans cette mesure il a besoin d'être pourvu de l'amour du Créateur. Mais si l'homme ne ressent pas que le mal est en lui, il ne peut pas obtenir l'amour du Créateur, car il n'en a pas besoin, puisqu'il éprouve déjà de la satisfaction dans le travail.

Comme nous l'avons dit, l'homme ne doit pas se plaindre, quand il travaille avec son désir de recevoir, de ce qu'il le dérange dans le travail. L'homme aurait certainement préféré que son désir de recevoir fût absent de son corps, **pour qu'il ne lui pose pas ses questions** qui le dérangent dans le travail de la *Torah* et des *Mitsvot*.

Mais l'homme se doit de croire que les obstructions du désir de recevoir durant son travail lui viennent d'En-Haut. Il découvre donc que son désir de recevoir provient d'En-Haut et il y a de la place pour le travail précisément lorsque son désir de recevoir s'éveille. Alors l'homme est en contact intime avec le Créateur, pour qu'Il l'aide à transformer son désir de recevoir de sorte que son intention soit de donner.

Et l'homme doit croire que de là se déploie **le contentement apporté au Créateur**, par les prières qu'il lui dédie, afin de parvenir à la *Dvékout*[20], appelée « équivalence de forme », qui consiste à annuler le désir de recevoir pour qu'il devienne désir de donner. Le Créateur a dit à ce sujet : « **Mes fils m'ont vaincu.** » Je vous ai donné le désir de recevoir et vous Me demandez de vous donner à la place le désir de donner sans réserve.

Maintenant nous pouvons interpréter la *Guémara* (*Khoulin* page 7) – que Rabbi Pinhas Ben Yaïr était en route pour racheter des captifs. Il arriva devant la Guinaï (le nom de la rivière était Guinaï). Il lui dit : « Guinaï, sépare tes eaux que je puisse te traverser. » Elle lui répondit : « Tu vas faire la volonté de ton Créateur et moi la volonté de mon Créateur. Toi, peut-être que tu le fais, peut-être que tu ne le fais pas, alors que

---

[20] Adhésion, attachement.

moi, je le fais certainement. »

La signification, c'est qu'il dit à la rivière, au désir de recevoir, de le laisser traverser afin qu'il accomplisse le désir du Créateur, à savoir qu'il fasse tout avec l'intention de donner du contentement à son Concepteur. La rivière, le désir de recevoir, ne réplique que si le Créateur l'a pourvue de cette nature – à savoir le désir de recevoir délices et plaisirs –, elle ne veut pas changer cette nature dont le Créateur l'a pourvue. Et Rabbi Pinhas Ben Yaïr lui fait la guerre, c'est-à-dire qu'il veut la transformer en un désir de donner. C'est ce qui s'appelle faire la guerre à la création que le Créateur a créée dans la nature, appelée le désir de recevoir, que le Créateur a créé, qui est toute la Création, appelée « ex nihilo » (existence depuis l'absence).

Il faut savoir que durant le travail, quand le désir de recevoir se présente à l'homme avec ses arguments, les discussions et les raisonnements qui semblent être des arguments légitimes ne sont d'aucun secours et ne l'aideront pas à vaincre le mal. Alors, comme il est écrit, « il émoussa ses dents », ce qui signifie procéder par des actions et non par des discussions. À savoir qu'il doit accroître ses forces par contrainte, comme nos sages ont dit : « **On le contraint jusqu'à ce qu'il dise "Je veux"**. » En d'autres mots, grâce à la persistance, l'habitude devient une seconde nature.

L'essentiel, c'est de s'efforcer de vouloir intensément acquérir le désir de donner sans réserve et de vaincre le désir de recevoir. La volonté intense se mesure par le nombre de pauses et de repos intervallaires, à savoir par les intervalles de temps entre chaque victoire obtenue. Parfois arrive une interruption en plein milieu, ressentie comme une descente. Cette descente peut durer une minute, une heure, un jour ou un mois. Ensuite, l'homme reprend le travail qui consiste à surmonter son désir de recevoir et s'efforcer d'acquérir le désir de donner sans réserve.

La volonté intense signifie qu'une interruption ne dure jamais longtemps et qu'il se remet immédiatement au travail. C'est comme quelqu'un qui veut briser un énorme rocher. Il se sert d'un gros marteau et il frappe sans arrêt toute la journée. Mais ses coups sont faibles. En d'autres mots, il ne martèle pas la pierre à toute volée, mais il abat son gros marteau lentement. Ensuite, il se plaint que ce travail – briser le rocher – n'est pas fait pour lui. On aurait plutôt besoin d'un héros capable de briser un tel rocher. Il prétend ne pas être né avec de tels pouvoirs pour être capable de briser le rocher.

Par contre, celui qui manie ce gros marteau et frappe le rocher à toute volée, pas doucement, mais avec puissance, ce rocher est immédiatement vaincu et se brise. C'est « **tel un marteau qui brise le roc en éclats** ».

De même, durant le saint travail, qui consiste à faire entrer le *Kli* de réception dans la *Kedousha*, même si nous disposons d'un gros marteau, qui sont les paroles de la *Torah* qui nous donnent de bons conseils, si l'homme n'est pas conséquent et fait de longs arrêts et de longues pauses, alors il fuit la bataille et prétend qu'il n'est pas fait pour ça, mais que ce travail est destiné à ceux qui sont nés avec des dons spéciaux à cet effet.

Néanmoins, l'homme se doit de croire que n'importe qui peut atteindre ce but et qu'il se doit d'accroître ses efforts pour y parvenir. Alors, cet homme est capable de briser le rocher en peu de temps.

Il faut encore savoir que pour que le labeur initie un contact avec le Créateur, il y a une condition très difficile. Le labeur doit prendre la forme de ***Hidour***[21], car être orné est quelque chose d'important. S'il n'attribue pas d'importance à son labeur, l'homme ne peut travailler avec joie, à savoir ressentir la joie d'être en contact avec le Créateur.

Ceci est insinué dans le Cédrat, qui est décrit comme « le fruit de l'arbre ***Hadar*** » (agrume, mais aussi éclat, splendeur) qui doit être propre au-dessus de son nez. Nous savons qu'il existe trois distinctions :
- *Hadar*
- Odeur
- Goût

Le goût signifie que les Lumières se déversent du haut vers le bas, à savoir, sous la bouche où se trouvent le palais et les papilles gustatives, cela signifie que les Lumières viennent dans les *Kélim* de réception.

L'odeur signifie que les Lumières viennent du bas vers le haut, indiquant que les Lumières

---

[21] *Hidour Mitsva* – embellir ou orner la *Mitsva*, c'est-à-dire accomplir scrupuleusement la *Mitsva* (*Hadar* et *Hidour* ont la même racine en hébreu)

viennent dans les *Kélim* de don, sous une forme de recevoir et non pas de donner en dessous du palais et de la gorge. Comme il est dit, « **Il lui inspirera la crainte du Seigneur** » à propos du Messie. Nous savons que l'odeur se réfère au nez.

Hadar signifie la beauté, discerné au-dessus du nez, quelque chose d'inodore, à savoir qu'il n'y a là ni goût ni odeur. Donc, qu'y a-t-il là pour pouvoir survivre ? Il n'y a que *Hidour*. C'est ce qui le maintient.

Nous voyons à propos du cédrat que *Hidour* se réfère au cédrat précisément avant qu'il ne soit esculent. Mais quand il est déjà bon à manger, il n'y a plus de *Hidour*.

Cela nous indique, au sujet du **travail du « premier pour le compte des méfaits »**, que c'est précisément pendant le travail discerné comme « vous prendrez pour vous », c'est-à-dire qui accepte le fardeau du Royaume des Cieux, que le corps résiste à ce travail, qu'il y a de la place pour la joie de ***Hidour***. C'est-à-dire que *Hidour* est apparent durant ce travail. C'est-à-dire que si l'homme éprouve de la joie durant ce travail, c'est parce qu'il considère ce travail comme *Hidour* et non pas comme méprisable.

Car parfois l'homme méprise ce travail de porter le fardeau du Royaume des Cieux, car il ressent une sensation d'obscurité. Il voit que nul ne peut le sauver de la situation dans laquelle il se trouve, excepté le Créateur. Alors il accepte le fardeau du Royaume des Cieux au-dessus de la raison, « tel un bœuf sous le joug ou un âne sous sa charge ». Et il devrait être heureux d'avoir quelque chose à donner au Créateur, et du fait qu'il a quelque chose à donner au Créateur, le Créateur se réjouit.

Mais l'homme n'a pas toujours la force de dire que ce travail est un beau travail, qui s'appelle *Hidour* ; parfois il méprise ce travail. Cette condition est ardue pour l'homme, qu'il puisse dire qu'il choisit ce travail plutôt que le travail de « blancheur », c'est-à-dire un état où il ne ressent pas le goût d'obscurité dans le travail. Alors il peut prendre goût à son travail. Ce qui veut dire qu'il n'a plus besoin de l'accord de son désir de recevoir pour porter le fardeau du Royaume des Cieux au-dessus de la raison.

Si l'homme parvient à se hisser au-dessus de lui-même, et qu'il peut dire que ce travail est agréable car dorénavant il observe la *Mitsva* (commandement) de la foi au-dessus de la raison, et qu'il accepte ce travail comme beauté et *Hadar*, ceci est appelé « la joie de la *Mitsva* ».

C'est le sens que la prière est plus importante que la réponse à la prière. Parce que dans la prière, l'homme a de la place pour le labeur et il a besoin du Créateur, car il attend la grâce des Cieux. À cet instant, il a un contact réel avec le Créateur et il se trouve dans le Palais du Roi. Tandis que quand il reçoit la réponse à sa prière, il a déjà quitté le Palais du Roi, car il a déjà pris son dû et a quitté les lieux.

Il faut dès lors comprendre le verset « Tes huiles sont bonnes à sentir, Ton Nom est une huile jaillissante ». **L'huile** est appelée Lumière Supérieure lorsqu'elle abonde. « **Jaillissante** » veut dire pendant l'arrêt de l'abondance, quand il reste l'odeur de l'huile (l'odeur reste, car c'est un *Reshimo* – réminiscence – de ce qu'il avait.) En revanche, **Hidour** se réfère à une place où il n'y a aucun appui, et même l'aspect de *Reshimo* ne brille pas.

C'est le sens de *Atik* et *Arikh Anpin*. Pendant l'expansion, l'abondance s'appelle *Arikh*

Anpin, qui est *Hokhma* et aussi **Providence révélée**. *Atik* vient du mot hébreu « *Va yeatek* » (détacher) qui signifie le départ de la Lumière, c'est-à-dire qu'elle ne brille pas et ceci est appelé **dissimulation**. C'est le moment de la résistance au revêtement, le moment de recevoir la Couronne du Roi, qui est considérée comme *Malkhout* des Lumières ou **le Royaume des Cieux**.

Le Saint *Zohar* nous dit à ce propos que la Sainte *Shekhina* a dit à Rabbi Shimon : « Il n'y a pas de place où je puisse me cacher de toi. » Cela signifie que même dans la plus grande des dissimulations, il accepte quand même le fardeau du Royaume des Cieux avec grande joie.

C'est parce qu'il suit la voie qui est le désir de donner sans réserve et qu'il donne alors ce qu'il a dans les mains. Et si le Créateur lui en donne plus, il donne plus. Et s'il n'a rien à donner, il se dresse et jacasse comme une grue, afin que le Créateur le sauve des eaux malignes. Ainsi, même de cette manière, il est en contact avec le Créateur.

Ce discernement s'appelle *Atik*, mais *Atik*

n'est-il pas le plus haut degré ? La réponse est que plus une chose est éloignée du revêtement, plus elle est élevée. L'homme est capable de ressentir dans le lieu le plus abstrait qui s'appelle « le zéro absolu », car sa main ne peut le toucher. Cela signifie que le désir de recevoir peut s'accrocher seulement là où il y a quelque déploiement de Lumière. Avant qu'il ne purifie ses récipients, afin de ne pas abîmer la Lumière, l'homme est incapable d'attirer cette Lumière sous la forme du déploiement dans les *Kélim*.

C'est seulement en marchant sur les voies du don sans réserve, à savoir là où le désir de recevoir est absent – de son esprit ou de son cœur –, que la Lumière se présente dans son intégralité. La Lumière lui vient comme une sensation et il peut ressentir la sublimité de la Lumière Supérieure.

Cependant, quand l'homme n'a pas encore réparé les *Kélim* afin qu'ils soient à l'état de don sans réserve, alors quand la Lumière se déploie, elle est obligée de se restreindre et ne peut briller que par rapport à la pureté des *Kélim*. Donc, à ce moment-là, la Lumière est perçue comme étant d'une extrême *Katnout* (petitesse). Donc, quand la Lumière est dévêtue du revêtement dans les *Kélim*, la Lumière peut briller dans toute son intégralité et toute sa clarté, sans aucun *Tsimtsoum*[22] pour l'inférieur.

Il en résulte que l'importance du travail apparaît justement quand l'homme est au niveau zéro, quand il réalise qu'il a fait abstraction de sa propre existence et de son essence, et que son désir de recevoir n'a plus aucun pouvoir. C'est seulement à ce moment qu'il entre dans la *Kedousha*.

Il faut savoir que « Dieu a fait l'un en face de l'autre ». À savoir que selon la mesure de la révélation de la *Kedousha*, dans cette mesure la *Sitra Akhra* s'éveille. Et quand l'homme prétend « il m'appartient entièrement », à savoir que tout le corps appartient à la *Kedousha*, alors la *Sitra Akhra* se dresse contre lui et déclare aussi que tout le corps doit servir la *Sitra Akhra*.

Donc, l'homme doit savoir que lorsqu'il s'aperçoit que son corps prétend appartenir à la *Sitra Akhra*, et qu'il crie les fameuses questions de **Qui** et **Quoi** de toutes ses forces, c'est signe qu'il marche sur la voie de la vérité, à savoir que sa seule intention est de donner du contentement

---

[22] Restriction.

à son Créateur.

Donc, tout le travail ne doit s'effectuer que sous cet aspect. Car l'homme doit savoir que c'est un signe que son travail a atteint sa cible. C'est le signe qu'il se bat et qu'il décoche ses flèches dans la tête du serpent, qui hurle et argumente sur le **Qui** et le **Quoi**, qui veut dire « Quel est le sens de ce travail ? » Autrement dit, que vas-tu gagner à servir le Créateur et non ta propre personne ? » Et l'argument du **Qui** est le même argument que celui de Pharaon qui disait : « Qui est le Seigneur pour que je l'écoute ? »

Il semble pourtant que le **Qui** soit un argument rationnel. Parce que généralement, quand on dit à quelqu'un « Va travailler pour lui », cet homme demande : « **Pour qui ?** » Donc, quand le corps demande « Qui est le Seigneur pour que je l'écoute ? », il s'agit d'un argument rationnel. Étant donné la règle selon laquelle notre esprit n'est pas une entité autonome, mais plutôt le **miroir** de ce que nous percevons par le truchement de nos sens, alors l'esprit le perçoit ainsi. C'est l'interprétation de « les fils de Dan : *Khoushim* (sens) ».

C'est-à-dire que l'esprit ne peut juger

qu'avec ce que les sens lui laissent percevoir et inventer des stratagèmes pour convenir aux demandes des sens. À savoir que ce que les sens revendiquent, l'esprit s'efforce de leur fournir. Cependant, l'esprit n'a pas besoin de revendiquer quoi que ce soit pour lui-même. Donc, s'il y a dans nos sens une revendication à l'effet de donner, l'esprit travaille dans la voie du don sans réserve ; l'esprit ne pose pas de questions, car il ne fait que servir les sens.

L'esprit peut être comparé à celui qui se regarde dans le miroir pour voir s'il est sale. Et il lave et nettoie tous les endroits où le miroir lui montre qu'il est sale, car le miroir lui a montré que l'homme a des choses laides sur le visage et qu'il doit les nettoyer.

Cependant, le plus difficile est de savoir ce qui est considéré comme laid. Est-ce le désir de recevoir, à savoir la demande du corps à tout recevoir pour lui-même ? Ou est-ce le désir de donner sans réserve qui est laid, que le corps ne peut tolérer ? L'esprit est incapable de le déterminer, tout comme le miroir ne peut dire qui est laid et qui est beau ; cela dépend des sens, qui seuls font la détermination.

Donc, quand l'homme s'habitue à travailler par contrainte sur la voie du don sans réserve, son esprit avance aussi sur la voie du don. Sous cet angle, il est impossible que l'esprit pose les questions de « Qui », car ses sens sont déjà habitués à travailler pour le désir de donner sans réserve. En d'autres termes, les sens ne posent plus la question « Quel est donc ce travail ? », car ils travaillent déjà dans le but de donner, et l'esprit ne pose donc pas les questions de « Qui ».

Il se trouve que l'essentiel du travail se situe dans « Quel est donc ce travail pour vous ? » Et si l'homme entend que son corps pose la question de Qui, la raison en est que le corps refuse de s'abaisser à ce niveau. C'est pourquoi il pose la question de Qui, comme s'il posait une question rationnelle, mais en vérité, comme nous l'avons dit ci-dessus, l'essentiel du travail se situe dans le « Quoi ».

20 - *LISHMA*
J'ai entendu, en 1945

Concernant *Lishma*[23]. Si une personne désire acquérir l'état appelé *Lishma*, elle a besoin d'un éveil de l'En-Haut. Car il s'agit d'une illumination d'En-Haut et qu'il n'est pas donné à l'esprit humain de la comprendre. Mais celui qui goûte le sait. Il est dit à ce propos : « **Goûtez et voyez que le Seigneur est bon** ».

C'est pour cette raison qu'en acceptant la charge du Royaume des Cieux l'homme doit être en complétude absolue, à savoir que son désir ne soit que de donner sans réserve et de ne rien recevoir. Si l'homme s'aperçoit que ses organes n'en acceptent pas le principe, il n'a d'autre recours que la prière pour épancher son cœur vers le Créateur – afin qu'Il fasse en sorte que son corps consente à se soumettre au Créateur.

Et ne dites pas que si *Lishma* est un don du Ciel, à quoi bon tous les efforts que l'homme fournit pour s'élever et toutes les vertus et corrections qu'il effectue pour parvenir à *Lishma*, si cela dépend du Créateur. Nos sages

---

[23] Litt. pour elle-même.

ont dit à ce sujet : « Tu n'es point libre de t'en dispenser ». Donc, l'homme se doit d'offrir l'éveil d'en-bas, qui est la prière.

Mais sa prière ne peut être effective s'il n'a pas la connaissance préalable que, sans prière, il ne peut l'atteindre. C'est pourquoi, grâce à toutes les actions et aux remèdes qu'il utilise pour atteindre *Lishma*, il parvient à réparer les *Kélim* (récipients) nécessaires afin de recevoir *Lishma*.

Et ce ne sera qu'après les actions et les remèdes qu'il sera en mesure de prier sincèrement, car il se rend compte que ses actions et ses remèdes, en eux-mêmes, ne l'ont mené à rien. C'est à cette condition qu'il peut prier avec conviction, de tout son cœur, et alors le Créateur entend sa prière et lui donne le présent qu'est *Lishma*.

Il faut aussi savoir qu'en atteignant *Lishma*, l'homme procède à la mise à mort du mauvais penchant, car le mauvais penchant est appelé « le désir de recevoir pour son propre compte ». En atteignant le stade du don sans réserve, l'homme annule son désir de recevoir égoïste. La mort signifie ici que l'homme ne se sert plus de ses *Kélim* de réception égoïste et, puisqu'il ne s'en sert plus, ils sont considérés comme morts.

Si l'homme examine ce qu'il reçoit en retour de son labeur sous le soleil, il s'aperçoit qu'il n'est pas si difficile de se soumettre au Créateur, et cela pour deux raisons : la première étant que de toute façon l'homme doit faire des efforts en ce monde, qu'il le veuille ou non ; la deuxième voulant que même pendant le travail, s'il le fait *Lishma*, l'homme reçoit du plaisir grâce au travail lui-même.

C'est comme ce que le *Maguid* (diseur) de *Doubna* a dit à propos du verset « Et pourtant ce n'est pas Moi que tu as invoqué, Jacob ! Non, tu t'es lassé de Moi Israël ! » Ce qui signifie que celui qui travaille pour le Créateur n'éprouve aucune difficulté dans le travail. Au contraire, il en éprouve plaisir et ravissement.

Mais celui qui ne travaille pas pour le Créateur, mais pour d'autres objectifs, ne peut venir se plaindre au Créateur d'être dépourvu de vigueur durant le travail, puisqu'il travaille pour d'autres intérêts. Il ne peut se plaindre qu'à celui pour qui il travaille et n'a qu'à lui demander vitalité et plaisir durant son travail, comme il est dit : « Ils leur ressemblent, ceux qui les font,

tous ceux qui mettent leur confiance en elles. »
(Psaumes 135, 18)

Ne soyez pas surpris d'apprendre que lorsque l'homme accepte le fardeau du Royaume des Cieux, à savoir qu'il veut travailler afin de donner sans réserve à son Créateur, il ne ressent pas encore de vitalité, car la vitalité le contraindrait à recevoir le fardeau du Royaume des Cieux. Il doit l'accepter par obligation, contre son gré, malgré le corps qui refuse cette servitude, car pourquoi donc le Créateur ne lui offre-t-il pas vigueur et plaisir ?

La raison en est que c'est une grande correction. Car s'il n'en était pas ainsi, et que le désir de recevoir était en mesure d'accepter le travail, l'homme ne serait jamais capable d'atteindre *Lishma*. Il ne travaillerait que pour son propre compte, afin d'assouvir ses désirs personnels. Comme l'histoire du voleur qui crie avec les autres « attrapez le voleur ! » et personne n'est capable de dire qui est vraiment le voleur pour l'arrêter et récupérer son larcin. Mais quand le voleur, à savoir le désir de recevoir, ne trouve aucun intérêt au travail d'accepter le fardeau du Royaume des Cieux, et comme son corps s'habitue malgré lui à faire un travail contre son gré, alors l'homme dispose des moyens nécessaires pour travailler uniquement afin de donner sans réserve du contentement à son Créateur.

Car l'homme doit diriger toute son attention vers son Créateur, comme il est dit : « alors tu te délecteras du Créateur ». Donc, auparavant, il ne ressentait aucun plaisir en servant le Créateur, car son travail était effectué par contrainte.

Par contre, après s'être habitué à travailler afin de donner sans réserve, l'homme est à même de se « délecter » de son Créateur, car le travail lui-même procure plaisir et vigueur. Il est considéré que ce plaisir est précisément destiné au Créateur.

21 - Quand l'homme ressent qu'il est dans un état d'ascension

Lorsque l'homme se sent en phase d'ascension, qu'il se trouve dans un état d'élévation et qu'il sent qu'il n'a pas d'autre passion en dehors de la spiritualité, alors il est bon de lire les secrets de la *Torah* pour en saisir son intériorité. Et même s'il voit que malgré ses efforts pour comprendre quelque chose, et qu'il ne sait toujours rien, cela vaut quand même la peine d'étudier les secrets de la *Torah*, même cent fois de suite une chose et ne pas désespérer, c'est-à-dire prétendre qu'il n'y a aucun intérêt à cela parce qu'il ne comprend rien. Et cela pour deux raisons :

Lorsque l'homme lit une chose et aspire à la comprendre, cette aspiration s'appelle prière, cela signifie qu'il désire quelque chose qui lui manque, que le Créateur remplisse son besoin. Et la taille de sa prière se mesure selon son aspiration, parce que la chose qui lui manque le plus engendre une plus grande aspiration, parce que selon la mesure du manque, il aspire.

Et il existe un principe lorsqu'un homme investit de très grands efforts, alors l'effort accroît le besoin et il veut recevoir la satisfaction de son besoin. Et le besoin s'appelle prière, le travail du cœur, car le Créateur veut le cœur. Il s'avère qu'il peut alors donner une prière authentique. Parce que lorsqu'il étudie les secrets de la *Torah*, alors le cœur est obligé de se vider de ses désirs et de donner de la force à l'esprit pour qu'il puise réfléchir et lire sur le sujet. Et si le cœur n'a pas envie, l'esprit ne peut pas lire. Comme les sages ont dit : « l'homme apprend toujours où son cœur en a envie ». Et pour que sa prière soit acceptée, la prière doit être entière. Par conséquent, lorsqu'il étudie dans une mesure entière, il en retire une prière entière, et alors sa prière peut être acceptée, parce que le Créateur entend la prière. Mais il existe une condition pour que la prière soit entière, et qu'il n'y ait au cours de la prière d'autres choses qui s'y mêlent.

Et la deuxième raison, du fait que l'homme se sépare de la matérialité dans une certaine mesure et qu'il est plus près de l'attribut du don, alors le temps est plus propice pour se rapprocher des secrets de la *Torah*, qui se dévoile à ceux qui se mettent en équivalence avec le Créateur, car la Lumière, le Créateur et Israël ne font qu'un. Tandis que lorsque l'homme se trouve dans la phase de réception à des fins personnelles, il relève alors de l'extériorité et non de l'intériorité.

22 - *Torah Lishma* (en Son Nom)
J'ai entendu, le 6 février 1941

La *Torah* est appelée *Lishma* essentiellement lorsque l'homme apprend dans le but de connaître avec une certitude absolue, par la raison, sans aucun doute quant à la vérité, avec la plus grande lucidité, « qu'il y a un juge et qu'il y a un jugement ». Il y a un jugement signifie que l'homme voit la réalité telle qu'elle apparaît à ses yeux. Ceci signifie que lorsque nous travaillons dans la foi et le don, nous voyons que nous grandissons et nous nous élevons quotidiennement, puisque nous voyons toujours un changement, pour le mieux.

Inversement, quand nous travaillons sous la forme de la réception et de la connaissance, nous voyons que nous déclinons chaque jour vers la pire des bassesses dans notre réalité.

En examinant ces deux situations, nous voyons « qu'il y a un jugement et qu'il y a un juge ». La raison en est que lorsque nous ne suivons pas les lois de la *Torah* de vérité, nous sommes instantanément punis. Dans cet état, nous voyons qu'il y a un juste jugement. En d'autres mots, nous voyons que ceci est précisément, le meilleur et le plus susceptible moyen de parvenir à la vérité.

Le jugement est considéré comme juste, comme étant la seule manière pour nous de parvenir au but ultime, de comprendre en usant de la raison, avec une compréhension complète et absolue telle qu'il n'y en a pas de plus élevée, que seulement au moyen de la foi et du don nous pouvons atteindre le but.

Donc, si l'homme étudie dans ce but, afin de comprendre qu'il y a « un jugement et qu'il y a un juge », ceci est appelé *Torah Lishma* (en Son Nom). Ceci est également la signification de ce que nos sages disaient : « Grande est l'étude qui conduit à l'acte ».

Il semble qu'il aurait fallu dire : « qui mène aux actes », autrement dit être capable d'accomplir beaucoup d'actons, à la forme plurielle et non au singulier. Néanmoins, le fait est que, comme il est indiqué ci-dessus, l'étude ne devrait apporter à l'homme que la foi, et la foi est appelée une *Mitsva* (Commandement), qui soumet le monde entier au mérite.

La foi s'appelle « agir » parce qu'elle est une obligation habituelle de celui qui fait une certaine chose, qu'il doit y avoir une raison qui l'oblige à agir selon la raison. Ceci est semblable à la corrélation entre l'esprit et l'action.

Toutefois, lorsque quelque chose est au-dessus de la raison, que la raison ne laisse pas l'homme faire cette chose, mais le contraire, alors il est obligé de dire qu'il n'y a aucune raison à cet acte, mais seulement un acte. Ceci est l'explication de « Si l'homme accomplit une *Mitsva*, il est heureux, car il s'est soumis, etc., à une échelle de mérite. » Ceci est l'explication de « Grande est l'étude qui conduit à l'acte », c'est-à-dire un acte sans raison, appelé au-dessus de la raison.

23 - Vous qui aimez le Seigneur, haïssez le mal
J'ai entendu, le 17 *Sivan*, 1931

Dans le verset, « Ô vous qui aimez le Créateur, haïssez le mal ; Il préserve les âmes de Ses pieux ; Il les sauve de la main des méchants. »

Et il précise qu'il n'est pas suffisant d'aimer le Créateur et de vouloir l'adhésion avec le Créateur, mais qu'il faut aussi haïr le mal.

La question de la haine est exprimée en haïssant le mal appelé « le Désir de recevoir ». L'homme voit alors qu'il n'a aucun conseil pour s'en débarrasser, et en même temps, il ne veut pas accepter la situation. Il sent les pertes que le mal lui cause et voit également la vérité : que l'homme ne peut pas supprimer le mal par lui-même, étant donné qu'il s'agit d'une force naturelle provenant du Créateur, qui a imprimé le Désir de recevoir dans l'homme.

Donc le verset nous dit ce que l'Homme peut faire – c'est-à-dire haïr le mal –, et par cela le Créateur le préservera de ce mal, comme il est écrit : « Il préserve les âmes de ses pieux ». Qu'est-ce que la préservation ? « Il les sauve de la main des méchants. » Alors, dans la mesure où il a déjà un certain contact avec le Créateur, aussi petit soit-il, il est déjà un homme qui a réussi.

En fait, la notion du mal persiste et sert d'*Akhoraïm* (Postérieur) au *Partsouf*. Mais c'est seulement par sa correction, par le biais de sa haine absolue du mal, que l'homme se corrige dans la forme d'*Akhoraïm*.

La haine provient du fait que si l'homme veut obtenir l'adhésion avec le Créateur, alors il adopte le comportement existant entre des amis ; c'est-à-dire, si deux personnes prennent conscience que chacun hait ce que son ami hait et aime ce que son ami aime, alors ils arrivent à une connexion permanente, comme un pieu qui ne s'effondre jamais.

Par conséquent, puisque le Créateur aime donner sans réserve, les inférieurs doivent également s'habituer à ne vouloir que donner sans réserve. Et comme le Créateur déteste recevoir, puisqu'il est parfait en tout et n'a besoin de rien, l'homme doit aussi haïr la réception pour lui-même.

Il résulte de tout ce qui précède, que l'homme doit haïr complètement le Désir de recevoir, puisque toutes les destructions dans le monde proviennent uniquement du Désir de recevoir. Et grâce à cette haine, il le corrige et se soumet à la *Kedousha* (sainteté).

24 - Il les sauvera de la main des méchants
J'ai entendu, le 5 Av, 25 juillet 1944,
lors de la conclusion du *Zohar*

Il est écrit « Vous qui aimez le Seigneur, haïssez le mal, etc., Il les sauvera de la main des méchants. » Il demanda : Quel est le rapport entre « haïssez le mal » et « Il les sauvera de la main des méchants » ?

Pour le comprendre, nous devons rapporter ce que les sages ont dit : « Le monde n'a été créé que pour les justes complets ou pour les méchants complets. » Il demanda : Pour les méchants complets, cela valait la peine de créer le monde, et pour les justes incomplets, cela n'en valait pas la peine ?

Il répondit : Du point de vue du Créateur, rien en ce monde ne possède deux significations. Mais c'est seulement du point de vue de ceux qui reçoivent, c'est-à-dire selon la sensation de ceux qui reçoivent. Ils peuvent sentir un bon goût dans le monde, ou bien ils sentent un goût mauvais et amer dans le monde.

Il en est ainsi parce que chaque action qu'ils effectuent, ils l'ont préalablement calculée quand ils la font, car aucun acte n'est fait sans but. Soit ils veulent améliorer leur situation, soit ils veulent nuire à quelqu'un. Mais les choses banales ne sont pas dignes d'un opérateur résolu.

Dès lors, ceux qui ont accepté les modes de conduite du Créateur dans le monde déterminent s'ils sont bons ou mauvais, d'après ce qu'ils ressentent – soit bon, soit mauvais.

D'où « ceux qui **aiment le Seigneur** », qui

comprennent que le but de la création était de prodiguer le bien à Ses créatures. Pour arriver à le ressentir, elles comprennent que ceci est reçu précisément par la *Dvékout* (adhésion) et par le rapprochement vis-à-vis du Créateur.

Donc, s'ils ressentent quelque éloignement de la part du Créateur, ils l'appellent « mauvais ». Dans cet état, l'homme se considère lui-même mauvais, parce il n'y a pas d'état intermédiaire dans la réalité. À savoir, soit il perçoit l'Existence et la Providence du Créateur, soit il s'imagine que « la terre a été donnée aux mains des méchants ».

Puisqu'il se sent homme de vérité, qu'il ne peut pas se duper lui-même et prétendre qu'il ressent s'il ne ressent pas, alors il se met aussitôt à crier au Créateur pour qu'Il ait pitié de lui et le libère du réseau de la *Sitra Akhra* et de toutes les pensées étrangères. Et comme il crie sincèrement, le Créateur entend sa prière (c'est peut-être l'explication de « le Seigneur est proche de ceux qui L'appellent vraiment. ») Alors « Il les sauvera de la main des méchants. »

Tant qu'il ne sent pas sa véritable situation, à savoir son « niveau de mal » selon une mesure suffisante pour qu'il s'éveille afin de crier vers le Créateur, à cause des nombreuses souffrances qu'il ressent en raison de sa connaissance du mal, l'homme ne mérite pas encore le Salut. C'est parce qu'il n'a pas encore découvert le *Kli* pour entendre la prière, appelée « du fond du cœur », parce qu'il pense toujours qu'il y a en lui quelque chose de bon.

Il ne descend pas au plus profond de son cœur, car du plus profond de son cœur il pense avoir un peu de « bien ». Il ne remarque pas avec quel amour et quelle crainte il se comporte à l'égard de la *Torah* et des *Mitsvot,* et c'est pourquoi il ne voit pas la vérité.

25 - Les choses qui viennent du cœur
J'ai entendu, le 5 Av, 25 Juillet, 1944 durant un repas de fête pour la conclusion d'une partie du *Zohar*

Concernant « Les choses qui sortent du cœur, pénètrent le cœur ». Pourquoi voyons-nous que bien que les choses aient déjà pénétré le cœur, l'homme tombe tout de même de son niveau ?

La raison en est que lorsque l'homme entend les paroles de la *Torah* de la bouche de son maître, il est immédiatement d'accord avec son professeur et décide d'observer les paroles de son maître de tout son cœur et de toute son âme. Mais ensuite, quand il sort dehors, il voit et il convoite, il est infecté par une multitude de désirs qui rôdent de par le monde et lui, son esprit, son cœur et sa volonté s'annulent devant la majorité.

Tant qu'il n'a pas le pouvoir de juger tout le monde sur l'échelle du mérite, ils le soumettent. Il se mêle à tous les désirs. Il est comme un agneau allant à l'abattoir. Il n'a pas le choix, il est obligé de penser, de vouloir, de désirer ce que la majorité demande. Alors il choisit leurs pensées étrangères, leur répugnante soif de convoitise et de désirs, qui sont étrangères à l'esprit de la *Torah*. Dans cet état, il n'a pas de force pour soumettre la majorité.

Alors il n'a qu'un seul conseil, celui d'adhérer à son maître et aux livres. Cela s'appelle « De la bouche des livres et de la bouche des auteurs ». Ce n'est qu'en adhérant à eux qu'il pourra changer son esprit et son désir pour les rapprocher du bien. Et toute discussion, toute subtile argumentation ne l'aideront pas à changer d'avis, il n'y aura que le remède de *Dvékout* (adhésion), car c'est un remède merveilleux puisque la *Dvékout* le ramène vers le bien.

Ce n'est que quand il est dans la *Kedousha* que l'homme peut débattre avec lui-même, en utilisant de subtils arguments, comment il est raisonnable qu'il suive toujours les voies du Créateur. Mais l'homme doit savoir ceci : même quand il est intelligent et certain qu'il peut déjà se servir de cet esprit pour vaincre la *Sitra Akhra*, il doit se mettre dans la tête que tout ceci n'a aucune valeur.

Ce n'est pas une arme qui peut lui faire gagner la guerre contre le désir, car tous ces concepts ne sont qu'une conséquence qu'il a obtenue après la *Dvékout* susmentionnée.

Ce qui veut dire que tous les concepts sur lesquels il construit sa construction, disant que l'homme se doit toujours de suivre la voie de son Créateur, est fondée dans la *Dvékout* avec son maître. Ainsi, s'il perd la fondation, alors tous les concepts seront impuissants, car il lui manquera dès lors la fondation.

Donc, l'homme ne peut pas se fier à son intelligence, mais adhérer de nouveau aux livres et aux auteurs. Car ce n'est que ceci qui peut l'aider, et non son intelligence, ni sa raison, car elles n'ont aucun souffle de vie.

26 - Le futur de l'homme dépend et est lié à sa gratitude envers le passé
J'ai entendu, en 1943

Il est écrit : « **Le Seigneur est élevé et celui qui est humble verra** », car seuls les humbles peuvent voir la Grandeur. Les lettres de *Yakar* (précieux) sont les mêmes que *Yakir* (connaîtra), ce qui signifie que l'homme connaît la valeur d'une chose en fonction du caractère précieux qu'il lui prête.

L'homme est impressionné suivant l'importance d'une chose. L'impression l'amène à ressentir avec son cœur. En proportion de la reconnaissance de l'importance d'une chose, la joie naît en l'homme.

Ainsi, si un homme connaît sa bassesse, cet homme n'est pas plus avantagé que ses contemporains, c'est-à-dire qu'il voit que nombreux sont ceux en ce monde à qui il n'a pas été donné la force de faire le saint travail, même de la façon la plus simple, même sans intention ou *Lo Lishma* (Pas en son Nom, à elle), ni même en *Lo Lishma* de *Lo Lishma*, ni dans la préparation de la préparation pour le vêtement de la *Kedousha* (Sainteté), alors qu'il lui a été donné le désir et la pensée de faire néanmoins occasionnellement le saint travail, même de la façon la plus simple possible, si l'homme peut apprécier cela, selon l'importance que l'homme accorde au saint travail, selon cette mesure l'homme devrait faire les louanges et être reconnaissant de cela.

Il en est ainsi parce que nous ne sommes pas toujours en mesure d'apprécier l'importance d'être capables d'observer les commandements du Créateur, même sans aucune intention. Dans cet état, l'homme parvient à sentir de l'exultation et de la joie dans le cœur.

Les louanges et la gratitude que l'homme exprime dilatent ses sensations et l'homme est exalté par chacun des petits détails concernant le saint travail. De plus, il sait pour Qui il travaille. De cette manière, il s'élève toujours plus haut. Et ceci est la signification de ce qui est écrit, « Je Te remercie pour la grâce que Tu m'as accordée... », à savoir pour le passé, et par cela il peut dire en toute confiance : « ...et que Tu m'accorderas dans le futur ».

27 - En quoi consiste « Le Seigneur est élevé et les humbles verront »

J'ai entendu, Shabbat *Téroumah*, 5 mars 1949, Tel-Aviv

« Le Seigneur est grand et les humbles verront ». Comment peut-il y avoir un rapport d'équivalence avec le Créateur à partir du moment où l'homme est le receveur, et le Créateur, le donneur ? Le verset dit à propos de cela, « le Seigneur est élevé et les humbles verront… »

Si l'homme parvient à s'effacer, dès lors il n'y a aucune autorité qui puisse le séparer du Créateur. Dans cet état, l'homme « va voir », à savoir qu'il lui est donné « *Mokhin* de *Hokhma* », et aussi « et le hautain, de loin, Il connaît ». Cependant l'homme fier, c'est-à-dire celui qui a sa propre autorité, est éloigné puisqu'il lui manque l'équivalence.

L'abaissement n'est pas considéré comme s'abaisser devant les autres. Il s'agit ici d'humilité et l'homme sent la complétude dans son travail. En vérité, l'abaissement signifie que le monde entier méprise quelqu'un. Et c'est justement quand les hommes méprisent qu'apparaît la bassesse.

Et à ce stade, l'homme ne ressent aucune plénitude, car c'est une loi : l'homme est affecté par ce que pensent les gens.

Donc, s'il est respecté par les autres, il se sent complet ; et ceux que les gens méprisent pensent qu'ils sont bas.

28 - Je ne mourrai pas, mais je vivrai
J'ai entendu, en 1943

Dans le verset « Je ne mourrai pas, mais je vivrai », pour atteindre la vérité, il doit y avoir une sensation que s'il n'obtient pas la vérité, il se sent comme mort, parce qu'il veut vivre. Cela signifie que ce verset, « Je ne mourrai pas, mais je vivrai », a été écrit à propos d'un homme qui veut obtenir la vérité.

Telle est l'explication de *Jonas Ben Amitaï*. *Jonas* dérive du mot hébreu *Hona'a* (fraude) et le mot *Ben* (fils) dérive du mot *Mévine* (comprendre). L'homme comprend parce qu'il examine toujours la situation dans laquelle il se trouve et voit qu'il s'est lui-même fourvoyé et qu'il ne marche pas sur la voie de la vérité.

Il en est ainsi parce que la vérité implique

le don sans réserve, ou *Lishma*, c'est-à-dire le contraire de la fraude ou du mensonge, qui servent uniquement à recevoir, qui est *Lo Lishma*. Ce faisant, l'homme peut par la suite être récompensé de « *Amitaï* », à savoir *Emet* (vérité).

C'est ce que veut dire « tes yeux sont des colombes », les yeux de *Kedousha*, appelés les yeux de la Sainte *Shekhina* (Divinité), sont des colombes (*Yonim*). Elles nous trompent et nous pensons qu'elle n'a pas d'yeux (*Enayim*), comme il est écrit dans le Saint *Zohar* : « une belle jeune fille sans yeux ».

La vérité est que celui qui est récompensé de la vérité voit qu'elle a des yeux. Telle est la signification de « quand la mariée a de beaux yeux, son corps n'a pas besoin d'examen ».

29 – Lorsque des pensées viennent à l'homme
J'ai entendu, en 1943

« Le Seigneur est ton ombre ». Si un homme pense, le Créateur pense aussi à lui. Et lorsque le Créateur pense, cela s'appelle « la montagne du Seigneur ». Ce qui est l'explication de « qui montera dans la montagne du Seigneur et qui se tiendra debout dans Son Lieu saint ? » « Celui qui a les mains propres. » C'est le sens de « mais les mains de Moïse étaient lourdes », « et un cœur pur » qui est le cœur.

30 – Le plus important est de vouloir donner sans réserve
J'ai entendu après le Shabbat *Vayikra*, 20 mars 1943

Le plus important est de ne pas vouloir autre chose que de donner sans réserve pour Sa Grandeur, car toute réception n'est que défaut. Il est impossible de sortir de l'état de la réception, sans prendre l'autre extrême, à savoir donner sans réserve.

La force motrice, à savoir la force déployée et la force qui contraint au travail, ne sont dues qu'à Sa Grandeur. Il faut nous rendre compte que, finalement, les efforts et le labeur doivent être effectués et que par ces efforts il est possible d'obtenir quelque bienfait, ou du plaisir. Ce qui veut dire que les efforts que l'homme fournit peuvent satisfaire son corps physique, mais que provisoirement – car il n'est qu'un invité de passage –, ou alors satisfaire ce qui est éternel en lui. Et cela signifie que l'énergie que l'homme fournit reste pour l'éternité.

Ceci est semblable à un homme qui a le pouvoir de bâtir un pays entier, mais qui ne construit qu'une cabane, et celle-ci est détruite par un vent violent. Vous trouvez que toutes les forces ont été gaspillées. Cependant, pour celui qui reste dans la *Kedousha*, toutes ses forces restent pour l'éternité. C'est uniquement dans ce but que l'homme doit concevoir la base même du travail et toutes les autres bases sont éliminées.

La force que donne la foi suffit pour que l'homme travaille dans l'intention de donner sans réserve. À savoir qu'il peut croire que le Créateur accepte son travail, même si son travail n'a pas grande importance à ses yeux. De toute manière, le Créateur est attentif à tout travail. Car si l'homme dédie son travail au Créateur, le Créateur l'accueille et veut toutes les œuvres, quel que soit ce travail.

Dès lors, si l'homme veut se servir de sa foi dans l'intention de recevoir, la foi ne lui suffit plus. Ce qui veut dire qu'à cet instant, il doute de sa foi. Il en est ainsi parce que la réception égoïste n'est pas la vérité et qu'en réalité, s'il procède ainsi, l'homme ne retire rien de son travail, car seul le Créateur recevra son travail. Par conséquent, les doutes de l'homme sont fondés. En d'autres mots, ces pensées étrangères, à la surface de notre esprit, sont des arguments réels. Cependant, si l'homme a le désir d'utiliser sa foi pour marcher sur la voie du don sans réserve, il n'aura aucun doute quant à sa foi. Et si l'homme a encore des doutes, il doit comprendre qu'il ne désire probablement pas marcher sur la voie du don sans réserve, car pour donner sans réserve, la foi est suffisante.

31 - Tout ce qui satisfait l'esprit des créatures
J'ai entendu

Tout ce qui satisfait l'esprit des créatures. Il a demandé : « Mais nous avons trouvé que les plus grands et les plus renommés étaient en désaccord. Ainsi, l'esprit des créatures n'en est pas satisfait ».

Il répondit qu'il n'est pas dit « toutes les créatures », mais « l'esprit des créatures ». Cela signifie que seuls les corps physiques sont en désaccords, à savoir que chacun travaille avec le désir de recevoir.

Toutefois, « l'esprit des créatures » est déjà spiritualité. Et « ce qui satisfait » – que le juste qui étend l'abondance la déploie pour la génération entière. Et seulement parce qu'ils n'ont pas encore habillé leur esprit, ils ne peuvent pas atteindre ni ressentir l'abondance que le juste a déployée.

32 - Le destin est un éveil de l'En-Haut
J'ai entendu à *Téroumah* 4, 10 février 1943

Le destin est un éveil de l'En-Haut, alors que celui situé en bas n'y participe en rien. C'est la signification de « le *Pour* en est jeté », « le sort ». Haman se plaignait en disant : « ils ne respectent pas les lois du Roi ».

Ce qui signifie que la servitude, pour celui qui travaille, commence par l'état appelé *Lo Lishma* (pas en son Nom, à elle) qui est l'état de la réception égoïste. En ce cas, pourquoi leur avoir donné la *Torah* ? Est-ce que par la suite ils parviennent à *Lishma* (en son Nom, à elle) et reçoivent les Lumières et la capacité d'atteindre le suprême ?

Alors arrive l'accusateur et il demande : Pourquoi reçoivent-ils toutes les choses sublimes pour lesquelles ils n'ont pas travaillées, et qu'ils n'ont pas espérées, mais toutes leurs pensées et tous leurs objectifs ne concernent que leurs besoins personnels, ce qui est appelé *Lo Lishma* ? C'est la signification de « l'impie le préparera, mais le juste s'en revêtira ».

Cela veut dire que tout d'abord, l'homme travaillait dans un état d'impiété qui est *Lo Lishma*, en tant que receveur. Par la suite, il parvint à l'état de *Lishma* dont tout le travail appartient au domaine de la *Kedousha* (Sainteté), à savoir que tout n'est que don sans réserve. C'est la signification de « le juste s'en revêtira ».

Ce qui veut dire : *Pourim* comme *Yom Kipourim* (le jour de l'expiation.) *Pourim* (les sorts) est un éveil de l'En-Haut alors que *Yom Kipourim* est un éveil de l'en-bas, à savoir par le repentir. Pourtant, il y a là aussi un éveil de l'En-Haut et qui correspond à l'aspect des deux destins en question, « Un sort pour le Seigneur et l'autre pour *Azazel* », et le Créateur sonde.

33 - À propos des sorts de *Yom Kipourim* et de Haman
J'ai entendu sur *Téroumah* 6, 12 février 1943

Il est écrit (Lévitique 16,8) : « Aaron donne les sorts sur les deux boucs, un sort pour le Seigneur, un sort pour *Azazel* ». Au sujet de Haman, il est écrit (Esther 3,7) : « Il fait tomber le *Pour* (sort), qui est le sort ».

Le sort se situe en un lieu inaccessible à l'esprit de l'homme. L'esprit n'a là-bas aucune emprise pour définir ce qui est bien ou ce qui est mal. Alors ils jettent le *Pour*, car l'esprit est incapable de décider, c'est le sort qui décidera pour eux. Il en résulte que l'utilisation du mot « sort » est là pour nous dire que nous procédons maintenant au-dessus de la raison.

En ce qui concerne le 7 de *Adar*, date de la naissance et de la mort de Moïse, il nous faut comprendre quelle est la signification du mot « *Adar* » qui dérive du mot « *Adéret* » (cape). Comme il est écrit au sujet d'Élisée (1 Rois, 19,19) : « Et jette sa cape sur lui ». Ici, le mot *Adéret* se rapporte à « *Adéret Sé'ar* » (chevelure ou cape de cheveux). Et les « *Se'arot* » (cheveux) représentent les *Dinim* (jugements) ; ce sont les pensées étrangères et les opinions personnelles qui apparaissent durant le travail et qui éloignent l'homme du Créateur.

C'est ici qu'apparaît le moyen de les surmonter. Bien que l'homme voie les nombreuses contradictions qui se trouvent en Sa Providence, il se doit quand même de les surmonter avec l'aide de la foi qui est au-dessus de la raison et de se dire que la Providence est bienfaitrice. Il est écrit au sujet de Moïse : « et Moïse voila ses faces ». Ce qui veut dire qu'il avait vu toutes les contradictions et qu'il s'efforça de les maîtriser grâce au pouvoir de la foi au-dessus de la raison.

Car nos sages l'ont dit, « En salaire pour '**Moïse voila ses faces car il frémit de regarder**', il fut récompensé par '**il vit l'image du Seigneur**' ». C'est ce que veut dire : « qui est aveugle, tel Mon serviteur et qui est sourd, tel Mon messager ? »

Nous savons que *Einayïm* (yeux) sont appelés « raison » ou « esprit », à savoir les yeux de l'esprit. Voilà pourquoi, lorsqu'une chose est perçue, c'est en notre esprit que nous déclarons : « Nous voyons bien que c'est l'esprit et la raison qui nous contraignent à parler ainsi ».

Donc celui qui va au-delà de la raison est semblable à celui qui ne possède pas d'yeux et il est appelé aveugle, à savoir qu'il prétend être aveugle. De même, celui qui ne veut pas écouter ce que lui disent les espions, en prétendant être sourd, est appelé « sourd ».

Cependant, quand l'homme dit « qui est aveugle, tel Mon serviteur et qui est sourd, tel Mon messager ? », il dit en fait : « des yeux pour voir et ils ne voient pas, des oreilles pour entendre et ils n'entendent pas ». À savoir qu'il ne veut pas obéir à ce que lui suggère sa raison ni à ce que ses oreilles entendent. Comme il est dit propos de Josué, fils de Noun, que rien de mauvais n'a jamais pénétré ses oreilles. C'est l'explication de *Adéret Sé'ar* que Josué avait de nombre de contradictions et de jugements. Car chaque contradiction est appelée cheveu, et sous chaque cheveu, il y a une entaille. Ce qui veut dire que l'homme **se fait une bosse sur la tête**, à savoir que les **pensées étrangères lui fissurent et lui percent la tête**.

Lorsque quelqu'un a beaucoup de pensées étrangères, il est considéré comme possédant beaucoup de cheveux (*Se'arot*) et cela est appelé *Adéret Sé'ar*.

Voici l'explication de ce qui est écrit à propos d'Élisée : « Il part de là-bas et trouve Élisée, fils de Shaphat, qui laboure, douze paires de bœufs sont en face de lui et lui avec la douzième ; et Élie passe devant lui et jette sa cape sur lui. » (1 Rois, 19,19) Une paire de bovins (*Bakar*) veut dire que le labourage s'effectuait avec deux bovins attachés l'un à l'autre. Le mot *Bakar* veut aussi dire *Bikoret* (critique) et le nombre douze fait référence au niveau de sa complétude (comme douze mois ou douze heures.) Ce qui veut dire que l'homme dispose maintenant de tous les aspects des contradictions (*Se'arot*) qui se trouvent en ce monde. Alors toutes les *Sé'arot* prennent la forme de *Adéret Sé'ar*.

Mais pour Eliahou, c'était en rapport avec la forme « matin de Joseph », comme il est écrit : « Dès que le jour diffusa sa lumière, les hommes furent renvoyés, eux et leurs mules. » Ce qui veut dire qu'il s'est vu octroyer la Lumière, qui se situe au-dessus de ces contradictions. Et par ces contradictions, qu'il appelle « critique », quand l'homme désire les surmonter, il le fait en déployant la Lumière sur elles.

Et c'est comme il est écrit, « celui qui vient se purifier est aidé », car maintenant qu'il a attiré la Lumière sur toute la critique et qu'il n'a rien à ajouter, il a désormais toute la critique en lui-même. Dès lors, critique et contradiction disparaissent d'elles-mêmes et c'est selon la règle qui dit : aucune opération ne s'effectue en vain, car il n'existe pas d'opérateur sans dessein.

Et ce qu'il faut vraiment savoir, c'est que ce qui apparaît à l'homme être en désaccord avec l'aspect de « Bien qui fait le Bien » n'est là, en fait, que pour l'obliger à déployer la Lumière Supérieure sur ces contradictions au moment où il désire les surmonter. Autrement, il ne peut y parvenir. Ceci est appelé « la Grandeur du Créateur ». C'est ce que l'homme déploie quand il a les contradictions, elles-mêmes appelées *Dinim*.

Ce qui veut dire qu'il est possible d'annuler les contradictions. Si l'homme veut les surmonter, c'est seulement en déployant la Grandeur du Créateur. Il se trouve que c'est par ces *Dinim* qu'est attirée la Grandeur du Créateur. C'est ce que signifie « **et il jeta sa cape sur lui** », ce qui veut dire au Créateur. Cela veut dire que maintenant l'homme voit que c'est le Créateur qui lui a donné cette cape de façon délibérée afin qu'il déploie sur elles la Lumière Supérieure.

Cependant, il n'est possible de le voir que par la suite, c'est-à-dire après que l'homme soit pourvu de la Lumière qui se trouve sur les contradictions et *Dinim*, ceux-là mêmes qu'il avait au départ. Et il en est ainsi parce que l'homme voit que sans les cheveux, à savoir les contradictions, il n'y aurait pas d'endroit pour accueillir la Lumière, car il n'y a pas de Lumière sans *Kli*.

Ainsi, l'homme voit que toute la Grandeur du Créateur qu'il a obtenue n'était due qu'aux *Se'arot* et contradictions qu'il avait auparavant. C'est ce que veut dire « puissante est la Grandeur du Créateur », à savoir que c'est par la *Adéret* qu'il parvient à la Grandeur du Créateur.

Et c'est la signification de « Que de hautes louanges soient en leurs bouches ». Ce qui veut dire que les fautes perpétrées durant le travail du Créateur provoquent l'élévation de l'homme vers l'En-Haut, car sans y être poussé, l'homme, par paresse, ne fait aucun effort. Il se contente de rester dans l'état où il se trouve. Mais si l'homme régresse à un niveau plus bas que l'état où il est, cela lui donne la force de surmonter, car il ne supporte pas de rester dans un état aussi mauvais. Il ne peut consentir de rester ainsi, dans cet état de régression.

C'est pour cette raison que l'homme est contraint de vaincre à chaque fois, afin de sortir de cet état de régression. Alors il se doit d'attirer la Grandeur du Créateur. Il est contraint de déployer de l'En-Haut des forces situées encore plus haut, sinon il reste au niveau le plus bas. Il s'ensuit qu'à travers les *Sé'arot* l'homme découvre progressivement la Grandeur du Créateur, jusqu'à ce qu'il trouve les Noms du Créateur appelés « les treize attributs de miséricorde ». C'est ce qui est dit : « le plus âgé servira le plus jeune » et « l'impie le préparera, mais le juste s'en revêtira », et aussi, « et tu serviras ton frère ».

Ce qui veut dire que toute la servitude, à savoir lesdites contradictions précédentes, semblent être un obstacle sur la voie du saint travail, et aller à l'encontre de la *Kedousha*. Mais maintenant qu'il est pourvu de la Lumière du Créateur qui se tient au-dessus de ces contradictions, l'homme s'aperçoit du contraire, à savoir qu'elles étaient au service de la *Kedousha*. Ce qui veut dire qu'à travers elles, il y avait un lieu pour que la *Kedousha* puisse se vêtir de leurs vêtements. C'est la signification de « l'impie le préparera, mais le juste s'en revêtira », à savoir que les *Kélim* ont été donnés, ainsi que le lieu pour la *Kedousha*.

Maintenant, il est possible d'interpréter ce que nos sages ont écrit (*Haguiga* 15a) : « récompensé est le juste ». Il dépose sa part et celle de son ami au Paradis. « Condamné est l'impie, il dépose sa part et celle de son ami en Enfer ». Ce qui veut dire que l'homme prend les *Dinim* et les pensées étrangères de son ami, voire du monde entier. C'est la raison pour laquelle le monde, dans sa création, a été pourvu d'une population aussi nombreuse, chaque individu possédant ses pensées et ses opinions personnelles. Et tous les hommes se trouvent en un seul monde.

Ceci a été fait délibérément, de sorte que tout un chacun se retrouve compris (inclus) dans toutes les pensées de son ami. Donc, lors du repentir, l'avantage que l'homme en retire s'appelle « *Hitkalelout* » (incorporation / mélange / intégration).

Il en est ainsi parce que l'homme qui décide de se repentir est contraint de se soumettre, lui et le monde entier, à une échelle du mérite, car il est lui-même inclus à l'intérieur de toutes les notions et pensées étrangères du monde entier. C'est la signification de « condamné est l'impie, il dépose sa part et celle de son ami en Enfer ». Il en découle qu'auparavant, quand l'homme était encore considéré impie – appelé ici « condamné » –, son lot n'était que *Se'arot*, soit les contradictions et les pensées étrangères, et donc il était aussi incorporé dans la part de son ami en Enfer, c'est-à-dire qu'il se mélangeait à toutes les opinions et contradictions de tout le monde sur la terre.

Et donc, par la suite, quand l'homme devient « récompensé est le juste », c'est qu'après s'être repenti, il se soumet lui et le monde entier jusqu'à arriver à une échelle du mérite et « dépose sa part et celle de son ami au Paradis ». C'est parce que l'homme est aussi contraint de déployer la Lumière Supérieure sur les pensées étrangères de tous les habitants de la terre, car il est mélangé avec elles, il doit les soumettre à une échelle du mérite. Et c'est précisément en déployant la Lumière Supérieure sur les *Dinim* appartenant aux autres. Et même si tous les autres, en fait, ne peuvent recevoir la Lumière qu'il a déployée pour eux (car leurs *Kélim* ne sont pas préparés à cet effet), il a tout de même déployé la Lumière à leur intention.

Cependant, il nous faut comprendre le célèbre axiome qui dit que celui qui cause l'extension des Lumières situées sur les marches supérieures (degrés supérieurs), l'intensité des Lumières qu'il a déployées et qui parviennent au monde d'En-Haut, il la recevra en retour selon la même mesure d'intensité, car il en est l'instigateur.

Selon cette règle, les impies devraient eux aussi recevoir une partie des Lumières de la même manière que les justes les reçoivent. Et pour comprendre ceci, il nous faut revenir sur la question des sorts. Il est écrit qu'il y avait deux sorts, « un sort pour le Créateur et un autre pour *Azazel* ». Nous savons que le sort est un concept situé au-dessus de la raison. Il s'ensuit donc que le second est pour *Azazel*.

C'est la signification de « il tourbillonne sur la tête des impies ». Cela se produit quand l'homme utilise les contradictions pour déployer la Lumière Supérieure. C'est de cette façon que la Grandeur du Créateur se développe. Pour les impies cela est perçu comme un manque car tous leurs désirs ne proviennent que de leur propre raison. Et quand la Lumière construite au-dessus de la raison se développe, ils dépérissent et s'annulent.

Donc, tout ce que possède l'impie, c'est seulement sa contribution, qu'il a apportée au juste pour qu'il déploie la Grandeur du Créateur, ensuite les impies disparaissent. Cela est appelé « récompensé est le juste. Il dépose sa part et celle de son ami au Paradis » (ce qui implique que celui qui a contribué à cette correction, qui consiste à découvrir la Lumière à travers les bonnes actions, sa contribution elle-même reste en *Kedousha*. Car l'homme ne reçoit que ce qu'il cause En-Haut, permettant ainsi l'extension de la Lumière. En ce sens, l'homme situé en bas reçoit ce qu'il a causé à l'En-Haut. De toute façon, les contradictions et les jugements s'annulent, puisqu'à leur place, la Grandeur du Créateur n'apparaît qu'au-delà de la raison. Et, bien qu'ils ne désirent apparaître que dans les *Kélim* de la raison, ils n'en sont pas moins annulés. Cela peut être interprété de cette manière.)

Cependant, il en est de même des pensées étrangères, causées par le monde entier, car la Lumière qu'ils ont déployée afin de recevoir la Grandeur reste imprégnée en eux. Et au moment où ils mériteront de recevoir, ils recevront aussi ce que chacun d'entre eux est parvenu à déployer comme Lumière Supérieure sur les pensées étrangères. C'est la signification de la phrase « un chemin qui passe entre un cheveu fendu en deux » (*Zohar* 15 et commentaire du *Soulam* point 33, page 56) et qui fait une distinction entre la droite et la gauche, car deux sorts étaient tirés, le *Yom Kipourim* représente le repentir causé par la crainte. Quant au sort tiré à *Pourim*, c'est un repentir d'amour, car c'était avant la construction du Temple et qu'à cette époque un repentir d'amour était nécessaire. Mais auparavant, ils devaient obligatoirement ressentir le besoin de se repentir. Le besoin provoque *Dinim* et *Se'arot*. Et c'est pourquoi Haman reçut le pouvoir d'En-Haut. Comme il est dit : « Je vous place sous son contrôle afin qu'il gouverne sur vous ».

C'est pourquoi il est écrit que Haman a jeté le *Pour*, qui est le sort, durant le mois d'*Adar*, qui est le douzième, comme il est écrit « douze bœufs » au sujet d'Élisée, comme il est écrit, « deux rangées, six par rangée », ce qui indique le mois de *Adar*, et qui représente *Adéret Sé'ar*, et qui sont les plus grands *Dinim*.

C'est par cela que Haman sut qu'il allait vaincre Israël. Car Moïse est mort durant le mois d'*Adar*. Cependant, il ignorait que Moïse était né le même mois. En ce sens, il est dit : « et ils virent que c'était bien ». Et il en est ainsi, car l'homme qui gagne en force durant les pires épreuves se retrouve pourvu des plus grandes Lumières, qui sont appelées « Grandeur du Créateur ».

C'est la signification de « un drap finement tressé ». À savoir qu'ayant été gratifié du « chemin qui passe par un cheveu fendu », et « deux rangées, six par rangée », il parvient au mot « tressé », tiré des mots « et qui est étranger ». Ce qui signifie que la *Sitra Akhra*, représentée par « l'étranger », s'annule et disparaît car sa tâche est désormais accomplie.

Nous découvrons que tous les *Dinim* et les contradictions n'étaient présents que pour nous montrer la Grandeur du Créateur. Donc, à propos de Jacob, qui était un homme imberbe, sans *Se'arot*, il lui était impossible de découvrir la Grandeur du Créateur et il n'avait aucune raison ni besoin de déployer les *Se'arot*. C'est pour cela que Jacob ne pouvait pas recevoir les bénédictions d'Isaac, car il n'avait pas de

Kélim, et il n'y a pas de Lumière sans *Kli*. C'est la raison pour laquelle Rebecca lui conseilla de porter les vêtements d'Esaü (son frère).

Et c'est la signification de « et sa main saisit le talon d'Esaü » ; à savoir que Jacob fût sans le moindre poil, qu'il prît ceux d'Esaü. C'est ce que constata Isaac, qui dit alors « les mains sont celles d'Esaü, mais la voix est celle de Jacob. » En d'autres mots, Isaac apprécia la « correction » que Jacob avait réalisée par cet acte. Et c'est par cette action qu'il put se forger les *Kélim* nécessaires afin d'obtenir les bénédictions.

Et c'est pour cette raison qu'il nous faut une aussi grande planète et de si nombreux habitants. Et c'est ainsi afin que chacun soit incorporé en son ami. Il en découle que chaque individu est inclus dans les pensées et les désirs du monde entier.

C'est pourquoi l'être humain est appelé « petit monde à part entière », justement à cause de ce qui est dit ci-dessus. C'est aussi la signification de « non récompensé », à savoir qu'au moment où l'homme n'est pas encore récompensé « il dépose sa part et celle de son ami en Enfer ».

Ce qui veut dire qu'il est inclus dans l'Enfer de son ami. Et pire encore, car même s'il a déjà corrigé sa part d'Enfer mais qu'il n'a pas réparé celle de son ami (à savoir les désirs du monde entier), cela n'est pas encore admis comme une correction et il ne peut être réputé complet.

Nous comprenons que bien que Jacob fût lui-même imberbe, sans *Sé'arot*, il n'en saisit pas moins le talon d'Esaü. Cela signifie qu'il prend les *Sé'arot* en s'incorporant à Esaü.

Donc, quand l'homme est récompensé en corrigeant les *Se'arot*, il dépose la part de son ami au Paradis, à savoir selon la mesure de « la Grandeur des Lumières Supérieures » qu'il a déployée sur les *Se'arot* de toute la population. Et c'est sa récompense ; bien que la population entière ne reçoive rien, car elle n'est pas encore qualifiée pour cela.

Maintenant, nous comprenons le sens de la dispute entre Jacob et Esaü. Esaü dit « Je possède beaucoup » et Jacob dit « Je possède tout », à savoir « deux rangées, six par rangées ». C'est-à-dire par la raison, aussi bien qu'au-dessus de la raison, à savoir le désir de recevoir et la Lumière de *Dvékout* (Adhésion).

Esaü dit « Je possède beaucoup », ce qui est la Lumière qui pénètre les *Kélim* de réception et qui représente seulement ce qui est situé dans la raison. Mais Jacob a dit qu'il possédait tout, à savoir les deux états. En d'autres mots, Jacob se sert des *Kélim* de réception et possède aussi la Lumière de *Dvékout*.

C'est aussi ce qui est dit au sujet du *Erev Rav* (multitude mélangée) quand ils fabriquèrent le veau d'or, ils dirent : « Voici ton EL, Oh Israël ! », à savoir *Eleh* (Ces) sans *Mi* (qui) car ils voulaient seulement s'unir avec *Eleh* et pas avec *Mi*. Ce qui veut qu'ils ne désiraient pas les deux, le *Mi* et le *Eleh*. Ces deux mots forment ensemble le Nom *Elohim* (Dieu), à savoir **tout et beaucoup**. Et de cela, ils ne voulaient pas !

C'est ce que signifient les chérubins nommés « Kravia » et « Patia ». Un *Kheroub* placé à une extrémité représente l'aspect de « **beaucoup** ». Et un second *Kheroub* placé à l'autre extrémité représente l'aspect de « **tout** ». Et comme il est écrit : « La voix qui lui parlait venait d'entre les deux *Kheroubim* ». Mais comment cela peut-il être ? N'y a-t-il pas deux extrémités opposées l'une à l'autre ? De toute manière, il doit faire le « Patia » (fou), et donc recevoir. Cela s'appelle au-delà de la raison. Et bien que l'homme ne comprenne rien de ce qu'il lui dit, il le fait quand même.

Et à propos de « tout », appelé au-dessus de la raison », l'homme doit s'efforcer de travailler dans la joie. Car par la joie, il découvre la juste mesure de l'état du tout. Si l'homme n'a aucune joie, il doit en être affligé, car c'est l'emplacement primordial du travail, qui est de découvrir la joie par le travail au-dessus de la raison.

Et quand l'homme ne retire aucune joie de son travail, il doit être affligé par cet état de choses. Il est aussi écrit « **ce à quoi son cœur aspire** », ce qui veut dire être malade et tourmenté par l'absence de joie durant le travail. C'est aussi la signification de « car tu n'as pas servi le Créateur ton Dieu avec joie, **qui est Toute Abondance** », car tu as laissé de côté le **tout** et tu n'as pris que le **beaucoup**. Donc, en fin de compte, tu te retrouves au plus bas, démuni de « **tout** ». À savoir que tu perdras aussi le « **beaucoup** ». Cependant, le niveau de valeur acquis par le « tout » (à travers la joie) est équivalent à celui de l'obtention du « **beaucoup** ».

De cette façon, nous pouvons interpréter :

« des femmes assises pleurent le *Tamouz* » (Ezéchiel 8). L'interprétation de Rashi est qu'il s'agit d'idolâtrie, que l'idole avait du plomb dans les yeux et qu'il le chauffait afin que le plomb fonde et lui sorte des yeux.

Nous devons interpréter le propos de « pleurent » comme étant l'état de ceux qui n'ont aucune joie, car ils ont de la poussière dans les yeux. La poussière est « *Bekhina Dalet* ». À savoir le Royaume des Cieux, qui est la foi au-dessus de la raison. Cet état prend l'aspect de la poussière, à savoir sans importance. Et ce travail a le goût de la poussière et il est sans importance telle la poussière. Cette parabole au sujet des femmes qui pleurent le *Tamouz* montre qu'elles faisaient fondre cette idolâtrie afin que, par la fusion, la poussière se sépare du plomb.

Il en découle qu'ils pleurent au sujet du travail, car il est possible de croire à Son Contrôle au-dessus de la raison et qu'Il est bon et fait le bien. Par contre, au sein de la raison, n'apparaissent que les contradictions de Son Contrôle. Et le travail est un travail de *Kedousha*, situé au-dessus de la raison et appelé poussière. Cependant les yeux, à savoir la vue, n'impliquent que la vision de Son Contrôle, situé **dans la raison**. C'est ce qui est appelé **idolâtrie**.

Cela peut être comparé à un maître d'œuvre dont l'art est de fabriquer des pots et des vases à partir de la glèbe. Il confectionne des pots en argile. Pour ce faire, il doit tout d'abord façonner les boules d'argile bien rondes, pour ensuite les tailler et les creuser. Et quand son jeune fils observe ce que son père est en train de faire, il s'écrie : « Père, pourquoi abîmes-tu les boules d'argile ? » L'enfant ne comprend pas que le but du travail est de créer un trou dans la boule. Car seuls les trous peuvent créer des récipients et l'enfant veut en quelque sorte boucher les trous que son père a façonnés dans l'argile.

Et c'est le cas ici aussi. Cette poussière dans les yeux, qui lui bloque la vue, au point que partout où il regarde il ne voit que les contradictions de Son Contrôle. Et c'est bien là le *Kli* complet avec lequel il peut découvrir les étincelles d'un amour inconditionnel appelé « Joie de *Mitsva* ». Et il est dit à ce propos : « Et si le Créateur ne l'avait pas aidé, il n'y serait pas parvenu ». Ce qui veut dire que si le Créateur ne lui avait pas donné ces pensées, il aurait été incapable de s'élever.

34 - L'avantage de la terre est en tout
J'ai entendu, *Tevet* 1942

Nous savons qu'aucune chose ne se présente sous sa forme réelle, mais seulement à travers son contraire, « comme l'avantage de la Lumière sur l'obscurité ». Ce qui signifie que toute chose en montre une autre et justement, grâce au paradoxe, il est possible de déterminer la vraie réalité du concept opposé. Pour cette raison, il est impossible d'y parvenir clairement si son contraire est absent.

Par exemple, il est impossible de déterminer qu'une chose est bonne sans une autre qui soit son contraire et qui montre qu'elle est mauvaise. Il en est de même avec l'amer et le doux, la haine et l'amour, la faim et la satiété, la soif et la saturation, l'adhésion et la séparation. Il s'ensuit qu'il est impossible d'aimer l'adhésion sans avoir acquis la haine de la séparation.

Pour être récompensé du degré de la haine de la séparation, l'homme doit d'abord savoir ce que signifie la séparation, à savoir de quoi il est séparé, et alors on peut dire qu'il veut corriger cette séparation.

Ce qui signifie qu'il doit faire un examen

de conscience, à savoir de quoi et de qui il est séparé. Ensuite, il peut essayer de corriger cela et de se connecter à celui dont il est séparé. Cela signifie que si l'homme comprend qu'il a tout à gagner en s'unissant à Lui, alors il peut évaluer et appréhender la perte d'en être séparé.

La question du gain et de la perte se mesure d'après le plaisir et les souffrances. Si l'homme ressent des souffrances, il s'éloigne d'elles ; il déteste cela. La mesure de l'éloignement dépend de la mesure de la sensation des souffrances, car il est dans la nature de l'homme de fuir les souffrances – et donc l'une dépend de l'autre –, signifiant que selon l'ampleur des souffrances, l'homme s'efforce d'effectuer toutes sortes d'actions pour s'en éloigner. À savoir que les souffrances entraînent la haine de ce qui provoque les souffrances, et dans cette mesure, l'homme s'en éloigne.

Il s'ensuit que l'homme doit savoir ce qu'est « l'équivalence de forme » pour savoir ce qu'il doit faire pour arriver à l'adhésion, qui s'appelle l'équivalence de forme. Par cela, il saura ce que sont la disparité de forme et la séparation.

Nous savons par les livres et les auteurs que le

Créateur est bon et bienfaiteur, c'est-à-dire que Sa Providence apparaît aux inférieurs comme étant bonté et bienveillance ; c'est ce que nous devons croire.

Par conséquent, quand l'homme regarde la façon dont le monde est gouverné et commence à s'observer lui-même ou les autres, à voir combien ils souffrent sous la Providence, au lieu de recevoir des délices, comme cela va avec Son Nom – bon et bienfaiteur –, il lui est difficile de dire que la Providence supérieure est bonne et bienveillante et qu'elle répand l'abondance.

Cependant, il faut savoir que dans cet état, ceux qui ne peuvent pas dire que le Créateur ne fait que le bien sont appelés méchants, car ressentir de la souffrance les conduit à condamner leur Créateur. Ce n'est que lorsqu'ils voient que le Créateur leur prodigue du plaisir qu'ils justifient le Créateur. Comme nos sages l'ont dit : « Qui est un juste ? Celui qui justifie son Créateur », c'est-à-dire celui qui dit que le Créateur dirige le monde d'une manière **juste**.

Ainsi, lorsque l'homme éprouve des souffrances, il est éloigné du Créateur, car par sa nature, l'homme déteste celui qui lui inflige des souffrances. Il s'avère que par cela, au lieu d'aimer son Créateur, il se produit le contraire ; il se met à Le haïr.

Que doit donc faire l'homme pour arriver à aimer le Créateur ? Un remède nous a été donné de nous engager dans la *Torah* et les *Mitsvot*, où se trouve la Lumière qui ramène vers le bien. Il s'y trouve une Lumière qui permet à l'homme de ressentir la gravité de la situation de séparation. Et petit à petit, quand l'homme vise à acquérir la Lumière de la *Torah*, il se forme en lui un sentiment de haine envers la séparation. Il commence à ressentir la raison pour laquelle lui et son âme sont séparés et éloignés du Créateur.

Donc, l'homme se doit de croire que Sa Providence est bonne et bienveillante, mais vu qu'il est plongé dans son amour propre, cela provoque en lui « la disparité de forme », jusqu'à ce qu'il parvienne à faire la correction appelée « afin de donner sans réserve », qui s'appelle aussi « équivalence de forme ». C'est le seul moyen de recevoir bonté et plaisir du Créateur. **L'incapacité de l'homme à recevoir la bonté et le plaisir** que le Créateur veut lui donner évoque en lui la haine de la séparation.

De là, l'homme est à même de discerner l'ampleur bienfaitrice de l'équivalence de forme et il aspire maintenant à l'adhésion. Il se trouve que toute forme nous indique aussi son contraire et que toutes les descentes ressenties par l'homme quand il est séparé lui donnent l'occasion de discerner entre une chose et son contraire.

Ce qui signifie que c'est à travers les descentes que l'homme doit comprendre quel est le bienfait de l'ascension. Sinon, il sera incapable d'évaluer l'importance, à savoir que c'est l'En-Haut qui le rapproche et qui lui donne l'ascension. Sans cela, il ne peut saisir l'importance de ce qu'il peut gagner, à l'exemple d'un homme qui reçoit à manger, mais qui n'a jamais ressenti la faim auparavant.

Il s'ensuit que les descentes lors de la séparation déclenchent l'importance de l'adhésion dans l'élévation. Les ascensions font que l'homme hait les descentes, causées par la séparation. Ce qui veut dire que l'homme est incapable d'évaluer l'ampleur du mal qu'il y a dans les descentes. Il peut en arriver à diffamer la Providence sans ressentir qui il diffame ni savoir qu'il doit se repentir de ce grand péché, qui est appelé diffamer le Créateur.

Il en découle que c'est précisément quand l'homme connaît les deux formes qu'il est qualifié pour évaluer la distance qui les sépare, telle la « supériorité de la Lumière sur l'obscurité ». Ce n'est qu'à ce moment qu'il peut évaluer et apprécier l'adhésion grâce à laquelle il peut obtenir bonté et plaisirs dans la **Pensée de la Création**, qui est « Son désir de faire le bien à Ses créatures ».

Et tout ce qui apparaît à nos yeux ne représente que ce que le Créateur désire, à savoir que nous obtenions tout cela à Sa manière, car ce sont là les voies qui mènent à la complétude du but.

Cependant, être récompensé de la *Dvékout* (l'adhésion) n'est pas chose facile. Car il nous faut faire de grands efforts avant de pouvoir obtenir, puis ressentir, la bonté et les plaisirs. Auparavant, l'homme doit justifier la Providence et croire au-dessus de la raison que le Créateur se comporte de façon bonne et bienfaitrice envers Ses créatures, puis dire « ils ont des yeux et ne voient pas ».

Nos sages ont dit au sujet de l'adhésion « Habacuc apparut et leur en donna une », comme il est écrit : « **Et le juste vivra par sa foi** ». (Habacuc 2,4) Cela signifie que l'homme n'a pas à s'occuper des détails, mais doit concentrer son travail sur un seul point, à savoir la **règle** de croire en Dieu. Et c'est sur cela qu'il priera, afin que le Créateur l'aide et qu'il puisse avancer avec la foi au-dessus de la raison. Et dans la foi se trouve un remède, car par son entremise l'homme en vient à haïr la séparation. Indirectement, la foi l'amène à haïr la séparation.

Nous voyons qu'il existe une grande différence entre la **foi**, le fait de **voir**, et le **savoir**.

Car lorsqu'une chose est vue et reconnue, si notre esprit nous oblige par intérêt à la réaliser, une fois qu'il le décide, cette décision est en elle-même suffisante pour l'accomplir. En d'autres termes, il l'exécute sous la forme qu'il a décidée. C'est parce que l'esprit accompagne l'homme dans toutes ses actions pour qu'il ne transgresse pas ce que son esprit lui a suggéré. Cela lui permet de comprendre à 100% que c'est son esprit qui l'amène à prendre telle ou telle décision.

Par contre, la foi est le sujet d'un accord forcé. Ce qui veut dire que l'homme doit vaincre son esprit et doit se dire qu'il a tout intérêt à travailler au service de la foi comme elle l'oblige à le faire, au-dessus de la raison. Par conséquent, la foi au-dessus de la raison n'est effective que lorsqu'il l'applique. Autrement dit, ce n'est que lorsqu'il croit que l'homme peut s'efforcer de travailler au-dessus de la raison.

Mais si l'homme abandonne la foi un seul instant, à savoir quand la foi s'affaiblit ne serait-ce qu'un instant, il entraîne une cessation immédiate de la *Torah* et du travail, même si l'instant précédent il avait accepté le fardeau du travail au-dessus de la raison.

Par contre, lorsque l'homme a compris avec son esprit qu'une chose lui est néfaste et peut mettre sa vie en danger, dès lors il n'a plus besoin d'explications et de raisonnements répétés pour savoir que c'est dangereux. Une fois qu'il a réalisé pleinement dans sa tête qu'il doit s'engager dans ces choses, celles que son esprit lui a indiquées, qu'elles soient bonnes ou mauvaises, l'homme s'en tient maintenant à cette décision.

Nous voyons la différence qui existe entre ce que l'esprit exige et ce que la foi seule exige. Et la raison pour laquelle lorsque quelque chose est fondé sur la foi nous devons constamment nous souvenir de la forme de la foi, sinon l'homme tombe de son degré, jusqu'à l'état de méchanceté. Ce genre de situation peut arriver en un seul jour. Un homme peut tomber de son degré plusieurs fois en une seule journée, car il est impossible que la foi au-delà de la raison ne cesse pas, ne serait-ce qu'un instant, durant la journée.

Il faut savoir que la raison pour laquelle on en vient à oublier la foi, c'est que la foi, qui est au-delà de la raison et de l'esprit, est en conflit direct avec les désirs du corps. Puisque les désirs du corps lui viennent de la nature ancrée en lui, appelée le « désir de recevoir », que ce soit dans son esprit ou dans son cœur, le corps l'attire toujours vers sa propre nature. Ce n'est que lorsqu'il adhère à la foi que la foi possède le pouvoir de le sortir des désirs de son corps et d'aller au-delà de la raison, à savoir contre la raison de son corps.

Donc, avant que l'homme ne soit récompensé des *Kélim* (récipients) du « don sans réserve », appelés *Dvékout* (adhésion), la foi ne se trouve pas en lui en permanence. Et quand l'homme n'est pas illuminé par la foi, il voit bien que sa situation est au plus bas et que tout provient du fait qu'il se trouve en disparité de forme.

Cela s'appelle le désir de recevoir pour soi. Cette séparation cause toutes les souffrances et détruit tout ce qu'il a construit, réduisant ainsi à néant tous les efforts qu'il a fournis dans le travail.

Il voit qu'au moment où il perd la foi, son état est pire que celui où il était au moment de s'engager dans le travail visant à donner sans réserve. Il en vient alors à haïr la séparation, car il ressent soudain les tourments en son for intérieur, ainsi que les souffrances du monde entier. Il lui devient difficile de justifier la Providence du Créateur envers Ses créatures comme bonne et bienfaitrice. Alors l'homme ressent que le monde entier s'obscurcit devant lui et que rien ne lui procure de joie.

C'est pourquoi, chaque fois que l'homme corrige le défaut d'avoir diffamé la Providence, il acquiert la haine de la séparation. Et de la haine ressentie par la séparation, il en arrive à l'amour de la *Dvékout* (adhésion), c'est-à-dire que dans la mesure où il a ressenti les tourments de la séparation, dans la même mesure il se rapproche de la *Dvékout* au Créateur. De même, avec la même intensité qu'il a ressenti l'obscurité comme étant mauvaise, il arrive à ressentir la *Dvékout* comme étant bonne. Dès lors, l'homme est à même d'en évaluer l'importance, car dans les moments où il reçoit un peu de *Dvékout*, il peut en apprécier la valeur.

Maintenant nous pouvons comprendre que toutes les souffrances de ce monde ne sont que les préparations aux vraies souffrances. Ce sont ces souffrances-là que l'homme doit atteindre. Sinon, il ne parvient pas à acquérir quoi que ce soit de spirituel, car il n'y a pas de Lumière sans *Kli*. Ces souffrances, les vraies souffrances, c'est quand il avilit la Providence et en dit du mal. C'est pourquoi il prie : pour ne pas dire du mal de la Providence.

Ces souffrances, le Créateur les accepte, comme il est dit que le Créateur entend la prière venant de chaque bouche. La raison pour laquelle le Créateur entend ces tourments, c'est parce que l'homme ne demande pas une aide dans l'intérêt de son *Kli* de réception, car on peut dire que si le Créateur lui donnait tout ce qu'il demandait, l'homme s'éloignerait d'autant plus du Créateur, à cause de la disparité de forme que cela engendrerait.

Au contraire, l'homme demande la foi, que le Créateur lui donne la force de surmonter et d'être récompensé de l'équivalence de forme. Il voit que s'il n'est pas dans une foi permanente, tant que la foi ne l'illumine pas, alors il en vient à douter de la Providence et il arrive à l'état appelé « méchant », où il diffame son Créateur.

Il s'avère que tous les tourments dont il souffre proviennent de ce qu'il dit du mal de la Providence Supérieure. De quoi souffre-t-il ? C'est qu'alors qu'il se doit de louer le Seigneur et de dire « Béni soit le Seigneur notre Dieu qui nous a créés en Son honneur », c'est-à-dire que les créatures respectent leur Créateur, l'homme voit plutôt que la conduite du monde ne Le respecte pas, car chaque être humain émet des objections et des plaintes selon lesquelles Sa Providence devrait s'exercer de manière visible. À savoir que Sa gouvernance du monde devrait être bonne et bienfaitrice. Mais étant donné que Sa Providence n'est pas dévoilée, alors l'homme dit que cette Providence n'est pas en Son honneur et il en souffre.

Il s'ensuit que par les souffrances qu'il endure, l'homme se retrouve contraint de faire la mauvaise langue. Car tout ce que l'homme demande au Seigneur, c'est qu'Il lui donne la force de la foi afin d'être récompensé du bien et de la bonté. Il ne demande pas à recevoir les biens du monde pour sa satisfaction personnelle. Il demande seulement à ne pas dire du mal, ce qui le fait souffrir. C'est-à-dire que l'homme veut croire au-dessus de la raison que le Créateur dirige le monde d'une manière bonne et bienfaitrice. L'homme désire que sa foi soit entièrement perceptible, comme si elle provenait de sa raison.

Par conséquent, lorsque l'homme pratique la *Torah* et les *Misvot*, il veut l'extension de la Lumière de Dieu, non pas dans son intérêt personnel, mais parce qu'il ne peut supporter le fait d'être incapable de justifier Sa Providence qui opère de manière bonne et bienfaitrice. Et cela le fait souffrir, car il profane le nom de Dieu, qui est **Bon et Bienfaiteur**, et son corps est d'un avis différent. Toutes ses souffrances proviennent du fait qu'il est en état de séparation et qu'il ne peut pas justifier Sa Providence. Cela s'appelle haïr la séparation.

Et quand l'homme ressent ces souffrances, le

Créateur entend sa prière, le rapproche de Lui, et il est récompensé de la *Dvékout*. Car les souffrances que l'homme ressent à cause de la séparation le récompensent de la *Dvékout* et alors il est dit : « Telle est la supériorité de la Lumière sur l'obscurité ».

Ceci est la signification de « l'avantage de la terre est en tout ». **Terre** signifie création ; **est en tout** veut dire grâce à l'avantage, c'est-à-dire lorsque nous voyons la différence entre l'état de séparation et l'état de *Dvékout* (adhésion), nous sommes récompensés d'adhérer à **tout**, car le Créateur est appelé « la racine de **tout** ».

35 - En ce qui concerne les animaux – la vitalité de la *Kedousha* (la Sainteté)
J'ai entendu, en 1945, Jérusalem

Le verset dit (Psaume 104) : « Voilà là-bas la mer, grande aux larges mains, où sont d'innombrables rampants, des animaux petits et grands. »

Nous devons interpréter :
1. **La mer** comme la mer de la *Sitra Akhra*.

2. **Grande et vaste** veut dire qu'elle se manifeste et crie « Donne, donne », ce qui réfère aux grands instruments de réception.
3. **Des animaux** signifient qu'il y a des lumières supérieures là-bas, que l'homme foule aux pieds.
4. **D'innombrables**, qu'il y a de petits et grands animaux, c'est-à-dire que si l'homme a une petite vitalité, ou s'il a une grande vitalité, tout est dans cette mer.

Il en est ainsi parce qu'il y a une règle selon laquelle il donne d'En-Haut et on ne le pèse pas (ce qui est donné d'En-Haut n'est pas rendu en haut, mais reste en bas.) Par conséquent, si l'homme attire quelque chose d'En-Haut, puis le gâte, ça reste en bas, mais pas avec l'homme. En lieu et place, ça tombe à la mer de la *Sitra Akhra*.

En d'autres termes, si l'homme attire une illumination et ne peut la maintenir en permanence parce que ses *Kélim* (récipients/ instruments) ne sont pas encore nettoyés pour convenir à la lumière, c'est-à-dire s'il ne peut la recevoir dans les *Kélim* du don comme la lumière qui vient du Donateur, alors l'illumination doit le quitter.

À ce moment, cette illumination tombe entre les mains de la *Sitra Akhra*. Cela continue à plusieurs reprises ; c'est-à-dire qu'il attire une illumination, puis elle le quitte.

Par conséquent, les illuminations augmentent dans la mer de la *Sitra Akhra*, jusqu'à ce que la coupe soit pleine. Cela signifie qu'après que l'homme a découvert la pleine mesure de l'effort qu'il peut trouver, la *Sitra Akhra* lui rend tout ce qu'elle avait pris sous son autorité. Tel est le sens de « **Il a englouti des richesses et il les vomira** ». Il s'ensuit que tout ce que la *Sitra Akhra* avait pris sous son autorité n'était qu'à la manière d'un dépôt, c'est-à-dire aussi longtemps qu'elle avait le contrôle sur l'homme. Et toute la question de domination est pour que l'homme puisse scruter ses *Kélim* et les admettre dans la *Kedousha* (sainteté). En d'autres termes, si elle n'avait pas gouverné l'homme, il se serait contenté de peu et ses *Kélim* de réception seraient restés séparés. Ainsi, l'homme n'aurait jamais été en mesure de recueillir tous les *Kélim* qui appartiennent à la racine de son âme, de les admettre dans la *Kedousha*, et de déployer la Lumière qui lui appartient.

Par conséquent, il s'agit d'une correction suivant laquelle chaque fois qu'il déploie quelque chose et qu'il a une descente, il doit recommencer, ce qui signifie de nouveaux examens minutieux. Et ce qu'il avait du passé tombe dans la *Sitra Akhra* et elle le tient sous son autorité à titre de dépôt. Ensuite, l'homme reçoit d'elle tout ce qu'elle avait reçu de lui pendant tout ce temps.

Pourtant, nous devons aussi savoir que si l'homme pouvait soutenir quelque luminescence, pourvu qu'elle soit permanente, il aurait pu être considéré comme entier. En d'autres mots, il aurait été capable d'avancer avec cette illumination. C'est pourquoi s'il perd la luminescence, il devrait le regretter.

Ceci est similaire à un homme qui met une graine dans la terre afin qu'un grand arbre pousse d'elle, mais qui sort tout de suite la graine de la terre. Quel est alors l'avantage d'avoir œuvré à mettre la graine dans la terre ? De plus, nous pouvons dire qu'il n'a pas uniquement sorti la graine de la terre et l'a corrompue, nous pouvons dire qu'il a sorti un arbre avec des fruits mûrs de la terre et les a corrompus.

C'est la même chose ici : s'il n'avait pas

perdu cette petite luminescence, une grande lumière en serait sortie. Il s'ensuit que ce n'est pas juste une petite luminescence qu'il a perdue, mais c'est comme si une grande Lumière s'était perdue à partir de lui.

Il faut savoir qu'il est une règle selon laquelle on ne peut pas vivre sans la vitalité et le plaisir, car cela provient de la racine de la création, qui est Son désir de faire du bien à Ses créatures. Par conséquent, toute créature ne peut exister sans la vitalité et le plaisir. C'est pourquoi toute créature doit aller chercher un endroit d'où elle peut recevoir la joie et le plaisir.

Mais le plaisir est reçu en trois temps : dans le passé, au présent et dans l'avenir. Toutefois, la réception principale du plaisir est dans le présent. Même si nous voyons que l'homme reçoit du plaisir aussi du passé et du futur, c'est parce que le passé et le futur brillent dans le présent.

Par conséquent, si l'homme ne trouve pas une sensation de plaisir dans le présent, il reçoit la vitalité du passé et il peut dire aux autres combien il était heureux dans le passé. L'homme reçoit la vitalité de cela dans le présent. Ou bien il se voit espérant être heureux dans l'avenir. Mais la mesure dans laquelle il ressent du plaisir du passé et de l'avenir dépend de la mesure selon laquelle ils brillent pour lui dans le présent. Et il faut savoir que cela arrive à la fois pour les plaisirs corporels et pour les plaisirs spirituels.

Comme nous le voyons, quand l'homme travaille, même dans la matérialité, l'ordre est que, pendant le travail, il a de la peine parce qu'il s'efforce. Et il peut continuer le travail seulement parce que l'avenir brille pour lui, quand il recevra le paiement pour son travail. Cela brille dans le présent, c'est pourquoi il peut poursuivre le travail.

Toutefois, s'il est incapable d'imaginer la récompense qu'il recevra dans l'avenir, il doit prendre plaisir dans l'avenir, non pas de la récompense qu'il recevra pour son travail dans l'avenir. En d'autres mots, il ne jouira pas de la récompense, mais il ne ressentira pas la souffrance de l'effort. Donc, il jouit dans le présent de ce qu'il aura dans l'avenir. L'avenir brille pour lui dans le présent, en ce que bientôt **le travail sera terminé**, c'est-à-dire le temps qu'il doit travailler, et il recevra le repos.

Ainsi, le plaisir du repos qu'il aura à la fin

brille pour lui de toute façon. En d'autres mots, sa récompense sera qu'il ne sentira pas la peine qu'il ressent maintenant du fait du travail. Et cela lui donne la force d'être capable de travailler maintenant.

S'il était incapable de s'imaginer que bientôt il serait débarrassé des tourments dont il souffre maintenant, l'homme en arriverait au désespoir et à la tristesse, à tel point que cet état pourrait l'amener à se suicider.

C'est pourquoi nos sages on dit : « Celui qui se suicide n'a pas de part dans le monde à venir » parce qu'il nie la Providence, que le Créateur dirige le monde selon la forme du « Bien qui fait le Bien ». Au lieu de cela, l'homme doit croire que ces états lui viennent parce que, En-Haut, ils veulent que cela lui procure un *Tikoun* (correction), c'est-à-dire qu'il recueille de ces états des *Reshimot* (inscriptions) afin d'être en mesure de comprendre la conduite du monde plus intensément et plus fortement. Ces états sont appelés **Akhoraïm** (postérieurs). Et quand il surmonte ces états, il reçoit le discernement de **Panim** (antérieurs), ce qui signifie que la lumière brillera dans ces *Akhoraïm*.

Il y a une règle selon laquelle l'homme ne peut pas vivre s'il n'a pas de place pour recevoir la joie et le plaisir. Ainsi, quand il n'est pas en mesure de recevoir du présent, il doit recevoir la vitalité du passé ou du futur. En d'autres termes, le corps cherche la vitalité pour lui-même par tous les moyens à sa disposition.

Ensuite, si l'homme n'est pas d'accord pour recevoir la vitalité des choses corporelles, le corps n'a pas le choix, il est obligé d'accepter de recevoir la vitalité des choses spirituelles, car il n'a pas d'autre choix. Par conséquent, il doit accepter de recevoir la joie et le plaisir des *Kélim* (instruments) de don, car il est impossible de vivre sans la vitalité.

Il s'ensuit que lorsque l'homme est habitué à observer la *Torah* et les *Mitsvot* « *Lo Lishma* » (pas en Son nom, à elle), c'est-à-dire afin de recevoir une récompense pour son travail, il peut s'imaginer qu'il recevra la récompense plus tard et il peut déjà travailler sur le calcul selon lequel il recevra la joie et le plaisir plus tard.

Par contre, s'il ne travaille pas pour être récompensé, mais qu'il veut travailler sans récompense, comment peut-il s'imaginer recevoir de la vitalité de quoi que ce soit ? Après tout, l'homme ne peut créer aucune image parce qu'il n'y a rien sur quoi le faire. Ainsi, en *Lo Lishma*, il n'est pas nécessaire de lui donner la vitalité d'En-Haut, car il obtient la vitalité de l'image qu'il se fait de l'avenir, et **d'En-Haut, il n'est donné que la nécessité, pas le luxe**.

Par conséquent, si l'homme veut travailler uniquement pour le Créateur et n'a aucun désir quel qu'il soit de prendre de la vitalité par d'autres moyens, il n'y a pas d'autre conseil que de lui donner la vitalité d'En-Haut. Il en est ainsi car il ne demande que le strict nécessaire pour continuer à vivre et alors il reçoit la vitalité de la structure de la sainte *Shekhina*.

C'est comme nos sages ont dit : « Celui qui s'attriste avec le public est gratifié et voit le réconfort du public. » Le public est appelé « la sainte *Shekhina* », car le public signifie une assemblée, c'est-à-dire l'assemblée d'Israël, puisque *Malkhout* est l'ensemble de toutes les âmes.

Puisque l'homme ne veut pas de récompense pour lui-même, mais veut travailler pour le bien du Créateur, ce qui est appelé « élever la Divinité de la poussière », pour qu'elle ne soit plus à ce point abaissée, ce qui signifie qu'ils ne veulent pas travailler pour le bien du Créateur, mais tout ce que l'homme voit c'est qu'il recevra une compensation, alors il a du carburant pour le travail. Et ce qui concerne le bien du Créateur, lorsque l'homme ne voit pas quelle récompense il recevra, le corps s'oppose à ce travail parce qu'il ressent un goût de poussière dans ce travail.

Un tel homme veut travailler pour le bien du Créateur, mais le corps résiste. Alors il demande au Créateur de lui donner la force pour qu'il puisse travailler afin d'élever la *Shekhina* de la poussière. Par conséquent, il est gratifié du discernement de *Panim* (la face) du Créateur qui se révèle à lui et la dissimulation le quitte.

36 - Quelles sont les trois distinctions du corps chez l'homme ?
J'ai entendu, le 24 *Adar*, 19 mars 1944

L'homme se compose de trois corps :

A. Le corps interne, qui est le vêtement pour l'âme de *Kedousha* (sainteté).

B. La *Klipa* (l'écorce) de *Noga*.

C. La peau de serpent.

Pour que l'homme soit sauvé des deux corps, afin qu'ils n'interfèrent pas avec la *Kedousha* et qu'il puisse utiliser uniquement le corps interne, le conseil est qu'il y a un remède : ne penser qu'à des choses qui concernent le corps interne. C'est-à-dire que la pensée reste toujours dans le domaine du singulier, car il est écrit « Il n'y a rien hormis Lui ». Aussi, « Il fait et fera tous les actes », il n'y a pas de création dans le monde qui puisse le séparer de la *Kedousha*.

Et puisqu'il ne pense pas à ces deux corps, ils meurent, parce qu'ils n'ont pas de nourriture et rien pour les soutenir, car ils se nourrissent des pensées que l'homme a pour eux. Tel est le sens de « à la sueur de ton visage tu mangeras du pain ». Avant le péché de l'Arbre de la connaissance, la subsistance ne dépendait pas du pain. C'est-à-dire qu'il n'était pas nécessaire d'attirer la Lumière et la subsistance pour qu'il y ait illumination. Cependant, après le péché, quand *Adam ha Rishon* (le premier Adam) s'est vu accoler au corps de la peau de serpent, alors la vie fut liée au pain, c'est-à-dire à la nourriture qu'il faut toujours attirer à nouveau. Et si on ne leur donne pas de nourriture, ils meurent. Et cela devient une grande correction, afin d'être sauvé de ces deux corps.

Donc, il faut essayer de tout son être de ne pas avoir de pensées qui les concernent, c'est peut-être ce que nos sages ont dit, « les pensées de transgression sont plus dures que la transgression », car les pensées sont leur nourriture. C'est-à-dire qu'ils reçoivent leur subsistance des pensées que l'on a à leur sujet.

Par conséquent, il ne faut penser que pour le corps interne, car c'est le vêtement de l'âme de *Kedousha*. C'est-à-dire que l'on devrait avoir des pensées qui soient derrière la peau, derrière la peau du corps, ce qui s'appelle en dehors de son corps, soit en dehors de son propre intérêt, seules des pensées dans l'intérêt d'autrui.

C'est ce qui s'appelle « hors de sa peau », car derrière sa peau, il n'y a pas de prise pour les *Klipot* (pluriel de *Klipa*), car les *Klipot* ne s'accrochent qu'à ce qui est dans sa peau, c'est-à-dire à ce qui appartient à son corps et non à l'extérieur de son corps, appelé « hors de sa peau ». Cela signifie qu'elles ont prise à tout ce qui se revêt du corps, mais qu'elles ne peuvent s'accrocher à ce qui n'en est pas revêtu.

Si l'homme persiste avec des pensées qui sont derrière sa peau, il lui est attribué ce qui est écrit, « **derrière ma peau ils ont détruit ceci, de ma chair je contemplerai Dieu.** » (Job 19,26) « Ceci » est la sainte *Shekhina* et elle se tient derrière sa peau. « Détruit » signifie qu'elle a été corrigée pour se tenir « derrière ma peau ». Alors il lui est attribué le discernement de « de ma chair je contemplerai Dieu ». C'est-à-dire que la *Kedousha* vient dans le revêtement du corps, à l'intérieur, et ce, précisément lorsqu'il s'engage à travailler en dehors de sa peau, c'est-à-dire sans aucun vêtement.

Cependant, les méchants qui veulent travailler précisément lorsqu'il y a des vêtements dans le corps, c'est-à-dire « dans la peau », mourront sans sagesse. C'est parce qu'ils n'ont pas de vêtements et il ne leur est rien accordé. Tandis que les justes se voient accorder le vêtement dans le corps.

37 - Un article sur *Pourim*
J'ai entendu, en 1948

Il faut préciser certains points dans la

Méguila[24]:

Il est écrit : « Après ces choses-là, le Roi promut Haman. » Nous devons comprendre ce qu'est « Après ces choses-là », cela veut dire après que Mardochée eut sauvé le roi. Il semblerait logique que le roi accorde une promotion à Mardochée ! Mais que dit-on ? Qu'il a promu Haman.

Lorsque Esther dit au roi « car nous sommes vendus, moi et mon peuple », le roi demanda : « Qui est-il et où est-il ? » Cela veut dire que le roi ne savait rien. Pourtant, il est dit explicitement que le roi a dit à Haman : « L'argent t'est donné, et le peuple aussi, fais avec eux comme bon te semblera. » Ainsi, nous voyons que le roi est bien au courant de la vente.

À propos de « selon le désir de chaque homme », nos sages ont dit (*Méguila* 12) : « Rabba a dit : "faire selon la volonté de Mardochée et de Haman." » Il est connu que là où il est simplement dit « Roi », il s'agit du roi du monde. Par conséquent, comment est-ce possible que le Créateur agisse selon la volonté

---

[24] Litt. rouleau, le nom abrégé du livre d'Esther qu'on a coutume de lire à la fête de Pourim.

d'un méchant ?

Il est écrit : « Mardochée savait tout ce qui avait été fait. » Cela signifie que seul Mardochée savait. Mais avant cela, il est écrit « la ville de Suse était perplexe », donc, toute la ville de Suse était au courant.

Il est écrit : « Tout écrit qui est rédigé au nom du Roi et scellé avec l'anneau du Roi, ne peut être révoqué. » Alors, comment a-t-il ensuite donné les deuxièmes lettres qui, en fin de compte, annulent les premières lettres ?

Quelle est la signification de ce que nos sages ont dit : « À *Pourim*, il faut s'enivrer jusqu'à ce que l'on ne puisse plus distinguer Haman le maudit de Mardochée le béni ? »

Que signifie ce que nos sages ont dit à propos du verset « Et on buvait, conformément à la loi » ? Que veut dire « conformément à la loi » ? Rabbi Hanan a déclaré, au nom de Rabbi Meir, « conformément à la loi de la *Torah* » – quelle est la loi de la *Torah* : manger plus que boire.

Pour comprendre ce qui précède, nous devons d'abord comprendre la question d'Haman et Mardochée. Nos sages ont déclaré, à propos du verset « selon le désir de chaque homme », en l'occurrence Haman et Mardochée. Nous devons interpréter que le désir de Mardochée est appelé « la règle de la *Torah* », qui est manger plus que boire, et le désir de Haman, au contraire, est boire plus que manger.

Nous avons demandé : « Comment se peut-il qu'Il fasse un repas selon la volonté d'un méchant ? » En réponse, il est écrit, non loin de là : « sans contrainte ». Cela signifie que boire n'était pas obligatoire, c'est le sens de « sans contrainte ».

C'est ce que nos sages ont dit à propos du verset « Moïse se cacha le visage, car il craignait de regarder. » Ils ont dit que, comme récompense pour « Moïse se cacha le visage », il lui fut attribué « c'est l'image de Dieu même qu'il contemple ». Cela signifie que, précisément quand il n'en a pas besoin (c'est-à-dire qu'il peut faire un *Massakh* [écran] par-dessus), il est autorisé à recevoir. Il est aussi écrit : « J'ai donné mon appui à celui qui est fort ». Cela signifie que le Créateur donne une aide à celui qui est fort et qui peut marcher dans les voies de Dieu.

C'est pourquoi il est écrit : « **Et on buvait, conformément à la loi** ». Qu'est-ce que

« conformément à la loi » ? C'est « sans contrainte ». Cela signifie qu'il n'avait pas besoin du discernement de boisson, mais après qu'ils eurent commencé à boire, ils furent incités à continuer. C'est-à-dire qu'ils étaient déjà dans un état de dépendance, ce qui signifie qu'ils avaient besoin de boire, sinon ils ne pourraient pas aller de l'avant. C'est ce qui s'appelle « **être contraint** », c'est-à-dire qu'ils avaient annulé la méthode de Mardochée.

C'est le sens de ce que nos sages ont dit, que cette génération avait été condamnée à périr parce qu'elle avait joui du repas de ce méchant. En d'autres termes, s'ils avaient accepté la boisson sous forme de « sans contrainte », ils n'auraient pas annulé la volonté de Mardochée, qui est la méthode d'Israël. Cependant, plus tard, quand ils prirent la boisson sous forme de « contrainte », ils condamnèrent eux-mêmes **la loi de la *Torah*** à disparaître, loi qui est le discernement d'Israël. Tel est le sens de manger plus que boire. Car la boisson réfère à la divulgation de *Hokhma* (la Sagesse), qui est le discernement de la connaissance. Manger est appelé lumière de *Hassadim* (la miséricorde), qui est le discernement de la foi.

C'est l'affaire de Bigthan et Téresh, qui voulurent attenter à la vie du roi du monde. « Et la chose fut dévoilée à Mardochée... enquête fut menée et il fut établi que c'était vrai. » La recherche ne se fit pas d'un seul coup, car Mardochée n'y était pas arrivé facilement. Ce n'est qu'après beaucoup de travail **que la nature de la faute lui fut révélée**. Dès lors qu'il connut le résultat, « ils furent tous deux pendus », c'est-à-dire qu'après **la perception de la faute,** ils furent **pendus**, ce qui signifie que ces actions et ces désirs furent supprimés du monde.

« Après ces choses-là », c'est-à-dire après tout le travail et les efforts de Mardochée pour accomplir l'examen qu'il avait à faire, le roi voulut lui donner une récompense pour ses efforts à l'effet de n'avoir travaillé que *Lishma*[25] et non pour son propre intérêt. Mais comme il est une règle que l'inférieur ne peut recevoir quoi que ce soit qui ne fût nécessaire, et comme « il n'y a pas de lumière sans récipient », qu'un récipient est appelé un manque, et étant donné qu'il ne demande rien pour lui-même, comment peut-on lui donner quelque chose ?

---

[25] *Lishma*, litt. pour elle-même.

Si le roi avait demandé à Mardochée que lui donner pour ses efforts, en prenant en considération que Mardochée est un juste, dont le travail est uniquement de donner, qui n'a aucun besoin de monter en degrés et qui se contente de peu, le roi aurait voulu lui octroyer la Lumière de *Hokhma* qui provient de la ligne gauche, alors que Mardochée ne travaille qu'à partir de la ligne droite.

Que fit le roi ? Il promut Haman, ce qui signifie qu'il avait privilégié la ligne gauche. Tel est le sens de « Il plaça son siège au-dessus de tous les ministres. » En plus, il lui donna le pouvoir, ce qui signifie que tous les esclaves du roi devaient s'agenouiller et se prosterner devant Haman, « car le roi l'avait ordonné », qu'il avait reçu le pouvoir. Et tout le monde l'avait accepté, car le fait de s'agenouiller est le signe de l'acceptation du pouvoir.

Car la façon de travailler d'Haman leur plaisait davantage que celle de Mardochée. Tous les Juifs de Suse avaient accepté la dominance d'Haman, à tel point qu'il leur était difficile de comprendre la façon de voir de Mardochée. Après tout, tout le monde comprend que de travailler avec la ligne gauche, appelée **la**

connaissance, est plus facile que d'aller dans les voies du Créateur.

Il est écrit qu'ils avaient demandé : « Pourquoi **transgresses-tu l'ordre du roi ?** » Et puis, quand ils virent que Mardochée persistait dans son opinion de suivre le chemin de la **foi, ils tombèrent dans l'embarras** et ne savaient plus qui avait raison. Ils allèrent demander à Haman qui avait raison, comme il est écrit, « ils dirent à Haman », pour voir si les paroles de Mardochée avaient du poids, car il leur avait dit qu'il était un **Juif**. Cela signifie que la voie du Juif est de manger plus que de boire, ce qui signifie que l'essentiel est la **foi**, qui est la fondation du judaïsme.

Cela provoqua un grand trouble chez Haman : pourquoi Mardochée n'était-il pas d'accord avec son point de vue ? Ainsi, tout le monde avait vu la position de Mardochée, qui affirmait être le seul à marcher dans les voies du judaïsme, et ceux qui prennent une autre voie sont considérés comme des idolâtres. Comme il est écrit : « **Mais tout cela ne me sert à rien, tant que je vois Mardochée, le Juif, assis à la porte du roi** » – que Mardochée affirme que seul son chemin est **la porte du roi**, pas celui d'Haman.

Maintenant, nous pouvons comprendre pourquoi il est écrit « Mardochée savait », ce qui signifie que seul Mardochée savait. **Pourtant, il est écrit « la ville de *Suse* était perplexe »,** ce qui signifie que tout le monde savait.

L'interprétation est que la ville de *Suse* était perplexe et ne savait pas qui avait raison, mais **Mardochée savait**. Il savait que s'il y avait la domination d'Haman, ce serait l'anéantissement du peuple d'Israël. En d'autres termes, il effacerait de la face du monde tout ce que représente Israël, c'est-à-dire la voie du judaïsme, dont la base du travail est la foi au-dessus de la raison, appelée « *Hassadim* couverts », suivre le Créateur les yeux fermés et toujours dire, à propos de soi, « ils ont des yeux et ne voient pas », car toute l'emprise d'Haman est sur la ligne de gauche, appelée « la connaissance », qui est l'opposé de la foi.

C'est en ce sens qu'Haman fit tomber le sort, comme cela est fait le jour de *Yom Kipourim* (Jour du Grand Pardon), comme il est écrit : « un sort pour le Seigneur et un sort pour *Azazel* ». Le sort pour le Seigneur est le discernement de la droite, qui est *Hassadim* (Miséricorde), appelé « manger », qui est la foi. Le sort pour *Azazel* est la ligne de gauche, qui est en fait considérée comme bonne à rien et toute la *Sitra Akhra* (autre côté) en est issue. Ainsi, un blocage sur les lumières s'étend à partir de la ligne gauche, car seule la ligne de gauche fige les lumières.

Tel est le sens de « il fit tomber le ***Pour***[26], **c'est-à-dire le sort** », ce qui signifie qu'il interprète le sort qu'il a fait tomber. Il dit « ***Pour*** », qui est ***Pé Or*** (une bouche de Lumière), car toutes les lumières ont été bloquées par le sort pour *Azazel*, donc il fit tomber toutes les lumières en bas. Haman pensait que « le juste prépare et le méchant profite ». En d'autres termes, Haman pensait, à propos de tout le travail et des efforts que Mardochée et les siens avaient faits, et à propos de la récompense qu'il leur revenait, Haman pensait donc qu'il allait accaparer cette récompense.

Cela signifie que Haman pensait qu'il allait s'approprier les lumières qui se sont dévoilées par le biais des corrections de Mardochée. C'est

---

[26] Dans le sens de jeter les sorts. De là le nom de la fête : *Pourim*.

parce qu'il avait vu que le roi lui avait donné le pouvoir d'attirer la lumière de *Hokhma* vers le bas.

Ainsi, quand il alla dire au roi de détruire les Juifs, ce qui signifie révoquer la prépondérance d'Israël, qui est la foi et la miséricorde, et que ce soit connu et révélé dans le monde, le roi lui répondit : « **L'argent t'est donné, le peuple aussi, fais avec lui comme bon te semblera** », comme bon semblerait à Haman, c'est-à-dire selon son pouvoir, qui est **la gauche et la connaissance**.

Toute la différence entre les premières et les deuxièmes lettres est dans le mot « **Juifs** ». Dans « la copie de l'écrit » (la copie réfère au contenu qui est sorti devant le roi. Par la suite, la copie de l'écrit est interprétée, en expliquant l'intention de la copie), il était écrit : « **Pour être émis comme décret dans chaque province et être publiée parmi toutes les nations, afin qu'ils soient prêts pour ce jour** ». Il n'est pas précisé qui doit « être prêts ».

Ce n'est que Haman qui interpréta la copie de l'écrit, comme il est dit : « **il écrit tout ce que Haman avait ordonné** ». Dans les deuxièmes lettres, le mot « **Juifs** » apparaît, comme il est écrit : « La copie de l'écrit, qui doit être émise comme décret dans chaque province, doit être publiée parmi toutes les nations et **les Juifs** devront être prêts pour ce jour-là pour se venger de leurs ennemis. »

Ainsi, lorsque Haman vint devant le roi, le roi lui dit : l'argent qui a été préparé à l'avance t'est donné, ce qui signifie que tu n'as rien de plus à faire, car « le peuple – fais-en ce que bon te semble ». C'est-à-dire que le peuple veut déjà faire « ce que bon te semble », ce qui signifie que le peuple veut recevoir ta domination. Le roi ne lui a pas dit de révoquer le pouvoir de Mardochée et des Juifs, mais qu'il a été décidé à l'avance que, maintenant et à cette époque, soit dévoilée la *Hokhma*, qui est « trouver grâce à tes yeux ».

La copie de l'écrit devait « être émise comme **un décret** dans chaque province et publiée parmi toutes les nations. » Cela signifie que le **décret** devait être rendu public, **c'est-à-dire que la divulgation de *Hokhma* (était) pour toutes les nations**. Toutefois, il n'était pas écrit de révoquer le discernement de Mardochée et des Juifs, qui sont le discernement de la foi. L'intention était qu'il y aurait divulgation de *Hokhma*, mais que de toute façon, ils choisiraient *Hassadim*.

Et Haman dit que, puisque le moment de la divulgation de *Hokhma* est venu, il est certain que la divulgation de *Hokhma* n'a été donnée que pour être utilisée avec la *Hokhma*, car qui ferait quelque chose qui ne soit pas dans le but d'être utilisé ? Car si on ne l'utilise pas cela signifierait qu'elle a été créée en vain. Donc, c'est certainement par la volonté du Créateur que fut divulguée la *Hokhma*, pour qu'elle soit utilisée.

L'argument de Mardochée était que la question de la divulgation sert à montrer que s'ils entreprennent d'aller suivant la ligne droite, ce qui est *Hassadim* caché, ce n'est pas dû au fait qu'il n'y a pas d'autre choix, et c'est pourquoi ils prennent ce chemin. Cela semble indiquer qu'ils agissaient sous la contrainte, qu'ils n'avaient pas d'autres options, puisqu'il n'y a pas, au même moment, la révélation de *Hokhma*. Mais dès le moment où la *Hokhma* est révélée, il y a la place pour un choix de leur propre gré. En d'autres termes, ils choisissent de s'orienter plus vers le chemin de *Hassadim* que vers la ligne gauche, qui est la divulgation de *Hokhma*. Cela signifie que la divulgation n'a eu lieu que pour qu'ils puissent découvrir l'importance de *Hassadim*, qui est plus important pour eux que *Hokhma*.

C'est comme nos sages ont dit : « jusque-là, par la contrainte, au-delà, par la volonté ». Et c'est le sens de « les Juifs ont été désignés **et ont assumé** ». Cela veut dire que la divulgation de *Hokhma* n'est survenue à ce moment que pour leur permettre de recevoir volontairement la voie juive.

C'était le sens de la controverse entre Mardochée et Haman. L'argument de Mardochée était que ce que nous voyons maintenant, c'est-à-dire le Créateur révélant la domination de *Hokhma*, n'était pas destiné à ce qu'ils reçoivent la *Hokhma*, mais bien à renforcer *Hassadim*. Cela signifie qu'à présent ils avaient l'occasion de montrer que la réception de *Hassadim* était volontaire. C'est-à-dire qu'ils ont la possibilité de recevoir *Hokhma*, puisque la ligne gauche étend sa domination, laquelle resplendit de *Hokhma*, et que, malgré tout, ils choisissent *Hassadim*. Il s'ensuit que dorénavant, ils montrent – en recevant *Hassadim* – que la droite l'emporte sur la gauche. Autrement dit, que l'essentiel est la **loi juive**.

Haman prétendait le contraire, à savoir que le

Créateur divulgue la ligne gauche, qui est *Hokhma*, afin que cette dernière soit utilisée. Sinon, cela signifierait que le Créateur a fait quelque chose inutilement, qu'il a fait quelque chose dont personne ne profitera. Donc, il ne faut pas considérer ce que Mardochée dit, mais tout le monde devrait l'écouter, lui, et utiliser la divulgation de *Hokhma* qui est maintenant apparue.

Il s'ensuit que les deuxièmes lettres n'ont pas révoqué les premières, mais elles ont apporté une explication et une interprétation au premier exemplaire de l'écrit. La question de la « divulgation à toutes les nations » et la question de la divulgation de *Hokhma*, qui éclaire maintenant, c'est à l'égard des Juifs. En d'autres termes, c'est pour que les Juifs soient en mesure de choisir *Hassadim* de leur propre gré et non pas parce qu'il n'y a pas d'autre choix. C'est pourquoi il est écrit dans la deuxième lettre « **que les Juifs devraient être prêts pour ce jour à se venger de leurs ennemis.** »

Cela signifie que la domination exercée maintenant par *Hokhma* a pour but de montrer qu'ils préfèrent *Hassadim* à *Hokhma*, et c'est ce qui s'appelle « se venger de leurs ennemis », à savoir que leurs ennemis veulent précisément *Hokhma*, tandis que les Juifs rejettent la *Hokhma*.

Maintenant, nous pouvons comprendre ce que nous avons demandé à propos de la question du roi : « Qui est-il et où est-il, celui dont le cœur est rempli de tels desseins ? » Et pourquoi a-t-il posé cette question ? Après tout, le roi lui-même avait dit à Haman : « **L'argent t'est donné, le peuple aussi, fais avec lui comme bon te semblera** » (comme nous l'avons dit précédemment, la signification est la suivante : la divulgation de *Hokhma* est faite avec l'intention que le peuple fasse comme bon te semblera, ce qui signifie qu'il est possible de choisir. Et c'est ce qui s'appelle « le peuple aussi, fais avec lui comme bon te semblera ». Par contre, s'il n'y a pas la divulgation de *Hokhma*, il n'y a pas de possibilité de choix, c'est-à-dire que les *Hassadim* qu'ils prennent semblent ne pas avoir été choisis.) Cela veut dire que tout cela est arrivé parce que le roi donna l'ordre de divulguer *Hokhma*, car le moment était venu.

L'intention était que la gauche serve la droite. Ainsi il deviendrait évident à tous que la droite était plus importante que la gauche, et c'est pourquoi ils choisiraient *Hassadim*.

Tel est le sens de la ***Méguilat Esther***. À priori, il semble y avoir ici une contradiction entre les termes puisque ***Méguila*** (**rouleau**) signifie qu'elle est *Galuy* (révélée, divulguée) à tous, tandis que ***Esther*** signifie qu'il y a *Hastara* (dissimulation). Cependant, nous devons interpréter que la divulgation n'a pour but que de permettre le choix de la dissimulation.

Maintenant, nous pouvons comprendre ce que nos sages ont écrit : « **À *Pourim*, il faut s'enivrer jusqu'à ce qu'on ne puisse distinguer entre Haman le maudit et Mardochée le béni.** » L'histoire de Mardochée et d'Esther était avant la construction du Second Temple, car la construction du temple signifie l'extension de *Hokhma*, et ***Malkhout*** est appelée « le Temple ».

Tel est le sens de Mardochée envoyant Esther auprès du roi pour demander sur le compte de son peuple, et elle lui a répondu : « tous les serviteurs du roi […], celui qui n'est pas appelé, la loi est qu'il soit mis à mort […], et je n'ai pas été appelée à venir chez le roi depuis trente jours. » Cela signifie qu'il est interdit d'étendre le discernement de *GAR de Hokhma* vers le bas, car celui qui étend *GAR* (qui sont trois *Sephirot*, chacune incluant dix autres, ce qui fait trente) est condamné à mort, parce que la ligne de gauche provoque la séparation d'avec la Vie des vies. « Sauf celui auquel le roi tend son sceptre d'or, celui-là peut vivre », car l'or signifie *Hokhma* et *GAR*.

Cela veut dire que seul l'éveil du Supérieur peut nous garder en vie, ce qui s'appelle *Dvékout* (adhésion), soit la vie, et non l'éveil de l'inférieur. Bien qu'Esther soit *Malkhout*, qui a besoin de *Hokhma*, ce n'est que par l'éveil du Supérieur. Toutefois, si elle étend *Hokhma*, elle perd tout son discernement.

À cela, Mardochée lui répondit : « [si] le secours et la délivrance arriveront aux Juifs de quelque part d'autre », ce qui signifie en annulant complètement la ligne gauche, les Juifs auront seulement la ligne droite, qui est *Hassadim*, alors « **toi et la maison de ton père périrez** ». Comme il est dit, « le père a fondé la fille », alors elle doit avoir *Hokhma* en elle, mais il doit y avoir plus à manger qu'à boire. Toutefois, si les Juifs n'avaient aucun recours, ils seraient obligés d'annuler la ligne gauche, et donc tout son discernement serait annulé.

À ce sujet, elle a dit : « **si je dois périr, je**

périrai ». En d'autres termes, si j'y vais, je suis perdue, parce que je risque d'arriver à une séparation, car l'éveil de l'inférieur provoque la séparation d'avec la Vie des vies. Et si je n'y vais pas, « le secours et la délivrance arriveront aux Juifs de quelque part d'autre », c'est-à-dire d'une manière différente : ils annuleront complètement la ligne gauche, comme Mardochée lui avait dit.

C'est pourquoi elle prit la voie de Mardochée en invitant Haman au banquet, c'est-à-dire qu'elle étendit la ligne gauche, comme Mardochée lui avait ordonné. Ensuite, elle inclut la gauche dans la droite. De cette façon, il peut y avoir divulgation des Lumières vers le bas, tout en demeurant dans le discernement de *Dvékout*. Tel est le sens de la *Méguilat Esther*, c'est-à-dire que bien que la divulgation de la lumière de *Hokhma* se soit déjà manifestée, elle prend malgré tout la forme de *Hester* (dissimulation) qu'il y a là (parce qu'Esther est *Hester*).

Concernant « il ne savait pas », il est expliqué dans L'étude des dix *Sephirot* (partie 15, *Ohr Pnimi*, article 817) que, bien que les Lumières de *Hokhma* illuminaient – et on ne peut recevoir sans la Lumière de *Hassadim*, car cela induit une séparation, à moins qu'« un miracle se produise par le biais du jeûne et des pleurs » – ils avaient attiré la Lumière de *Hassadim* et ainsi ils purent recevoir la lumière de *Hokhma*. Mais une telle chose n'existe pas avant *Gmar HaTikoun* (la fin de la correction). Et puisque ce discernement provient du discernement de la fin de la correction, jour à partir duquel il sera déjà corrigé, comme il est écrit dans le *Zohar* : « *SAM*[27] est destiné à devenir un saint ange », il s'ensuit qu'il n'y aura alors pas de différence entre Haman et Mardochée, et que Haman sera également corrigé. Et c'est le sens de **« À *Pourim*, il faut s'enivrer jusqu'à ce que l'on ne puisse distinguer entre Haman le maudit et Mardochée le béni. »**

Il convient également d'ajouter en ce qui concerne les mots « ils ont été pendus », qu'il s'agit d'une référence à « pendu à l'arbre », ce qui signifie qu'ils ont compris que c'est le même péché que celui d'*Etz ha Daat* (l'Arbre de la connaissance), que là aussi le défaut était dans *GAR*.

En ce qui concerne « assis à la porte du roi »,

---

[27] *SAM* – *Sitra Massabouta* = côté impur.

on peut ajouter que cela signifie qu'il était assis, et non debout, car être assis est appelé *VAK* et être debout est appelé *GAR*.

38 - La crainte de Dieu est Son trésor
J'ai entendu, le 31 mars 1947

Un trésor est un *Kli* (récipient) dans lequel les biens sont placés. Par exemple, le grain est amené à la grange et les choses précieuses sont mises dans un endroit mieux protégé. Ainsi, chaque chose reçue est appelée en fonction de sa corrélation avec la Lumière et le récipient doit être en mesure de recevoir les choses. C'est comme nous l'apprenons, qu'il n'y a pas de Lumière sans *Kli*, et ceci s'applique même dans la matérialité.

Cependant, quel est le récipient, en spiritualité, dans lequel nous pouvons recevoir l'abondance spirituelle que le Créateur veut donner et qui convient à la Lumière ? C'est comme dans la matérialité, où le récipient doit être en corrélation avec l'objet qui est placé en lui.

Par exemple : nous ne pouvons pas dire que nous avons des trésors de vin qui ont été versés dans de nouveaux sacs pour éviter que le vin ne tourne, ou que nous avons mis beaucoup de farine dans des tonneaux. Mais comme il est de coutume, les récipients du vin sont les tonneaux ou les jarres, et pour la farine, ce sont les sacs et non les tonneaux, etc.

Donc, la question se pose : Quel est le *Kli* spirituel par lequel nous pouvons faire de l'Abondance supérieure un grand trésor ? Selon la règle « plus que le veau veut téter, la vache veut le nourrir », la volonté du Créateur est de faire du bien à Ses créatures et nous devons croire que la raison du *Tsimtsoum* (restriction) est pour notre propre bien. La raison en est sûrement que nous ne possédons pas de récipients convenables qui puissent contenir l'abondance, comme les récipients physiques qui doivent être adéquats pour ce qu'on y met. C'est pourquoi nous devons dire que si nous ajoutons des récipients, alors il y aura quelque chose pour contenir les suppléments d'abondance.

La réponse qui vient pour cela est que dans Sa trésorerie, le Saint bénit soit-Il n'a comme trésor que la crainte des Cieux (*Bérakhot* 33).

Pourtant, il faut expliquer ce qu'est la crainte, qu'il s'agit du *Kli*, que de ce *Kli* on fait un Trésor, et toutes les choses importantes sont placées en lui. Il a dit que la crainte est comme ce qui est écrit à propos de Moïse, que nos sages ont dit que pour récompense pour « Moïse cacha son visage car il craignait de regarder », il fut gratifié de « il regarde l'image du Seigneur » (*Bérakhot*, p. 7). La crainte réfère à la peur de l'immense plaisir qui y existe, qu'il ne pourra pas recevoir dans le but de donner. La récompense pour avoir éprouvé de la crainte est qu'il s'est créé ainsi un *Kli* dans lequel il peut recevoir l'Abondance supérieure.

Ceci est le travail de l'homme, et à part cela, nous attribuons tout au Créateur. Ce n'est pas le cas pour la crainte, car la signification de la crainte est de ne pas recevoir. Et ce que donne le Créateur, Il le donne uniquement pour recevoir, c'est le sens de « Tout est entre les mains de Dieu, à l'exception de la crainte de Dieu. »

C'est le *Kli* dont nous avons besoin, sinon nous serions considérés comme des insensés, comme l'ont dit nos sages : « Qui est l'insensé ? Celui qui perd ce qui lui a été donné. » Cela signifie que la *Sitra Akhra* (l'autre côté) nous retirera l'abondance si nous ne pouvons pas diriger notre intention afin de donner sans réserve, car alors cela va dans le *Kli* de réception, qui est la *Sitra Akhra* et l'impureté.

C'est le sens de « vous devrez surveiller les *Matsot* (pain azyme) ». La surveillance est dans le sens de la crainte. Et même si la nature de la Lumière est qu'elle se surveille Elle-même, c'est-à-dire qu'avant que l'homme ne veuille recevoir la Lumière dans son *Kli* de réception, la Lumière s'en va. Quoi qu'il en soit, l'homme lui-même doit faire cela autant que possible, comme l'ont dit nos sages : « Vous vous surveillerez un peu d'en bas et Je vous surveillerai beaucoup d'En-Haut. »

La raison pour laquelle nous attribuons la crainte aux hommes, comme l'ont dit nos sages, « Tout est entre les mains de Dieu, à l'exception de la crainte de Dieu », est parce qu'Il peut tout donner sauf la crainte. Car ce que le Saint béni soit-Il donne, c'est **davantage d'amour, pas de crainte**.

L'acquisition de la crainte se fait par la puissance de la *Torah* et des *Mitsvot*. Cela veut dire que lorsque l'homme s'engage dans la *Torah* et les *Mitsvot* avec l'intention d'avoir le privilège de procurer du contentement à son Créateur, cette intention, qui repose sur les actes des *Mitsvot* et l'étude de la *Torah*, l'amène à atteindre cet état. Autrement, l'homme stagnera, et même s'il observe la *Torah* et les *Mitsvot* dans les moindres détails, il restera toujours simplement au degré de *Domem* de *Kedousha* (inanimé de la Sainteté).

Il s'ensuit que l'homme doit toujours se souvenir de la raison qui l'oblige à s'engager dans la *Torah* et les *Mitsvot*. C'est ce que nos sages entendent par « **que votre Sainteté soit pour Mon Nom** ». Ce qui veut dire que Je serai votre cause, c'est-à-dire que tout votre travail aura pour but de Me réjouir, à savoir que toutes vos actions seront afin de donner sans réserve.

Comme nos sages ont dit : « Tout ce qui existe dans l'observance existe aussi dans le souvenir » (*Bérakhot* 20). Cela veut dire que tous ceux qui s'engagent dans le respect de la *Torah* et des *Mitsvot* afin d'arriver au « souvenir », sur la foi de « **en me souvenant de Lui, Il ne me laisse pas dormir** », il s'ensuit que l'observance est essentiellement pour accéder au souvenir.

Ainsi, c'est le désir de l'homme de **se souvenir du Créateur**, qui est la cause de **l'obser-**

vance de la *Torah* et des *Mitsvot*. C'est-à-dire que le Créateur est la raison et la cause de l'observance de la *Torah* et des *Mitsvot*, car sans cela l'homme ne peut pas adhérer au Créateur, puisque « lui et Moi ne pouvons résider dans la même demeure », à cause de la disparité de forme, comme nous le savons.

La raison pour laquelle récompense et punition ne sont pas dévoilées et qu'il faut seulement croire en la récompense et en la punition, est parce que le Créateur veut que tout le monde travaille pour Lui, et non pour lui-même, ce qui est considéré comme une disparité de forme par rapport au Créateur. Si récompense et punition étaient dévoilées, l'homme travaillerait par amour propre, c'est-à-dire afin que le Créateur l'aime, ou en raison de la haine de soi, à savoir la crainte que le Créateur le haïsse. Il s'ensuit que la raison du travail serait seulement l'homme et non le Créateur. Le Créateur veut que Lui seul soit la raison impérative.

Il s'avère que la crainte est précisément quand quelqu'un reconnaît sa bassesse et déclare qu'il considère le fait qu'il sert le Roi, c'est-à-dire qu'il veut Lui donner sans réserve, comme un grand privilège dont la valeur est plus importante que ce qu'il peut en dire, selon la règle que ce qu'on donne à une personne importante est considéré comme si on l'avait reçu d'elle.

Dans la mesure où il ressent sa propre bassesse, selon cette mesure l'homme peut commencer à apprécier la grandeur du Créateur et le désir de Le servir s'éveillera. Par contre, si l'homme est orgueilleux, le Créateur dit : « lui et Moi ne pouvons résider dans la même demeure ».

C'est la signification de « un insensé, un méchant et un effronté marchent ensemble ». La raison en est que, du fait que l'homme n'a aucune crainte, c'est-à-dire qu'il ne peut s'abaisser devant le Créateur et dire que c'est un grand honneur pour lui d'être en mesure de Le servir sans aucune récompense, l'homme ne peut recevoir aucune sagesse du Créateur et il reste insensé. Et celui qui est un insensé est un méchant, comme nos sages l'on dit : « l'homme ne pèche que si la **folie** est entrée en lui ».

39 - Ils cousirent des feuilles de figuier
J'ai entendu, le 26 *Shevat* 1947

La feuille réfère à l'ombre qui s'étend sur la

lumière, c'est-à-dire sur le soleil. Il y a deux ombres :
- Une ombre qui vient du côté de *Kedousha* (Sainteté).
- Une ombre qui vient en raison d'un péché.

C'est-à-dire qu'il existe deux types de dissimulation de la Lumière.

Comme l'ombre cache le soleil dans la matérialité, ainsi il y a la dissimulation de la Lumière Supérieure, appelée « soleil », qui vient du côté de *Kedousha*, **en raison d'un choix**. Comme il est écrit au sujet de Moïse : « Moïse se cacha le visage, car il craignait de regarder. » Ce qui veut dire que l'ombre vient du fait de la **crainte**.

Car la crainte signifie qu'il a peur de recevoir l'abondance, qu'il n'est peut-être pas en mesure d'avoir l'intention de donner sans réserve. Il s'ensuit que l'ombre vient à cause de la *Kedousha*, ce qui signifie qu'il veut adhérer au Créateur. En d'autres termes, la *Dvékout* (adhésion) est appelée don sans réserve et il a peur que, peut-être, il ne soit pas en mesure de donner sans réserve. Ainsi, il se trouve qu'il a adhéré à la *Kedousha*, et c'est ce qui s'appelle « une ombre qui vient du côté de *Kedousha* ».

Il y a aussi une ombre qui vient en raison d'un péché. Cela signifie que la dissimulation lui vient, non parce qu'il refuse de recevoir, mais parce que, au contraire, il veut recevoir afin de recevoir. C'est la raison pour laquelle la lumière s'en va, car toute la différence entre la *Kedousha* et la *Klipa* (écorce) est que la *Kedousha* veut donner sans réserve et la *Klipa* ne veut que recevoir et ne pas donner du tout. Pour cette raison, cette ombre est considérée comme venant du côté de la *Klipa*.

Il n'y a pas d'autre conseil pour sortir de cet état, sauf comme il est écrit : « Ils cousirent des feuilles de figuier et se firent des ceintures. » Les ceintures sont les forces du corps qui se sont jointes sous la forme d'une ombre de *Kedousha*. Cela signifie que, même si maintenant ils n'ont plus de lumière, car l'abondance est partie à cause du péché, ils **arrivent néanmoins à surmonter pour servir le Créateur par la seule force au-dessus de la raison**, qui est le discernement de « la force ».

Il est écrit : « ils entendirent la voix du Seigneur, etc., **et l'homme et sa femme se cachèrent** », signifiant qu'**ils sont rentrés dans l'ombre**, dans le sens de « Moïse cacha son visage ».

C'est-à-dire qu'*Adam ha Rishon* (le premier homme) fît la même chose que Moïse.

« Il lui dit : **'Où es-tu ?' Et il dit : 'J'ai entendu ta voix dans le jardin et j'ai eu peur, parce que j'étais nu et je me suis caché.'** » Nu signifie dénudé de la Lumière Supérieure.

Le Seigneur demanda : Quelle est la raison pour laquelle tu es venu à l'ombre, appelée « **Je me suis caché** » ? Parce que « je suis nu », est-ce à cause d'une ombre de *Kedousha* ou à cause d'un péché ? Le Seigneur lui demanda : « As-tu mangé de l'arbre dont je t'avais défendu de manger ? » C'est-à-dire à cause du péché.

Mais quand l'ombre vient à cause du péché, elle est appelée « des images, des faiseurs d'images et des sorciers », qui est « Dieu les a faits l'un en face de l'autre ». C'est parce que, tout comme il y a des forces dans la *Kedousha* pour faire des changements et pour montrer des signes et des présages, il y a également des forces dans la *Sitra Akhra*.

C'est pourquoi **les justes n'utilisent pas ces forces**, en raison de « l'un en face de l'autre », **de sorte à ne pas donner la force à la** *Sitra*

Akhra **de faire comme eux**.

Seul **lors d'occasions exceptionnelles, le Créateur ne donnera pas à la** *Sitra Akhra* **la même force qui est dans la** *Kedousha*. C'est comme Élie sur le Mont Carmel qui a dit : « Réponds-moi », pour qu'ils ne disent pas que c'est de la sorcellerie, qu'il y a la force pour dissimuler la Lumière Supérieure.

Par conséquent, les ceintures qui viennent du côté des feuilles de figuier, qui est le péché de l'Arbre de la connaissance, ces feuilles signifiant cette ombre qui vient en raison du péché, car la cause n'est pas du côté de la *Kedousha*, quand ils choisissent de prendre l'ombre par eux-mêmes, mais ils prennent l'ombre **parce qu'ils n'ont pas d'autres recours**. Ceci ne peut fonctionner que pour **sortir de l'état** de descente. Par la suite, toutefois, le travail doit commencer à nouveau.

40 - La foi dans le Rav, quelle est la mesure ?
J'ai entendu, en 1943

On sait qu'il y a la voie de droite et la voie de gauche. La **Droite**, dans le sens de « tourner à

droite », comme il est dit dans le verset : « *Vehéémin* (il croira) au Créateur » et le *Targum*[28] dit « *Vehéymin* (il ira à droite) ». Lorsque le Rav dit à son disciple d'aller dans la voie de droite, généralement appelée « complète », contrairement à la gauche appelée « incomplète », car il y manque les corrections, alors le disciple doit croire les paroles de son Rav qui lui dit de suivre la voie de droite appelée « complète ».

Et quelle est cette « complétude » que le disciple doit suivre ? C'est ce que l'homme doit se représenter intérieurement, comme s'il était déjà investi d'une foi totale à l'égard du Créateur et qu'il ressentait déjà dans ses organes que le Créateur dirige le monde entier conformément au discernement « Il est le Bien qui fait le bien ». Ce qui signifie que l'ensemble du monde ne reçoit de Lui que Ses bienfaits.

Pourtant, quand il se regarde, il voit qu'il est nu et misérable. Et quand il observe le monde, il voit que le monde entier est plongé dans la souffrance et que chacun reçoit son lot de tourments. Devant tout cela, il doit dire, comme il est écrit : « **Ils ont des yeux et ne voient pas** ». « **Ils** » si-

---

[28] La traduction araméenne de la Bible.

gnifie que tant que l'on est dans le domaine public, ce qui est « ils », ils ne voient pas **la vérité**.

Que signifie le domaine public ? C'est lorsqu'un être est animé par deux désirs. D'une part, il croit que le monde entier appartient au Créateur, d'autre part, il pense que quelque chose appartient aussi à l'homme. En fait, il doit annuler son propre domaine devant le domaine du Créateur et dire que l'on ne veut pas vivre pour soi, mais que la seule et unique raison d'exister est d'apporter satisfaction au Créateur.

Ce faisant, il annule complètement son propre domaine et il se trouve, par conséquent, placé dans le domaine privé qui est le domaine du Créateur. Alors, seulement, peut-il voir la vérité : comment le Créateur dirige le monde selon le principe de bienveillance.

Mais tant que l'homme est dans le domaine public, c'est-à-dire que son esprit et son cœur sont gouvernés par deux désirs, il est incapable de voir la vérité. C'est alors qu'il faut aller au-dessus de la raison et dire, « ils ont des yeux », mais ils ne voient pas la vérité.

Il s'ensuit que lorsqu'on s'analyse et qu'on se demande si on est maintenant dans une phase de descente ou une phase d'ascension, on constate que l'on est incapable de faire la différence.

Que l'homme pense qu'il se trouve dans une phase de descente, il se trompe là encore ! Car il se peut qu'il soit justement dans une phase d'ascension, car il voit son véritable état et combien il est éloigné du travail pour le Créateur. En fait, par cela, il se rapproche maintenant de la vérité. Il peut, au contraire, se trouver dans la situation inverse et se sentir dans une phase d'ascension alors que, en fait, il est justement sous l'emprise du désir de recevoir pour soi, appelé « descente ».

Seul celui qui est déjà dans le domaine privé peut discerner où se trouve la vérité. C'est pourquoi l'homme doit faire confiance à l'avis de son Rav et croire en ce qu'il dit. Cela signifie qu'il doit se conduire selon les prescriptions de son Rav.

Et bien que l'homme se voit offrir de nombreux arguments et de nombreux enseignements qui ne vont pas de pair avec l'avis du Rav, il doit néanmoins continuer de croire à l'avis de son Rav. Lorsqu'il entend des arguments différents et qu'il voit d'autres livres qui ne sont pas conformes à l'avis du Rav, il faut qu'il se dise que, tant qu'on est dans le domaine public, on ne peut pas comprendre la vérité. On ne saisit pas ce qui est écrit dans les autres livres, ni la vérité qu'ils transmettent.

Il est connu que lorsque l'homme n'est pas méritant, sa *Torah* devient une potion de mort pour lui. Et que veut dire « s'il n'est pas méritant, sa *Torah* devient une potion de mort pour lui » ? C'est que tous les enseignements que l'on apprend ou qu'on entend ne nous apporteront aucun avantage qui puisse renforcer le discernement de la vie, qui est *Dvékout* (adhésion) avec la Vie des vies. Au contraire, on est tiré toujours plus loin de la Vie des vies, puisque tout ce qu'on fait n'est qu'en fonction des besoins du corps, appelés « recevoir pour soi », qui est considéré comme une séparation. Cela signifie que, par nos actes, nous augmentons la séparation d'avec la vie des vies ; c'est ce qui s'appelle « la potion de mort », car elle apporte la mort et non la vie. Cela signifie que l'on s'éloigne de plus en plus du discernement du don, appelé « l'équivalence de forme avec le Créateur », du discernement de « comme Il est miséricordieux, soyez aussi miséricordieux ».

Il faut aussi savoir que lorsque l'homme agit selon la voie de droite, c'est le moment idéal pour attirer l'abondance d'En-Haut, parce que « le béni se joint au béni ». En d'autres termes, puisqu'il est dans un état de plénitude, appelé « béni », il est de ce fait en « équivalence de forme », puisque la plénitude se manifeste par un état de joie. Sinon, il n'y a pas de plénitude.

C'est comme nos sages ont dit : « La *Shekhina* (présence divine) n'existe que dans la joie d'une *Mitsva*. » Ce qui veut dire que la *Mitsva* est la raison pour laquelle cela lui procure de la joie. En d'autres termes, c'est ce que le Rav lui avait ordonné : de prendre la voie de droite. Il suit les commandements du Rav, qui lui a fixé un temps spécifique pour aller selon la voie de droite, et un temps spécifique pour aller selon la voie de gauche. La gauche est en contradiction avec la droite, car elle désigne le temps où l'on fait des calculs que pour soi, et on commence à évaluer ce que l'on a déjà acquis dans le travail pour le Créateur, et on voit qu'on est misérable et dépourvu de tout. Comment peut-on alors être dans un état de plénitude ? Et malgré tout, grâce aux commandements du Rav, l'homme se place au-dessus de la raison.

Il s'ensuit que toute sa plénitude a été construite sur le principe d'aller au-dessus de la raison, et c'est ce qui s'appelle « la foi ». Tel est le sens de « en tous lieux où Mon Nom sera mentionné, Je viendrai vers toi et Je te bénirai. » « En tous lieux » signifie que bien que l'on ne soit pas encore digne d'une bénédiction, néanmoins, il est dit : « Je donnerai Ma bénédiction, parce que tu m'as préparé un lieu », ce qui signifie le lieu de la joie, dans lequel la Lumière Supérieure peut exister.

41 - Que signifient la grandeur et la petitesse dans la foi
J'ai entendu, le soir suivant la fête de Pâque,
le 29 mars 1945

Il est écrit : « Ils eurent foi en Lui et en Moïse, Son serviteur. » Il faut savoir que les lumières de *Pessah* (Pâque juive) ont le pouvoir de répandre la Lumière de la foi. Pourtant, n'allez pas croire que la lumière de la foi est une petite chose, car la grandeur et la petitesse ne dépendent que de la perception de ceux qui la reçoivent.

Quand on ne travaille pas dans la voie de la vérité, on pense avoir une trop grande foi et, selon la quantité de foi que l'on a, qu'on pourrait la distribuer à d'autres personnes qui seraient ainsi craintives et comblées.

Cependant, celui qui veut servir le Créateur dans la vérité et qui s'examine constamment, s'il est disposé à travailler avec dévouement « et de tout ton cœur », il voit qu'il est toujours en manque par rapport à la foi, ce qui signifie qu'il est toujours en déficit en ce domaine.

Seul quand il a la foi peut-il sentir être toujours assis devant le Roi. Quand il ressent la grandeur du Roi, il peut découvrir l'amour de deux façons : d'une façon agréable, ou d'une façon douloureuse et difficile. Ainsi, celui qui cherche la vérité est celui qui a besoin de la Lumière de la foi. Si une telle personne perçoit ou voit un moyen d'obtenir la Lumière de la foi, alors elle se réjouit, comme si elle avait trouvé un grand trésor.

Ainsi, les gens qui cherchent la vérité durant la fête de *Pessah*, où se révèle la Lumière de la foi, lisent dans la Paracha (partie de la *Torah*) « Ils eurent foi en Lui et en Moïse, Son serviteur », car c'est alors un temps favorable pour l'obtenir.

42 - Quel est le sens de l'acronyme *Eloul*[29] dans le travail ?

J'ai entendu, le 15 du mois d'*Eloul*, le 28 août 1942

Pour comprendre cela, il faut comprendre plusieurs autres points.

La question des Royautés, des souvenirs et des *Shofar* (cor) et le sens de ce que nos sages ont dit : « Annule ta volonté devant Sa volonté, afin qu'il annule Sa volonté devant ta volonté. »

Les paroles de nos sages : « Les méchants, immédiatement à la mort, et les justes immédiatement à la vie. »

Le verset « Les fils de *Gershon*, *Libni* et *Schimeï*. »

Les paroles du saint *Zohar* : « *Youd* est un point noir dans lequel il n'y pas de blancheur. »

Malkhout du Supérieur devient *Kéter* de l'inférieur.

Que veut dire que la joie témoigne de la complétude du travail.

Ce sont des questions qui sont pertinentes

---

[29] Le mois d'*Eloul* est un acronyme du verset « Je suis à mon bien-aimé et mon bien-aimé est à moi » ;

pendant la préparation du mois d'*Eloul*.

Pour comprendre tout ce qui précède, nous devons comprendre le but de la création, qui a été défini comme le désir du Créateur de faire du bien à Ses créatures. Et pour le *Tikoun* (correction), pour éviter la réaction du « pain de la honte », un *Tsimtsoum* (restriction) s'opère. Le *Tsimtsoum* enfante le *Massakh* (écran), grâce auquel le *Kli* (récipient) de réception est transformé en *Kli* de don.

Et lorsque les récipients sont préparés pour dispenser le bien, la lumière cachée et précieuse est immédiatement reçue par Ses créatures. Cela signifie que l'on reçoit le plaisir et la délectation, qui sont inclus dans la pensée primordiale de la Création, de combler Ses créatures.

De là, nous pouvons interpréter « annule ta volonté devant Sa volonté » ainsi : annuler la volonté de recevoir qui est en toi devant la volonté de donner, qui est la volonté du Créateur. Cela signifie que l'homme annule l'amour de soi pour le remplacer par l'amour de Dieu. C'est ce qui s'appelle « s'annuler devant le Créateur », ce qui est le discernement de *Dvékout* (adhésion). Par la suite, le Créateur peut éclairer de sa lumière notre désir de recevoir, puisqu'il est maintenant corrigé sous la forme de recevoir afin de donner.

C'est le sens de « afin qu'il annule Sa volonté devant ta volonté ». Cela signifie que le Créateur annule Sa volonté, c'est le sens du *Tsimtsoum* qui a été causé par la disparité de forme. Par contre, dès lors qu'il y a l'équivalence de forme, il se produit l'expansion de la Lumière dans le désir de l'inférieur, qui a été corrigé dans la forme « afin de donner », puisque c'est le but de la création de combler ses créatures, et alors, cela peut se réaliser.

Maintenant, nous pouvons interpréter le verset « Je suis à mon bien-aimé ». Cela signifie que par le « je », on annule sa propre volonté de recevoir devant le Créateur, pour qu'elle soit absolument afin de donner, et par cela, on obtient « et mon bien-aimé est à moi ». Cela signifie que **mon bien-aimé**, qui est le Créateur, « est à moi ». Il répand sur moi le bien et le plaisir inhérents à la Pensée de la Création. Ainsi, ce qui était auparavant dissimulé et réduit, devient maintenant la révélation de Sa face, puisque désormais le but de la création a été révélé, à savoir de répandre les bienfaits sur Ses créatures.

Il faut savoir que les *Kélim* (récipients) de don sont appelés *YH* (*Youd, Hey*) du nom *HaVaYaH* (*Youd, Hey, Vav, Hey*), qui sont des récipients purs. C'est le sens de « Celui qui reçoit, reçoit dans le récipient le plus pur. » Alors il est récompensé par « et mon bien-aimé est à moi », il est comblé par tous Ses bienfaits, ce qui signifie qu'il est récompensé par la révélation de Sa face.

Pourtant, il y a une condition à cela : il est impossible d'obtenir la révélation avant de recevoir le discernement de *Akhoraïm* (postérieur), qui est la dissimulation de la face, et prétendre que c'est aussi important pour lui que la révélation de la face, c'est-à-dire d'être dans la joie comme si l'on avait déjà acquis la révélation de la face.

Toutefois, on ne peut rester sur cette position et considérer la dissimulation comme la révélation, sauf si on travaille dans le discernement du don. Dans ce cas, on peut dire : « Ce qui est important est ce que je ressens pendant le travail, et l'essentiel, pour moi, c'est que je veux donner au Créateur. Si le Créateur considère qu'il aura plus de contentement en travaillant dans une forme de *Akhoraïm*, je suis d'accord. »

Cependant, si on a encore des réminiscences du désir de recevoir, d'autres pensées nous viennent à l'esprit et il devient alors difficile de croire que le Créateur dirige le monde à la manière du « Bien qui fait le bien ». Telle est la signification de la lettre *Youd* dans le nom *HaVaYaH*, qui est la première lettre appelée « un point noir dans lequel il n'y pas de blancheur », ce qui signifie qu'elle est obscurité totale et dissimulation de la Face.

Cela signifie que lorsque l'homme arrive à un état où il n'a plus aucun soutien, **alors il se trouve dans le noir, ce qui est le niveau le plus bas dans le Monde Supérieur, et cela devient le discernement *Kéter* de l'inférieur**, car le *Kli* de *Kéter* est un *Kli* de don.

Car le discernement le plus bas chez le Supérieur est *Malkhout*, qui n'est rien en elle-même, ce qui signifie qu'elle n'a rien. Et c'est seulement dans ce sens-là qu'elle est appelée *Malkhout*. Cela signifie que si l'on assume *Malkhout* (le Royaume) des Cieux, **ce qui est le fait d'être dans un état où l'on n'a rien et qu'on l'accepte avec joie**, il se produit ensuite un discernement de ***Kéter***, qui est un *Kli* de don, et un *Kli* des plus purs. En d'autres termes, la réception de *Malkhout* dans un état de noirceur devient par la suite *Kli* de *Kéter*, qui est un *Kli* du don.

C'est comme le verset « **Droites sont les voies du Seigneur ; les justes les empruntent, les pécheurs y trébuchent.** » Cela signifie que les méchants, ceux qui sont contrôlés par les *Kélim* de réception, doivent tomber, écrasés sous leur poids quand ils arrivent à cet état. Les justes, cependant, ceux qui sont dans le discernement du don, sont en cela même élevés, ce qui signifie qu'ils reçoivent en contrepartie les *Kélim* de don (les méchants sont définis comme ceux dont le cœur n'est pas encore acquis à l'obtention des ***Kélim*** de don. Les justes sont ceux dont le cœur est déjà acquis à l'obtention des *Kélim* de don, mais ils sont encore incapables de la réaliser.)

Il est écrit dans le *Zohar*, que la sainte *Shekhina* (Présence Divine) a dit à Rashbi (Rabbi Shimon Bar-Yokhai) « Il n'y a aucun endroit pour se cacher de toi », et c'est pourquoi elle lui est apparue. C'est le sens de ce que Rashbi a dit, « À cause de cela, son désir se porte vers moi », ce qui est « Je suis à mon bien-aimé et mon bien-aimé est à moi », et puis il administre le discernement de *VH*, ce qui veut dire que « le Nom est incomplet et le trône est incomplet jusqu'à ce que le *Hey* et le *Vav* se réunissent. » Le *Hey* s'appelle « le désir de recevoir », qui est le dernier et ultime *Kli* dans lequel le *Vav* va affluer dans le *Hey*, et ce sera alors la fin de la correction.

C'est le sens de « les justes immédiatement à la vie ». Cela signifie que l'homme lui-même doit dire dans quel livre il voudrait que son nom soit écrit. Serait-ce dans le livre des justes, signifiant ainsi sa volonté qu'Il lui octroie le désir de donner, ou non ? En effet, il y a de nombreux discernements concernant le désir de donner. Parfois, il est dit : « Oui, je veux que l'on m'accorde le désir de donner, sans pour autant annuler tout à fait le désir de recevoir. » Il veut par là profiter des deux mondes à la fois, c'est-à-dire qu'il veut aussi le désir de donner pour son propre plaisir.

Cependant, seuls ceux qui veulent transformer leurs *Kélim* de réception afin qu'ils soient uniquement afin de donner et non de recevoir quoi que ce soit pour eux-mêmes sont inscrits dans le livre des justes. Il en est ainsi afin que l'homme n'ait pas la possibilité de dire, par la suite, « Si j'avais su que le désir de recevoir devait être révoqué, je n'aurais pas prié pour cela », et ce, afin qu'il ne dise pas, après coup : « Ce n'est pas ce à quoi je me suis engagé ». Par conséquent, il doit sans réserve dire ce qu'il entend par être inscrit dans le livre des justes, afin qu'il ne se plaigne pas ensuite.

Il faut savoir que dans le travail, le livre des justes et le livre des méchants sont dans une seule et même personne. Cela signifie que l'homme lui-même doit faire un choix et savoir clairement ce qu'il veut, car « méchants » et « justes » cohabitent dans la même personne.

Par conséquent, s'il veut être inscrit dans le livre des justes, pour être immédiatement à la vie, ce qui signifie être uni à la Vie des vies, il doit dire qu'il veut tout faire pour le compte du Créateur.

De même, lorsqu'il vient s'inscrire dans le livre des méchants, où sont enregistrés tous ceux qui veulent être dans un discernement de réception pour eux-mêmes, il est dit qu'on l'inscrit immédiatement dans le registre de la mort, ce qui signifie que la volonté de recevoir pour soi s'annulera en lui, comme s'il était mort.

Mais parfois il hésite, c'est-à-dire qu'il ne veut pas que le désir de recevoir soit annulé immédiatement en une seule fois. Il ne peut se résoudre à se décider de façon définitive, à ce que le désir de recevoir soit immédiatement mis à mort, ce qui signifie qu'il n'est pas d'accord pour que l'intégralité des désirs de recevoir soit annulée en une seule fois. Au contraire, il veut que les multiples désirs de recevoir soient annulés tout doucement et pas tous à la fois, ce qui signifie que les *Kélim* de réception et les *Kélim* de don continueraient, les uns les autres, à fonctionner un peu.

Il s'ensuit que cet homme n'a pas une position ferme et précise. D'une part, il prétend que « tout est pour moi », en parlant du désir de recevoir, d'autre part, il affirme que « tout est pour le Créateur », ce qui serait appelé une position ferme.

Cependant, que peut-on faire si le corps est en désaccord avec la décision de vouloir être entièrement pour le Créateur ? Dans ce cas, on peut dire que cette personne fait tout ce qu'elle peut pour être entièrement pour le Créateur, ce qui signifie qu'elle adresse une prière au Créateur, de l'aider à faire en sorte que tous ses désirs soient seulement pour le Créateur. C'est pour cela que nous prions : « Souviens-Toi de nous pour la vie et inscris-nous dans le livre de la vie. »

C'est pourquoi il est écrit, « **Malou** », signifiant que l'on va prendre sur soi le discernement du point noir dans lequel il n'y pas de blancheur. C'est le sens de « Annule ta volonté, afin que ton souvenir s'élève devant Moi et ensuite Sa volonté sera annulée devant ta volonté. » En quoi ? Avec le *Shofar*, c'est-à-dire avec la *Shoufra* (excellence) de la mère, ce qui signifie que la question dépend de la repentance.

En d'autres termes, si l'on accepte la noirceur, on doit aussi s'efforcer de le faire d'une manière honorable et non pas de façon honteuse. C'est ce qui s'appelle « l'excellence de la Mère », ce qui signifie que ce soit beau et respectable.

Par conséquent, nous pouvons interpréter ce qui est écrit : « Les fils de *Guershon*, *Libni* et *Schimeï* ». Si on voit que l'on a été expulsé du travail, on doit savoir que cela est dû à **Libni**[30], c'est-à-dire que l'on a voulu spécifiquement la blancheur. En d'autres termes, si on nous donne la blancheur, c'est-à-dire qu'Il illumine tout ce que l'on va faire et que la *Torah* et la prière nous

---

[30] Ce nom a la même racine que le mot hébreu *Lavan* (blanc).

laisseront un bon goût, alors on est prêt à écouter et à s'engager dans la *Torah* et les *Mitsvot*.

Et « ***Schimeï*** »[31] signifie que c'est précisément grâce à une forme de « blancheur » que l'on peut entendre. Par contre, durant le travail, on perçoit une forme de noir et on ne peut accepter d'entendre que l'on veuille assumer ce travail.

Par conséquent, on doit être expulsé du Temple du Roi, car l'acceptation du Royaume des Cieux ne peut-être que par une reddition inconditionnelle. Cependant, quand on dit que l'homme est prêt à assumer le travail à condition qu'il y ait une « forme de blanc », c'est-à-dire un jour de clarté, tandis que si le travail se présente sous une « forme noire » on n'est pas d'accord, une telle personne n'a pas sa place dans le palais du Roi.

Car ne sont admis au palais du Roi que ceux qui souhaitent travailler dans le but de donner, car lorsqu'on travaille dans ce but, on n'accorde pas d'importance à ce que l'on ressent pour soi pendant le travail. Au contraire, même dans un

---

[31] Ce nom a la même racine que le mot hébreu *Shmi'a* (l'ouïe).

état où l'on voit une forme de noir, on ne se laisse pas impressionner par elle, mais plutôt, on ne désire que de voir le Créateur nous donner la force de surmonter tous les obstacles.

Cela signifie que l'on ne demande pas au Créateur de nous donner une forme de blanc, mais de nous octroyer la force de surmonter toutes les dissimulations.

Ainsi, ceux qui veulent travailler dans le but de donner, s'il y a toujours un état de blancheur, alors cette blancheur leur permet de continuer le travail. Car lorsqu'elle éclaire, on est capable de travailler, même quand on est dans un état de ne vouloir recevoir que pour soi. C'est pourquoi on ne peut jamais savoir si on travaille dans la pureté ou non. Cela entraîne que l'on ne peut jamais avoir le privilège d'être en *Dvékout* (adhésion) avec le Créateur.

Pour cette raison, on nous donne d'En-Haut une forme de noirceur et ainsi on voit si notre travail se fait dans la pureté. En d'autres termes, si l'on peut être dans la joie tout en étant dans un état de noirceur, c'est signe que le travail se fait dans la pureté, car on doit être heureux et croire que d'En-Haut nous a été donné une chance d'être capable de travailler afin de donner.

C'est comme nos sages l'ont écrit : « Tous ceux qui sont avides sont colériques. » Cela signifie que ceux qui sont plongés dans leur désir de recevoir pour eux-mêmes vivent dans la colère, car ils sont toujours dans le manque, ils ont un besoin constant de remplir leurs *Kélim* de réception. Toutefois, ceux qui veulent marcher dans le chemin du don doivent toujours être dans la joie. Cela signifie que dans n'importe quelle circonstance où l'on se trouve, on doit être dans l'allégresse, car on n'a aucune intention de recevoir pour soi.

C'est pourquoi il est dit que, de toute façon, si on travaille vraiment dans le but de donner, on doit certainement être heureux qu'il nous ait été accordé le privilège d'apporter satisfaction à notre Créateur. Et si on sent que le travail n'est pas encore dans le discernement du don, on doit quand même être dans la joie, parce qu'on se dit qu'on ne veut rien pour soi. On est heureux que la volonté de recevoir ne puisse profiter de ce travail, ce qui nous procure un sentiment de joie.

Toutefois, si l'on pense qu'on va aussi recevoir quelque chose pour soi à partir de ce travail, on autorise alors la *Sitra Akhra* (l'Autre Côté) à s'accrocher à ce travail, ce qui est une cause de tristesse et de colère, etc.

43 - Considérations au sujet de la foi et de la vérité
J'ai entendu

La vérité est ce qu'on ressent en soi et ce que l'on voit de ses propres yeux. Ce discernement est appelé « récompense et punition », ce qui signifie que rien ne peut être acquis sans effort et sans travail. C'est comme si une personne décidait de rester assise dans sa maison et ne voulait rien faire pour assurer sa subsistance en disant que, puisque le Créateur est bon et bienfaisant, et pourvoit à tout, Il lui enverra certainement tout ce dont elle a besoin. Quant à elle, elle n'a rien à faire du tout.

Bien sûr, si cette personne se comporte de cette manière, elle mourra certainement de faim. Selon la logique de la raison, et ce qui apparaît devant nos yeux, la vérité est que cette personne va mourir de faim.

Mais en même temps, il faut s'élever au-dessus de la raison et croire que l'on pourra satisfaire tous ses besoins sans aucun effort et sans problème, par le biais de la Providence privée. En d'autres termes, le Créateur fait et fera tout ce qui est à faire, sans que l'on ait à l'aider en rien, le Créateur pourvoit en tout et on ne peut ni ajouter ni soustraire quoi que ce soit.

Mais comment ces deux choses peuvent-elles aller de pair, puisque l'une contredit l'autre ? Un des discernements est appelé « ce que l'esprit peut comprendre », ce qui signifie que sans l'aide de l'homme, sans s'investir auparavant dans le travail et les efforts, rien ne sera atteint. C'est ce qui s'appelle « vérité », parce que le Créateur a voulu que l'on ressente les choses de cette façon. C'est pourquoi ce cheminement est appelé « le chemin de la vérité ».

Comment ne pas être perplexe, si ces deux voies sont en contradiction et comment est-il possible que cet état soit vrai ? La réponse est que la vérité ne renvoie pas à la façon de faire et à la situation. La vérité renvoie plutôt à la sensation que le Créateur a voulu que l'on ressente : c'est la « vérité ». Il s'ensuit que ce concept de vérité peut être appliqué précisément au sujet du Créateur, c'est-à-dire à Sa volonté, qu'Il veut ainsi que l'homme sente et voie de cette façon.

Pourtant, en même temps, il faut croire que même si on ne le sent pas et qu'on ne le voit pas avec les yeux de l'esprit, le Créateur peut nous aider à obtenir tous les profits qui peuvent être acquis, sans aucun effort. Cela tient seulement du discernement de la Providence privée. La raison pour laquelle on ne peut appréhender la question de la Providence privée avant que l'on ne comprenne la question de la récompense et de la punition, c'est que la Providence privée est une chose éternelle et que l'esprit humain n'est pas éternel. Par conséquent, quelque chose d'éternel ne peut être revêtu dans quelque chose qui n'est pas éternel. Ainsi, une fois qu'il s'est vu octroyer le discernement de récompense et de punition, l'homme devient un *Kli* (récipient) dans lequel la Providence privée peut se revêtir.

Maintenant, nous pouvons comprendre le verset : « De grâce, Seigneur, secours-nous, de grâce, Seigneur, donne-nous le succès. » Les mots « secours-nous » réfèrent à la récompense et à la punition, car il faut prier pour que le Créateur nous prépare le travail et l'effort par le biais desquels nous recevrons la récompense. En même temps, on doit prier pour que cela réussisse, ce qui est relié à la Providence privée, ce qui signifie que l'on sera gratifié de tous les bénéfices, bien que l'on n'ait fourni aucun effort.

Nous constatons la même chose dans le domaine de la possession des biens matériels (caractérisés comme étant séparés les uns des autres, comme deux objets distincts, tandis que dans les choses spirituelles, tout est étudié comme une seule entité mais à deux moments différents.) Il y a des gens qui justement acquièrent leurs biens par beaucoup d'efforts et d'énergie et de virtuosité d'esprit, et en même temps, nous voyons le contraire : que des gens qui ne sont pas si astucieux, qui n'ont pas autant d'énergie et ne font pas de grands efforts, réussissent à devenir les plus grands propriétaires de biens et de richesses du monde.

L'explication est que les choses matérielles procèdent de leurs racines supérieures, par le biais de la récompense et de la punition, ainsi que de la Providence privée. La seule différence est que, dans la spiritualité, cela se produit en un seul endroit, c'est-à-dire dans un seul sujet mais l'un après l'autre, c'est-à-dire dans une seule personne mais dans deux états différents. Dans la matérialité, cela se produit en même temps, mais dans deux objets, c'est-à-dire au même moment, mais chez deux personnes différentes.

44 - L'intellect et le cœur
J'ai entendu, le 10 *Tevet*, 1ᵉʳ février 1928

Il faut examiner si la foi est en ordre, c'est-à-dire si l'on est animé par des sentiments de crainte et d'amour, comme il est écrit : « Si je suis père, où est mon honneur, et si je suis un Seigneur, **où est la crainte que je suscite ?** » Ceci est appelé **l'intellect**.

Il faut aussi voir à ce qu'il n'y ait aucun désir d'autosatisfaction, que même la pensée de désirer quelque chose pour soi ne vienne à l'esprit, mais, bien au contraire, que tous les désirs que l'on a soient uniquement de donner au Créateur. C'est ce qui s'appelle le « **cœur** », dans le sens que « le Miséricordieux désire le cœur ».

45 - Deux discernements concernant la *Torah* et le travail
J'ai entendu, le 1ᵉʳ d'*Eloul*, 5 septembre 1948

Il y a deux discernements dans la *Torah* et il y a deux discernements dans le travail. Le premier est le discernement de la **crainte** et le second est le discernement de l'**amour**. La *Torah* est appelée un état de plénitude, ce qui signifie que nous ne parlons pas du travail investi par l'homme et de l'état où il est, mais nous parlons de la *Torah* en elle-même.

Le premier discernement est appelé l'« amour », c'est-à-dire que l'on a le désir et la soif de connaître les voies du Créateur et ses trésors cachés, et pour cela, on redouble d'énergie et d'efforts pour obtenir ce vœu tant désiré. Et tout ce qui est compris à travers l'étude de la *Torah* est considéré avec émerveillement comme un cadeau inestimable. Ainsi, selon l'appréciation de l'importance de la *Torah*, on grandit progressivement, jusqu'à ce que l'on découvre, selon les efforts investis, les secrets de la *Torah*.

Le second discernement est la crainte, c'est-à-dire que l'on veut être le serviteur du Créateur. Il est dit : « Celui qui ne connaît pas la loi de la Force Supérieure, comment pourra-t-il La servir ? » On craint et redoute de ne pas savoir comment servir le Créateur.

Quand on opte pour cette façon d'apprendre, chaque fois que l'on retrouve dans la *Torah* un goût que l'on peut utiliser, on est ravi et ému en fonction de l'importance que l'on ressent d'avoir pu retirer quelque chose de la *Torah*. Et si l'on persiste dans cette façon de faire, alors les secrets de la *Torah* nous sont progressivement dévoilés.

Ici, il y a une différence entre les enseignements extérieurs et la sagesse de la *Torah* : dans le domaine des enseignements extérieurs, il est affirmé que l'exaltation amoindrit l'intellect, du fait que l'émotion est l'opposée de l'intellect et qu'elle diminue la compréhension de l'esprit. À la différence, dans la sagesse de la *Torah*, l'exaltation est perçue comme ayant une existence en soi, tout comme l'esprit.

Cela s'explique par le fait que la *Torah* est la vie, comme il est écrit : « La sagesse préserve la vie de celui qui la possède », car la sagesse et la vie sont la même chose.

Ainsi, autant la sagesse apparaît dans l'esprit, autant elle se manifeste aussi dans l'émotion, car la Lumière de la vie remplit tous les organes (et, me semble-t-il, c'est la raison pour laquelle on doit sentir que l'on est toujours ravi d'être dans la sagesse de la *Torah*, car c'est l'allégresse qui fait la grande différence entre l'enseignement extérieur et la sagesse de la *Torah*).

C'est ce qui existe également dans le travail, considéré comme la ligne de gauche, du fait qu'il est un discernement de réception. Car le concept de réception s'explique comme un désir de recevoir, du fait que l'on ressent un manque. Le manque comprend trois discernements :
1. le manque de l'individu,
2. le manque du public,
3. le manque de la *Shekhina* (la présence divine).

Tout manque est considéré comme désirant remplir une déficience, ce qui le définit comme appartenant à la réception, c'est-à-dire à la ligne gauche. La *Torah*, par contre, ne signifie pas que l'on travaille parce qu'on ressent un manque devant être corrigé, mais plutôt que l'on veut donner satisfaction et contentement au Créateur (par voie d'une prière, d'une louange ou de l'expression de la gratitude. Quand on agit de manière à sentir que l'on est dans la plénitude, et qu'on ne voit aucun manque dans le monde, c'est ce qui s'appelle la « *Torah* ». Toutefois, si l'on agit alors que l'on ressent un manque, c'est ce qui s'appelle **le travail**).

En outre, deux discernements doivent être faits durant le travail :
1. En raison de **l'amour de Dieu**, quand on veut s'unir au Créateur, qu'on sent que c'est l'endroit où on peut exprimer toute la mesure de l'amour que l'on ressent, et aimer le Créateur ;
2. En raison de la crainte, quand on a **la crainte de Dieu**.

46 - La domination d'Israël sur les *Klipot*
J'ai entendu

Concernant la domination d'Israël sur les *Klipot* (écorces), et vice versa, la domination des *Klipot* sur Israël, il faut d'abord comprendre ce qu'est « Israël » et ce que sont les « Nations du monde ».

Il est expliqué à plusieurs endroits qu'Israël signifie « intériorité », appelée « les *Kélim* de *Panim* » (récipients antérieurs), avec lesquels l'homme peut travailler dans le but de procurer du contentement à son Créateur.

Les nations du monde sont appelées « extériorité », les « *Kélim* de *Akhoraïm* » (récipients postérieurs), dont tout l'approvisionnement vient de la réception et non du don sans réserve. La domination des nations du monde sur Israël est en cela qu'elles sont incapables de travailler sous la forme du don, avec les *Kélim* de *Panim*, mais uniquement dans les *Kélim* de *Akhoraïm*. Ils tentent les travailleurs du Seigneur afin qu'ils étendent les lumières en bas, dans les *Kélim* de *Akhoraïm*.

La domination d'Israël signifie que s'il donne la force afin que chacun puisse travailler dans le but de contenter son Créateur, à savoir uniquement dans les *Kélim* de *Panim*, même s'il étend *Hokhma*, ce n'est que sous la forme d'une route à traverser, rien de plus.

47 - À l'endroit où vous trouvez Sa Grandeur
J'ai entendu

« À l'endroit où vous trouvez Sa grandeur, vous trouverez son humilité. » Cela signifie que celui qui est constamment en relation de *Dvékout* (adhésion) sincère voit que le Créateur lui-même s'abaisse jusqu'à nous et se trouve présent dans les endroits les plus bas. Cela nous plonge dans l'embarras. C'est pourquoi il est écrit : « Celui qui réside dans les hauteurs abaisse ses regards sur le ciel et sur la terre ? » On voit la grandeur du Créateur et ensuite il « abaisse », ce qui signifie qu'il abaisse le ciel vers la terre. Le conseil est de penser que si ce désir vient du Créateur, il n'y a rien de plus important, comme il est écrit : « Il relève les pauvres du ruisseau. »

D'abord, il faut comprendre que quelque chose nous manque. Si l'on n'a pas, il faut prier pour cela et demander pourquoi on n'a pas. Car la raison pour laquelle on ne ressent pas ce manque est que l'on est dans une phase de conscience amoindrie.

Ainsi, pour chaque *Mitsva* (Précepte/Commandement), il faut prier et demander pourquoi nous sommes inconscients et pourquoi nous n'accomplissons pas la *Mitsva* dans sa plénitude ? En d'autres termes, le désir de recevoir recouvre tout afin que l'on ne voie pas la vérité.

Car si on pouvait voir l'état de dégradation qui est le nôtre, on refuserait certainement de rester dans une telle situation. Au lieu de cela, on doit continuellement s'astreindre à œuvrer durement jusqu'à ce qu'on arrive au repentir complet, comme il est écrit : « Il fait descendre aux enfers et fait remonter. »

Cela signifie que lorsque le Créateur veut que le méchant se repente, il fait de sa vie un tel enfer que le méchant lui-même ne veut pas d'une telle existence. Ainsi, il doit prier et supplier le Créateur de lui montrer la vérité, en lui ajoutant la lumière de la Torah.

48 - L'essence de la base
J'ai entendu à la sortie de Shabbat de *Vayera*, 1953

L'essence de la fondation est un chemin qui est connu de tous. La prudence et l'attention au sujet de l'intellect, c'est parce qu'il est bâti sur la base d'une question. Si l'on rencontre ladite question, il faut être armé et protégé pour maintenir sa garde, et répondre instantanément ladite réponse.

En d'autres termes, toute la structure est construite sur des questions et des réponses, c'est le sens d'être sur le chemin du Créateur, alors on a le privilège de construire la structure de la *Shekhina* (Divinité). Et quand on n'a pas la place pour les questions et réponses, on est appelé « immobile ».

Le Créateur a préparé un lieu, même pour ceux qui se sont déjà vu accorder le revêtement de la *Shekhina* en permanence et qui sont déjà sur le chemin des degrés, et qui n'ont donc plus de lieu pour le travail ci-dessus. Alors le Créateur leur a préparé un lieu dans lequel ils ont une fondation nouvelle, où la foi peut résider.

Bien qu'il soit difficile de comprendre comment une telle chose est possible à des degrés élevés, le Créateur Lui-même peut faire une telle chose. C'est le sens de la correction de la ligne médiane et l'interdiction de recevoir de la ligne gauche.

En même temps, nous voyons que *Hokhma* apparaît uniquement dans *Malkhout*. Et même si *Malkhout* est un attribut opposé à *Hokhma*, de toute façon, c'est justement *Malkhout* qui est le lieu de l'apparition de *Hokhma*.

C'est le sens de « cet obstacle sera sous ta main », que nos sages ont dit que l'on ne maîtrise pas une loi à moins qu'on n'y ait failli. La loi est un discernement de *Malkhout* (c'est le sens de *HaKala* (la mariée), quand on va vers *Hakala*, ceci est appelé *Halakha* (loi)[32]). Ceci est

---

[32] *Halakha* (la loi) et *Hakala* (la mariée) ont les

construit uniquement sur des obstacles, c'est-à-dire au temps des questions. Quand on n'a pas de questions, elle n'a pas le nom de « Foi » ou de *Shekhina*.

49 - L'essentiel, c'est l'intellect et le cœur
J'ai entendu, le cinquième jour de *Vayera*, 1953

Il faut qu'il y ait une préparation sur le discernement de l'intellect, dans ce travail qui renvoie au discernement de la foi. Cela signifie que si l'on est négligent dans l'œuvre de la foi, on tombe dans un état de vouloir seulement la connaissance, ce qui est une *Klipa* (écorce), laquelle va à l'encontre de la *Shekhina* (Divinité). Ainsi, le travail est de se renforcer en tout temps et de renouveler le discernement de l'intellect.

De même, si l'on se sent négligent dans le travail du cœur, il faut renforcer le travail qui se rapporte au discernement du cœur et effectuer des actes opposés, comme l'affliction du corps, qui est l'opposé du désir de recevoir.

La différence entre la négligence dans le tra-

---

mêmes lettres dans un ordre différent.

vail de l'intellect et le travail du cœur, c'est qu'il y a une mauvaise *Klipa* (écorce) contre l'intellect, ce qui peut provoquer un état « douter des débuts ». Par conséquent, on doit effectuer des actes opposés, ce qui signifie qu'à chaque renouvellement du discernement de l'intellect, on doit prendre sur soi des remords pour le passé et des promesses pour l'avenir.

On peut recevoir l'origine de cet élément du discernement de l'inanimé. Le sujet du revêtement de la foi est perpétuel et éternel. Par conséquent, on pourra toujours l'avoir pour mesurer si le travail est propre ou non, car le revêtement de la *Shekhina* disparaît seulement en raison d'un défaut, soit dans l'intellect, soit dans le cœur.

50 - Deux états
J'ai entendu, le 20 *Sivan*

Il y a deux états dans le monde. Dans le premier état, le monde est appelé « Douleur », et dans le deuxième état, il est appelé la « Sainte *Shekhina* (Divinité) ». Il en est ainsi, car avant que l'homme puisse corriger ses actions afin qu'elles soient en vue de donner sans réserve, il ressent le monde seulement sous la forme de douleurs et de tourments.

Par la suite, il est gratifié par le fait de voir que la Sainte *Shekhina* se revêt dans le monde entier, et alors, il considère que le Saint, béni soit-Il, remplit le monde. Alors le monde est appelé la « Sainte *Shekhina* », qui reçoit du Saint, béni soit-Il. Ceci est appelé « l'union du Saint, béni soit-Il, et de la *Shekhina* », car le Créateur étant celui qui donne, le monde ne s'occupe plus maintenant que de don.

C'est comme une mélodie triste. Certains joueurs savent exécuter la douleur sur laquelle la mélodie est composée, parce que toutes les mélodies sont comme une langue parlée, où la mélodie interprète les mots qu'on voudrait exprimer oralement. Si la mélodie émeut les auditeurs jusqu'aux larmes, quand chacun pleure à cause des douleurs que la mélodie exprime, cela s'appelle « une mélodie », et tout le monde aime à l'écouter.

Mais comment les gens peuvent-ils se réjouir des souffrances ? C'est que la mélodie n'évoque pas les souffrances du présent, mais celle du passé, ce qui veut dire que les souffrances qui sont déjà passées ont été adoucies et ont reçu leur complétude ; pour cette raison, les gens aiment à les écouter. Cela fait allusion à l'adoucissement des jugements, au fait que les douleurs qu'il avait se sont adoucies. C'est pourquoi ces souffrances sont douces à écouter, et alors le monde est appelé la « Sainte *Shekhina* ».

L'essentiel, c'est que l'homme doit savoir et sentir que la ville a un chef, comme nos sages ont dit qu'Abraham, le Patriarche, a dit : « Il n'y a pas de ville sans chef. » L'homme ne doit pas penser que tout ce qui se produit dans le monde est fortuit. La *Sitra Akhra* l'incite à pécher et à dire que tout est accidentel.

C'est la signification de *Hammat Keri* (hostilité courroucée). Il y a un *Hammat* rempli de *Keri*. Le *Keri* l'amène à penser que tout est *Bemikreh* (fortuit). (Même lorsque la *Sitra Akhra* l'amène à avoir de telles pensées, à savoir que tout est fortuit, sans providence, ceci n'est également pas par hasard : le Créateur l'a voulu ainsi.)

Cependant, l'homme doit croire à la récompense et à la punition, qu'il y a un jugement et qu'il y a un juge, et que tout est dirigé par Providence de récompense et de punition. Il en est ainsi parce que parfois, lorsque l'homme ressent un certain désir et un éveil pour le travail de Dieu, et qu'il pense que cela lui vient par hasard, il devrait savoir qu'ici aussi il a fait un travail dans le sens de l'action qui a précédé l'écoute. Il a prié pour l'aide des Cieux afin d'être capable d'exécuter un acte avec intention, et ceci est appelé élever le *MAN*[33].

Mais l'homme a déjà oublié ceci et n'a pas attribué d'importance à ce fait, puisqu'il n'a pas reçu de réponse instantanée à sa prière, de sorte qu'il puisse dire : « Car Tu entends la prière de chaque bouche ». De toute façon, il doit croire que l'ordre d'En-Haut est que la réponse à la prière peut venir plusieurs jours ou plusieurs mois après avoir prié. Il ne faut pas qu'il pense que c'est par hasard qu'il a reçu cet éveil maintenant.

Parfois, l'homme dit : « Maintenant que je sens que je ne manque de rien et que je n'ai aucun souci, mon esprit est maintenant clair et sain, et pour cette raison, je peux concentrer mon esprit et mon désir sur le travail de Dieu. » Il s'ensuit qu'il peut dire de tout son engagement

---

[33] *Mayim Noukvin* (les eaux féminines).

dans le travail de Dieu : « Ma puissance et la force de ma main m'ont fait réussir. » Donc, par hasard, il peut s'engager et atteindre ses besoins spirituels. C'est alors qu'il doit croire que c'est la réponse à la prière ; il a demandé auparavant, et maintenant on répond à sa prière.

Aussi parfois, quand il lit un livre et que le Créateur lui ouvre les yeux, il ressent un certain éveil. Là aussi, il a l'habitude d'attribuer ceci au hasard. Cependant, tout est orienté. Et comme l'homme sait que la *Torah* entière correspond aux noms du Créateur, il peut donc dire qu'à travers le livre qu'il lit, une certaine sorte de sensation sublime lui est venue.

Mais il doit savoir que souvent il peut lire le livre, et bien qu'il sait que la *Torah* entière correspond aux noms du Créateur, il ne reçoit néanmoins aucune luminescence ou sensation. Au contraire, tout est à sec et les connaissances qu'il a ne l'aident pas du tout.

Par conséquent, quand il lit un livre et qu'il s'accroche avec espoir au Créateur, son étude devrait être sur la base de la foi, qu'il croit en la Providence et que le Seigneur lui ouvrira les yeux. À ce moment-là, il a besoin du Seigneur et alors il a un contact avec le Seigneur. C'est ainsi qu'il lui est donné d'adhérer à Lui.

Il y a deux forces qui se contredisent, une Force supérieure et une Force inférieure. La Force supérieure est, comme il est écrit : « Ce qui est appelé par Mon nom, Je l'ai créé pour Ma gloire. » Ceci signifie que le monde entier a été créé seulement pour la gloire du Créateur. La Force inférieure est le désir de recevoir qui affirme que tout a été créé pour lui, les choses matérielles comme les choses spirituelles, que tout est amour propre. Le désir de recevoir affirme qu'il mérite ce monde-ci, de même que le monde à venir. Naturellement, c'est le Créateur qui gagne, mais ceci est appelé « le chemin de la souffrance », « le long chemin ».

Mais il y a un chemin court, appelé « le chemin de la *Torah* ». L'intention de raccourcir le temps devrait être la tendance de chacun, ce qui s'appelle « Je vais la hâter ». Autrement dit, cela sera « en son temps », comme nos sages ont dit : « S'ils sont méritants, Je vais la hâter ; s'ils ne le sont pas, en son temps », « Je placerai sur vous un roi tel qu'Haman qui vous ramènera malgré vous vers le bien. »

La *Torah* commence par *Béréshit* (Au commencement), etc., et « la terre n'était que solitude et chaos et obscurité », etc., et se termine par « devant les yeux de tout Israël ». Au commencement, on voit que la terre est « solitude, chaos et obscurité », mais lorsqu'ils se corrigent en vue de donner sans réserve, alors on leur décerne « Dieu dit que la lumière soit », jusqu'à ce que la lumière apparaisse « devant les yeux de tout Israël ».

51 - Si ce vilain vous rencontre
J'ai entendu, après les vacances de la Pâque,
le 27 avril 1943

« Si ce vilain vous rencontre, attirez-le au séminaire, etc., et sinon, rappelez-lui le jour de sa mort. » Ce qui signifie qu'il lui rappellera que le travail se trouve en un endroit où il n'est pas, lequel est au-delà de sa peau. Ceci s'appelle « travailler en dehors de son corps », qu'il n'a aucune pensée au sujet de son propre corps.

52 - Une transgression n'éteint pas une *Mitsva*

J'ai entendu, la veille du Shabbat, 9 *Iyar*,
14 mai 1943

« Une transgression n'éteint pas une *Mitsva* (commandement) et une *Mitsva* n'éteint pas une transgression. » L'essence du travail, c'est qu'il faut suivre le bon chemin. Mais le mal chez une personne ne le laisse pas prendre le bon chemin.

Cependant, il faut savoir que nous n'avons pas besoin de déraciner le mal, car cette chose est impossible. Nous devons seulement haïr le mal, comme il est écrit : « Vous qui aimez le Seigneur, haïssez le mal. » Ainsi, seule la haine est nécessaire, puisque l'effet de la haine est de séparer ce qui est soudé.

Pour cette raison, le mal n'a aucune existence en soi. En vérité, l'existence du mal dépend de l'amour du mal ou de la haine du mal. Cela signifie que celui qui a de l'amour pour le mal est capturé par l'autorité du mal. Celui qui hait le mal sort de ses lieux et son mal n'a plus aucune emprise sur lui. Il s'ensuit que l'essentiel du travail n'est pas dans le mal en soi, mais dans la mesure de l'amour et de la haine, et pour cette raison, une transgression entraîne une transgression.

Il faut se demander : Pourquoi méritons-nous une telle punition ? Car lorsque nous tombons de notre travail, nous avons besoin d'aide pour nous relever de la chute. Ici, cependant, nous voyons qu'encore plus d'obstacles nous sont ajoutés, de sorte que nous tombions plus bas que lors de la première chute.

C'est pour que nous ressentions la haine pour le mal qu'il nous est donné plus de mal, afin de sentir comment la transgression nous écarte du travail de Dieu. Bien que nous ayons regretté la première transgression, nous n'avons pas encore ressenti la mesure de remords qui apporte la haine du mal.

Par conséquent, une transgression entraîne une transgression, et chaque fois nous regrettons, et certainement que chaque remords nous apporte la haine du mal, jusqu'à ce que la mesure de notre haine pour le mal soit complète. À ce moment-là, nous sommes séparés du mal, puisque le mal induit la séparation.

Donc, il s'ensuit que si on trouve une certaine mesure de haine à un niveau qui conduit à la séparation, on n'a pas besoin de la correction « une transgression entraîne une transgression », et naturellement, on gagne du temps. Lorsqu'il est récompensé, l'homme est admis à l'amour de Dieu. C'est la signification de « Vous qui aimez le Seigneur, haïssez le mal ». On déteste seulement le mal, mais le mal lui-même demeure à sa place, et c'est seulement de la haine du mal dont on a besoin.

Ceci découle de « Pourtant, Tu l'as fait un peu inférieur à Dieu », et telle est la signification des mots du serpent : « Vous serez comme Dieu, connaissant le bien et le mal. » Ce qui veut dire que l'homme fait des efforts et veut comprendre, comme le Créateur, toutes les voies de la Providence Supérieure ; c'est le sens de « la volupté de l'homme l'abaissera. » Cela signifie que quand on veut tout comprendre avec l'esprit extérieur, si on ne comprend pas, on est dans la bassesse.

La vérité est que si l'homme s'éveille à la connaissance d'une certaine chose, c'est signe qu'il doit connaître cette chose. Et lorsqu'il surmonte la raison, ce qu'il souhaite comprendre, et qu'il prend tout avec la foi au-dessus de la raison, ceci est appelé la plus grande bassesse de la mesure humaine. Il se trouve que dans la mesure où il exige de savoir davantage, et qu'il le prend avec la foi au-dessus de la raison, il s'avère qu'il est dans la plus grande bassesse.

Maintenant, nous pouvons comprendre ce qu'ils ont interprété au sujet du verset (Nombres 12,3) : « et l'homme Moïse était très humble », humble et patient. Ce qui signifie qu'il a supporté la bassesse dans la mesure la plus élevée possible.

C'est en ce sens qu'*Adam ha Rishon* mangeait de l'Arbre de Vie avant le péché et qu'il était dans la complétude. Cependant, il ne pouvait avancer plus que le degré dans lequel il se trouvait, puisqu'il ne ressentait aucun manque dans son état. Par conséquent, bien sûr, il ne pouvait découvrir tous les Noms sacrés. Pour cette raison, Il a fait « Il est terrible dans Ses actions envers les enfants des hommes », qu'il doive manger de l'Arbre de la Connaissance du bien et du mal. Et par ce péché, toutes les Lumières sont parties de lui et de ce fait, naturellement, il a été obligé de recommencer son travail.

À ce propos, les Écritures disent qu'il a été expulsé du jardin d'Éden, parce que s'il avait mangé de l'Arbre de Vie il aurait vécu éternellement. C'est la signification de l'intériorité des mondes. S'il y entre, il y reste pour toujours. Ce qui veut dire qu'encore une fois il ne ressentirait aucun manque. Pour être capable d'aller et de découvrir les Noms sacrés, qui apparaissent par la correction du bien et du mal, il a donc dû manger de l'Arbre de la Connaissance.

Cela ressemble à une personne qui veut donner à son ami un grand tonneau rempli de vin, mais son ami a seulement une petite tasse. Que fait-il ? Il verse le vin dans cette tasse et prend la tasse à la maison, où il la vide. Ensuite, il revient avec la tasse et une fois de plus, il la remplit de vin. Puis il va à la maison encore une fois, jusqu'à ce qu'il reçoive tous les tonneaux de vin.

J'ai entendu une autre métaphore, à propos de deux amis, dont un est devenu roi et l'autre était très pauvre, et il avait entendu que son ami était devenu roi. Le pauvre est allé chez son ami le roi et lui parla de sa mauvaise situation. Le roi lui donna une lettre pour le ministre du trésor stipulant que, pendant deux heures, il recevrait autant d'argent qu'il le voudrait. Le pauvre s'en vint au trésor avec une petite boîte, entra, et remplit cette petite boîte d'argent.

Quand il sortit, le ministre donna un coup de pied dans la boîte et tout l'argent tomba par terre. Il continua de même à maintes reprises, et le pauvre homme pleurait : Pourquoi lui fait-il ça ? Finalement, il lui dit : Tout l'argent que tu as pris durant ce temps-là est à toi, tu prendras tout. Tu n'avais pas les récipients pour prendre assez d'argent du trésor, et c'est pourquoi on a usé de ce stratagème.

53 - À propos de la limitation
J'ai entendu, la veille du Shabbat, 1er *Sivan*,
4 juin 1943

La limitation est le fait de limiter l'état dans lequel on se trouve et de ne pas vouloir la *Gadlout* (grandeur). Au lieu de cela, on veut rester pour toujours dans l'état actuel, et c'est appelé *Dvékout* (adhésion) éternelle. Peu importe la mesure de *Gadlout* que l'on a, même si on a la plus petite *Katnout* (petitesse), si elle brille éternellement, cela veut dire qu'on a été gratifié de la *Dvékout* éternelle.

Par contre, si on aspire à plus de *Gadlout*, ceci est considéré comme superflu. C'est la signification de « tout chagrin sera superflu », c'est-à-dire que la tristesse vient à une personne parce qu'elle aspire à des choses superflues. Ce qui signifie que lorsqu'Israël vint pour recevoir la *Torah*, Moïse les amena au pied de la montagne, comme il écrit : « et ils se tinrent au pied de la montagne ». (*Har* (montagne) signifie *Hirhourim* (pensées)). Moïse les mena à la fin de la pensée, de la compréhension et de la raison, au degré le plus bas possible.

Alors, seulement, quand ils acceptèrent cet état, d'y aller sans aucun remous ou mouvement, mais de rester dans cet état, comme s'ils avaient la plus grande *Gadlout* et d'en être heureux, ceci est la signification de « Sers le Seigneur dans la joie ». Il en est ainsi parce qu'en temps de *Gadlout*, il est hors de propos de dire qu'Il leur donne du travail pour être dans la joie, car en temps de *Gadlout*, la joie vient d'elle-même. Le travail dans la joie leur est donc donné au temps de la *Katnout*, de sorte qu'ils aient la joie, bien qu'ils ressentent la *Katnout*. Ceci est un grand travail.

C'est considéré comme la partie essentielle du degré, qui est un discernement de *Katnout*. Ce discernement doit être permanent et la *Gadlout* est seulement un ajout. Il faut aspirer à l'essentiel et non pas à l'ajout.

54 - Le but du travail
J'ai entendu, 16 *Shevat*, 13 février 1941

Nous savons que l'essentiel du travail est de donner sans réserve satisfaction au Créateur. Cependant, il nous faut savoir que veut dire donner sans réserve, car ce terme est utilisé par tout le monde et il est bien connu que l'habitude érode la saveur. Par conséquent, nous devons bien clarifier la signification du terme **donner sans réserve**.

Le fait est que dans le désir de donner de l'inférieur, le désir de recevoir est aussi inclus (mais le désir de recevoir peut-être employé avec des corrections), car sans cela, il n'y aurait aucune connexion entre celui qui donne et celui qui reçoit. Car il est impossible qu'il y ait un état d'association où l'un donne et l'autre ne donne rien en retour. Seulement, quand les deux expriment de l'amour l'un pour l'autre, alors il y a un lien et une amitié entre eux. Cependant si l'un exprime de l'amour et l'autre ne réagit pas, alors un tel amour est irréel et n'a pas le droit d'exister.

Nos sages ont dit, au sujet du verset « et dire à Sion 'tu es Mon peuple' » (Isaïe 51), ne dites pas *Ami* (Mon peuple) mais *Imi* (avec Moi)[34], « pour être Mon partenaire » (*Zohar Béréshit* p.5), c'est-à-dire que les créatures sont en association avec le Créateur. Il s'ensuit que lorsque l'inférieur veut donner sans réserve au Créateur, alors l'inférieur aussi doit recevoir du Créateur. Alors il s'agit d'une association, quand l'inférieur donne et le supérieur donne aussi.

Mais le désir de recevoir devrait aspirer à adhérer au Créateur et recevoir Son abondance, Sa nourriture et Sa bonté ; ceci était le but de la création : faire le bien à Ses créatures. Cependant, en raison de la brisure qui se produisit dans le monde des *Nékoudim*[35], le désir de recevoir tomba sous la domination des *Klipot* (écorces), par cette brisure deux discernements furent faits dans le *Kli* (récipient).

Le premier fut qu'il développa une relation à l'égard des plaisirs de la séparation et le travail pour sortir de l'autorité des *Klipot* s'appelle « le

---

[34] Les deux mots en hébreu ont les mêmes lettres.
[35] Le monde des points.

travail de la purification ».

Le deuxième discernement qui se produisit en raison de la brisure est l'éloignement des plaisirs spirituels. En d'autres termes, on s'éloigne de la spiritualité et on n'a aucun désir pour elle. La correction pour cela est appelée *Kedousha* (Sainteté).

L'ordre du travail est de désirer ardemment Sa grandeur. Dans cet état, le Créateur brille pour nous dans ces *Kélim* (pluriel de *Kli*). Cependant, il faut savoir que dans la mesure où on a des *Kélim* de **pureté**, appelés « haïssez le mal », dans la même mesure on peut travailler dans la **Kedousha** (Sainteté), comme il est écrit : « Vous qui aimez le Seigneur, haïssez le mal ».

Il s'ensuit qu'il y a deux discernements, le premier est pureté et le second est *Kedousha*.

Kedousha est appelée le *Kli*, qui est la préparation pour recevoir Sa bonté, du discernement de faire du bien à Ses créatures. Cependant, ce *Kli* est attribué à l'inférieur, signifiant que c'est à lui de réparer. C'est-à-dire que c'est à lui de désirer ardemment le bien, en multipliant son engagement dans la grandeur du Créateur et dans sa propre bassesse.

Par contre, l'abondance qui doit apparaître dans le *Kli* de *Kedousha* est entre les mains du Créateur ; Il est celui qui donne l'abondance à l'inférieur, et l'inférieur ne peut aider en aucune manière, et ceci est appelé : « Les choses secrètes appartiennent au Seigneur notre Dieu. »

Puisque la Pensée de la Création, appelée « faire le bien à Ses créatures », commence à *Ein Sof* (infini), c'est pourquoi nous prions *Ein Sof*, c'est-à-dire le lien qui existe entre le Créateur et les créatures. C'est la signification de ce qui est écrit dans les écrits du ARI[36], que nous devons prier *Ein Sof*, car *Atsmouto* (Son essence) n'a aucune connexion avec les créatures, car le commencement du lien est à partir d'*Ein Sof*, là où se trouve Son nom, ce qui est la racine de la création.

C'est la signification de ce qui est écrit dans le *Yerushalmi*[37] [4] : que celui qui prie priera en Son Nom, signifiant où il y a Son nom, et Son nom et *Ein Sof* sont appelés « une tour remplie d'abondance » dans le langage de la Hagadah

---

[36] Rabbi Isaac Ashkenazi Louria, fondateur de l'école kabbalistique lourianique de Safed.
[37] Une section du Talmud.

(légende). C'est pourquoi nous prions le Nom, pour recevoir le bénéfice qui a été préparé pour nous.

C'est pourquoi *Kéter* est appelée « Son désir de faire du bien à Ses créatures », et le bénéfice lui-même s'appelle *Hokhma* (Sagesse), qui est l'essence de l'abondance. C'est pourquoi *Kéter* est appelée *Ein Sof* et Émanateur. Cependant, *Hokhma* n'est pas encore appelée « émanée », puisqu'il n'y pas encore de *Kli* dans *Hokhma*, et elle est considérée comme une Lumière sans *Kli*.

Ainsi, *Hokhma* aussi est considérée comme Emanateur parce qu'il n'y a pas de perception de la Lumière sans *Kli*, et toute la différence entre *Kéter* et *Hokhma* est que là, la racine est plus dévoilée aux émanés.

55 - Où Haman est-il mentionné dans la *Torah* ?
J'ai entendu, 16 *Shevat*, le 13 février 1941

Où Haman (est-il mentionné) dans la *Torah* ? « As-tu mangé de l'arbre, dont je t'avais défendu de manger ? »³⁸ (Genèse 3,11)

Il faut comprendre quel est le lien entre Haman et *Etz ha Daat* (L'Arbre de la connaissance). *Etz ha Daat* est considéré comme l'état de *Gadlout* (grandeur) de la réception, qui n'est pas dans la *Kedousha* (Sainteté) et il faut l'introduire dans la *Kedousha* par des corrections.

En ce qui concerne Haman, il est aussi l'état de *Gadlout* de la réception, car il est écrit qu'Haman dit : « Qui d'autre que moi le roi (le Roi du monde) voudrait-il honorer ? » (Esther 6). Cela signifie qu'il est le discernement de la *Gadlout* de la réception, et c'est discerné comme « Son cœur s'élève³⁹ dans les voies du Seigneur. » (2 Chroniques 17,6)

56 - La *Torah* signifie indiquer
J'ai entendu, 1 *Beshalakh*, 2 février 1941

La *Torah* signifie « indiquer », du verset « on tirera sur lui »⁴⁰. Ce qui signifie que lorsqu'on

---

[38] Le verset commence par *Hamin ha Etz* (est-ce que de l'arbre, etc.) *Hamin* et Haman ont les mêmes lettres.
[39] Il se remplit d'orgueil, ou de fierté.
[40] En hébreu, le même mot est employé pour tirer et

s'engage dans la *Torah*, selon la mesure de l'effort dans la *Torah*, on ressent notre éloignement. En d'autres termes, la vérité nous est montrée, signifiant que la mesure de notre foi nous est montrée, ce qui est toute la base de la vérité.

La mesure de notre foi détermine la base du respect de la *Torah* et des *Mitsvot*. Là, il devient apparent que la base entière est construite seulement sur l'éducation que nous avons reçue. C'est parce que l'éducation nous suffit pour respecter la *Torah* et les *Mitsvot* dans tous leurs détails et leurs subtilités, et tout ce qui vient de l'éducation s'appelle la « foi à l'intérieur de la raison ».

Même si c'est contre la raison, c'est-à-dire qu'il est raisonnable que selon ce qu'il ajoute dans la *Torah*, l'homme devrait se sentir plus proche du Créateur. Cependant, comme nous l'avons dit, la *Torah* nous montre toujours plus de vérité.

Quand nous recherchons la vérité, la *Torah* nous amène plus près de la vérité et on voit la mesure de notre foi dans le Créateur. C'est pour que nous puissions demander pitié et prier pour

---

pour indiquer quelque chose.

que le Créateur nous amène véritablement plus près de Lui, ce qui veut dire que nous serons gratifiés de la foi en notre Créateur. Alors nous pourrons louer et exprimer notre gratitude envers le Créateur qui nous a permis de nous rapprocher de Lui.

Par contre, si on ne voit pas la mesure de notre éloignement et que nous pensons ajouter constamment, nous constatons que nous construisons nos édifices sur une base précaire et qu'on n'a pas le lieu pour prier pour que le Créateur nous rapproche de Lui. Il s'ensuit que nous n'avons pas le lieu pour nous exercer à obtenir la foi complète, puisque nous faisons des efforts seulement pour ce dont nous avons besoin.

Par conséquent, tant que l'homme ne mérite pas de voir la vérité, c'est l'opposé : plus on ajoute dans la *Torah* et les *Mitsvot*, plus on ajoute dans la mesure de notre complétude, et on ne voit aucun manque en nous-mêmes.

Par conséquent, il n'y a pas de lieu où s'exercer et prier afin de recevoir la foi en notre Créateur en vérité, car on ne peut parler de *Tikoun* (correction) que lorsqu'on ressent un dysfonctionnement. Mais quand on s'engage sincèrement dans la *Torah* et les *Mitsvot*, la *Torah* nous montre la vérité, car la *Torah* a le pouvoir de nous montrer le vrai état de notre foi (ce qui est la signification de « être connu »).

Lorsque l'homme s'engage dans la *Torah* et voit la vérité, c'est-à-dire sa mesure d'éloignement de la spiritualité, qu'il est une créature si vile qu'il n'y a personne sur terre pire que lui, alors la *Sitra Akhra* (l'Autre Côté) vient à lui avec un argument différent : la vérité est que notre corps est vraiment très laid et qu'il est vrai qu'il n'y a personne de plus laid que lui au monde.

Elle le lui dit pour qu'il désespère, car elle a peur qu'il réalise et corrige son état. C'est la raison pour laquelle elle est d'accord avec ce qu'il dit, qu'il est une personne laide, et qu'elle lui fait comprendre que s'il était né avec des talents supérieurs et de meilleures qualités, il aurait pu surmonter le mal et le corriger, et il aurait pu réaliser la *Dvékout* (Adhésion) avec le Créateur.

La réponse à cela devrait être que ce qu'elle lui dit est exprimé dans le *Massekhet Taanit* (p.20), que Rabbi Eleazar, fils de Rabbi Shimon, sortit d'une tour clôturée depuis la maison de son Rav. Il montait son âne et flânait le long de la rivière, ressentant une grande joie. Et son esprit était vulgaire, car il avait beaucoup étudié la *Torah*.

Un homme qui était très laid s'en vint sur son chemin. Il lui dit « Bonjour à toi Rabbi », mais il ne répondit pas. Il lui dit : « Vaurien, comme cet homme est laid, peut-être que tous les hommes de ta ville sont aussi laids que toi ? » Il répondit : « Je ne sais pas, mais va dire à l'artisan qui m'a fait : qu'il est laid ce *Kli* (récipient) que vous avez fait. » Comme il savait qu'il avait lui-même pécher, il descendit de l'âne.

D'après ce qui précède, nous pouvons voir que puisqu'il avait beaucoup étudié la *Torah*, il lui fut accordé de voir la vérité quant à la distance entre lui et le Créateur, c'est-à-dire la mesure de sa proximité et de son éloignement. Telle est la signification de « son esprit était vulgaire », signifiant qu'il a vu la forme complète d'un orgueilleux, qui est son désir de recevoir. Ainsi, il put voir la vérité : que c'était lui qui était le plus laid. Comment a-t-il vu la vérité ? En étudiant beaucoup la *Torah*.

Ainsi, comment pourra-t-il s'attacher à Dieu puisqu'il est une personne si laide ? C'est pourquoi il a demandé si toutes les personnes étaient aussi laides que lui, ou s'il était le seul laid tandis que le reste des personnes dans le monde ne l'étaient pas.

Quelle était la réponse ? « Je ne sais pas ». Cela signifie qu'ils ne ressentent pas, et donc ils ne savent pas. Et pourquoi ne ressentent-ils pas ? C'est pour la simple raison qu'ils n'ont pas été gratifiés de voir la vérité, puisqu'ils manquent de *Torah* ; car la *Torah* leur montrerait la vérité.

Élie lui répondit « Va voir l'artisan qui m'a fait », car il avait vu qu'il était arrivé à un état d'où il ne pourrait pas s'élever. Pour cette raison, Élie apparut et lui dit : « Va voir l'artisan qui m'a fait. » En d'autres termes, puisque le Créateur t'a créé si laid, Il devait savoir que c'est avec ces *Kélim* (récipients) que le but peut être atteint. Ainsi, ne t'inquiète pas, va de l'avant et tu réussiras.

57 - Il le sacrifiera à Sa volonté
J'ai entendu, *Yitro* 1, 5 février 1944

Au sujet du verset « Il le sacrifiera à Sa volonté » (Lévitique 1,3), nos sages ont dit : « Comment cela ? On le contraint jusqu'à ce qu'il dise "Je veux" ». Il faut également comprendre nos prières, « Qu'il y ait une volonté », puisque « plus que le veau veut téter, la vache veut nourrir », alors pourquoi devons-nous prier de sorte « qu'il y ait une volonté En-Haut » ?

On sait qu'afin d'attirer l'abondance d'En-Haut, il faut qu'il y ait d'abord un éveil d'en bas. La question est **pourquoi** faut-il qu'il y ait un éveil d'en bas, qui fait que nous prions pour « qu'il y ait une volonté En-Haut », c'est-à-dire que nous devons évoquer une volonté En-Haut pour qu'il y ait un effet en bas. Car ce n'est pas assez d'avoir la volonté, il doit y avoir aussi une bonne volonté de la part du Donneur.

Bien qu'Il y ait En-Haut un désir général de faire le bien à Ses créatures, Il attend toujours notre désir d'éveiller Son désir. En d'autres termes, si nous ne pouvons évoquer Son désir, c'est un signe que le désir de la part de celui qui reçoit est encore incomplet. Par conséquent, c'est précisément en priant pour « qu'il y ait une volonté En-Haut » que notre désir devient un désir véritable, celui d'être un *Kli* (récipient) adéquat pour recevoir l'abondance.

En même temps, nous devons dire que toutes nos actions, les bonnes et les mauvaises, toutes viennent d'En-Haut (c'est le sens de la Providence privée), que le Créateur fait tout. En même temps, il faut regretter les mauvaises actions, bien qu'elles aussi viennent d'En-Haut. Logiquement, il ne faudrait pas regretter, mais plutôt justifier le verdict voulant que nous méritions les mauvaises actions. Et pourtant, c'est le contraire : nous devons regretter de ne pas être autorisés à faire de bonnes actions, ce qui est certainement le résultat d'une punition, signifiant que nous sommes indignes de servir le Roi.

Si tout est téléguidé, comment pouvons-nous dire que nous sommes indignes, puisqu'il n'y a aucun acte en bas ? À cette fin, on nous a donné de mauvaises pensées et des désirs qui nous éloignent du travail de Dieu et qui font que nous ne sommes pas dignes de Le servir. C'est sur ceci que vient la prière, qui est le lieu de la correction pour être digne et capable de recevoir le travail du Roi.

Maintenant, nous pouvons voir pourquoi il y a une prière pour quelque malheur. Le malheur arrive certes comme une punition et les punitions sont certainement des corrections, puisqu'il y a une règle que la punition est une correction. Alors, pourquoi prions-nous le Créateur d'annuler nos corrections, comme nos sages disent au sujet du verset « Ton frère serait méprisable à tes yeux » (Deutéronome 25,3), puisque celui qui est battu est ton frère.

Il faut savoir que la prière corrige une personne encore plus que les punitions. Ainsi, quand la prière apparaît au lieu de la punition, on enlève les souffrances et on les remplace par la prière, pour corriger le corps. C'est la signification de ce que nos sages ont dit : « S'il mérite, par la *Torah* ; s'il ne mérite pas, par les souffrances. » **Il faut** savoir que la voie de la *Torah* est une voie plus fructueuse et rapporte plus de bénéfices que la voie de la souffrance, car les *Kélim* (récipients) qui seront dignes de recevoir la Lumière Supérieure seront plus larges et pourront ainsi accorder la *Dvékout* (adhésion) au Créateur.

C'est la signification de « On le contraint jusqu'à ce qu'il dise "Je veux" », c'est-à-dire que le Créateur dise « Je veux les actions des inférieurs. »

La signification de la prière est ce que nos

sages ont dit, « Le Créateur désire la prière des justes », car par la prière on prépare les *Kélim* pour qu'ensuite le Créateur puisse donner l'abondance, puisqu'il y a un *Kli* approprié pour recevoir l'abondance.

58 - La joie est le reflet des bonnes actions
J'ai entendu, le 4e jour de *Soukkot*

La joie est le reflet des bonnes actions. Si les actions relèvent de la *Kedousha* (Sainteté), alors la joie apparaît. Cependant, nous devons savoir qu'il y a également la notion de *Klipa* (écorce). Afin de savoir s'il y a *Kedousha*, la clarification est dans « la raison ». Dans *Kedousha*, il y a la raison, tandis que dans *Sitra Akhra* (l'Autre Côté) il n'y a pas de raison, puisqu'un « autre dieu est stérile et ne porte pas de fruits ». Par conséquent, lorsque nous éprouvons de la joie, nous devons consulter les paroles de la *Torah* afin de découvrir l'esprit de la *Torah*.

Il faut encore savoir que la joie est comme la luminescence supérieure qui apparaît par

MAN⁴¹ qui est les bonnes actions. Le Créateur juge l'homme là où il se trouve. En d'autres termes, s'il accepte le fardeau du Royaume des Cieux pour l'éternité, immédiatement il y a une luminescence supérieure qui est également éternelle. Bien qu'Il sache que manifestement l'homme tombera bientôt de son degré, Il le juge toujours où il se trouve. Cela signifie que si l'homme a maintenant décidé d'accepter le fardeau du Royaume des Cieux pour l'éternité, ceci est considéré comme une perfection.

Cependant, s'il accepte le fardeau du Royaume du Cieux et ne veut pas que cet état demeure en lui éternellement, cette chose et cette action ne sont pas jugées complètes et, naturellement, la Lumière Supérieure ne peut venir et demeurer sur lui, car elle est entière et éternelle, et elle n'est pas sur le point de changer. Alors que pour l'homme, même s'il le veut, son état ne sera pas éternel.

---

[41] *Mayim Noukvin* (les eaux féminines).

59 - À propos de la verge et du serpent
J'ai entendu, le 13 *Adar*, 23 février 1948

Moïse répondit et dit : « Mais voilà, ils ne me croiront pas », etc. Et le Seigneur lui dit : « Qu'y a-t-il dans ta main ? » Et il dit : « Une verge ». Et Il dit « Jette-la à terre » ; puis elle devint un serpent, et Moïse s'enfuit devant lui.

Il faut comprendre qu'il n'y a pas plus que deux degrés : ou *Kedousha* (la Sainteté) ou *Sitra Akhra* (l'Autre côté). Il n'y a pas d'état intermédiaire. La verge elle-même devient un serpent si elle est jetée à terre. Pour comprendre cela, nous commencerons avec les paroles de nos sages, « qu'Il avait placé Sa *Shekhina* (Divinité) sur les arbres et les pierres ». Les arbres et les pierres sont appelés les choses de moindre importance, et justement, de cette manière, Il plaça Sa *Shekhina*.

Tel est le sens de la question « Qu'y a-t-il dans **ta main** ? » Une **main** signifie une atteinte spirituelle, à partir des mots « si la main atteint ». Une **verge** signifie que toutes ses atteintes sont construites sur des discernements de moindre importance, ce qui est la foi au-dessus de la raison.

(C'est que la foi est considérée par l'homme comme ayant une moindre importance et comme une bassesse. L'homme apprécie les choses qui se revêtent dans la raison. Par contre, si la raison ne le comprend pas, mais que cela s'oppose à sa raison, alors l'homme doit dire que la foi est d'une importance supérieure à sa raison. Alors il abaisse sa raison et dit que ce qu'il comprend dans la raison, c'est qu'il résiste au chemin du Créateur, et alors la foi devient chez lui plus importante que sa raison.

Car tous les concepts mentaux qui sont en contradiction avec le chemin du Créateur sont des concepts sans valeur, « ils ont des yeux et ne voient pas, ils ont des oreilles et n'entendent pas », c'est-à-dire que l'homme annule tout ce qu'il entend et voit. C'est ce qui s'appelle aller au-dessus de la raison. Ce qui semble tenir de la bassesse et de la petitesse.

Par contre, chez le Créateur, la foi n'est pas considérée comme une bassesse. Car pour l'homme qui n'a pas d'autre conseil et qui doit prendre le chemin de la foi, la foi lui semble être une bassesse. Ce n'est pas le cas du Créateur, qui aurait pu placer Sa *Shekhina* sur autre chose que des arbres et des pierres, mais qui a choisi cette voie, appelée la foi, justement parce qu'elle est meilleure et plus efficace. Il se trouve que, pour Lui, la foi n'est pas considérée comme d'une moindre importance. Bien au contraire, cette voie a de nombreux mérites, mais pour les créatures, elle est considérée comme une bassesse.)

Si l'homme jette la verge par terre et veut travailler avec un discernement plus élevé, c'est-à-dire selon la raison, et que, ce faisant, il dénigre le discernement d'au-dessus de la raison, ce travail apparaît donc comme une bassesse, alors sa *Torah* et son travail se changent immédiatement en serpent, dans le sens du serpent primordial.

C'est là le sens de « Celui qui est fier, le Créateur lui dit : "Lui et moi ne pouvons résider dans la même demeure" ». La raison, comme nous l'avons dit, c'est qu'Il a placé Sa *Shekhina* sur les arbres et les pierres. Par conséquent, si l'homme jette la verge par terre et s'élève pour travailler avec un attribut plus élevé, ceci est déjà un serpent. Il n'y a pas de milieu : il est soit un serpent, soit *Kedousha,* puisque toute la *Torah* et tout le travail qui 5tenaient de la verge, tout est désormais entré dans le serpent.

Nous savons que la *Sitra Akhra* n'a pas de lumières. Ainsi, dans la matérialité aussi, le désir de recevoir ne dispose que de manques, mais de rien qui puisse venir combler ces manques. Le *Kli* (récipient) de réception demeure en déficit, sans jamais être rempli, car celui qui a cent veut deux cents, etc., et personne ne meurt qui a réalisé ne serait-ce que la moitié de ses désirs. Cela s'étend des racines supérieures. La racine de la *Klipa* (l'écorce) est le *Kli* de réception et ils n'ont pas de correction au cours des six millénaires. Le *Tsimtsoum* (restriction) est placé sur eux et, par conséquent, ils n'ont pas de lumières ni d'abondance.

C'est pourquoi ils séduisent l'homme pour qu'il attire la lumière à leur niveau. Et les lumières qu'il avait reçues en adhérant à la *Kedousha*, puisque l'abondance brille dans la *Kedousha*, quand ils séduisent l'homme pour attirer l'abondance à leur niveau, ils reçoivent cette Lumière. Ainsi, ils contrôlent l'homme, en lui donnant satisfaction dans l'état où il est, afin qu'il ne bouge pas de là.

Par conséquent, l'homme ne peut aller de l'avant sous ce contrôle parce qu'il n'a pas besoin d'un niveau plus élevé. Puisqu'il n'a pas besoin, il ne peut bouger de là où il est, ne fût-ce que légèrement. Dans cet état, il n'est pas en mesure de discerner s'il progresse dans la *Kedousha*, ou l'inverse, car la *Sitra Akhra* lui donne un pouvoir de travailler avec plus de force, puisque maintenant il est dans la raison, et qu'il peut donc travailler sans se trouver dans un état de bassesse. Ainsi, l'homme pourrait rester sous l'autorité de la *Sitra Akhra*.

Pour que l'homme ne reste pas sous l'autorité de la *Sitra Akhra*, le Créateur a fait une correction où, s'il quitte la verge, il tombe immédiatement dans le serpent. Il tombe immédiatement dans un état d'échecs et n'a aucun pouvoir pour se renforcer, à moins qu'il accepte de nouveau la foi, appelée bassesse.

Il s'avère que les échecs eux-mêmes poussent l'homme à accepter la verge une fois de plus, qui est la foi au-dessus de la raison. Tel est le sens de ce que Moïse a dit, « Mais voilà, ils ne me croiront pas », c'est-à-dire qu'ils ne voudront pas du chemin qui consiste à travailler dans la foi au-dessus de la raison. Alors le Créateur lui dit : « Qu'y a-t-il dans ta main ? Une verge. » « Jette-la par terre », aussitôt, « elle devint un serpent ». Cela signifie qu'il n'y a pas d'état intermédiaire entre la verge et le serpent ; c'est plutôt pour savoir si on est dans la *Kedousha* ou dans la *Sitra Akhra*.

Il s'avère que dans tous les cas, ils n'ont pas d'autre conseil que d'assumer la foi au-dessus de la raison, appelée « une verge ». Cette verge doit être dans la main, il ne faut pas la jeter. Telle est la signification du verset : « La verge d'Aaron avait fleuri ». Cela signifie que toutes les floraisons que l'homme avait accumulées au service du Créateur étaient précisément fondées sur la verge d'Aaron.

Cela signifie qu'il a voulu nous donner un signe pour savoir si nous marchons sur le chemin de la vérité ou pas. Il nous a donné comme signe de connaître seulement la base du travail, c'est-à-dire la base sur laquelle nous travaillons. Si la base est la verge, c'est la *Kedousha*, et si la base est dans la raison, il n'y a pas moyen de parvenir à la *Kedousha*.

Toutefois, dans le travail lui-même, c'est-à-dire dans la *Torah* et dans la prière, il n'y a pas de distinction entre celui qui Le sert et celui qui ne Le sert pas. Parce que là, c'est le contraire : si la base est dans la raison, c'est-à-dire basée sur la connaissance et la réception, le corps donne du carburant pour le travail et l'homme peut étudier et prier de façon plus persistante, et avec plus d'enthousiasme, car c'est basé sur la raison.

Ce n'est pas de même pour celui qui prend le chemin de la *Kedousha*, dont la base est la foi et le don sans réserve, là, il a besoin de beaucoup de préparations pour que la *Kedousha* brille pour lui. Sans la préparation, le corps ne donne pas la force de travail et l'homme devra toujours se donner beaucoup de mal, car sa racine est la réception et la raison.

Ainsi, si son travail est basé sur la matérialité, ça peut toujours aller. Toutefois, si la base du travail est le don sans réserve, au-dessus de la raison, l'homme doit toujours faire beaucoup d'efforts pour ne pas tomber dans sa racine de réception et dans la raison. Il ne faut pas être négligent, même pas une minute, sinon on tombe dans notre racine de matérialité, appelée « poussière », comme il est écrit : « Car tu es poussière et tu retourneras dans la poussière. » C'était après le péché de l'Arbre de la connaissance.

L'homme examine s'il progresse dans *Kedousha*, ou le contraire, puisqu'un « autre dieu est stérile et ne porte pas de fruit. » Le Saint

Zohar nous donne ce signe, que précisément sur la base de la foi, appelée « une verge », l'homme est récompensé d'être fécond dans la *Torah*. Tel est le sens de « la verge d'Aaron avait fleuri » : la floraison et la croissance proviennent spécifiquement de la verge.

Par conséquent, tout comme il sort du lit chaque jour et qu'il se lave pour purifier son corps de la saleté du corps, l'homme doit se laver de la souillure de la *Klipa*, afin d'examiner si sa verge est complète. Cela devrait être un perpétuel examen, et s'il est distrait, il tombe immédiatement sous l'autorité de la *Sitra Akhra*, appelée la réception pour soi, et il devient aussitôt son esclave, car nous savons que la lumière crée le *Kli* ; donc, dans la mesure où il travaille dans le but de recevoir, dans la même mesure il n'a besoin que du désir de recevoir pour lui-même, et il s'éloigne de tout ce qui concerne le don sans réserve.

Maintenant, nous pouvons comprendre les paroles de nos sages : « Soyez très très humbles ». Quel est tout cet émoi pour qu'ils disent « très très » ?

C'est parce que l'homme a besoin des gens,

du fait qu'ils l'ont honoré une fois. Au début, il a reçu l'honneur non pas parce qu'il voulait profiter de l'honneur, mais pour d'autres raisons, telles que la gloire de la *Torah*, etc. Il est sûr de ce calcul puisqu'il sait en son for intérieur qu'il n'a aucun désir pour l'honneur. Donc, il est raisonnable de penser qu'il a le droit de recevoir cet honneur. Toutefois, il est interdit de recevoir, car la lumière crée le *Kli*.

Ainsi, après avoir reçu l'honneur, il a besoin de l'honneur, il se trouve sous sa domination, et il est difficile de se libérer de l'honneur. Par conséquent, il devient une entité à part et il est difficile de s'annuler devant le Créateur, puisque c'est par l'honneur qu'il est devenu une entité distincte. Pour obtenir la *Dvékout* (adhésion), l'homme doit annuler complètement sa réalité. D'où le « très, très ». « Très » est qu'il est interdit de recevoir l'honneur pour soi, et l'autre « très », c'est que même quand son intention n'est pas pour lui-même, il est toujours interdit de recevoir.

60 - Une *Mitsva* qui vient par la transgression
J'ai entendu, *Tetsave* 1, 14 février 1943

Une *Mitsva* qui vient par la transgression signifie que si l'homme prend sur lui-même le travail afin de recevoir une récompense, c'est alors divisé en deux parties :

La réception du travail, ce qui s'appelle une *Mitsva*.

L'intention de recevoir une récompense, qui s'appelle un péché, parce que la réception le déplace de la *Kedousha* (sainteté) à la *Sitra Akhra* (l'Autre coté).

Puisque la récompense est la base et la cause qui ont donné à l'homme la force de travailler, c'est pourquoi une « *Mitsva* **qui vient** » – ce qui veut dire que l'homme a été amené à exécuter la *Mitsva* – est la transgression. C'est pourquoi ceci s'appelle une « *Mitsva* qui vient » ; ce qui fait venir la *Mitsva* est la transgression, qui est seulement la récompense.

Le recours pour ceci est d'effectuer le travail sous la forme de « il ne voit pas plus que ça », que toute l'intention de son travail soit d'augmenter la gloire du ciel dans le monde. Ceci s'appelle travailler afin d'élever la *Shekhina* (Divinité) de la poussière.

L'idée d'élever la *Shekhina* c'est que **la Sainte *Shekhina* s'appelle la collectivité des âmes. Elle reçoit l'abondance du Créateur et la distribue aux âmes. Ce qui donne et transfère l'abondance aux âmes s'appelle** « l'union du Créateur et de la *Sheknina* », **car alors l'abondance s'étend aux inférieurs. Cependant, s'il n'y a pas d'union, il n'y a pas d'extension de l'abondance aux inférieurs.**

Pour que tout soit plus clair, puisque le Créateur a voulu procurer du plaisir à Ses créatures, et donc qu'Il a pensé à l'extension de l'abondance, Il a également pensé à la réception de l'abondance. C'est-à-dire que les **inférieurs** reçoivent l'abondance. Et toutes les deux étaient à l'état de potentiel. C'est-à-dire qu'après, les âmes viendront et recevront l'abondance dans la réalité.

Celui qui reçoit l'abondance à l'état de potentiel s'appelle « la sainte *Shekhina* », puisque la pensée du Créateur est la réalité entière et qu'Il n'a pas besoin d'action dans la réalité. Par conséquent l'inférieur… (interrompu).

61 - Tout autour de lui n'est que tumulte
J'ai entendu, le 9 *Nissan* 1948

À propos du verset « tout autour de lui n'est que tumulte », les sages ont dit que « le Créateur est pointilleux avec les justes » – et nous demandons pourquoi méritent-ils une si grande punition si, en général, ils sont des justes ?

Le fait est que toutes les limites dont on parle dans les mondes sont le fait de ceux qui reçoivent. Autrement dit, puisque l'inférieur se limite et se restreint, jusqu'à un certain point, il reste en bas. C'est pourquoi on accepte en haut tout ce que font les inférieurs, et c'est dans cette mesure que l'abondance est attirée en bas. Ainsi l'inférieur, par sa pensée, ses propos et ses actes, attire l'abondance de haut en bas.

Il se trouve que si l'inférieur considère une pensée, une parole ou un petit acte comme une grande action – par exemple, s'il considère le fait de ne pas être uni ne serait-ce qu'un instant au Créateur comme une infraction de la *Torah*, la plus grave possible –, alors en haut aussi, on est d'accord avec son appréciation et on considère qu'il a vraiment commis une grave infraction. C'est dans ce sens que le juste dit que le Créateur est pointilleux avec lui, et selon ce que dit l'inférieur, on est d'accord avec lui en haut.

Lorsque l'inférieur ne ressent pas qu'un léger interdit est aussi grave qu'un interdit sévère, en haut aussi on ne considère pas ses légères transgressions comme de grands interdits. Il se trouve qu'avec une telle personne, on agit comme si c'était une petite personne. C'est-à-dire que ses bonnes actions et ses mauvaises actions sont considérées comme petites, car les deux se voient attribuer un même poids, et cette personne est donc généralement vue comme quelqu'un de petit.

Par contre, celui qui soupèse les petites choses et dit que le Créateur est pointilleux avec elles, celui-ci est considéré comme un grand homme et ses infractions ainsi que ses bonnes actions sont grandes.

Selon le plaisir que ressent l'homme lorsqu'il effectue une *Mitsva* (commandement), dans la même mesure il peut ressentir les souffrances lors d'une infraction. Il y a à ce propos une métaphore : un homme qui a commis une grave infraction contre le royaume et fut condamné à 20 ans de réclusion avec travaux forcés. Le lieu de détention était loin de son pays, dans un lieu isolé, son verdict fut aussitôt exécuté et il fut envoyé dans cet endroit isolé à l'autre bout du monde. Là-bas, il trouva d'autres personnes condamnées comme lui par le royaume, mais il commença à souffrir d'amnésie et oublia qu'il avait une femme et des enfants et des proches. Il commença alors à penser que le monde entier n'était pas plus que ce qu'il voyait de ce monde isolé, avec les gens qui s'y trouvent, qu'il y était né et ne savait rien de plus que cela. Il se trouve que sa vérité est fonction de ce qu'il ressent sur le moment et qu'il n'a aucune considération pour la véritable réalité, mais seulement pour ce qu'il sait et ressent.

Là-bas, on étudie avec lui les lois et la jurisprudence afin qu'il ne transgresse plus les lois et se préserve ainsi de ne pas commettre toutes les infractions écrites dans les lois, et qu'il sache quoi faire pour corriger ses actes afin de sortir de cet endroit. Et lorsqu'il étudie les livres de la loi du roi, il voit que celui qui commet cette infraction, par exemple, est expédié à l'autre bout du monde et il s'étonne d'une punition aussi sévère, et il est indigné du fait que l'on puisse donner des punitions aussi sévères.

Mais à aucun moment il ne se doute que lui-même est l'auteur d'une infraction de la loi de l'État et qu'il a déjà été jugé pour cela, et que son jugement a été appliqué, mais parce qu'il souffre d'amnésie, il ne ressentira jamais la vraie réalité.

Tel est le sens de « tout autour de lui n'est que tumulte », l'homme doit faire un examen de conscience à chaque pas, que lui aussi a transgressé les commandements du roi, et que ce dernier l'a déjà expulsé de son pays. Lorsqu'il multiplie les bonnes actions, sa mémoire commence à fonctionner et à ressentir combien il s'est éloigné de son lieu de résidence, et il commence à se repentir jusqu'à ce que le roi le sorte de là et le ramène dans son pays. Ce sentiment parvient à l'homme grâce à son travail, et il commence à ressentir combien il s'est éloigné de son lieu d'origine et de ses racines, jusqu'à qu'il parvienne à l'union avec le Créateur.

62 - Il descend et incite, monte et calomnie

J'ai entendu, 19 *Adar Aleph*, le 29 février 1948

Il descend et incite, monte et calomnie. L'homme doit toujours s'examiner afin de savoir si sa *Torah* et son travail descendent ou non dans les profondeurs de l'abîme. Car la grandeur de l'homme est mesurée par la mesure de *Dvékout* (adhésion) au Créateur, à savoir **la mesure de l'annulation devant le Créateur**. C'est-à-dire que notre amour propre ne mérite pas de s'y attarder, mais qu'on ne souhaite que s'annuler complètement.

Il en est ainsi parce que chez celui qui travaille afin de recevoir, la mesure de son travail est la mesure de sa propre grandeur. Il devient alors un être, un objet et une autorité séparée. Dans cet état, il lui est difficile de s'annuler devant le Créateur.

Par contre, s'il travaille afin de donner, quand il a terminé son travail, signifiant qu'il a entièrement corrigé tout le *Kli* (récipient) de réception pour lui-même, celui qui est propre à la racine de son âme, alors il n'a plus rien d'autre à faire dans le monde. Il s'ensuit qu'il devrait concentrer toute sa pensée uniquement sur ce point.

Le signe que l'homme est sur le chemin de la vérité, sous la forme d'un état « il descend et incite », signifiant que tout son travail est dans un état de descente. Dans cet état, il est sous l'autorité de la *Sitra Akhra* (l'Autre côté), et alors il « monte et calomnie », signifiant qu'il se sent en état d'ascension et qu'il calomnie les autres. Cependant, celui qui travaille sur la voie de la pureté ne peut pas calomnier les autres. Il ne peut que se critiquer lui-même et voir que les autres sont à un degré plus élevé que celui où il se sent lui-même.

63 - Empruntez sur mon compte, et je rembourserai
J'ai entendu, en soirée après Shabbat, 1938

Comprendre ce que nos sages ont dit : « Empruntez sur mon compte et je rembourserai ». Cela signifie que le but de la création du ciel et de la terre est la lumière du Shabbat et cette lumière doit être révélée aux inférieurs. Ce but se révèle à travers la *Torah*, les *Mitsvot* et les bonnes actions.

Gmar Tikoun (la fin de la correction) renvoie

au moment où cette lumière apparaîtra dans sa complétude par l'éveil d'en bas, précédée de la *Torah* et des *Mitsvot*. Cependant, avant *Gmar Tikoun*, il y a également un discernement de Shabbat, appelé « Un peu comme le monde à venir », quand la lumière de Shabbat brille aussi bien dans l'individu que dans tout le public.

Cette lumière de Shabbat vient en crédit, c'est-à-dire sans effort préalable, bien qu'après, l'homme remboursera tout le crédit. En d'autres termes, il donnera plus tard tous les efforts qu'il aurait dû donner avant d'avoir reçu la lumière, il paiera après.

C'est la signification de « empruntez », c'est-à-dire attirez la lumière de Shabbat à crédit, « et je rembourserai », du verset « il ébouriffera[42] la tête de la femme ». Cela signifie que le Créateur révélera cette lumière seulement si Israël emprunte, c'est-à-dire s'il attire. Bien qu'ils ne soient pas encore dignes, ils peuvent quand même continuer d'attirer à crédit.

---

[42] Rembourser et ébouriffer sont le même mot en hébreu.

64 - De *Lo Lishma*, on arrive à *Lishma*
J'ai entendu, à *Vayechi*, 14 *Tevet*, 27 décembre, 1947

De *Lo Lishma*[43], on arrive à *Lishma*[44]. Si nous prêtons une attention particulière, nous pouvons dire que le temps de *Lo Lishma* est le plus important, puisqu'il y est plus facile d'unir l'acte au Créateur. Il en est ainsi parce que dans *Lishma* l'homme dit qu'il a fait une bonne action parce qu'il sert entièrement le Créateur et toutes ses actions sont pour le Créateur. Donc, c'est lui le maître de l'acte.

Cependant, quand il s'engage dans *Lo Lishma*, il ne fait pas les bonnes actions pour le Créateur. Il s'ensuit qu'il ne peut pas se plaindre auprès de Lui et prétendre qu'il mérite une récompense, donc le Créateur n'a pas de dette envers lui. Pourquoi a-t-il alors fait cette bonne action ? Seulement parce que le Créateur lui a fourni une occasion que ce *SAM*[45] le contraigne et le force à faire.

Par exemple, si des gens viennent chez lui et qu'il a honte d'être vu oisif, il prend un livre

---
[43] *Lo Lishma*, litt., pas pour elle-même.
[44] *Lishma*, litt., pour elle-même.
[45] *SAM* - *Sitra Massabuta* = côté impropre.

et étudie la *Torah*. Alors pour qui étudie-t-il la *Torah* ? Ce n'est pas pour la *Mitsva* du Créateur, pour trouver grâce aux yeux du Créateur, mais pour les invités qui sont venus chez lui, pour trouver grâce aux yeux de l'homme. Alors, comment est-il possible de demander une récompense au Créateur pour cette *Torah* dans laquelle il s'est engagé pour ses invités ?

Donc, le Créateur ne lui doit rien. Au lieu de ça, il peut demander aux invités de lui payer un salaire, c'est-à-dire qu'ils l'honorent pour avoir étudié la *Torah*. En aucun cas, il ne peut débiter le Créateur.

Quand il fait un examen de conscience et conclut « enfin je m'engage dans la *Torah* et il rejette la cause, c'est-à-dire les invités, et il dit que maintenant il travaille uniquement pour le Créateur », alors il doit immédiatement dire que tout vient d'En-Haut. C'est-à-dire que le Créateur a voulu le récompenser par l'engagement dans la *Torah* et lui donner une vraie cause, mais il n'est pas digne de recevoir la vérité, c'est pourquoi le Créateur lui a fourni une cause fausse, pour que par ce mensonge il s'engage dans la *Torah*.

Il s'avère que c'est le Créateur qui agit et non pas l'individu. Alors il doit sûrement louer le Créateur que même dans l'état de bassesse dans lequel il se trouve, le Créateur ne l'abandonne pas et lui donne la force, c'est-à-dire le carburant pour qu'il veuille s'engager dans l'étude de la *Torah*.

Si on fait attention à cet acte, on constate que le Créateur est l'opérateur, comme il est dit que « Lui seul fait et fera toutes les actions ». Mais l'homme ne peut en rien contribuer à une bonne action. Bien qu'il fasse cette *Mitsva*, il ne la fait pas pour une *Mitsva*, mais pour une autre cause (l'homme) et la cause s'étend depuis la séparation.

En vérité, le Créateur est la cause et Il est la raison qui le contraint. Mais le Créateur est vêtu en lui d'un autre habit et non pas de l'habit d'une *Mitsva*, mais pour une autre crainte ou un autre amour. Il s'ensuit que dans *Lo Lishma*, il est plus facile d'attribuer la bonne action et de dire que c'est le Créateur qui fait la bonne action et non pas l'homme. C'est simplement parce que l'homme ne veut pas faire la chose pour une *Mitsva*, mais pour une autre cause.

Cependant, dans *Lishma*, il sait lui-même qu'il agit à cause d'une *Mitsva*, c'est-à-dire qu'il est lui-même la cause, c'est-à-dire à cause de la *Mitsva*, non pas parce que le Créateur a placé dans son cœur l'idée et le désir de faire la *Mitsva*, mais parce que lui-même a choisi de la faire.

La vérité est que tout a été fait par le Créateur, mais on ne peut pas comprendre la Providence personnelle avant de comprendre la question de récompense et punition.

65 – À propos de ce qui est dévoilé et de ce qui est caché
J'ai entendu, le 29 *Tevet*, 18 janvier 1942

Il est écrit : « Les choses cachées sont au Seigneur, notre Dieu ; et les choses dévoilées sont à nous et à nos enfants pour toujours, pour accomplir tous les mots de cette *Torah*. »

Il faut demander : Que vient nous dire le texte, que les choses cachées sont au Seigneur ? Il ne faut pas dire que caché signifie inaccessible et que dévoilé signifie accessible. Nous pouvons voir qu'il y a des gens qui ont connaissance de la partie cachée, tout comme il y a des gens qui n'ont aucune connaissance de la partie dévoilée. Et il ne faut pas dire que ceci signifie qu'il y a plus de personnes avec la connaissance de la partie dévoilée que de la partie cachée. (Sinon, vous donnez seulement une partie de l'image.)

En effet, nous voyons qu'en ce monde, il y a des actions qui sont dévoilées comme telles à nos yeux, c'est-à-dire que la main de l'homme y est impliquée. Et il y a des actions où nous voyons que les choses sont faites, mais que l'homme ne peut rien y faire, c'est plutôt une force cachée qui agit là.

Il en est comme nos sages l'ont dit : « Il y a trois partenaires chez l'homme : le Créateur, son père et sa mère. » La partie dévoilée, le commandement d'être fructueux et de se multiplier, est un acte accompli par les parents. Si les parents font les choses correctement, le Créateur donne une âme au nouveau-né. C'est-à-dire que ses parents font la partie dévoilée, car ils ne peuvent faire que la partie dévoilée. Mais pour la partie cachée, qui est de placer l'âme dans le nouveau-né, là les parents ne peuvent rien faire ; seul le Créateur peut le faire.

De même, avec les *Mitsvot* (commandements), nous devons seulement faire la partie dévoilée, car il n'y a que là que nous puissions agir ; c'est-à-dire que nous nous engageons dans la *Torah* et les *Mitsvot* dans le sens de « celui qui exécute Sa parole ». Cependant, dans la partie cachée, qui est l'aspect de l'âme dans l'observance de la *Torah* et des *Mitsvot*, l'homme ne peut rien faire. Lorsqu'on observe la *Torah* et les *Mitsvot* par l'action, ce qui s'appelle « agir », il faut prier le Créateur qu'Il fasse la partie cachée ; qu'il dote d'une âme la partie pratique de notre contribution.

La partie pratique s'appelle « une bougie de *Mitsva* », qui sont seulement des bougies qu'il faut allumer avec la « *Torah* est Lumière ». La Lumière de la *Torah* allume une *Mitsva* et donne âme et vitalité à la partie pratique, comme dans l'exemple du nouveau-né, au sein duquel il y a trois associés.

C'est la signification de « les choses dévoilées sont à nous », signifiant que nous devons travailler dans le sens de « tout ce que tu peux faire de ta main et de ta propre force, fais-le. » C'est seulement ici que nous pouvons agir ; mais obtenir l'âme et la vitalité, ça dépend du Créateur.

C'est la signification de « les choses cachées sont au Seigneur notre Dieu ». Le Créateur promet que si nous faisons la partie qui nous est dévoilée, si nous agissons conformément à la *Torah* et aux *Mitsvot* dans la partie pratique, Il mettra une âme dans nos actions. Par contre, tant qu'il ne nous a pas été accordé le discernement de ce qui est caché, appelé « l'âme », notre partie dévoilée est comme un corps sans âme. Il faut donc pouvoir accéder à la partie cachée, et ceci est entièrement entre les mains du Créateur.

66 - Au sujet du don de la *Torah*
J'ai entendu, pendant un repas le soir de *Shavouot* (la fête du don de la *Torah*), 1948

À propos du don de la *Torah* qui s'est produit sur le mont Sinaï, cela ne signifie pas que la *Torah* a été donnée une seule fois et qu'après le don s'est arrêté. Plutôt, il n'y a aucune absence en spiritualité, car la spiritualité est un sujet éternel qui ne s'arrête pas. Mais, puisque de la perspective du Donneur nous ne sommes pas qualifiés pour recevoir la *Torah*, nous disons que l'arrêt vient du Supérieur.

Cependant, au pied du mont Sinaï, tout Israël

était prêt à recevoir la *Torah*, comme il est écrit : « Israël campait devant le mont, comme un seul homme vivant au rythme d'un seul cœur ». À ce moment-là, le public entier était prêt ; il n'avait qu'une intention, qui est une seule pensée de recevoir la *Torah*. Cependant, de la perspective du Donneur, il n'y a aucun changement ; Il donne toujours, comme il est écrit au nom du *Baal Shem Tov* que nous devons écouter chaque jour les dix commandements du mont Sinaï.

La *Torah* est appelée la « potion de vie » et la « potion de mort ». Il faut comprendre comment deux choses opposées peuvent être dites à propos d'un seul sujet.

Il faut savoir que nous ne pouvons percevoir aucune réalité telle qu'elle est en elle-même. Plutôt, nous percevons tout selon nos sensations. La réalité, telle qu'elle est en elle-même, n'est d'aucun intérêt. Par conséquent, nous ne percevons pas la *Torah* telle qu'elle est en elle-même, mais nous percevons seulement nos sensations. Ainsi, toutes nos impressions suivent seulement nos sensations.

Par conséquent, quand l'homme étudie la *Torah* et que la *Torah* l'éloigne de l'amour de

Dieu, cette *Torah* est certainement considérée comme « potion de mort ». Par contre, si cette *Torah* qu'il étudie le rapproche de l'amour de Dieu, elle est certainement considérée comme « potion de vie ».

Mais la *Torah* en elle-même, la réalité de la *Torah*, sans considération de l'inférieur qui doit la percevoir, est considérée « une Lumière sans *Kli* », où aucune perception n'est possible. Par conséquent, quand on parle de la *Torah*, cela réfère aux sensations qu'une personne reçoit de la *Torah*, qui sont les seules qui déterminent la réalité pour les créatures.

Quand l'homme travaille pour lui-même, c'est appelé *Lo Lishma*[46] [1]. Mais de *Lo Lishma* il arrive à *Lishma*[47] [2]. Par conséquent, si on ne lui a pas encore octroyé la réception de la *Torah*, il espère obtenir la réception de la *Torah* l'année suivante. Mais après avoir atteint la totalité de *Lishma*, il n'a plus rien à faire dans ce monde, puisqu'il a déjà tout corrigé pour être dans la complétude de *Lishma*.

Pour cette raison, chaque année il y a le temps

---

[46] *Lo Lishma*, litt. pas pour elle-même.
[47] *Lishma*, lit. pour elle-même.

de la réception de la *Torah*, parce que ce temps est propice à l'éveil d'en bas. C'est alors l'éveil du moment où la lumière du don de la *Torah* était révélée aux inférieurs. Par conséquent, il y a un réveil d'En-Haut, qui donne la force aux inférieurs pour pouvoir exécuter l'acte de formation pour recevoir la *Torah*, comme lorsqu'ils étaient prêts jadis à recevoir la *Torah*.

Par conséquent, si l'homme marche sur un chemin où *Lo Lishma* l'amène à *Lishma*, il marche alors sur la voie de la vérité. Il doit donc espérer qu'il lui sera éventuellement accordé de réaliser *Lishma*, et il lui sera alors accordé de recevoir la *Torah*.

Cependant, il doit faire attention à ce que le but soit toujours devant ses yeux, autrement il marchera sur une ligne opposée, car la racine du corps est la réception pour soi. C'est pourquoi il tire toujours vers sa racine – qui est en vue de recevoir, l'opposé de la *Torah*, appelée « l'arbre de la vie ». C'est pourquoi le corps considère la *Torah* comme « la potion de mort ».

67 - Éloignez-vous du mal
J'ai entendu, après la fête de *Soukkot* (Tabernacles)
1942, Jérusalem

Nous devons être prudents avec « éloignez-vous du mal », pour observer les quatre alliances.

L'alliance des yeux, qui est d'éviter de regarder des femmes. L'interdiction de regarder n'est pas nécessairement parce que cela peut mener à une pensée. La preuve en est que cette interdiction s'applique également à un vieil homme de cent ans. La vraie raison est qu'elle s'étend plutôt d'une racine très élevée. Cette prudence signifie que si l'homme n'est pas prudent, il risque d'arriver à regarder la Sainte *Shekhina* (Divinité).

L'alliance de la langue, qui est d'être attentif à la vérité et au mensonge. Les clarifications qui existent maintenant, après le péché d'*Adam ha Rishon*, sont des clarifications de la vérité et du mensonge. Tandis qu'avant le péché de l'arbre de la connaissance, les clarifications concernaient l'amer et le doux. Cependant, quand la clarification est dans la vérité et le mensonge, elle est entièrement différente. Parfois, elle commence douce et finit amère. Par conséquent, il s'ensuit qu'il y a une réalité de l'amer qui est néanmoins vraie.

Pour cette raison, il faut faire attention à ne pas changer notre parole. Bien qu'il pense qu'il ne fait que mentir à son ami, il faut savoir que le corps est comme une machine : de la même façon qu'il s'habitue à marcher, il continue de marcher. Par conséquent, quand il est accoutumé au mensonge et à la tromperie, il est alors impossible de suivre un autre chemin, et ceci force l'homme à continuer dans le mensonge et dans la tromperie même quand il est seul.

Il en résulte que l'homme est obligé de se duper lui-même et qu'il ne peut pas du tout se dire la vérité, parce qu'il n'a pas de préférence particulière pour la vérité.

Nous pouvons dire que celui qui pense qu'il trompe son ami ne fait que tromper le Créateur, puisqu'à part le corps de l'homme il n'y a que le Créateur. C'est parce que c'est l'essence de la création, que l'homme s'appelle « créature » seulement de son point de vue. Le Créateur veut que l'homme ressente qu'il est une réalité séparée de Lui ; mais à part cela, tout participe de

« la terre entière est remplie de Sa gloire ».

Par conséquent, en mentant à son ami, il ment au Créateur ; et en attristant son ami, il attriste le Créateur. Pour cette raison, si l'homme a l'habitude de dire la vérité, cela l'aidera en ce qui concerne le Créateur. Ainsi, s'il a promis quelque chose au Créateur, alors il essaiera de garder sa promesse, puisqu'il n'est pas habitué à reprendre sa parole et que par cela il lui sera octroyé « le Seigneur est ton ombre ». Si l'homme accompli et fait ce qu'il dit, le Saint béni soit-Il aussi accomplira pour lui « béni est celui qui dit et agit ».

Il y a un signe dans l'alliance de la langue, d'éviter de parler autant que possible, puisqu'en parlant il révèle ce qui est caché dans son cœur et ceci donne une prise aux externes. Il en est ainsi parce que tant qu'il n'est pas parfaitement propre, quand il dévoile quelque chose de son intérieur, la *Sitra Akhra* a le pouvoir de calomnier en-Haut et de se moquer de son travail. Elle dit : « Quel genre de travail donne-t-il en-Haut, puisque toute son intention dans ce travail est seulement en bas ? »

Ceci répond à une grande question : nous savons « qu'une *Mitsva* entraîne une *Mitsva* » ; alors pourquoi voyons-nous que l'homme tombe souvent de son travail ?

Comme nous l'avons dit ci-dessus, la *Sitra Akhra* diffame et se plaint de son travail, et puis descend et s'empare de son âme. C'est-à-dire, puisqu'elle a déjà diffamé En-haut et dit que son travail n'était pas propre, mais qu'il travaille sous la forme de la réception pour lui-même, elle descend et s'empare de son esprit de vie en lui demandant : « Qu'est-ce que c'est que ce travail ? » Par conséquent, même lorsqu'il lui a déjà été accordé une certaine illumination de l'esprit de vie, il la perd de nouveau.

Le conseil pour cela est de se conduire humblement, pour qu'elle ne connaisse pas son travail, comme « le cœur ne se révèle pas à la bouche ». Alors la *Sitra Akhra* ne peut pas connaître son travail, car elle connaît seulement ce qui est révélé en parole et en action, c'est ce qu'elle peut saisir.

Il faut savoir que la douleur et la souffrance viennent principalement par le biais de ceux qui calomnient. Par conséquent, il faut se garder de parler autant que possible. Qui plus est, il faut savoir que même lorsqu'on parle de mondanité, ceci révèle aussi les secrets de notre cœur. Telle est la signification de « mon âme sort quand il parle ». C'est l'alliance de la langue, à laquelle nous devons faire attention.

La précaution doit être surtout pendant l'ascension, car pendant la descente, il est difficile de maintenir de grands degrés et grandes précautions.

68 - La connexion de l'homme aux *Sephirot*

J'ai entendu, 12 du mois d'*Adar*, 17 février 1943

Avant le péché d'*Adam ha Rishon* :
1. Son *Gouf* (corps) était de *Bina* de *Malkhout* de *Malkhout* d'*Assiya*.
2. Il avait *NRN* de *Briya* et *NRN* d'*Atsilout*.

Après avoir péché :

Son *Gouf* est tombé dans le discernement de la peau de serpent, qui est la *Klipa* (écorce) de *Behina Dalet*, appelée « la poussière de ce monde ». Vêtu en lui est le corps intérieur de l'écorce de *Noga* (*Klipat Noga*) qui est à moitié bonne et à moitié mauvaise. Et toutes les bonnes actions qu'il fait sont seulement avec ce corps de *Noga*. En s'engageant dans la *Torah* et les *Mitsvot*, il ramène ce corps à être entièrement bon et le corps de la peau de serpent se sépare de lui. Et alors il lui est accordé *NRN* de *Kedousha*, selon ses actions.

La connexion de *NRN* de l'homme aux *Sephirot* :

L'essence de *NRN* de l'homme est de *Behinat Malkhout* des trois *Sephirot*, *Bina* et *ZON* dans chacun des mondes d'*ABYA*. S'il lui est accordé *NRN* de *Nefesh*, il reçoit des trois *Béhinot Malkhout de Bina* et *ZON* d'*Assiya*. S'il lui est accordé *NRN* de *Rouakh*, il reçoit des trois *Béhinot Malkhout de Bina* et *ZON* de *Yetzira*. S'il lui est accordé *NRN* de *Neshama*, il reçoit des trois *Béhinot Malkhout de Bina* et *ZON* de *Briya*. S'il lui est accordé *NRN* de *Haya*, il reçoit des trois *Béhinot Malkhout de Bina* et *ZON* d'*Atsilout*.

C'est ce que disent nos sages, que l'homme calcule seulement à partir des pensées de ***son cœur, car le corps entier est considéré « cœur »***. Et quoique l'homme soit composé de quatre discernements (minéral, végétal, animal et parlant), ils sont tous enregistrés dans le cœur.

Puisqu'après le péché, le corps d'*Adam ha*

Rishon est tombé dans la peau de serpent, qui est la *Klipa* de *Behina Dalet*, appelée « la poussière de ce monde », par conséquent, quand il calcule, toutes ses pensées sont de son cœur, signifiant son corps du discernement de la peau de serpent.

Et quand il s'impose par son engagement dans la *Torah* et les *Mitsvot* – qui est le seul remède – si son intention est de donner satisfaction à son Créateur, la *Torah* et les *Mitsvot* lui purifient le corps. Ceci signifie que la peau de serpent se sépare de lui. Alors, l'acte précédent de la *Torah* et des *Mitsvot*, appelé « l'écorce de *Noga* », considérée comme « le corps intérieur », qui était à moitié bon et à moitié mauvais, devient maintenant tout à fait bon. C'est-à-dire qu'il a atteint maintenant l'équivalence de forme.

Et alors il lui est accordé *NRN* de *Kedousha*, selon ses actions. C'est-à-dire qu'au départ il atteint *NRN* de *Nefesh* du monde d'*Assiya*. Ensuite, quand il examine tous les discernements qui appartiennent au monde d'*Assiya*, il lui est accordé *NRN* de *Rouakh* du monde de *Yetzira*, jusqu'à ce qu'il atteigne *NRN* de *Haya* d'*Atsilout*.

C'est-à-dire qu'à chaque fois, une structure

différente est faite dans son cœur : là où il y avait précédemment le corps intérieur de l'écorce de *Noga*, qui était à moitié bonne et à moitié mauvaise, ce corps est maintenant transformé en tout à fait bon, par la purification reçue de la *Torah* et des *Mitsvot*.

En conséquence, quand il avait un corps de peau de serpent, il était obligé de penser et de faire des calculs uniquement à partir des pensées de son cœur. C'est-à-dire que toutes ses pensées étaient uniquement dans le but d'accomplir les désirs auxquels la *Klipa* le contraignait. Il n'avait aucun conseil pour modeler ses pensées et orienter ses intentions, outre ce qu'il voyait dans son cœur, qui était alors sous la forme de peau de serpent, qui est la pire des *Klipot*.

De plus, lorsqu'il est récompensé grâce à son engagement dans la *Torah* et les *Mitsvot*, ce n'est que *Lo Lishma*[48], et il demande au Créateur de l'aider à s'engager dans la *Torah* et les *Mitsvot* sous la forme de « tout ce que tu peux faire de ta main et de ta propre autorité, fais-le », et il attend la pitié d'En-Haut, que le Créa-

---

[48] *Lo Lishma*, lit. pas pour elle-même.

teur l'aide ainsi à atteindre *Lishma*[49], que toute la récompense qu'il demande pour son travail est d'être gratifié de pouvoir travailler afin de donner du contentement à son Créateur, comme nos sages disent : « la Lumière en elle le ramène vers le bien ».

Alors le corps de la peau de serpent est purifié, signifiant que ce corps se sépare de lui et qu'il lui est accordé une structure entièrement différente – la structure de *Nefesh d'Assiya*. Ensuite, il continue jusqu'à ce qu'il atteigne une structure de *Nefesh* et *Rouakh de Bina* et *ZA* et *Malkhout d'Atsilout*.

Mais même là, il n'a pas d'autre choix pour avoir d'autres pensées que ce que lui dicte la structure de *Kedousha*. Ceci signifie qu'il n'a pas de place pour avoir des pensées contraires à sa propre structure, mais qu'il est obligé de penser et d'agir seulement avec l'intention d'apporter contentement à son Créateur, comme sa structure de *Kedousha* l'oblige.

Tout cela signifie que l'homme ne peut pas corriger sa pensée, mais seulement orienter le cœur – que son cœur soit orienté tout droit

---

[49] *Lishma*, lit. pour elle-même.

vers le Créateur. Alors toutes ses pensées et ses actions tendront naturellement à donner du contentement à son Créateur. Et lorsqu'il corrige son cœur pour avoir un cœur et un désir de *Kedousha*, alors le cœur sera le *Kli* dans lequel placer la Lumière Supérieure. Et lorsque la Lumière Supérieure brille dans le cœur, le cœur se renforce chaque fois davantage.

Maintenant, nous pouvons interpréter les paroles de nos sages : « grande est l'étude qui mène à l'action ». Cela signifie que par la Lumière de la *Torah*, l'homme est conduit à l'action, alors que la Lumière en elle le ramène vers le bien. Ceci s'appelle « un acte ». C'est-à-dire que la lumière de la *Torah* établit une nouvelle structure dans son cœur.

Ainsi, le corps précédent, qui lui venait de la peau du serpent, se sépare de lui et il est gratifié d'un corps sacré. Le corps intérieur, appelé « *Klipat Noga* » – qui était à moitié bonne, à moitié mauvaise –, devient entièrement bon ; et maintenant *NRN* est en lui, chose qu'il atteint par ses actions, lesquelles il continue de mener constamment.

Avant qu'il ne lui soit accordé une nouvelle

structure, bien qu'il essaye de purifier son cœur, le cœur reste comme il est. Il est considéré comme étant sous la forme de « ceux qui accomplissent Sa parole ». Cependant, il faut savoir que le travail commence justement sous forme de « ceux qui accomplissent Sa parole ». Mais ce n'est pas la complétude, car il ne peut purifier ses pensées dans cet état, pour la raison qu'il ne peut être sauvé des pensées de transgression, car son cœur est d'un corps de *Klipa*, et il pense seulement à partir des pensées de son cœur.

Seule la « Lumière en elle » le ramène vers le bien. À ce moment-là, le corps de séparation se sépare de lui et le corps intérieur – l'écorce de *Noga* – qui était à moitié mauvais, devient tout à fait bon. Dans cet état, la *Torah* l'amène à l'action en faisant une nouvelle structure. Et ceci s'appelle « un acte ».

69 - D'abord il y aura la correction du monde
J'ai entendu, *Sivan*, juin 1943

Il a dit que d'abord il y aura la correction du monde, ensuite viendra la rédemption complète, la venue du Messie. C'est la signification de « tes yeux verront tes maîtres », etc., « et la terre sera remplie de la connaissance ». C'est la signification de ce qu'il a écrit, que d'abord l'intériorité des mondes sera corrigée et ensuite l'extériorité des mondes. Mais il faut savoir que l'extériorité des mondes qui sera corrigée est un degré plus élevé que la correction de l'intériorité.

La racine d'Israël relève de l'intériorité des mondes. C'est la signification de « car vous êtes peu nombreux parmi tous les peuples. » Cependant, en corrigeant l'intériorité, l'extériorité est également corrigée, bien qu'en petits morceaux. Et l'extériorité sera corrigée chaque fois (jusqu'à ce que chaque centime s'accumule dans un compte en une grande somme), jusqu'à ce que toute l'extériorité soit corrigée.

La distinction principale entre l'intériorité et l'extériorité, par exemple, c'est que lorsque l'homme fait une certaine *Mitsva*, tous les organes ne sont pas d'accord avec cela. C'est comme une personne qui jeûne. Nous disons que seulement son intériorité est d'accord avec le jeûne, mais son extériorité ressent une gêne du fait du jeûne, puisque le corps est toujours en opposition à l'âme. Ainsi, la distinction entre Israël et les nations du monde est seulement en ce qui concerne l'âme ; mais en ce qui concerne le corps, ils sont égaux : le corps d'Israël, aussi, se soucie seulement de son propre intérêt.

Par conséquent, quand les individus de tout Israël seront corrigés, le monde entier sera automatiquement corrigé. Il s'ensuit que les nations du monde seront corrigées dans la mesure où nous nous corrigerons. C'est la signification de ce qu'on dit nos sages : « s'il mérite, il est jugé, ainsi que le monde entier, selon une échelle de mérite ». Ils n'ont pas dit « tout Israël est jugé », mais « le monde entier selon une échelle de mérite ». En d'autres termes, l'intériorité corrigera l'extériorité.

70 - D'une main puissante et d'un courroux débordant
J'ai entendu, *Sivan* 25, 28 juin 1943

Pour comprendre ce qui est écrit, « D'une main puissante et d'un bras étendu et d'un courroux débordant, je me comporterai en roi à votre égard. » (Ezéchiel 20,33) Il faut comprendre qu'il y a une règle selon laquelle il n'y a pas de contrainte en spiritualité, comme il est écrit : « ce n'est pas moi que tu as invoqué, Jacob !

Non, tu t'es lassé de moi, Israël ! » (Isaïe 43, 22) On connaît le commentaire du prédicateur de Douvna. Donc, que signifie « D'une main puissante et d'un bras étendu et d'un courroux débordant, je me comporterai en roi à votre égard » ?

Il a dit qu'il faut savoir que de ceux qui veulent entrer au service de Dieu afin de vraiment adhérer à lui et d'entrer dans le Palais du Roi, tout le monde n'est pas admis. Mais chacun est testé ; s'il n'a pas d'autre désir, mais seulement le désir pour la *Dvékout* (adhésion). Alors on le laisse entrer.

Et comment vérifie-t-on qu'il n'a qu'un désir ? On met devant lui des obstacles. C'est-à-dire qu'on lui envoie des pensées étrangères et des messagers étrangers pour le déranger, afin qu'il quitte ce chemin et qu'il suive le chemin de la multitude.

S'il surmonte toutes les difficultés et qu'il brise toutes les barrières qui le bloquent, et qu'on ne peut le repousser avec de petites choses, alors le Créateur lui envoie des *Klipot* (écorces) et de grands chariots pour le détourner, l'empêcher d'entrer et d'adhérer uniquement à Lui et à rien d'autre. Cela signifie que le Créateur le rejette d'une « main puissante », car si le Créateur ne montre pas Sa main puissante, il est difficile de le repousser, puisqu'il a un désir fort d'adhérer seulement au Créateur et à rien d'autre.

Mais quand le Créateur veut détourner quelqu'un dont le désir n'est pas aussi fort, Il le détourne avec une chose légère en lui donnant un grand désir pour la matérialité, et voilà qu'il abandonne aussitôt tout le travail de la sainteté, et il n'y a pas besoin de le détourner avec une main puissante.

Cependant, lorsque l'homme surmonte les difficultés et les obstacles, il n'est pas facile de le détourner d'une seule main puissante. Et si l'homme résiste à la main puissante et ne veut absolument pas quitter le lieu de *Kedousha* (Sainteté), qu'il veut vraiment adhérer à Lui et voit qu'il est repoussé, alors il dit que le courroux se déverse sur lui. Autrement, on l'aurait laissé entrer. Mais puisque « le courroux se déverse sur lui », de par la main du Créateur, on ne le laisse pas entrer dans le Palais du Roi, pour adhérer à Lui.

Il s'ensuit qu'avant qu'il ne veuille changer

de place, qu'il ne s'efforce et qu'il ait l'intention d'entrer, on ne peut pas dire qu'il ressent que « le courroux se déverse sur lui ». Ce n'est qu'après tous les rejets avec lesquels on le repousse, s'il ne bouge d'où il est, c'est-à-dire que la main puissante et le courroux débordant se sont déjà révélés à lui, alors « Je me comporterai en roi à votre égard », car ce n'est que par des éruptions et de grands efforts que le Royaume des Cieux lui est révélé et qu'il est admis au Palais du Roi.

71 - Mon âme pleurera en cachette
J'ai entendu, 25 *Sivan*, 28 juin 1943

« Mon âme pleurera en cachette à cause de la fierté », à cause de la fierté d'Israël. Il demande : « Y a-t-il des pleurs devant le Créateur » quand il est dit que "la vigueur et la joie sont en Son lieu ?" »

Il faut comprendre la raison des pleurs En-Haut. Les pleurs adviennent lorsqu'on ne peut s'aider soi-même. Alors on pleure pour qu'un autre nous aide. « En cachette » signifie les dissimulations et les contradictions qui apparaissent dans le monde.

C'est la signification de « mon âme pleure

en cachette », car « tout dépend du Ciel sauf la crainte du Ciel ».

Nos sages ont dit à ce sujet : « Il y a des pleurs dans les demeures intérieures ». Ceci signifie que lorsque la Lumière apparaît seulement dans l'intériorité et qu'il n'y a aucune révélation de la Lumière à l'extérieur, par manque de *Kélim* chez les inférieurs pour qu'ils reçoivent, alors pleurs il y a. Par contre, dans les demeures externes, où la Lumière peut se révéler à l'extérieur, quand l'abondance se révèle aux inférieurs en bas, alors la « vigueur et la joie sont en Son lieu » et tout est visible. Cependant, quand Il ne peut pas donner aux inférieurs, ceci est appelé « pleurs », parce qu'Il a besoin des *Kélim* des inférieurs.

72 - La confiance est l'habit de la lumière
J'ai entendu, le 10 de *Nissan*, 31 mars 1947

La confiance est l'habit de lumière qui s'appelle vie. Il existe une règle qui dit qu'il n'y a pas de lumière sans *Kli* (récipient). Il se trouve que la lumière, nommée lumière de vie, ne peut pas se revêtir, mais qu'elle est obligée de se revêtir dans un *Kli*. Le *Kli* dans laquelle la lumière de vie se revêt s'appelle en général la « confiance ». Cela signifie qu'il voit qu'il peut tout faire, peu importe la difficulté.

Ainsi, la lumière est ressentie et reconnue dans le *Kli* de la confiance. C'est en fonction de cela que l'on mesure sa vie ; d'après le degré de confiance qui y apparaît et par la confiance qu'il possède, l'homme peut mesurer la grandeur de la vie.

C'est ainsi qu'il peut voir que chaque fois que son niveau de vitalité est élevé la confiance l'éclaire, et rien ne peut venir le gêner pour obtenir ce qu'il veut. Il en est ainsi parce que la lumière de la vie, qui est une force d'En-Haut, l'éclaire. Il possède alors des forces surhumaines pour agir, car la lumière supérieure n'est pas limitée comme le sont les forces humaines.

Cependant, lorsque la lumière de vie le quitte, c'est-à-dire quand il est descendu de son précédent niveau de vitalité, alors il devient savant et chercheur. Il commence à considérer l'utilité de chaque chose – si cela vaut la peine de la faire ou non –, il devient calme, n'est plus pétillant ni brûlant comme avant qu'il n'ait commencé à descendre de son niveau de vitalité.

Mais l'homme ne possède pas l'intelligence pour se dire que toute la sagesse et la clairvoyance avec laquelle il réfléchit maintenant à toute chose vient du fait qu'il a perdu le souffle de vie qu'il avait. Il pense qu'il est devenu intelligent, pas comme il était avant qu'il ne perde la lumière de vie. Auparavant, il était impulsif comme le sont les gens téméraires.

Cependant, il doit savoir que toute la **sagesse** qu'il détient maintenant lui vient du fait qu'il a perdu tout le souffle de vie qu'il possédait avant. La lumière de vie que le Créateur lui avait alors donnée était le baromètre de tous ses actes, mais désormais, il est en phase descendante ; c'est pourquoi la *Sitra Akhra* (l'autre côté) a la force de venir à lui avec tous ses « justes arguments ».

À cela un conseil : l'homme doit se dire : « Maintenant, je ne peux pas discuter et argumenter avec mon corps ». Mais il doit se dire : « Maintenant, je suis **mort** et j'attends la résurrection ».

Il doit commencer à travailler au-dessus de la raison en disant à son corps : tout ce que tu dis est vrai, et au niveau de la raison, je n'ai rien à te répondre mais j'espère travailler à nouveau, et j'accepte désormais la *Torah* et les *Mitsvot* (Commandements) et je deviens prosélyte, comme les sages ont dit : « Le prosélyte qui se convertit est comme un petit qui vient de naître », et maintenant j'attends le Salut du Seigneur et il est évident qu'Il m'aidera et je vais reprendre le chemin de *Kedousha* (sainteté, le sacré). Et lorsque je posséderai la force de *Kedousha*, alors je pourrai te répondre.

Mais entre-temps, je suis tenu d'aller au-delà de la raison, car il me manque encore le savoir de *Kedousha*. Ainsi, si tu peux vaincre par ton intelligence, moi je ne peux rien faire, sauf croire qu'en ce qu'ont dit les sages – que je dois observer la *Torah* et les *Mitsvot* avec la foi au-dessus de la raison. Je dois certainement croire que grâce à la force de la foi, nous serons aidés par les Cieux, comme les sages ont dit : « Celui qui vient se purifier est aidé ».

73 - Après le *Tsimtsoum*
J'ai entendu, en 1943

Après le *Tsimtsoum* (restriction), les neuf premières (*Sephirot*) devinrent le lieu de *Kedousha*, et *Malkhout*, sur laquelle était le *Tsimtsoum*, devint le lieu des mondes. Il faut faire deux discernements :

1. Un espace vide, qui est le lieu pour les *Klipot* (écorces), dont l'essence est le désir de recevoir seulement pour elles-mêmes.
2. Un espace libre, signifiant qu'un lieu est vacant pour y insérer ce qu'on choisit : soit *Kedousha*, soit le contraire.

S'il n'y avait pas eu de *Tsimtsoum*, toute la réalité aurait été sous forme de Lumière simple. Ce n'est qu'après le *Tsimtsoum* que nous avons l'espace pour faire un choix entre le mal ou le bien.

Quand on choisit le bien, l'abondance divine s'étend à ce lieu. C'est le sens de la préface dans les écrits du ARI, que la Lumière *Ein Sof* (infini) illumine les inférieurs, car *Ein Sof* est appelé la volonté de faire le bien à Ses créatures. Et bien que nous discernions plusieurs mondes, dix *Sephirot* et d'autres noms, tout vient de *Ein Sof*, appelé « la pensée de création ».

Les noms « *Sephira* » et « monde » signifient que l'abondance qui se déverse de *Ein Sof* descend par cette *Sephira* et ce monde. Cela veut dire que les inférieurs ne peuvent pas recevoir

Sa bonté sans préparation ni correction ; afin que les inférieurs soient capables de recevoir, ces corrections furent faites, par lesquelles il y a la capacité de recevoir. Ceci s'appelle *Sephirot*.

En d'autres termes, chaque *Sephira* a sa correction spéciale. Pour cette raison, il y a beaucoup de discernements qui se réfèrent seulement à ceux qui reçoivent, puisque lorsque l'inférieur reçoit l'abondance de *Ein Sof*, il reçoit par une correction spéciale qui l'adapte pour recevoir l'abondance. C'est le sens de recevoir par une *Sephira* spéciale, bien qu'il n'y ait aucun changement dans l'abondance elle-même.

Maintenant, vous pouvez comprendre la raison de la prière que nous destinons au Créateur, qui est la Lumière de *Ein Sof*, qui est la connexion du Créateur avec les créatures, qui s'appelle « Sa volonté de faire le bien à Ses créatures ». Et quoiqu'il y ait beaucoup de noms dans l'intention de la prière, la signification est que l'abondance sera accordée par les corrections qui se trouvent dans les noms. C'est précisément grâce aux corrections qui se trouvent dans les noms que l'abondance sera accordée à ceux qui reçoivent.

74 - Monde, année, âme
J'ai entendu, en 1943

Nous savons qu'il n'y a aucune réalité sans quelqu'un pour ressentir la réalité. Par conséquent, lorsque nous disons « *Nefesh* de *Atsilout* » cela signifie que nous avons une certaine mesure de l'atteinte de l'Abondance Supérieure, une mesure que nous appelons *Nefesh* (âme).

Le « monde » réfère à la généralité de cette atteinte, c'est-à-dire que toutes les âmes ont la même forme, et tous ceux qui atteignent ce degré atteignent ce nom, *Nefesh* ; c'est-à-dire qu'il n'est pas nécessaire qu'une personne atteigne ce nom sous cette forme, mais quiconque arrive à ce degré – certainement par la préparation de la *Kedousha* et de la purification –, l'abondance lui apparaît sous la même forme, appelée *Nefesh*.

On peut comprendre cela par un exemple matériel qui s'applique en ce monde. Par exemple, lorsque quelqu'un dit à un autre « Je m'en vais maintenant à Jérusalem », quand il dit le nom de la ville, tout le monde sait et reconnaît cette ville. Personne ne doute de l'endroit dont il parle, car ceux qui sont déjà allés dans cette ville savent de quoi il s'agit.

75 - Il y a le discernement du monde à venir et il y a un discernement de ce monde
J'ai entendu, lors d'un repas célébrant une circoncision, Jérusalem

Il y a un discernement du monde à venir et il y a un discernement de ce monde. Le « monde à venir » est considéré la foi, et « ce monde » est considéré l'atteinte. À propos du monde à venir, il est écrit « Ils seront assouvis et ils se réjouiront », signifiant qu'il n'y a pas de fin à la satiété. Il en est ainsi parce que tout ce qui est reçu par la foi n'a aucune limite. Cependant, ce qui est reçu par l'atteinte a déjà des limites, puisque tout ce qui vient dans les *Kélim* de l'inférieur, l'inférieur y met des limites. Par conséquent, il y a une limite au discernement de ce monde.

76 - Sur toutes tes offrandes, tu offriras du sel
J'ai entendu, 30 Shevat, janvier-février au repas célébrant la fin du sixième volume, Tibériade

« Sur toutes tes offrandes, tu offriras du sel », ce qui signifie l'alliance du sel. L'alliance correspond à l'esprit.

Il est généralement accepté que lorsque deux personnes se font des faveurs l'une à l'autre, quand il y a de l'amour entre elles, elles n'ont certainement pas besoin de faire une alliance. Mais en même temps, nous pouvons voir que précisément lorsque l'amour existe, il est de coutume de faire une alliance. Il dit alors que l'alliance est pour plus tard.

Cela signifie qu'un contrat est fait parce que si plus tard l'un d'eux pense que le cœur de chacun n'est pas entièrement avec son ami, s'ils ont un contrat, ce contrat les obligera à se rappeler l'alliance qu'ils avaient faite, afin de continuer l'ancien amour dans l'état présent.

C'est la signification de « sur toutes les offrandes, tu offriras du sel (*Mélakh*) », c'est-à-dire que toutes les batailles dans le travail de Dieu devraient être au sujet de l'alliance du Roi (*Mélékh*).

77 - L'âme de l'homme lui enseignera
J'ai entendu, 8 *Eloul*, 24 août 1947

« L'âme de l'homme lui enseignera ».

Nous savons que toute la *Torah* est étudiée principalement pour les besoins de l'âme, ce qui veut dire pour ceux qui ont déjà été récompensés du discernement d'une âme. Cependant, ils doivent toujours ardemment désirer et rechercher les mots de la *Torah* de ceux qui ont atteint, pour apprendre d'eux les nouveaux chemins que les prédécesseurs avaient trouvés dans leurs innovations en matière de *Torah*. Ainsi, il leur sera facile d'avancer dans les degrés élevés, c'est-à-dire que, grâce à eux, ils avanceront de degré en degré.

Mais il y a une *Torah* qu'il est interdit de révéler, car il y a un examen minutieux que chaque âme doit faire d'elle-même et que personne d'autre ne peut faire pour elle. Par conséquent, avant qu'elles n'aient fait l'examen elles-mêmes, il est interdit de leur révéler les mots de la *Torah*.

C'est pourquoi les grands ont coutume de dissimuler beaucoup de choses. Et à part cela, les âmes ont grand avantage à recevoir les innovations de la *Torah* introduites par les autres. Et « l'âme de l'homme lui enseignera » comment et quoi recevoir, ainsi qu'à être aidé par les innovations des autres en matière de *Torah*, en plus des innovations qu'il doit apporter lui–même.

78 - La *Torah*, le Créateur et Israël ne font qu'un
J'ai entendu, *Sivan*, juin 1943

« La *Torah*, le Créateur et Israël ne font qu'un. »

Par conséquent, lorsque l'homme étudie la *Torah*, il doit étudier *Lishma*, c'est-à-dire qu'il étudie avec l'intention que la *Torah* l'instruira, comme le nom de la *Torah* qui signifie « instruction ». Et comme « la *Torah*, Israël et le Créateur ne font qu'un », la *Torah* nous enseigne les voies du Créateur, ou comment Il se revêt dans la *Torah*.

79 - *Atsilout* et *BYA*
J'ai entendu, 15 *Tamouz*, Pinchas 1, 18 juillet 1943

Atsilout est considéré de *Khazé* vers le haut, qui n'est que *Kélim* (récipients) de don. *BYA* signifie la réception afin de donner sans réserve, l'ascension du *Hey* inférieur à *Bina*.

Comme l'homme est imprégné du désir de recevoir afin de recevoir, il ne peut rien faire sans recevoir pour lui-même. C'est pourquoi nos sages ont dit « De *Lo Lishma*, il en vient à *Lishma* ». Ceci signifie qu'il commence à s'engager dans la *Torah* et les *Mitsvot* pour « donne-nous la richesse de ce monde » et après pour « donne-nous la richesse du monde à venir ».

En étudiant de cette façon, il doit arriver à étudier *Lishma*, c'est-à-dire pour la *Torah*. C'est-à-dire que la *Torah* lui enseignera les voies du Créateur. Et il doit auparavant adoucir *Malkhout* dans *Bina*, signifiant qu'il élève *Malkhout*, appelée « désir de recevoir » à *Bina*, qui est considéré comme le don sans réserve, c'est-à-dire que tout son travail ne doit être qu'en vue de donner sans réserve.

Alors tout s'obscurcit pour lui. Il ressent que le monde s'est assombri autour de lui, car le corps ne donne la force de travailler que pour la réception et non pour le don. Dans cet état, il n'a qu'un conseil : prier le Créateur pour qu'Il lui ouvre les yeux afin qu'il puisse travailler afin de donner. C'est la signification de « Qui pose une question ».

Cela réfère à *Bina*, appelée *Mi* (eau), et la question vient du verset « demander les pluies », signifiant la prière. Puisqu'il arrive à l'état de l'eau de *Bina*, il y a un endroit pour prier pour cela.

80 - Concernant dos à dos
J'ai entendu

Panim et *Akhor* (face et dos).

Panim signifie la réception de l'abondance ou le don de l'abondance. La négation est appelée *Akhoraïm* (dos/postérieur), signifiant ni réception ni don.

Par conséquent, au commencement du travail, l'homme se trouve dans un état d'*Akhor be Akhor* (dos à dos) parce qu'il a encore les *Kélim* (récipients) du désir de recevoir. S'il étend l'abondance dans ces *Kélim*, il risque d'endommager la Lumière, puisqu'il y a une contradiction, car les Lumières viennent de la racine et seule la racine donne l'abondance.

C'est pourquoi les inférieurs se servent des *Kélim de Ima*, appelés *Akhoraïm*, signifiant qu'ils ne veulent pas recevoir, pour ne pas endommager.

Et l'Émanateur ne leur donne pas non plus, pour la même raison, car les Lumières se préservent afin que les inférieurs ne les endommagent pas. C'est pourquoi ceci est appelé *Akhor be Akhor*.

Pour expliquer maintenant ce qui est écrit à plusieurs endroits, que « partout où il y a manque, il y a succion pour la *Klipa* ». On peut dire que la raison en est que cet endroit n'est pas encore libéré de l'*Aviout* (épaisseur), sinon la Lumière aurait jailli en perfection, puisque la Lumière Supérieure ne cesse jamais de briller, et s'il y a un endroit qui est corrigé avec un *Massakh* (écran), la Lumière Supérieure s'y accroche immédiatement. Et puisqu'il y a un endroit de manque, signifiant l'absence de Lumière Supérieure, il y a certainement un discernement d'*Aviout*, dont toute la prise est dans le désir de recevoir.

81 - Concernant l'élévation de *MAN*
J'ai entendu

Il est connu qu'en raison de la brisure, les étincelles de *Kedousha* sont tombées dans (les mondes de) *BYA*. Mais là, dans *BYA*, elles ne peuvent pas être corrigées, c'est pourquoi il faut les élever à *Atsilout*. Et en faisant des bonnes actions et des *Mitsvot* dans le but d'apporter contentement au Créateur, plutôt qu'à soi, ces étincelles s'élèvent à *Atsilout*. Alors elles sont intégrées dans le *Massakh* (écran) du Supérieur au *Rosh* (tète) du degré, où le *Massakh* reste dans son éternité. Et il y a à ce moment-là un *Zivoug* (accouplement) sur le *Massakh*, par l'intégration des étincelles, et la Lumière Supérieure se répand par tous les mondes selon la mesure des étincelles qu'ils ont élevées.

C'est semblable à la purification des *Partsoufim des Akoudim*. Nous avons appris que pendant sa purification, quand la Lumière part en raison d'elle, le *Massakh du Gouf* (corps) monte avec les *Reshimot* (inscriptions) à *Peh de Rosh* (la bouche de la tête). La raison en est que lorsque l'inférieur cesse de recevoir, il est considéré qu'il a été épuré de son *Aviout* (épaisseur). Par conséquent, le *Massakh* peut s'élever de nouveau à *Peh de Rosh*, car sa descente au degré de *Gouf* était due au fait que la Lumière s'était étendue de Haut en bas, dans les récipients de réception.

Le *Rosh* est toujours considéré de bas en Haut, c'est-à-dire dans la résistance à l'expansion.

Et lorsque le *Gouf* cesse de recevoir les Lumières de Haut en bas en raison de l'absence du *Massakh* qui avait été épuré par le *Bitoush* (battement) intérieur et extérieur, nous considérons que le *Massakh de Gouf* a été épuré de son *Aviout* et qu'il est monté au *Rosh* avec les *Reshimot*.

En plus, lorsque nous nous engageons dans la *Torah* et les *Mitsvot* afin de donner et non de recevoir, les étincelles s'élèvent au *Massakh de Rosh*, dans le monde d'*Atsilout* (et elles montent degré par degré jusqu'à ce qu'elles arrivent au *Rosh d'Atsilout.*) Et lorsqu'elles sont intégrées dans ce *Massakh* et que le niveau de la Lumière apparaît selon la taille du *Massakh*, il y a un ajout de Lumière dans tous les mondes. Et l'homme aussi, qui a causé cette amélioration En-Haut, reçoit l'illumination pour avoir amélioré l'En-Haut, dans les mondes.

82 - La prière qu'il faut toujours formuler

Ce que j'ai entendu en privé, *Vayera*, novembre 1952

La foi est considérée comme *Malkhout*, interprétée comme l'esprit et le cœur, c'est-à-dire le don et la foi. Et opposé à la foi se trouve le discernement du « prépuce », qui est la connaissance. Il est de coutume d'apprécier le discernement du prépuce tandis que la foi, qui est appelée « La Sainte *Shekhina* (Divinité) », est dans la poussière. Ce qui signifie que ce travail est considéré comme honteux et chacun évite de marcher sur ce chemin. Mais seulement ceci est appelé le chemin des justes et de la *Kedousha* (sainteté).

Le Créateur veut que Ses noms soient révélés seulement de cette manière, car de cette manière il est certain qu'ils n'endommageront pas les Lumières Supérieures, puisque la base entière est le discernement du don et de la *Dvékout* (adhésion), et les *Klipot* (écorces) ne peuvent sucer de ce discernement puisque toute leur succion vient du discernement de recevoir et de la connaissance.

Où il y a la domination du prépuce, la Sainte *Shekhina* ne peut recevoir en elle les Lumières Supérieures, sans quoi les Lumières tomberaient dans les *Klipot*. C'est pourquoi il y a le chagrin de la *Shekhina*, signifiant qu'il empêche les Lumières Supérieures de se déployer en elle afin qu'elle puisse donner l'abondance aux âmes.

Ceci ne dépend que des inférieurs. Car le supérieur peut seulement divulguer la Lumière Supérieure ; ce n'est pas le cas pour la force du *Massakh* (l'écran) : que l'inférieur ne veuille pas recevoir dans les *Kélim* de réception, cela dépend du travail des inférieurs, c'est-à-dire que les inférieurs doivent faire cette vérification.

83 - Concernant le *Vav* de droite et le *Vav* de gauche
J'ai entendu, à 19 *Adar*, 24 février 1943

Il y a le discernement *Zé* (celui) et le discernement *Zot* (celle). Moïse est considéré comme *Zé*, qui est le compagnon du Roi. Le reste des prophètes sont considérés comme *Zot* ou *Koh* (les lettres *Khaf* et *Hey*), qui est le sens de *Yadekha* (ta main), c'est-à-dire le *Vav* de gauche. Et il y a le discernement du *Vav* de droite. Et c'est le sens du « *Zayin* rassembleur », lequel rassemble deux *Vav*. C'est le sens de « un qui les contient », qui est le treize, considéré comme un degré complet.

Il existe le *Vav* de droite et le *Vav* de gauche. Le *Vav* de droite est appelé « l'arbre de la vie » et le *Vav* de gauche est appelé « l'arbre de la connaissance », où se trouve le lieu de la garde. Les deux *Vav* sont appelés « les douze *Khallahs* »[50], qui sont disposés en deux rangées, six à la suite, ce qui est le sens des treize *Tikounim* (corrections), qui sont douze plus un autre qui les contient tous et qui est appelé « pardonné ». Il contient également le treizième *Tikoun*, appelé « non pardonné », qui a pour signification le « *Zayin* rassembleur ». Le *Zayin* est *Malkhout* : elle les contient. Avant que l'homme ne soit récompensé de « il ne retournera pas à la folie », elle est appelée « non pardonné ». Et ceux qui ont déjà été récompensés de « il ne retournera pas à la folie » sont appelés « pardonné ».

Tel est le sens de « il dévoilera ses saveurs dans douze rugissements, qui sont un signe en son ciel, double et mince » (dans le chant **Je vais arranger le repas**). Il est aussi écrit : « elle sera couronnée avec des *Vav* et des *Zayins* rassembleurs » (dans le chant **Je chanterai des louanges**). Nous devrions interpréter le couronnement des *Vav* – que la connexion à travers deux *Vav* est le sens des douze rugissements (qui sont les douze *Khallahs*) qui sont un signe au

---

[50] Pain tressé (traditionnellement servi durant le shabbat).

milieu du ciel.

Ce signe est appelé *Yessod* et il est appelé « double et mince ». Cela signifie que les *Vav* ont été doublés : *Vav* de gauche est appelé « l'arbre de la connaissance », le lieu de la garde. Puis ils sont devenus minces, ce qui a créé un espace dans lequel il est plus facile de passer. N'eût été ce doublement avec l'arbre de la connaissance, ils auraient dû travailler avec le *Vav* de droite, discerné comme l'arbre de vie. Et qui peut ensuite s'élever et recevoir les *Mokhin* ? Avec le *Vav* de gauche, discerné comme la garde, l'homme est cependant toujours sous cette forme. Et par le mérite de la garde, quand il accepte au-delà de la raison, son travail est alors désirable. C'est pourquoi il est appelé « faible », léger, c'est-à-dire qu'il est facile de trouver un lieu pour le travail.

Cela signifie que, quel que soit son état, l'homme peut œuvrer pour le Créateur car il n'a besoin de rien, puisque dans tout, il agit au-delà de la raison. Il s'avère qu'il n'a pas besoin de *Mokhin* avec lesquelles être le serviteur du Créateur.

Maintenant, nous pouvons interpréter ce qui

est écrit : « mets en place une table (*Shoulkhan*) devant moi, contre mes ennemis ». En fait, une table veut dire, comme il est écrit : « il l'enverra hors de sa maison et elle partira hors de sa maison et elle s'en ira » (Deutéronome 24, 1-2). Le mot *Shoulkhan* (table) est comme *OuShlakha* (il l'enverra), ce qui signifie la sortie hors du travail.

Il faut interpréter que même pendant les sorties du travail, c'est-à-dire un état de descente, l'homme a encore de la place pour travailler. Cela signifie que lorsque l'homme triomphe au-delà de la raison pendant les chutes, et qu'il dit que les descentes aussi lui ont été données d'En-Haut, les ennemis sont ainsi neutralisés. C'est parce que les ennemis pensaient que par les chutes la personne atteindrait la bassesse la plus totale et s'échapperait de la campagne, mais à la fin, l'opposé se produit – les ennemis sont neutralisés.

Tel est le sens de ce qui est écrit : « la table qui est devant le Seigneur », que précisément, de cette manière, il recevra la face du Créateur. Et c'est en ce sens qu'il soumet tous les jugements, même les plus grands jugements, car il assume le fardeau du Royaume des Cieux en tout temps.

C'est-à-dire qu'il trouve toujours un lieu pour le travail, comme il est écrit que Rabbi Shimon Bar Yochaï a dit : « il n'y a pas un endroit pour se cacher de Toi ».

84 - Que signifie « Alors il chassa l'homme du jardin d'Éden, pour qu'il ne prenne pas de l'arbre de vie » ?
J'ai entendu, le 24 *Adar* 19 mars 1944

Il est écrit : « Il lui dit : "Où es-tu ?" [...] et il dit : "J'ai entendu Ta voix [...] et j'ai eu peur, parce que je suis nu et je me suis caché" [...] et il dit : "de peur qu'il tende sa main pour prendre le fruit de l'arbre de vie" […] Alors il chassa l'homme ».

Il faut comprendre la crainte qu'Adam avait, à tel point qu'il dut se cacher lorsqu'il vit qu'il était nu. En vérité, c'est qu'avant d'avoir mangé de l'arbre de la connaissance, il se nourrissait de *Bina*, qui est le monde de la liberté. Après, quand il eut mangé de l'arbre de la connaissance, il vit qu'il était nu. Cela signifie qu'il avait peur de prendre la Lumière de la *Torah* et de l'utiliser sous la forme des « bergers des troupeaux de Lot ».

« Les bergers des troupeaux de Lot » veut dire qu'il y a foi au-dessus de la raison, appelée « les bergers des troupeaux d'Abraham ». En d'autres termes, celui qui a été récompensé de la Lumière de la *Torah* ne la prend pas comme base pour son travail, disant qu'il n'a plus besoin de renforcement dans la foi à l'égard du Créateur, car il a déjà la fondation de la Lumière de la *Torah*. Ceci est appelé « les bergers des troupeaux des esclaves de Lot », considéré comme « le monde maudit », qui est considéré comme une malédiction. C'est le contraire de la foi, qui est une bénédiction.

Plutôt, il dit que maintenant, il voit que s'il va dans la foi au-dessus de la raison, on lui donne d'En-Haut la Lumière de la *Torah*, pour lui montrer qu'il marche sur le chemin de la vérité. Ce n'est pas qu'il prend cela comme un soutien, que son travail sera dans les limites de la raison, duquel l'homme en vient au discernement des *Kélim* de réception, sur lesquels il y a eu le *Tsimtsoum* (restriction). C'est pourquoi cela est appelé, « le lieu de la malédiction », car Lot signifie un monde maudit.

Et à cet égard, le Seigneur lui a dit : « Pourquoi as-tu peur de prendre ces Lumières, par crainte de les abîmer ? Qui t'a dit que tu étais nu ? Ce doit être parce que tu as mangé de l'arbre de la connaissance, ce qui t'a amené la peur. Tandis qu'avant, quand tu mangeais de tous les arbres du jardin, c'est-à-dire lorsque tu utilisais les Lumières selon la façon des "bergers des troupeaux d'Abraham", tu n'avais pas peur ». C'est pourquoi Il le chassa, « de peur qu'il tende sa main et mange de l'arbre de vie ». La peur était qu'il se repente et qu'il entre dans l'arbre de vie. Quelle est cette peur ? Puisqu'il avait péché avec l'arbre de la connaissance, il lui fallait maintenant corriger l'arbre de la connaissance.

Tel est le sens de « Il le chassa du jardin d'Éden », pour corriger le péché de l'arbre de la connaissance. Et après, il aura la possibilité d'entrer dans le jardin d'Éden. Le jardin d'Éden représente l'ascension de *Malkhout* jusqu'à *Bina* où elle reçoit *Hokhma*, car Éden veut dire *Hokhma*. Et ensuite *Malkhout*, nommée « jardin », reçoit *Hokhma* dans le sens d'« Éden », ce qui est le « jardin d'Éden ».

85 - Quel est le fruit de l'arbre *Hadar*, dans le travail ?
J'ai entendu, le 1er jour de demi-fête de *Souccot*, 27 septembre 1942

Il est écrit : « Vous prendrez au premier jour le fruit de l'arbre *Hadar* (éclat, splendeur), des branches de palmiers, des rameaux d'arbres touffus et des saules du ruisseau. » (Lévitique 23, 40)

« Le fruit de l'arbre *Hadar* » : L'arbre est considéré comme un juste, appelé « l'arbre du champ ».

« Le fruit », c'est la descendance de l'arbre, c'est-à-dire les descendants des justes, qui sont les bonnes actions, qui doivent être comme *Hadar* dans son arbre.

« D'année en année » signifie une année entière, qui est de « six mois avec de l'huile de myrrhe et six mois avec des parfums ». Par contre, les méchants sont « comme la paille que le vent dissipe ».

« Des branches de palmiers » ; deux branches qui sont les deux *Hey*, le premier *Hey* et le dernier *Hey*, par lesquels on décerne à l'homme « un plateau d'or de dix sicles, plein d'encens ».

Kapot (branches de palmiers) veut dire *Kfia*[51] (contrainte), que l'homme accepte le Royaume des Cieux par la contrainte. C'est-à-dire que même si la raison n'accepte pas, il va au-dessus de la raison. C'est ce qui s'appelle « l'accouplement par la contrainte ».

Tmarim (palmiers) vient du mot *Morah* (la peur) qui est la crainte (comme « Dieu a fait ainsi qu'il Le craigne »).

C'est pourquoi il est appelé *Loulav* (branche de palmier). Cela signifie qu'avant que l'homme ne soit récompensé, il a deux cœurs, ce qui est appelé *Lo Lev* (pas de cœur, *Lo* avec la lettre *Aleph*), ce qui signifie que le cœur n'est pas consacré uniquement au Créateur. Et quand il est récompensé de *Lo* (à lui, *Lo* avec la lettre *Vav*), c'est-à-dire « le cœur au Créateur », c'est le *Loulav*[52].

De plus, l'homme devrait dire : « Quand est-ce que mes actions atteindront les actions de mes ancêtres ? » Ainsi, il sera récompensé d'être comme « une branche des saints ancêtres », ce

---

[51] Les lettres P et F sont la même lettre en hébreu.
[52] *Loulav* est écrit avec les mêmes lettres que *Lo lev* (a lui un cœur).

qui est le sens des « rameaux d'arbres touffus », lesquels sont les trois myrtes.

En même temps, il faut être comme les « saules du ruisseau », insipide et inodore. Et il faut être joyeux dans ce travail, même si on ne ressent aucune saveur ou odeur dans ce travail. Alors ce travail est appelé « les lettres de Ton Nom spécial », par lequel on est récompensé d'une union complète avec le Créateur.

86 - Ils bâtirent des villes *Miskenot*
J'ai entendu de mon père, *Shevat* 3,
le 31 janvier 1941

Il est écrit (Exode 1) : « Ils bâtirent pour Pharaon des villes *Miskenot* (d'entrepôt), Pithom et Ramsès. »

Il faut demander : Pithom et Ramsès signifient que ce sont de belles villes, tandis que les mots « villes *Miskenot* » indiquent qu'elles sont pauvres et misérables, et cela fait aussi allusion à *Sakana* (danger). Il faut aussi comprendre ce que le patriarche Abraham a demandé : « Comment saurai-je que je vais en hériter ? » (Genèse 15, 8) et ce que le Créateur répondit. Il est écrit : « Il dit à Abraham : Sache bien que ta postérité sera étrangère dans un pays qui n'est pas le leur, on l'asservira et l'opprimera pendant quatre cents ans. »

Le sens littéral est difficile à comprendre, puisque la question était qu'il voulait des garanties sur l'héritage, et il n'y a aucune garantie apparente dans la réponse du Créateur ; sa postérité sera en exil. Et il semble qu'il se soit contenté de cette réponse.

Nous voyons que lorsqu'Abraham discutait avec le Créateur en ce qui concerne les gens de Sodome, il avait une longue discussion avec le Créateur et chaque fois il disait « peut-être ». Ici, cependant, lorsque le Créateur dit que sa semence sera en exil, il l'a immédiatement accepté comme une réponse adéquate. Il n'a pas discuté et dit « peut-être… », mais il l'a acceptée comme une garantie sur l'héritage de la terre.

Il faut comprendre cette réponse et comprendre également le sens du commentaire du *Zohar* sur le texte « Pharaon approchait », qui veut dire qu'il les a rapprochés de la repentance. Est-ce possible que le mauvais Pharaon voulût les rapprocher de la repentance ?

Pour comprendre tout cela, nous devons comprendre ce que nos sages ont dit (*Soucca* 52, 71) : « Rabbi Yéhouda dit : « À la fin des temps, le Créateur amène le mauvais penchant et l'abat devant les justes et devant les méchants. Pour les justes, cela semble une haute montagne, et pour les méchants, un fil de cheveu. Ceux-ci pleurent et ceux-là pleurent. Les justes pleurent en disant : 'Comment avons-nous pu conquérir une montagne si élevée ?' Et les méchants pleurent en disant : 'Comment n'avons-nous pu vaincre ce fil de cheveu ?' » »

Ce verset est totalement déroutant :

Si le mauvais penchant a déjà été abattu, comment y a-t-il encore des méchants ?

Pourquoi les justes pleurent-ils ? Bien au contraire, ils auraient dû être heureux !

Comment peut-il y avoir deux opinions dans la réalité, quand toutes deux sont arrivées à l'état de vérité ? Ce verset parle de la fin des temps, qui est certainement un état de vérité, alors comment peut-il y avoir une telle différence dans la réalité, entre le fil d'un cheveu et une haute montagne ?

Il a expliqué avec les mots de nos sages : « Rabbi Assi dit : "Au début, le mauvais penchant ressemble à un fil de toile d'araignée, et à la fin, il ressemble aux traits d'un attelage", comme il est dit, "Malheur à ceux qui traînent le délit avec des cordes de vanité et qui tirent le péché comme les traits d'un attelage." (Isaïe 5) »

Il y a une grande règle que nous devons connaître. Notre travail, qui nous a été donné pour qu'il soit basé sur la foi au-dessus de la raison, ne veut pas dire que nous sommes indignes d'un degré élevé ; partant, il nous a été donné afin de prendre tout ça dans le *Kli* (récipient) de la foi. Cela nous apparaît comme bas et inutile, et l'homme attend avec impatience le moment où il pourra se débarrasser de ce fardeau appelé « la foi au-dessus de la raison ».

Cependant, c'est un degré très élevé et très important, dont la splendeur est incommensurable. La raison pour laquelle nous le percevons comme une ignominie, c'est du fait du désir de recevoir qui est en nous. Il faut faire une distinction entre *Rosh* (tête) et *Gouf* (corps) dans le désir de recevoir. *Rosh* est appelé connaissance et *Gouf* est appelé réception. Pour cette raison, tout ce qui est contre la connaissance, nous le considérons comme ignoble et bestial.

Ainsi il faut comprendre ce que le patriarche Abraham a demandé : « Comment saurai-je que je vais en hériter ? Comment serait-il possible pour eux d'accepter le fardeau de la foi, car c'est contre la raison, et qui peut aller contre la raison ? Si c'est comme ça, comment sera-t-il possible qu'ils se voient accorder la lumière de la foi, puisque la perfection dépend seulement de cela ? »

Le Créateur lui répondit : « Sache […] qu'ils seront en exil ». Cela signifie qu'Il avait préparé une *Klipa* (écorce), qui est le mauvais penchant d'une personne perfide, c'est-à-dire Pharaon, le roi d'Égypte. Les lettres du mot **Pharaon** sont comme les lettres du mot *Oref* (nuque). C'est comme le Ari écrit dans *Sha'ar HaKavanot* pour *Pessah*, que Pharaon est considéré comme l'*Oref* de l'Égypte. Il suçait l'abondance qui descend aux inférieurs avec sa question : « Qui est le Seigneur que je doive Lui obéir » ? (Exode 5, 2) Avec cette question, ils sont aussitôt sous l'autorité des *Klipot* (écorces), comme dit Maïmonide (dans *Hilkhot Deot*) à propos de « ne vous adressez pas aux idoles », que rien qu'avec cette adresse, c'est-à-dire rien qu'avec cette question, on transgresse l'interdiction de « ne vous adressez pas ».

La *Sitra Akhra* (l'autre côté) veut sucer l'abondance de la *Kedousha* (sainteté). Que fait-elle pour sucer l'abondance de la *Kedousha* ? Le verset nous dit : « et Pharaon approchait ». Le *Zohar* interprète qu'il les a rapprochés de la repentance. Il demande : « Comment peut-on dire que Pharaon les a rapprochés de la repentance, si la conduite des *Klipot* est d'éloigner l'homme du Créateur ? »

Il faut comprendre cela par ce qui est écrit dans le *Zohar* : « La transgression est cachée en vous, comme le serpent qui frappe et rentre la tête dans son corps ». Idem dans le *Soulam* : « Comme [...] puisque la transgression est cachée, la force du serpent qui frappe les peuples du monde et entraîne la mort dans le monde est encore en pleine puissance et ne peut être révoquée. C'est comme un serpent qui mord un être humain et rentre immédiatement la tête dans son corps, car alors il est impossible de le tuer ». (Introduction au *Zohar* et le Commentaire du *Soulam*)

Il est aussi écrit dans le *Zohar* que le serpent baisse la tête et frappe avec sa queue. C'est-à-dire que parfois il permet à l'homme d'accepter le fardeau de la foi au-dessus de la raison, qui est l'inclinaison de la tête, mais il frappe avec la queue. La queue, c'est comme la fin. C'est-à-dire qu'il a baissé la tête au début pour pouvoir en fin de compte recevoir afin de recevoir. En d'autres termes, il lui a d'abord été donné la permission d'accepter la foi, afin que, par la suite, il prenne tout sous son autorité. Car la *Klipa* sait qu'il n'y a aucun moyen de recevoir l'abondance, si ce n'est par la *Kedousha*.

C'est l'interprétation de « Pharaon rapprochait », il a rapproché Israël de la repentance. Il l'a fait intentionnellement de manière à prendre tout sous son autorité par la suite. C'est pourquoi le Ari a écrit que Pharaon suçait toute l'abondance qui descendait aux inférieurs. Il suçait du discernement de *Oref* (la nuque) et du côté de la gorge, qui est considéré comme le commencement du corps, et il prenait tout dans ses *Kélim* (récipients) de réception.

Tel est le sens de « Ils bâtirent des villes *Miskenot* », ce qui veut dire que c'était pour **Israël**. En d'autres termes, Pharaon prenait en sa possession tout leur travail pendant leur exil, et donc les enfants d'Israël restaient pauvres. Nous devons également interpréter *Miskenot* du mot **Sakana** (danger), ce qui signifie qu'ils ont été en grand danger de rester dans cet état pour le reste de leur vie. Cependant, pour Pharaon, le travail d'Israël était Pithom et Ramsès, c'est-à-dire de très belles villes.

Ainsi, « Ils bâtirent des villes *Miskenot* » – c'est pour Israël et Pithom et Ramsès, c'est pour Pharaon. C'est parce que tout le travail d'Israël était tombé dans les *Klipot* et qu'ils ne voyaient aucun bienfait à leur travail. Quand le travail de la foi et du don sans réserve prévalait, ils voyaient la fécondité ; et au moment où ils tombaient dans la connaissance et la réception, ils tombaient immédiatement dans la *Klipa* de Pharaon. Ils en arrivèrent alors à une ferme résolution, à savoir que le travail devait être fait dans la foi au-dessus de la raison et le don sans réserve.

Toutefois, ils ont vu qu'ils étaient incapables d'échapper au pouvoir de Pharaon par eux-mêmes. C'est pourquoi il est écrit « Les enfants d'Israël gémirent sous la servitude », car ils avaient peur de rester en exil pour toujours. Alors leur appel parvint jusqu'à Dieu et ils furent récompensés de sortir de leur exil en

Égypte.

Il s'avère qu'avant d'avoir vu l'état où ils se trouvent – sous l'autorité des *Klipot* – et d'avoir mal et peur d'y rester à jamais, qu'il n'est pas alors nécessaire que le Créateur les aide par les récipients de réception, s'ils ne sentent pas le dommage et le préjudice qu'il y a en cela, c'est pourtant tout ce qui les empêche d'adhérer au Créateur. Car autrement l'homme a une plus haute estime pour le travail sous la forme de la connaissance et de la réception, tandis que la foi est considérée comme bassesse. Il choisit plutôt le savoir et la réception, puisque c'est ce que l'esprit extérieur de l'homme nécessite.

C'est pourquoi ils ont eu l'exil, afin de sentir qu'ils n'ont aucun progrès dans leur rapprochement vis-à-vis du Créateur, et tout leur travail s'enfonce dans la *Klipa* d'Égypte. Alors ils virent qu'ils n'avaient pas d'autre choix que de se résoudre à un travail de bassesse, qui est la foi au-dessus de la raison, et d'aspirer au don sans réserve. Sans quoi ils sentent qu'ils sont sous la domination de la *Sitra Akhra*.

Il s'avère que la foi qu'ils ont acceptée, c'est parce qu'ils ont vu qu'autrement ils n'avaient aucun recours ; c'est pourquoi ils ont accepté un travail de bassesse. Ceci est considéré comme « travail qui dépend d'une condition », puisqu'ils ont accepté ce travail afin de ne pas tomber dans le filet des *Klipot*. C'est pourquoi ils ont pris ce travail sur eux-mêmes. Toutefois, si la condition est révoquée, l'amour pour ce travail est révoqué aussi. En d'autres termes, si le mauvais penchant est annulé et qu'il n'y a personne pour leur apporter des pensées de ne pas se tourner vers les idoles, l'amour pour le travail de bassesse est révoqué.

Maintenant, nous pouvons comprendre ce que nos sages ont dit : « Au début, le mauvais penchant ressemble à un fil de toile d'araignée, et à la fin, il ressemble aux traits d'un attelage. »

Nous savons qu'il y a les discernements de « contrainte », « involontaire » et « intentionnel ». Le désir de recevoir qui est imprimé dans l'homme est considéré comme « contrainte », car on ne peut le révoquer et il n'est donc pas considéré comme un péché, mais un délit, comme il est écrit : « Malheur à ceux qui traînent le délit avec des cordes de vanité. Donc, il est impossible de le rejeter ou de le détester, car il ne sent pas que c'est un péché. »

Cependant, il devient après « comme les traits d'un attelage », un péché, et de ce désir de recevoir les *Klipot* sont créés, qui ont une *Merkava* (structure) complète, comme il est écrit : « Dieu a fait l'un en face de l'autre ». C'est de là que le mauvais penchant s'étend, c'est-à-dire que tout provient de ce fil de cheveu.

Puisqu'il s'est révélé être un péché, alors tout le monde sait se prémunir de ce fil de cheveu et ils comprennent qu'il n'y a pas d'autre conseil s'ils veulent entrer dans la *Kedousha*, si ce n'est que de se résoudre à travailler dans la bassesse, c'est-à-dire dans la foi et le don sans réserve. Sinon, ils voient qu'ils sont sous l'autorité de la *Klipa* de Pharaon, le roi d'Égypte.

Il s'ensuit que l'utilité de l'exil est de sentir que le désir de recevoir est un péché. C'est la raison pour conclure qu'il n'y a d'autre conseil que d'essayer et d'acquérir les récipients de don. C'est aussi le sens de la réponse du Créateur au patriarche Abraham, à sa demande de garanties pour l'héritage de la terre : « Sache bien que ta postérité sera étrangère […] on les opprimera […] » Grâce à l'exil, ils arriveront à découvrir que le fil d'un cheveu est un péché et accepteront vraiment le travail pour se détacher du péché.

C'est ce que Rabbi Yéhouda a dit, qu'à l'avenir « la mort sera engloutie à jamais », ce qui signifie que le Créateur va éliminer le mauvais penchant et tout ce qui restera de lui ne sera que le fil d'un cheveu, qui n'est pas du tout ressenti comme un péché (car le fil d'un cheveu est quelque chose qui ne peut être vu avec les yeux.)

De toute façon, il reste encore des justes et des méchants et ils veulent tous s'attacher au Créateur. Les méchants n'ont pas corrigé leur fil de cheveu du temps où le mauvais penchant existait encore, quand ils pouvaient sentir que c'était un péché. Cependant, maintenant, quand tout ce qui reste du mauvais penchant n'est qu'un fil de cheveu, ils n'ont aucune raison de transformer leurs instruments de réception en instruments de don, car le fil d'un cheveu n'est pas ressenti. Toutefois, ils ne peuvent pas encore s'attacher au Créateur, car il existe une disparité de forme et « lui et Moi ne pouvons résider dans la même demeure. »

Leur correction est d'être la poussière sous les pieds des justes. Cela signifie que puisque le mauvais penchant a été annulé, les justes n'ont aucune raison de devoir aller avec la foi au-dessus de la raison. Donc, s'ils n'ont aucune raison, qui les obligera ?

Ils voient que les méchants sont restés avec le fil de cheveu et n'ont pas corrigé le fil alors qu'il était le mauvais penchant, quand c'était le temps de le corriger, puisqu'alors le désir de recevoir était manifestement un péché, tandis que maintenant, il n'est pas reconnu comme un péché, mais comme un fil de cheveu.

Par conséquent, s'il n'y a pas de raison, il n'y a pas lieu de corriger maintenant. Mais en même temps, il n'y a pas de place pour l'adhésion, car la disparité de forme reste et toute leur correction provient du fait que les justes marchent sur eux, quand ils voient que maintenant il n'y a plus la peur du filet des *Klipot*, car le mauvais penchant a été éliminé.

Ainsi, pourquoi doivent-ils maintenant travailler avec la foi au-dessus de la raison ? À présent, ils voient que les méchants ne peuvent atteindre l'adhésion parce qu'ils n'ont plus de raison, c'est-à-dire un mauvais penchant qui leur soit reconnu comme péché, mais toujours est-il qu'ils restent dehors, car il y a toujours la disparité de forme.

Ainsi, quand les justes voient cela, ils comprennent combien il était bien qu'ils aient eu une raison de travailler afin de donner sans réserve. Ils avaient pensé qu'ils étaient engagés dans le don sans réserve seulement à cause du mauvais penchant. Mais ils voient que le péché qu'ils avaient vu alors était pour leur propre bien. Qu'en vérité le travail c'est l'essentiel, et ce n'est pas par crainte de tomber entre les mains des *Klipot* qu'ils font ce travail. Ils en voient la preuve chez les méchants qui n'ont pas corrigé le fil de cheveu et qui maintenant n'ont pas de raison. Ils sont restés dehors et ne peuvent maintenant arriver à l'adhésion avec le Créateur.

Il s'ensuit que les justes reçoivent la force d'aller de succès en succès au travers des méchants. C'est ainsi que les méchants sont devenus de la poussière sous les pieds des justes et les justes marchent sur les discernements qui sont restés méchants.

Ainsi, en rétrospective, il s'avère que ce travail est particulièrement important. Non par nécessité, comme il leur semblait avant, quand ils avaient le mauvais penchant. Aujourd'hui, ils voient que, même sans le mauvais penchant, il est utile de travailler dans le discernement du don et de la foi.

En ce qui concerne « ceux-ci pleurent et ceux-là pleurent », on sait que pleurer est *Katnout* (petitesse, l'enfance), qui est *VAK*. Il y a une différence entre *GAR* et *VAK*. Car *Mokhin de VAK* éclairent le passé, c'est-à-dire qu'ils prennent la vitalité et la lumière de ce qui s'est passé. *Mokhin de GAR*, cependant, éclairent le présent par l'union du *Zivoug* (accouplement).

Tel est le sens des justes qui pleurent en disant : « Comment avons-nous pu conquérir une montagne si haute ? » Aujourd'hui, ils voient ce qui était avant l'élimination du mauvais penchant, dont la domination était très grande, comme il est écrit : « Dieu a fait l'un en face de l'autre ». Ils ont reçu beaucoup de miséricorde du côté du Créateur, qui leur a donné le pouvoir de gagner la guerre contre le désir, et ils se réjouissent maintenant du miracle qu'ils ont eu alors, c'est-à-dire dans le passé. C'est ce qu'il appelle *Mokhin de Katnout*.

Les méchants pleurent parce que maintenant il n'y a pas moyen pour eux de s'attacher au

Créateur, même s'ils voient que c'est seulement un fil de cheveu. Mais puisqu'il n'y a plus de mauvais penchant, ils n'ont aucune raison de pouvoir transformer leurs récipients de réception en instruments de don. Ils voient seulement qu'ils sont dehors, c'est pourquoi ils pleurent.

Cependant, leur correction est de devenir la poussière sous les pieds des justes. C'est ainsi que les justes voient que bien qu'il n'y ait plus de mauvais penchant, les méchants ne peuvent toujours pas atteindre l'adhésion. Alors ils disent de ce qu'ils avaient pensé qu'ils étaient engagés dans le don sans réserve seulement à cause du mauvais penchant ; maintenant, ils voient que c'est le réel récipient. Cela signifie que même s'il n'y avait pas eu le mauvais penchant, toujours est-il que cette voie est vraie, car la voie de la foi est une voie merveilleuse.

Maintenant, nous comprenons pourquoi les méchants restent après l'élimination du mauvais penchant. C'est afin qu'ils deviennent la poussière sous les pieds des justes. Si les méchants n'étaient pas restés, il n'y aurait personne pour découvrir ce grand procédé, que la voie de la foi n'est pas à cause de l'amour conditionnel. C'est-à-dire que ce n'est pas à cause du mauvais penchant qu'il faut suivre la voie de la foi, mais c'est un amour inconditionnel, puisque maintenant il n'y a plus de mauvais penchant de toute façon, et seulement par la foi on peut arriver à l'adhésion au Créateur.

J'ai entendu à une autre occasion : « La raison pour laquelle nous avons particulièrement besoin de la foi, c'est à cause de la fierté qui est en nous, car il nous est alors difficile d'accepter la foi. »

Bien que la foi soit un haut discernement et un merveilleux degré, l'inférieur ne peut atteindre et comprendre sa préciosité et sa sublimité ; c'est seulement à cause de notre fierté, c'est-à-dire le désir de recevoir, que nous l'imaginons comme vile et bestiale. C'est pourquoi une personne perfide nous a été donnée.

J'ai entendu à une autre occasion que lorsque nous ne voulons pas accepter la foi, nous tombons de notre état. Nous montons et descendons à chaque fois, jusqu'à ce que nous décidions qu'il n'y a pas d'autre conseil que d'établir la foi. Ceci afin de recevoir la foi, et c'est le sens de « Ils bâtirent des villes *Miskenot* (pour Israël) pour Pharaon. »

87 - Shabbat *Shekalim*
J'ai entendu, le 26 *Adar* 7 mars 1948

Le Shabbat *Shekalim*[53], quand il a commencé le *Kidoush*... il dit : « Il y avait une coutume chez les Admorim (rabbins, les chefs de congrégations hassidiques) en Pologne, selon laquelle tous les hommes riches venaient à leurs rabbins le Shabbat *Shekalim* pour recevoir des *Shekalim* (pièces d'argent) de leurs rabbins. »

Et il a dit que cela indiquait qu'il ne pouvait y avoir l'extermination d'Amalek sans *Shekalim*. Il en est ainsi parce que, avant de recevoir les *Shekalim*, il n'existe pas encore de *Klipa* (écorce) d'Amalek. Mais lorsque l'on prend des *Shekalim*, la grande *Klipa* appelée « Amalek » arrive et le travail pour exterminer Amalek commence, car avant cela, il n'y a rien à exterminer.

Il a ajouté une explication, concernant ce que le Diseur de *Kuznitz* dit au sujet de ce qui est dit dans la prière de clôture : « Tu as séparé l'homme du *Rosh* (tête ou début) et Tu l'as reconnu pour se tenir debout devant Toi. » Le diseur a demandé à ce sujet : « Comment est-il possible de se tenir debout sans *Rosh*, car

---
[53] le nom de la portion hebdomadaire de la *Torah*.

cela signifie qu'Il a séparé la tête de l'homme et comment une telle chose est-elle possible ? » L'explication est la suivante : « Quand tu porteras le *Rosh*[54] des enfants d'Israël », par lequel nous étendons le discernement de *Rosh*, à condition qu'il donne le demi-*Shekel* (sicle), alors par cela le discernement de *Rosh* nous est attribué.

Et plus tard, il a demandé... « Pourquoi prépare-t-il au *Kidoush* plus à boire qu'à manger ? Ce n'est pas le bon ordre, puisque l'ordre est qu'il devrait y avoir plus à manger qu'à boire, car boire ne vient que pour compléter le manger, comme "tu mangeras, tu seras rassasié, et tu béniras." Ce n'est toutefois pas ainsi quand il y a plus à boire qu'à manger. » Et il a expliqué que manger indique *Hassadim* (grâce) et boire indique *Hokhma* (la sagesse).

Et il dit encore que le Shabbat avant le mois d'*Adar* contient l'ensemble du mois d'*Adar*. Ainsi, quand *Adar* entre, il y a beaucoup de joie. « Et il dit qu'il y a une différence entre le Shabbat et les jours de fête. Shabbat est le discernement de l'amour et les jours de fête sont le discernement de la joie. » La différence entre

---

[54] « Porter *Rosh* » signifie recenser.

la joie et l'amour est que l'amour est l'essence et la joie n'est qu'un résultat qui provient d'une cause. La cause est l'essence et le résultat n'est que la conséquence de l'essence. C'est pourquoi le Shabbat est appelé « amour et bonne volonté » et les jours de fête sont appelés « l'allégresse et la joie ».

Il a également expliqué au sujet de ce que Rabbi Yohanan Ben Zakai a répondu à sa femme : « Que moi, je suis comme un ministre devant le roi, et lui, Rabbi Hanina Ben Dosa, est comme un esclave devant le roi ; c'est pourquoi il peut prier. »

Il semble que ça aurait dû être le contraire – que le ministre ait plus de force pour faire prévaloir son opinion sur le roi et non l'esclave.

Cependant, un « ministre » est celui à qui il a déjà été attribué la Providence privée. Dans cet état, il ne voit pas de place pour la prière, car tout est bien. En revanche, un esclave est celui qui est au degré de récompense et punition, donc il a de la place pour prier, car il voit qu'il a encore des choses à corriger.

Il a ajouté une explication d'un article (*Baba Metzia* 85a). Il y est écrit qu'un veau était conduit à l'abattoir, il alla mettre sa tête dans le pan du vêtement de Rabbi et pleura. Il lui dit : « Vas, car c'est pour ça que tu as été créé. » Ils ont dit, puisqu'il n'a pas eu de pitié, il subira des souffrances. « C'est pour ça que tu as été créé » signifie la Providence privée, qu'il n'y a rien à ajouter ou à soustraire, car là même les souffrances sont considérées comme des qualités. C'est pourquoi il a étendu sur lui des souffrances.

La *Guémara* rapporte qu'il fut débarrassé des souffrances par un acte, qu'il a dit : « Sa compassion est sur toutes Ses œuvres. » Un jour, la servante de Rabbi balayait la maison, elle jetait les petits d'un rat qui était là bas. Il lui dit : « Laisse-les ! » Il est écrit « Sa compassion est sur toutes Ses œuvres. » Puisqu'il avait compris que la prière, elle aussi, reste dans l'éternité, il avait maintenant de la place pour la prière. C'est pourquoi les souffrances lui furent retirées.

À la sortie du Shabbat, il a interprété ce que le Saint *Zohar* dit à propos du verset : « Car le Seigneur s'est choisi Jacob. » « Qui a choisi qui ? » Et le Saint *Zohar* répond : « Le Seigneur a choisi Jacob. » (*Béréshit*, 161b) Et il a dit que la question du Saint *Zohar* est que si le Créateur a choisi Jacob, il s'ensuit que Jacob n'a rien fait, mais tout était sous la Providence privée. Et si Jacob a choisi, cela signifie que Jacob est celui qui agit, donc il s'agit de récompense et de punition.

Et il a répondu qu'au début, l'homme doit commencer par la voie de récompense et punition. Quand il termine cette phase de récompense et punition, il est gratifié par le fait de voir que tout est sous la Providence privée, que « Lui seul fait et fera tous les actes. » Cependant, avant qu'il termine son travail en récompense et punition, il est impossible de comprendre la Providence privée.

La veille de dimanche, après la leçon, il a expliqué la question de la ruse de Jacob, qu'il est écrit sur Jacob : « Ton frère est venu avec ruse ». Il n'est sûrement pas question de mensonge ici, sinon l'Ecriture n'aurait pas dit que Jacob, « l'élu des patriarches », était un menteur.

Plutôt, la ruse signifie que lorsque l'on accomplit un acte de *Hokhma* (sagesse) sans avoir l'intention de *Hokhma*, mais pour extraire un bénéfice dont on a besoin, on voit qu'il est impossible de l'obtenir directement. C'est pourquoi on accomplit un acte de *Hokhma* : pour obtenir la chose nécessaire. C'est ce qui s'appelle *Hokhma*.

Tel est le sens du verset « soit rusé en *Daat* » (savoir, connaissance), qui signifie *Hokhma* par *Daat*. Cela signifie que la *Hokhma* qu'il veut obtenir n'est pas pour *Hokhma*, mais pour autre chose qui l'oblige à étendre *Hokhma*. En d'autres termes, il doit étendre pour compléter les *Hassadim*.

Il en est ainsi parce qu'avant que les *Hassadim* obtiennent *Hokhma*, ils sont distingués comme *Katnout* (petitesse). Cependant, après, quand il étend *Hokhma* mais préfère encore *Hassadim* à *Hokhma*, il est évident que les *Hassadim* sont plus importants que *Hokhma*. C'est ce qui s'appelle *GAR de Bina*, ce qui signifie qu'il utilise *Hassadim* par choix.

Tel est le sens de *Hokhma* par *Daat*, que *Hokhma* apparaît sous la forme de *VAK* dans *YESHSOUT*. Et dans *AVI*, *Hokhma* apparaît en améliorant *Hassadim* et en restant dans *Hassadim*. Cependant, bien que *Bina* soit considérée comme correction *Hafetz Hessed* (désireux de grâce), son choix de *Hassadim* n'est pas évident en raison du *Tsimtsoum Bet* (la deuxième restriction), où il n'y a pas *Hokhma*. Toutefois, en

Gadlout (grandeur), quand vient *Hokhma*, les *Hassadim* qu'elle utilise le sont par choix.

88 - Tout le travail a lieu uniquement où il y a deux chemins
J'ai entendu, à la sortie de Shabbat *Beshalakh*, 1948

Tout le travail a lieu uniquement où il y a deux chemins, comme il est écrit « vivre par eux et non mourir par eux », et le principe de « plutôt mourir que transgresser » ne s'applique qu'à trois *Mitsvot* seulement : l'idolâtrie, le meurtre et l'inceste. Et pourtant, nous trouvons que les premiers *Hassidim* donnaient leur vie pour des *Mitsvot* positives.

Il faut savoir que tout le travail et l'effort n'ont lieu que lorsque l'homme doit observer la *Torah*, alors l'homme ressent le lourd fardeau, que le corps n'accepte pas les conditions de la Torah. Mais lorsque l'homme est récompensé de la protection de la *Torah*, alors il ne ressent aucune lourdeur dans le service de Dieu, du fait que la *Torah* protège l'homme, comme il est écrit : « L'âme de l'homme lui enseignera. »

89 - Pour comprendre les paroles du Saint *Zohar*

J'ai entendu, le 5 *Adar*, 15 février 1948

Pour comprendre les paroles du Saint *Zohar*, il faut tout d'abord comprendre ce que le *Zohar* veut dire. Et comprendre ce que le *Zohar* veut dire dépend de la mesure du dévouement à la *Torah* et aux *Mitsvot*. C'est pourquoi on s'engage dans la *Torah* et les *Mitsvot*, pour que la *Torah* et les *Mitsvot* apportent la propreté, c'est-à-dire que l'on soit propre de l'amour qu'on a pour soi. Dans cette mesure, on peut comprendre la vérité dont parle le Saint *Zohar*. Sinon, il y a les *Klipot* (des écorces) qui cachent et bloquent la vérité qui se trouve dans le Saint *Zohar*.

90 - Dans le *Zohar Béréshit*

J'ai entendu, le 17 *Adar Bet*, 28 mars 1948

Dans le *Zohar*, *Béréshit* (Genèse), p. 165, dans les secrets de la *Torah*, on apprend : « Les protecteurs des ministres sont élevés d'En-Haut. Et la flamme de l'épée tourbillonnante est assignée sur toutes les armées et les camps. Et dans ce discernement, plusieurs autres discernements sont interprétés à plusieurs autres degrés ».

Il explique que lorsque la ligne gauche s'étend, elle doit être adoucie avec la ligne droite. Elle se propage à trois endroits :
1. *Dans AVI (père et mère), qui est la racine ;*
2. *Dans Malkhout ;*
3. *Dans les anges de Dieu.*

Dans *AVI*, ils sont appelés « les protecteurs des ministres » ; dans *Malkhout*, ils sont appelés « la flamme de l'épée tourbillonnante » ; et dans les anges, ils sont appelés « dans ce discernement, plusieurs autres discernements sont interprétés à plusieurs autres degrés ».

91 - Au sujet de « remplaçable »
J'ai entendu, le 9 *Nissan*, 18 avril 1948

Dans le Saint *Zohar*, il explique la raison pour laquelle Ruben est né de Léa, alors qu'il pensait pendant l'acte à Rachel. La règle est que s'il pense à une autre, l'enfant est alors appelé « remplaçable ». Et le Saint *Zohar* explique que comme il pensait à Rachel, il pensait que c'était vraiment Rachel, et « remplaçable » signifie que sa pensée était pour Rachel, et dans l'acte, il savait que c'était Léa. Mais puisque sa pensée était pour Rachel et pour l'acte, il pensait que c'était vraiment Rachel.

Il explique ainsi : « Nous savons que dans la spiritualité, il y a un sceau et une empreinte, et que chaque degré est scellé par son degré supérieur. »

La conduite des sceaux et des empreintes est toujours en contradiction : « l'empreinte est toujours le contraire du sceau ». Il s'ensuit que ce qui est considéré *Klipa* (écorce) dans *Briya* est *Kedousha* (sainteté) dans *Yetzira*, et ce qui est *Klipa* dans *Yetzira* est *Kedousha* dans *Assiya*.

Par conséquent, si le juste est uni dans un certain degré, il est certainement uni à la *Kedousha* du degré. Et si pendant l'acte il pense à un autre degré, ce qui est considéré *Kedousha* dans ce degré est considéré comme *Klipa* dans l'autre degré. C'est pourquoi il est appelé « remplaçable » : ce qui naît de cette union est remplaçable parce que les degrés sont opposés les uns aux autres.

Jacob, cependant, avait pensé à Rachel, c'est-à-dire à la *Kedousha* qui se trouve dans le discernement de Rachel. Et dans l'acte aussi, il pensait que c'était vraiment Rachel. Ainsi, tant la pensée relevait de la *Kedousha* dans Rachel que l'acte était destiné à être du degré de Rachel. Par conséquent, il n'y a pas ici de discernement de Léa qui puisse être considéré comme remplaçable.

92 - Explication du discernement de « la chance »
J'ai entendu, le 7 *Sivan*, 14 juin 1948

La « chance » est quelque chose qui est au-delà de l'entendement. Ainsi, même si logiquement on pourrait s'attendre à ce que les choses se passent d'une certaine façon, c'est la chance qui nous fait réussir dans nos actions. L'entendement se réfère à la cause et l'effet, c'est-à-dire que c'est la cause qui produit le résultat tel qu'il est. Mais au-delà de l'entendement, lorsque la cause initiale n'est pas la cause et l'effet, c'est ce qui s'appelle « au-delà de l'entendement ». Nous disons que c'est le hasard qui est à l'origine du résultat.

Nous savons que tous les dons sans réserve viennent de la Lumière de *Hokhma* (la Sagesse). Et quand *Hokhma* brille, elle est appelée « ligne gauche » et « obscurité ». L'abondance est bloquée et c'est ce qui s'appelle « glace ». C'est ce qui s'appelle « mérite », car on est récompensé. Cela signifie que la raison qui provoque la lumière de *Hokhma* est appelée « mérite », ce qui constitue la cause et l'effet.

Mais « les enfants, la vie et la nourriture ne dépendent pas du mérite, mais de la chance », c'est-à-dire que *Hokhma* est diminuée justement par la ligne médiane, et qu'elle brille justement par la diminution, appelée *Massakh de Hirik*. Il s'ensuit que *Hokhma* ne brille pas de cause à effet, c'est-à-dire à travers la ligne gauche, mais précisément par la diminution. C'est ce qui s'appelle « au-delà de l'entendement », et c'est « la chance ».

93 - À propos des nageoires et des écailles
J'ai entendu, en 1945

Pour comprendre ce que nos sages ont dit : « Celui qui a des écailles est vu comme ayant des nageoires, et celui qui a des nageoires n'est pas vu comme ayant des écailles. »

Dans ce travail, nous devons interpréter les

Kaskesset (écailles) comme des *Koushiot* (questions) qu'il a dans le travail du Seigneur. Les *Koushiot* sont des récipients pour recevoir des réponses, parce que les réponses ne sont pas pourvues dans l'esprit extérieur, mais précisément dans l'esprit intérieur, qui est le sens de la lumière supérieure revêtue dans une personne. Et alors, toutes ses questions sont réglées.

Ainsi, selon la quantité des questions, dans cette même mesure la lumière supérieure se revêt en l'homme. C'est pourquoi les écailles sont parmi les signes de pureté, car à travers elles, l'homme peut arriver à se purifier, quand il veut ne pas se poser des questions. Pour cela, il fait tout ce qu'il peut pour se purifier, afin d'être récompensé de la lumière supérieure.

La nageoire est elle aussi un des signes de pureté. *Snapir* (nageoire) fait allusion à *Soné-Peh-Ohr Elyon* (hait-bouche-Lumière Supérieure). Et si on a des questions, c'est certainement parce qu'il a la haine envers la Lumière Supérieure. Mais celui qui a des nageoires n'est pas obligé d'avoir des questions. Il est possible qu'il haïsse la Lumière Supérieure non parce qu'il a des questions, mais tout simplement parce qu'il est avide et dit : « De toute façon, je n'irai pas ».

Ce sont les signes de pureté, c'est-à-dire quand il a un poisson. Un poisson signifie la chair revêtue de nageoire et d'écailles. Cela signifie que la Lumière Supérieure brille dans ces deux signes.

Mais celui qui travaille sans aucune question dans le travail, ce n'est pas un signe de pureté, quand il n'a pas de questions. Il en est ainsi parce qu'il n'a pas de place pour que la Lumière Supérieure soit en lui, parce qu'il n'a aucune raison qui l'oblige à attirer la Lumière Supérieure, parce qu'il se dit que même sans la Lumière Supérieure, il est très bien.

C'est pourquoi, quand Pharaon, le roi d'Égypte voulait que le peuple d'Israël reste dans son domaine, il émit un décret de ne pas donner de *Kash* (de la paille), comme il est écrit : « Alors, le peuple se dispersa pour ramasser de la paille ». Ainsi, il n'aurait jamais besoin que le Seigneur les sorte du domaine de l'impureté pour celui de la *Kedousha* (sainteté).

94- Et vous préserverez vos âmes
J'ai entendu, en 1945

Dans le verset « Et préservez vos âmes », prendre garde se réfère principalement à l'âme spirituelle. Ce n'est pas le cas pour l'âme matérielle, dont on se soucie même sans commandements de la *Torah*. C'est parce que la règle est qu'une *Mitsva* est essentiellement évidente, ce qui signifie qu'il est évident qu'il fait ce qu'il fait en raison de la *Mitsva*, et que n'eût été la *Mitsva*, il ne l'aurait pas fait. Donc, la raison pour laquelle il le fait, c'est parce que c'est une *Mitsva*.

Ainsi, à propos d'une *Mitsva* que l'on effectue, s'il voulait la faire même si ce n'était pas une *Mitsva*, il faut chercher attentivement afin de trouver un endroit où il peut dire qu'il fait cela seulement parce que c'est une *Mitsva*. Alors la lumière de la *Mitsva* peut briller sur l'acte de la *Mitsva* qu'il effectue. C'est ce qui s'appelle « faire un *Kli* (récipient) avec la *Mitsva* », dans lequel la Lumière Supérieure peut se revêtir. C'est pourquoi prendre garde se réfère principalement à l'âme spirituelle.

95 - De l'enlèvement du prépuce
J'ai entendu, pendant un repas célébrant
une circoncision en 1943, à Jérusalem

Malkhout en elle-même est appelée « *Hokhma* inférieure », et puisqu'elle est liée à *Yessod*, elle est appelée « foi ». Il y a un prépuce sur *Yessod* dont la tâche consiste à séparer *Malkhout de Yessod* et à ne pas la laisser se connecter à *Yessod*. Le pouvoir du prépuce est d'imaginer la foi comme de la poussière. C'est le sens de la *Shekhina* (divinité) dans la poussière.

Lorsqu'on supprime cette force imaginative, quand à la place on dit que la force imaginative est de la poussière, c'est ce qu'on appelle une « circoncision », quand le prépuce est coupé et est jeté dans la poussière.

Alors la sainte *Shekhina* sort de la poussière et le mérite de la foi devient apparent. C'est ce qu'on appelle une « rédemption », c'est-à-dire qu'on est récompensés d'élever la *Shekhina* de la poussière. Par conséquent, il faut concentrer tout le travail à enlever la force imaginative et seule la foi est considérée comme complétude.

« Ils sont méticuleux avec eux-mêmes autant qu'avec une olive et un œuf ». Une olive est comme ce que la colombe a dit : « Je préfère ma nourriture amère comme une olive parvenant du Ciel. » Et « l'œuf » signifie qu'il est sans vie, même si un être vivant en sort, mais pour l'instant il ne montre aucun signe de vie. Et ils sont méticuleux avec eux-mêmes et préfèrent travailler même si la situation est comme une olive.

De plus, quand ils voient qu'il n'y a pas de vitalité dans le travail et que toute leur force pour le travail a pour but d'élever la *Shekhina* de la poussière, alors, par ce travail, ils sont récompensés de la rédemption. Et alors ils voient que ce repas, qui était auparavant comme une olive et un œuf, est devenu maintenant vie et douceur, et sublimement agréable.

Tel est le sens de « un converti est semblable à un nouveau-né ». Il doit alors maintenir aussi le discernement de l'alliance, alors il sera heureux.

Il s'avère que lorsque l'enfant est circoncis, même si l'enfant souffre, les invités et les parents n'en sont pas moins heureux, car ils croient que l'âme de l'enfant est heureuse. De même, dans le travail de l'alliance, il faut être heureux même si on se sent en état de souffrance. Quoi qu'il en soit, il faut croire que notre âme est heureuse.

Tout notre travail doit être dans la joie. La preuve de cela vient du premier commandement donné à l'homme. Cette *Mitsva* est effectuée par ses parents et les parents et les invités sont dans la joie. De même, toutes les *Mitsvot* que l'on effectue devraient s'accomplir uniquement dans la joie.

96 - Que sont les déchets de la grange et de la cave de vinification dans le travail ?

J'ai entendu à la veille de *Souccot*, à l'intérieur de la *Soucca*, en 1942

Goren (une grange) est *Dinim* (jugements) masculins, comme dans « cachée et non souillée », quand on sent qu'il est dans un état de *Goren*, c'est-à-dire *Guer* (converti) dans le travail.

Yekev (cave de vinification) est *Dinim* féminins, comme dans « cachée et souillée ». *Yekev* est considéré comme *Nékév* (cavité/trou).

Il y a deux sortes de *Souccot* :
  1. Celle des nuages de gloire ;
  2. Celle des déchets de la grange et de la

cave de vinification.

Un nuage est considéré comme la dissimulation, où l'on ressent la dissimulation sur la *Kedousha* (sainteté). Si on surmonte le nuage, signifiant la dissimulation qu'on ressent, on est alors récompensé des nuages de gloire. C'est ce qui s'appelle *MAN de Ima*, lequel s'applique durant six mille ans. Ceci est considéré comme un secret qui n'est pas encore devenu nature, ce qui s'appelle *Pshat* (littéral).

Les déchets de la grange et de la cave de vinification sont appelés « littéral et nature », ce qui est considéré comme *MAN de Malkhout*, établi spécialement par la foi, et qui s'appelle « l'éveil d'en bas ».

MAN de Ima est considéré comme « l'éveil d'En-Haut », qui n'est pas un discernement de la nature. Cela signifie que du côté de la nature, quand on n'est pas prêt à recevoir l'abondance, on ne reçoit aucun don. Par contre, du point de vue de « l'éveil d'En-Haut », qui est au-delà de la nature, la lumière est déversée sur les inférieurs, par voie de « Je suis le Seigneur, qui habite avec eux au milieu de leurs impuretés », comme il est écrit dans le saint *Zohar* : « Même s'il a péché, c'est comme s'il n'avait pas péché du tout. »

Cependant, avec l'éveil d'en bas, la lumière n'est pas dispensée. Mais justement, quand l'homme est qualifié par la nature, c'est-à-dire par lui-même, c'est appelé **MAN de Noukva** avec lequel se corriger par la foi. C'est ce qui s'appelle « par lui-même », considéré comme le septième millénaire, appelé « le septième (le monde est) détruit », c'est-à-dire qu'elle n'a rien en elle-même, considérée *Malkhout*. Lorsque cela est corrigé, l'homme est récompensé du dixième millénaire, qui est *GAR*.

Une telle âme se trouve dans l'une des dix générations. Cependant, il y a le discernement du septième millénaire, du point de vue des six mille ans, qui est appelé « particulier », car le général et le particulier sont toujours égaux. C'est le discernement *MAN de Ima*, appelé « nuages de gloire ».

Le but du travail est dans le littéral et le naturel, car dans ce travail, il n'a plus de place pour tomber plus bas, car il est déjà par terre. Il en est ainsi parce qu'il n'a pas besoin de grandeur, car pour lui, c'est toujours comme s'il s'agissait de quelque chose de nouveau.

Cela signifie qu'il fonctionne toujours comme s'il venait de commencer le travail. Et il travaille dans l'acceptation de la charge du Royaume des Cieux au-delà de la raison. La base sur laquelle il a construit l'ordre du travail était de la forme la plus basse, tout à fait au-delà de la raison. Seul un idiot peut-être aussi bas et procéder sans aucune base sur laquelle établir la foi, littéralement sans aucun soutien.

De plus, il accepte ce travail avec une grande joie, comme s'il avait eu la connaissance et la vision réelles sur lesquelles établir la certitude de la foi. Et dans la mesure où il fonctionne au-delà de la raison, selon cette même mesure, c'est comme s'il avait la connaissance. Par conséquent, s'il persiste dans cette voie, il ne pourra jamais tomber. Au contraire, il peut toujours être dans la joie, en croyant qu'il sert un grand roi.

Tel est le sens du verset : « Tu offriras l'un des agneaux le matin, et le second agneau, tu l'offriras au crépuscule, comme offrande et libation du matin. » Cela signifie que cette joie qu'il avait lorsqu'il offrait son sacrifice le matin – car le matin est appelé « lumière », signifiant que la lumière de la *Torah* brillait pour lui dans toute sa clarté –, avec cette même joie il faisait son sacrifice, c'est-à-dire son travail, même si pour lui c'était comme le soir.

Cela signifie que même s'il n'a eu aucune clarté dans la *Torah* et le travail, il a quand même tout fait avec joie, car il a travaillé au-delà de la raison. De ce fait, il ne sait pas mesurer l'état dont le Créateur retire le plus de satisfaction.

Tel est le sens de l'enseignement de Rabbi Shimon Ben Menasia, « un genre de matière ». Matière signifie sans raison ou connaissance. « Une oreille qui a entendu sur le mont Sinaï "tu ne voleras point" ». Cela signifie ne rien recevoir pour soi, mais accepter la charge du Royaume du Ciel sans *Gadlout* (grandeur), quoiqu'entièrement au-delà de la raison. Et il est allé dérober une illumination pour lui-même, et il se dit : « Maintenant, je peux être un serviteur du Seigneur parce que j'ai déjà la raison et la connaissance dans le travail, et je comprends que cela vaut la peine d'être au service du Créateur. Et maintenant, je n'ai plus besoin de la foi au-delà de la raison. »

Il nous dit à ce sujet : « La cour de justice le

vendra ». La « cour de justice » réfère à la raison et à la connaissance de l'homme, lesquelles jugent les actions de l'homme, à savoir si elles sont valables ou non. « On le vendra » signifie qu'il est devenu un étranger dans le travail de Dieu, quand la raison vient et lui pose la question connue : « Qu'est-ce que ce travail ? » Et cela ne vient que sous l'angle du vol, après avoir reçu un certain appui dans le discernement de la foi. Ainsi, il vient et veut retirer le soutien avec ces questions. Mais ce n'est que pour « six », ce qui signifie « on le vendra pour six ans », considéré comme *Dinim* masculins.

« Mais si l'esclave dit : "J'aime mon maître... Je ne veux pas partir en étant libre" », ce qui signifie qu'il ne veut pas partir sans *Mitsvot*, alors la correction est « son maître le mènera », signifiant le Maître du monde « à la porte ou sur la *Mézouza* », c'est-à-dire qu'il lui bloquera la réception du Royaume des Cieux. Et « son maître lui percera l'oreille », c'est-à-dire que son oreille est percée. Cela signifie qu'il lui fait un autre trou, pour qu'il puisse entendre une fois de plus ce qu'il a entendu sur le mont Sinaï : « Tu ne voleras point ». « Et il le servira pour toujours », parce qu'alors il devient vraiment un serviteur du Créateur.

Souccot est une résidence temporaire. Cela renvoie à celui qui a déjà obtenu une résidence permanente et qui n'a plus rien à faire. C'est comme l'histoire du premier à compter les iniquités, où le conseil est d'aller à une résidence temporaire, comme lorsqu'il était sur le chemin pour arriver à la maison de Dieu, avant d'arriver à la résidence permanente. Alors il avait constamment besoin d'accéder au Palais de Dieu et il avait des invités, quand son travail était sous la forme d'un « visiteur de passage ».

Et maintenant, il peut prolonger le travail passé, quand il louait et remerciait toujours le Créateur, et le Créateur le rapprochait de Lui à chaque fois, et de là, il avait de la joie. Et maintenant, à *Souccot*, il peut prolonger la joie qu'il avait alors, et c'est le sens de la résidence temporaire. C'est pourquoi il est dit : « Quittez la résidence permanente et demeurez dans la résidence temporaire. »

« Le plus important, ce n'est pas l'étude, mais l'acte ». Cela veut dire qu'un acte est comme une substance, comme Rabbi Shimon Ben Menasia l'enseignait, « un genre de matière ». Le plus important, c'est l'action, et l'esprit n'est qu'une sorte de miroir.

Toutefois, l'action est au niveau animal, tandis que l'esprit est au niveau parlant (humain). Le fait est que s'il y a plénitude dans l'action, alors l'action est si grande qu'elle porte en elle l'esprit de la *Torah*. Et l'esprit de la *Torah* est appelé « parlant ».

97 - Le déchet de la grange et de la cave de vinification
J'ai entendu

Goren (grange) signifie la diminution des bonnes actions lorsque l'homme ressent d'abord *Gronot* (en hébreu : gorge) avec le Créateur. Par conséquent, il diminue les bonnes actions, puis il arrive à l'état de *Yekev* (cave de vinification) qui est la signification de « il blasphème le nom du Seigneur ». *Souccot* est considérée comme la joie, considérée comme « Guevourot réjouissantes » qui est la repentance par amour, où les péchés deviennent comme des mérites pour lui et même grange et cave sont admis dans la *Kedousha* (sainteté). C'est le sens selon lequel l'essentiel du discernement de *Souccot* est Isaac, mais tout le monde y est inclus (et Pâque est considérée amour, qui est la droite). Telle est la signification « d'Abraham a engendré Isaac ».

Il en est ainsi car le père et le fils sont cause et conséquence, raison et résultat. S'il n'y avait pas eu d'abord le discernement d'Abraham, qui est la droite, il n'y aurait pas eu le discernement d'Isaac, qui est la gauche. Mais la gauche est incluse dans la droite, comme « car tu es notre père ».

Abraham a dit : « Ils seront effacés pour la sainteté de Ton Nom » et Jacob l'a également dit, c'est-à-dire que les péchés seront effacés pour la sainteté de Ton Nom. Et si cela reste ainsi, alors il y a une brèche au milieu. Autrement dit, les péchés qui seront dans tout Israël sont comme une brèche dans *Kedousha* (sainteté).

Cependant, Isaac a dit « une moitié pour moi et une moitié pour toi », signifiant la partie des péchés et la partie des *Mitsvot*, c'est-à-dire que les deux rentreront dans *Kedousha*. Et cela ne peut être que grâce à la repentance par amour, quand les péchés deviennent des mérites pour lui. Alors il n'y a aucune brèche, comme il est écrit : « pas de brèche et pas de cri », mais tout est corrigé pour *Kedousha*.

Tel est le sens de ce qu'ont dit les sages : « Les excréments et les mules d'Isaac sont plus grands que l'argent et l'or d'Avimelech. » Les excréments sont quelque chose d'inférieur, sans valeur, signifiant qu'il considère sa servitude comme de l'excrément, et après quoi arrive l'état de séparation parce qu'il n'a pas apprécié son travail, il tombe dans la séparation. Ceci s'appelle « les excréments et les mules d'Isaac ». Et comme Isaac a tout corrigé sous la forme de repentance par amour et que ses péchés sont devenus comme des mérites, alors les bénéfices qui lui sont parvenus grâce à son excrément et ses mules sont plus grands que l'argent et l'or d'Avimelech.

Son *Kessef* (argent) signifie « *Kissoufim* » (désir ardent) pour le Créateur. Et *Zahav* (or) signifie *Ze Hav* (donne ceci), qui est le désir ardent pour la *Torah*, c'est-à-dire d'accomplir la *Torah*. Le fait qu'Isaac ait tout corrigé veut dire qu'il est arrivé à la repentance par amour, les péchés sont aussi considérés pour lui comme des mérites, donc de toute façon il est très riche, car dans le respect des *Mitsvot*, il n'y a pas plus de 613 *Mitsvot*, alors que les péchés et transgressions sont illimités. C'est pourquoi Isaac s'est enrichi, comme il est écrit « il trouva cent portes », signifiant qu'il a eu 100% de *Kedousha*, sans aucun déchet, car le déchet a également été corrigé en lui.

Par conséquent, le toit de la *Soucca* est fait de déchets de *Goren* et *Yekev* (et vous pouvez dire ce que les sages ont dit que Moïse s'est enrichi de déchets.) C'est pourquoi *Souccot* est essentiellement nommée d'après Isaac, qui est *Guevourot* réjouissantes, et *Souccot* est aussi nommée d'après Moïse.

98 - La spiritualité est appelée ce qui ne s'annulera jamais
J'ai entendu, en 1948

La spiritualité est appelée ce qui ne s'annulera jamais. De ce fait le désir de recevoir, dans la forme où il se trouve, c'est-à-dire en vue de recevoir, est appelé matérialité, parce qu'il s'annulera dans cette forme et adoptera la forme en vue de donner sans réserve.

Un endroit réel en spiritualité est appelé le lieu de la réalité puisque quiconque arrive à cet endroit voit la même forme que les autres. Cependant, une chose imaginaire n'est pas appelée un endroit réel puisqu'elle est imaginaire, et alors tout le monde l'imagine différemment.

Quand nous nous parlons des soixante-dix faces de la *Torah*, cela veut dire qu'elles sont soixante-dix degrés. À chaque degré, la *Torah* s'explique selon le degré où l'homme se trouve.

Cependant le « monde » est une réalité, signifiant que quiconque arrive à l'un des soixante-dix degrés dans ce monde atteint la même forme que tous les autres qui y sont arrivés.

De là nous vient ce que nos sages disent quand ils interprètent les versets de la *Torah*. Ils disent « c'est ce qu'Abraham a dit à Isaac », ainsi que d'autres paroles similaires de nos sages. Ils disent ce qui est dit, ce qui est expliqué dans les versets.

Une question se pose : comment savaient-ils ce que l'un disait à l'autre ? C'est comme nous l'avons dit, que ceux qui ont atteint le degré où Abraham (ou un autre) s'est trouvé voient et savent ce qu'Abraham a vu et su. C'est pourquoi ils savent ce qu'Abraham a dit.

Idem pour toutes les paroles de nos sages quand ils interprétaient les versets de la *Torah*.

Tout ceci parce qu'eux aussi avaient atteint le degré et chaque degré en spiritualité est une réalité, une réalité que tout le monde voit. Comme tous ceux qui vont à Londres, en Angleterre, tous voient ce qu'il y a dans la ville et ce qui est dit dans la ville.

99 - Il n'a pas dit méchant ou juste
J'ai entendu, le 21 *Iyar*, Jérusalem

« Rabbi Hanina Bar Papa a dit : "Cet ange assigné à la conception, son nom est *Laïla* (nuit). Il prend une goutte et la place devant le Créateur, et il dit devant Lui : 'Maître du monde, qu'adviendra-t-il de cette goutte : un héros ou un faible, un sage ou un sot, un riche ou un pauvre ?'" Mais il n'a pas dit un méchant ou un juste. » (*Nida* 16b)

Il faut interpréter ceci selon la règle voulant qu'un sot ne puisse être un juste, comme nos sages ont dit : « L'homme ne pêche pas, à moins qu'un esprit de bêtise soit entré en lui. » C'est d'autant plus vrai avec celui qui est sot tous les jours de sa vie. De ce fait, celui qui est né sot n'a pas de choix puisqu'il a été condamné à être sot. Pour cette raison, ce qui est dit, « Il n'a pas dit "juste ou méchant" », l'est afin qu'il ait le choix. Mais quel est l'avantage de il n'a pas dit « juste ou méchant » si, de toute façon, il est condamné à être sot (n'est-ce pas la même chose que d'être condamné à être méchant) ?

Il faut aussi comprendre les paroles de nos sages : « Rabbi Yokhanan a dit : "Le Créateur vit que les justes étaient peu nombreux, Il les planta donc dans chaque génération, comme il est écrit 'car les piliers de la terre sont ceux du Seigneur et Il a établi l'univers sur eux.'" » Et Rashi interprète : « Il a établi le monde sur eux » – Il les a dispersés parmi toutes les générations pour être l'infrastructure, l'existence et la fondation pour la subsistance de l'univers. (*Yoma* 38b)

« Ils étaient peu nombreux » veut dire qu'ils diminuent. Que fit-Il donc pour qu'ils se multiplient ? « Il les planta dans chaque génération ». On peut se demander : « Quel est l'intérêt de les planter dans chaque génération pour qu'ils se multiplient ? » Il faut comprendre la différence entre tous les justes au sein d'une même génération, ou tous les justes dispersés à travers toutes les générations, comme Rashi l'interprète. Le fait d'être dans plusieurs générations amène-t-il les justes à se multiplier ?

Pour comprendre ce qui est dit ci-dessus, nous devons élargir et interpréter les paroles de nos sages, à savoir que le Créateur condamne une goutte à être un sage ou un sot. Cela veut dire que celui qui est né faible, sans la force de surmonter son penchant, est né avec un désir faible et sans talent, puisque durant la préparation, alors qu'il débute dans le travail de Dieu, l'homme doit être qualifié pour recevoir la *Torah* et la sagesse, comme il est écrit : « Il donne la sagesse au sage » ; et alors il demanda : « S'ils sont déjà sages, pourquoi ont-ils encore besoin de sagesse ? Cela aurait dû être "Il donne la sagesse aux sots" ».

Il explique qu'un sage est celui qui désire la sagesse, bien qu'il n'ait pas encore la sagesse. Cependant, parce qu'il a un désir et un désir est appelé un *Kli*, ainsi celui qui a un désir ardent pour la sagesse, celui-ci est le *Kli* dans lequel la sagesse brille. Il s'avère donc qu'un sot veut dire un homme sans désir pour la sagesse et dont tout le désir n'est que pour ses besoins personnels. En termes de don sans réserve, un sot est incapable d'accomplir quelque don que ce soit.

Ainsi, celui qui est né avec de telles qualités, comment peut-il arriver au degré d'un juste ?

Il s'avère qu'il n'a pas le choix. Quel est donc l'intérêt de dire« Il n'a pas dit "un juste ou un méchant" » ? Pour qu'il ait un choix. Après tout, puisqu'il est né sot et faible, il n'est pas capable d'avoir un choix puisqu'il est complètement incapable de surmonter et de désirer ardemment Sa sagesse.

Pour comprendre cela, c'est-à-dire que même un sot peut avoir un choix, le Créateur fit une correction que nos sages appellent « Le Créateur vit que les justes étaient peu nombreux, Il les planta donc dans chaque génération ». Et nous avons demandé : « Dans quel intérêt ? »

Maintenant, nous allons comprendre ce qu'il en est. Nous savons qu'il est interdit de se lier aux méchants, même si on ne fait pas ce qu'ils font, comme il est écrit : « On ne s'assoit pas avec les moqueurs ». Cela signifie que le péché est essentiellement dû au fait qu'il s'assit parmi les moqueurs, même s'il s'assied et apprend la *Torah* et observe les *Mitsvot*. Sinon, l'interdiction aurait été due à l'interruption de l'étude de la *Torah* et des *Mitsvot*. Mais c'est le fait de s'asseoir qui est interdit, puisque l'homme prend les pensées et les passions de ceux qui lui plaisent.

Et vice versa : si l'homme n'a aucun désir ni forte envie pour la spiritualité, s'il se trouve parmi des gens qui ont un désir pour la spiritualité, s'il aime ces gens, il prendra de leur force de se surpasser et de leurs désirs et aspirations, bien qu'en ses qualités personnelles, il n'a pas ces désirs ou ces envies, ni la force de se surpasser. Mais selon la grâce et l'importance qu'il accorde à ses gens, il recevra de nouveaux pouvoirs.

Maintenant, nous pouvons comprendre les mots ci-dessus : « Le Créateur vit que les justes étaient peu nombreux ». Cela signifie que tout le monde ne peut pas devenir un juste, par manque de qualités pour ce faire, comme il est écrit que celui qui est né sot ou faible a également le choix, et ses qualités personnelles ne sont pas une excuse. Il en est ainsi parce que le Créateur a planté les justes dans chaque génération.

Donc, l'homme a le choix de se rendre à un endroit où il y a des justes. Il peut accepter leur autorité et alors il recevra toutes les forces qui lui manquent dans ses qualités personnelles. Il les recevra des justes. C'est l'intérêt de « Il les planta dans chaque génération » afin que chaque génération ait quelqu'un vers qui se tourner, y adhérer, et de qui recevoir la force nécessaire pour s'élever au degré du juste. Ainsi, par la suite, eux aussi deviennent des justes.

Il s'avère que « il n'a pas dit "juste ou méchant" » signifie qu'il a le choix : il peut aller et adhérer aux justes qui le guideront et, par eux, il recevra la force avec laquelle ils pourront, eux aussi, devenir plus tard des justes.

Néanmoins si tous les justes étaient dans la même génération, les sots et les faibles n'auraient eu aucun espoir de s'approcher du Créateur et, de ce fait, ils n'auraient pas eu de choix. Mais en dispersant les justes dans chaque génération, chaque personne a le pouvoir du choix, d'aller et de s'approcher des justes qui se trouvent dans chaque génération. Autrement, la *Torah* de l'homme aurait été une potion de mort.

Nous pouvons comprendre cela d'après un exemple matériel. Quand deux personnes se tiennent face à face, le côté droit de l'une est en face du côté gauche de l'autre, et le côté gauche de l'une est en face du côté droit de son ami. Il y a deux voies : la droite – la voie des justes, qui est de donner sans réserve –, et la gauche, dont l'intérêt n'est que de recevoir pour soi – par cela ils sont séparés du Créateur qui n'est que don sans réserve. Ainsi, ils sont naturellement séparés de la Vie des Vies.

C'est pourquoi les méchants durant leurs vies sont appelés « morts ». Il s'avère donc que quand l'homme n'a pas encore été récompensé de la *Dvékout* (adhésion) au Créateur, ils sont deux. Alors, quand l'homme étudie la *Torah*, qui est appelée la droite mais qui est à la gauche du Créateur, c'est-à-dire qu'il étudie la *Torah* pour recevoir pour lui-même et ça le sépare du Créateur. Il s'avère que sa *Torah* devient une potion de mort, car il reste séparé puisqu'il veut que sa *Torah* revête son corps, signifiant qu'il veut que la *Torah* augmente sa matérialité, ce qui fait de sa *Torah* une potion de mort.

Cependant, quand il adhère au Créateur, une seule autorité est faite, car il s'unit à Son unicité. Ensuite, son côté droit devient le côté droit du Créateur et alors le corps devient un vêtement pour son âme.

La façon de savoir si l'homme marche sur le chemin de vérité est que lorsqu'il s'engage dans les besoins matériels, il doit veiller à ne pas s'y engager plus que ce qui est nécessaire pour les besoins de son âme. Lorsqu'il lui semble qu'il a plus que ce dont il a besoin pour revêtir les besoins de son âme, pour lui c'est comme un vêtement dont il revêt son corps. À ce moment, il est méticuleux afin que le vêtement ne soit ni trop long ni trop large, mais qu'il revête son corps précisément.

De même, en s'engageant dans ses besoins matériels, l'homme devrait prendre soin de ne pas avoir plus que ce dont il a besoin pour son âme, c'est-à-dire pour revêtir son âme.

Pour arriver à l'adhésion avec le Créateur, tous ceux qui souhaitent Le prendre ne pourront Le prendre, car c'est contre la nature de l'homme, qui a été créé avec le désir de recevoir, qui est l'amour propre. C'est pourquoi nous avons besoin des justes de la génération.

Quand un homme s'attache à un véritable Rav, quand son seul souhait est de faire de bonnes actions, mais qu'il sent qu'il ne peut faire de bonnes actions, c'est-à-dire que l'intention soit de donner satisfaction au Créateur, en adhérant à un véritable Rav et en voulant plaire au Rav, c'est-à-dire qu'il fait ce que le Rav aime et qu'il hait les choses que le Rav hait, alors il peut avoir l'adhésion avec son Rav et recevoir les forces de son Rav, même celles qu'il ne possède pas à la naissance. C'est le sens de planter des justes dans chaque génération.

Cependant, d'après cela, il est difficile de comprendre pourquoi il faut planter des justes dans chaque génération. Nous avons dit que c'était pour les sots et les faibles. Mais il aurait pu se résoudre à un autre conseil : ne pas créer les sots ! Qui le force à dire que cette goutte sera un faible ou un sot ? Il aurait pu créer tout le monde intelligent.

La réponse est que nous avons également besoin des sots, puisqu'ils sont les porteurs du désir de recevoir. Ils voient qu'ils n'ont aucun conseil par eux-mêmes pour se rapprocher du Créateur, comme il est écrit : « Et ils sortiront et pourront voir les cadavres de ces hommes […], car leur ver ne mourra pas et leur feu ne s'éteindra pas ; ils seront pour tous un sujet d'horreur pour toute chair. » Ils sont devenus cendres sous les pieds des justes, avec lesquelles les justes peuvent reconnaître le bien que le Seigneur leur a fait en les créant sages et forts ; ainsi, Il les a rapprochés de Lui.

Ils peuvent maintenant remercier et louer le

Créateur, puisqu'ils voient dans quel état de bassesse ils se trouvent. Et c'est appelé « les cendres sous les pieds des justes », sur lesquelles les justes marchent et louent le Seigneur.

Cependant, il faut savoir que les degrés les plus bas sont aussi nécessaires. La *Katnout* (petitesse) d'un degré n'est pas considérée comme superflue, c'est-à-dire que cela serait mieux si les degrés de *Katnout* étaient également nés tout de suite en *Gadlout* (grandeur).

C'est comme un corps physique qui a certainement des organes importants, comme le cerveau, les yeux, etc., et il y a des organes moins importants, comme l'estomac, les intestins et les doigts et les orteils. Mais nous ne pouvons pas dire qu'un organe qui fait une tâche moins importante est redondant. En vérité, chaque chose est importante. Il en est de même dans la spiritualité où nous avons également besoin des sots et des faibles.

Maintenant, nous pouvons comprendre ce qui est écrit, que le Créateur a dit « Reviens à Moi et Je reviendrai à toi », signifiant que le Créateur dit « Reviens » et Israël dit l'opposé : « Ramène-nous, Seigneur, et ensuite nous reviendrons. »

L'explication est que lorsqu'il y a descente dans le travail, le Créateur dit d'abord « Reviens ». Cela procure à l'homme une ascension dans le travail de Dieu et il commence à crier « Ramène-nous », alors que durant la descente il ne crie pas « Ramène-nous ». Au contraire, il fuit le travail. C'est pourquoi l'homme devrait savoir que lorsqu'il crie « Ramène-nous », cela vient d'un éveil d'En-Haut, puisque le Créateur a dit « Reviens » auparavant ; ce faisant, l'homme connaît une ascension et peut dire « Ramène-nous ».

C'est le sens de « Quand l'arche voyageait, Moïse disait : "Lève-Toi, Ô Seigneur et que Tes ennemis se dispersent" », car le voyage est lorsqu'on avance dans le service du Seigneur, qui est un temps d'ascension. Ensuite, Moïse dit : « Lève-toi ». Et quand ils se reposent, il dit : « Reviens ». Et pendant le repos du travail de Dieu, nous avons besoin que le Créateur nous dise « Reviens », c'est-à-dire « Reviens à Moi », ce qui signifie que le Créateur donne l'éveil. De ce fait, l'homme devrait savoir quand dire « Lève-Toi » ou « Reviens ».

C'est là le sens de ce qui est écrit dans la *Parashat Akev* : « Tu te souviendras de tout le chemin […], à savoir ce qui est dans ton cœur, que tu observes Ses commandements ou non. » « Que tu observes Ses commandements » est discerné comme « Reviens », « ou non » est discerné comme « Lève-Toi », et nous avons besoin des deux. Et le Rav connaît le temps de « Lève-Toi » et le temps de « Reviens », puisque les quarante-deux voyages sont le sujet des ascensions et des descentes qui s'appliquent dans le travail de Dieu.

100 - La *Torah* écrite et la *Torah* orale
J'ai entendu, à la *Parashat Mishpatim*, 1943

La *Torah* écrite est le discernement de l'éveil d'En-Haut. Et la *Torah* orale est l'éveil d'en bas. Et les deux ensemble sont appelées « six ans il travaillera et la septième année il sera libéré. »

Il en est ainsi car l'essentiel du travail est précisément là où il y a résistance. Et c'est appelé *Alma* (monde) – du mot *He'alem* (dissimulation). Ainsi, quand il y a dissimulation, il y a de la résistance et il y a alors une place pour le travail. C'est le sens de ce qu'on dit les sages :

« six millénaires le monde existe et le septième il est détruit. » C'est-à-dire que la dissimulation sera détruite et qu'il n'y a déjà plus de travail. Mais le Créateur lui fait des ailes, comme des couvertures, afin qu'il ait du travail.

101 - Un commentaire sur le psaume « Pour le vainqueur des roses »[55]
J'ai entendu à *Adar Aleph* 23, 28 février 1943

Pour le vainqueur, celui qui a déjà gagné.

Sur *Shoshanim* (roses), signifiant la Sainte *Shekhina* (divinité), qui concerne l'inversion du deuil en une bonne journée et en *Sasson* (joie). Et comme il y a beaucoup d'états d'ascension et de descentes, les descentes sont appelées *Shoshanim*, comme les mots « émousser ses *Shinaim* (dents) », il ne faut pas répondre aux questions des méchants, mais plutôt émousser ses dents. De beaucoup de coups, c'est-à-dire de la prolifération de « émousser ses dents », nous arrivons à *Shoshanim*. Il y a donc beaucoup de discernements de *Sasson* en elle, c'est pourquoi nous en parlons au pluriel : « *Shoshanim* ».

---

[55] Psaume 45,1.

Aux fils de *Korah*, du mot *Karachah* (calvitie), ce qui signifie que les *Se'arot* (cheveux) sont devenues chauves. *Se'arot* signifie *Hastarot* (dissimulations), du mot *Se'ara* (tempête). On sait que « la récompense est en fonction de l'effort. » Cela signifie que quand il y a *Se'arot*, c'est un lieu de travail. Et quand on corrige, la *Se'ara* reçoit le discernement de *Se'arot*, comme dans « Ceci est le *Sha'ar* (la porte) vers le Seigneur. » Et quand on a corrigé toutes les tempêtes et qu'il n'y a plus de dissimulations, alors il n'y a plus aucun espace pour le travail, et donc plus de lieu pour la récompense.

Il s'ensuit que quand une personne arrive à l'état de *Korah*, elle ne peut plus étendre la foi, appelée « la porte vers le Seigneur ». Car s'il n'y a pas de porte, on ne peut pas entrer au palais du roi, parce qu'il s'agit de la fondation, puisque toute la structure est construite sur la foi.

« Fils de *Korah* » vient du mot *Bina*. Ils ont compris que *Korah* est considéré comme à gauche, à partir de laquelle s'étend l'enfer. C'est pourquoi ils voulaient continuer leur amitié d'avant, du temps où ils étaient sous la forme de « Ô Seigneur, j'ai entendu Ta renommée et je suis saisi de crainte. » (*Zohar*, *Béréshit* 4,7) Cela signifie que, avec la force qu'ils avaient étendue du passé, ils pouvaient supporter les états et avancer de succès en succès. C'est le sens de « les fils de *Korah* ne moururent pas ». Autrement dit, ils ont compris que s'ils restaient dans un état de *Korah*, ils ne seraient pas en mesure d'étendre la vie, donc ils ne sont pas morts.

Maskil (instruit) une chanson d'amours, ce qui signifie qu'ils ont appris que la mesure de l'amitié avec le Créateur est complète.

Mon cœur frémit. Le frémissement dans le cœur est par voie de « on ne révèle pas du cœur à la bouche ». Cela signifie qu'il n'y a rien à sortir de la bouche, c'est seulement la réception dans le cœur, comme un frémissement des lèvres.

Une bonne chose – la foi est appelée « une bonne chose ».

Je dis : « Mes actions sont pour le roi ». Quand il reçoit la lumière de la foi, il dit « Mes actions sont pour le roi », et non pour moi. Alors il lui est attribué : **Ma langue est la plume d'un scribe habile**, quand il se voit décerner le discernement de la *Torah* écrite, qui est le sens de la langue de Moïse.

Tu es plus belle que les enfants des hommes,

quand il dit à la Sainte *Shekhina* que sa beauté provient des gens. Cela signifie que ce que les gens pensent d'elle, ce qui est considéré comme insignifiant, c'est précisément de cela que la beauté est née.

La grâce est répandue sur tes lèvres. La grâce appartient en particulier aux choses dont il ne faut pas prononcer de louanges, mais on veut quand même la chose. Alors on dit qu'elle est gracieuse.

Sur tes *Sefataim* (lèvres) signifie à la *Sof* (fin), ce qui signifie qu'il a vu le monde d'une extrémité (fin) à l'autre.

102 - Vous prendrez du fruit des beaux arbres
J'ai entendu à *Oushpizin* de Joseph

Dans le verset « Vous prendrez pour vous le fruit des citronniers », signifiant un juste, appelé « un arbre qui porte des fruits », qui est toute la différence entre *Kedousha* (sainteté) et la *Sitra Akhra* (l'autre côté), que « un autre Dieu est stérile et ne porte pas de fruit ». Par contre, un juste est appelé *Hadar*, car il porte des fruits, il *Dar* (réside) dans son arbre d'année en année. C'est pourquoi il est écrit, au sujet de Joseph, « il était celui qui *Mashbir* (vendait) à tous les gens de la terre », car il les *Shover* (brise) avec les fruits qu'il avait et qu'eux n'avaient pas. Ainsi, chacun ressentait son état ; s'il était du bon côté ou au contraire. Et c'est le sens de « Joseph leur procura du pain, selon leurs enfants ». Les enfants sont considérés comme *GAR*, comme dans « ils seront des fronteaux entre vos yeux », qui est le T*efillin* de la tête. Pour cette raison, Joseph, le fils de sa vieillesse est appelé « un fils sage ». Telle est la signification de « il m'a envoyé devant vous pour la vie », qui est « la lumière de *Haya* », considérée comme *GAR*. C'est le sens du verset : « Je te donne une **portion** de plus qu'à tes frères, celle que j'ai prise de la main des Amoréens avec mon épée et mon arc » (ses fils ont deux parts, car selon Rashi, « portion » signifie « lisse »), c'est-à-dire par ses fils, car les fils sont appelés « fruits ». Et il donna ceci à Joseph. C'est le sens de ce qui est écrit sur Saül : « de son épaule il était plus haut que tout le peuple ». Et c'est le sens de « Tu as un manteau, sois notre chef ». Et c'est le sens de « des enfants, pourquoi viennent-ils ? » Pour donner la récompense à ceux qui les amènent. Il a demandé : « Pourquoi ont-ils besoin de sagesse, si la chose importante n'est pas l'étude mais l'action ? » Et il répondit : « pour donner la récompense à ceux qui les amènent », car la sagesse amène à l'action. Sur la question du différend entre Saül et David, il n'y avait aucune faille en Saul. C'est pourquoi il avait un an quand il régna et il n'a pas eu besoin de prolonger la royauté, puisqu'il avait tout accompli dans un court laps de temps. David, cependant, devait régner quarante ans. David était le fils de Juda, le fils de Léa, le monde caché. Par contre, Saül venait de Benjamin, le fils de Rachel, le monde révélé et donc opposé à David.

Pour cette raison, David dit : « Je suis la paix », signifiant que j'atteins tout le monde et j'aime tout le monde, « mais quand je parle, ils sont pour la guerre ».

Avishalom aussi était à l'opposé de David. C'est le sens du péché de Jéroboam, fils de Nebath, que le Créateur attrapa par son vêtement et lui dit : « Toi et moi et le fils de Jessé marcherons dans le jardin d'Éden. » Et il demanda : « Qui est en premier ? » Et le Créateur lui dit : « le fils de Jessé est en premier ». Alors il répondit : « Je ne veux pas ». En fait, l'ordre des degrés est que le monde caché vient en premier, puis le monde révélé. C'est le sens de « j'ai assez », « j'ai tout ». « Assez » est *GAR* et « tout » est *VAK*. C'est aussi le sens de « Comment Jacob se tiendra-t-il ? Car il est si petit ». Et c'est le sens selon lequel Jacob lui prit le droit d'aînesse. Ensuite, tout lui fut donné, car il avait également *GAR*, qui lui est parvenu par Joseph, par voie de « Joseph subvint aux besoins ». C'est le sens de « Léa était haïe », que toutes les haines et les désaccords parmi les disciples des sages s'étendent d'elle. C'est aussi le sens de la controverse entre Shamaï et Hillel et que les deux camps seront unis dans le futur, c'est-à-dire le camp de Joseph et le camp de Juda. C'est le sens de ce que Juda dit à Joseph, « Oh mon seigneur », car il y eut alors l'union de Juda et de Joseph. Mais Juda doit être en tête. Ceci explique que le saint Ari était le messie, fils de Joseph. C'est pourquoi il a pu révéler une telle sagesse, car il a eu la permission du monde révélé. Et cette controverse s'étend de « ses fils se heurtaient en son sein », car Esaü avait les plus beaux vêtements, qui étaient chez Rebecca.

103 - Celui au cœur généreux
J'ai entendu, le soir du Shabbat, *Béréshit*,
octobre 1942

Dans le verset : « Vous prendrez Mon offrande de tout homme au cœur généreux ». Ceci est la signification de « la substance d'une offrande est de la Sainteté », ce qui veut dire : comment arrive-t-on à un état d'offrande ? Par la sainteté.

Cela signifie que si un homme se sanctifie lui-même autant qu'il lui est permis, par cela il arrive à un état d'offrande, qui est la sainte *Shekhina*, appelée « Mon offrande ». Et c'est le sens de « de tout homme au cœur généreux » ; **tout son cœur** signifie que s'il a donné tout son cœur, il est alors récompensé de Mon offrande, à savoir d'adhérer à la sainte *Shekhina*.

Dans le verset, « le jour de son mariage, le jour de la joie de son cœur », le **mariage** est le degré inférieur, qui est l'état de bassesse. Si l'homme prend sur lui de servir le Créateur dans un état de bassesse et qu'en même temps il est content de ce travail, c'est un degré important. Il est alors appelé le fiancé de la sainte *Shekhina*.

104- Le saboteur était assis
J'ai entendu, le soir du Shabbat, *Béréshit*, octobre 1942

Dans le *Zohar*, Noé, il y avait une inondation et le saboteur était assis au milieu. Il demanda : « L'inondation qui signifie un déluge d'eau est elle-même un saboteur mortel. Que signifie donc que le saboteur était assis au milieu, au milieu du déluge ? De plus, quelle est la différence entre le déluge et le saboteur ? »

Il répondit que l'inondation est les tourments matériels, c'est-à-dire les tourments du corps. En elle, c'est-à-dire dans les tourments du corps, il existe encore un autre saboteur, qui sabote la spiritualité. Cela signifie que les afflictions du corps lui attirent des pensées étrangères, jusqu'à ce que ces pensées étrangères sabotent et tuent sa spiritualité.

105 - Un sage disciple, aussi bâtard soit-il, précède un grand-prêtre ignorant

J'ai entendu, le 15 de *Heshvan*,
1ᵉʳ novembre 1944, Tel-Aviv

« Un sage disciple, aussi bâtard soit-il, précède un grand-prêtre ignorant. » Un bâtard veut dire un dieu étranger, cruel. Cela réfère à la bâtardise. Quand l'homme brise l'interdiction de se tourner vers d'autres dieux, ils lui engendrent un bâtard. Se tourner vers les autres dieux signifie qu'il s'accouple avec la *Sitra Akhra* (l'autre côté) qui est la nudité. Ceci est appelé « celui qui vient sur la nudité et lui engendre un bâtard ». L'opinion des propriétaires est opposée à celle de la *Torah*. De ce fait, il y a une controverse entre les ignorants et les sages disciples. Il y a une grande différence ici, si une personne a engendré le bâtard. Le sage disciple affirme que cela vient également du Créateur, la forme qui lui apparaît – sa forme bâtarde –, disant que le Créateur a provoqué chez lui une telle raison. Par contre, le méchant dit que c'est uniquement une pensée étrangère qui lui est venue à cause d'un péché, et il n'a besoin de rien de plus que de corriger ses péchés.

Le sage disciple, cependant, a la force de croire que cela aussi, c'est-à-dire sa forme présente, il doit y voir sa véritable essence. En même temps, il doit assumer le fardeau du royaume des cieux jusqu'à la dévotion. Cela veut dire que ce qui est considéré de moindre importance, le plus bas et le plus dissimulé, toujours est-il qu'à un tel moment, cela devrait être attribué au Créateur, que le Créateur a créé une telle image de Sa providence en lui, appelée « pensées étrangères ». Et pour une telle petite chose, il doit travailler au-dessus de la raison comme s'il avait une grande *Daat* (connaissance) dans la *Kedousha* (sainteté). Un grand-prêtre est celui qui sert le Créateur par voie de « ils sont nombreux... », c'est-à-dire qu'ils ont beaucoup de *Torah* et beaucoup de *Mitsvot*, et rien ne leur manque. De ce fait, si l'homme se connecte et prend sur lui un ordre quelconque dans le travail, la règle est qu'un bâtard qui est un sage disciple vienne en premier. Cela veut dire que l'homme assume sa bâtardise sous la forme du sage disciple. « Sage » est le nom du Créateur. Son disciple est celui qui apprend du Créateur. Seul le sage disciple peut dire que tout, toutes les formes qui apparaissent durant le travail, « cela provient du Seigneur ». Tandis qu'un prêtre ignorant, même s'il sert le Seigneur et qu'il est grand dans la *Torah* et dans le travail, s'il n'a pas été récompensé d'apprendre de la bouche du Créateur, il n'est pas encore considéré comme un « sage disciple ».

De ce fait, l'état ci-dessus ne peut pas l'aider à accomplir la véritable perfection puisqu'il a l'opinion des propriétaires. L'opinion de la *Torah* n'est que de celui qui apprend de la bouche du Créateur. Seul un sage disciple connaît la vérité, que le Créateur est la cause de toutes les causes. Maintenant, nous pouvons comprendre les paroles de nos sages : « Rabbi Shimon Ben Ménassia étudiait les *Etin* dans la *Torah* ». *Et* signifie ajouter. Cela veut dire que chaque jour il ajoutait de la *Torah* et des *Mitsvot* davantage qu'au jour précédent. Et quand il est arrivé à « Tu craindras le Seigneur ton Dieu », cela signifie qu'il n'a pu ajouter, mais qu'il est arrivé à un point où il ne pouvait plus ajouter mais, par malheur, ce fut l'inverse. Rashi interprète : Ben Ménassia veut dire qu'il a compris la *Ménoussa* (fuite), signifiant la fuite et la retraite de la campagne. De plus, Ben *Haamsouny*, c'est-à-dire qu'il a compris la vérité et quelle est la forme de la vérité. Alors il reste à son poste et ne peut plus avancer, jusqu'à ce que Rabbi Akiva ne vienne et explique *Et* – comprenant les sages disciples. Cela veut dire qu'en adhérant aux sages disciples, il est possible de recevoir un soutien. En d'autres mots, seul un sage disciple peut l'aider et rien d'autre. Même s'il excelle dans la *Torah*, il sera toujours appelé « un ignorant » tant qu'il n'aura pas été récompensé d'apprendre de la bouche du Créateur. C'est pourquoi l'homme doit se soumettre devant un sage disciple et accepter ce que le sage disciple place sur lui sans aucune discussion, mais au-dessus de la raison.

« La mesure est plus longue que la terre ». Cela veut dire que la *Torah* commence après la terre, c'est-à-dire, si elle est plus grande que la terre. Il y a une règle que rien ne peut commencer au milieu. Donc, si l'homme veut commencer, le commencement est après la terre, c'est-à-dire après le terrestre. (C'est le sens de « un grand-prêtre ignorant », que même si son travail est dans la grandeur, s'il n'a pas encore été récompensé de la lumière de la *Torah*, l'homme est toujours dans le terrestre.) Arriver à l'état de *Lishma* requiert beaucoup d'étude dans *Lo Lishma*. Cela veut dire que l'homme doit s'efforcer et s'exercer dans *Lo Lishma* et qu'ensuite il pourra voir la vérité, qu'il n'a pas encore été récompensé de *Lishma*. Cependant, s'il ne s'astreint pas à de grands efforts, il ne peut voir la vérité. À une autre occasion, il a dit que l'homme devait étudier beaucoup de *Torah Lishma* pour être récompensé de voir la vérité, qu'il travaille *Lo Lishma*. Le travail *Lishma* est considéré comme récompense et punition, ce qui est considéré comme *Malkhout*. Et la *Torah Lo Lishma* est considérée *ZA*, considéré comme Providence individuelle. C'est pourquoi les rois d'Israël, qui ont tous été récompensés de la Providence individuelle, n'avaient rien de plus à faire, puisqu'ils n'avaient rien à ajouter. C'est pourquoi nos sages ont dit « un roi d'Israël ne juge pas ni n'est jugé ». De ce fait, ils n'ont aucune part dans le monde à venir, puisqu'ils ne font rien, car ils voient que le Créateur fait tout. C'est le sujet de *Izevel* (Jézabel), la femme de *Akhav*. Ils ont interprété que sa femme demandait *Ei Zevel*, c'est-à-dire où y a-t-il un déchet dans le monde, car elle voyait que tout était bien. Et *AkhAv* veut dire qu'il était *Akh* (frère) de *Av* (Père) qui est aux cieux.

Mais les rois de la maison de David sont jugés parce que les rois de la maison de David avaient le pouvoir d'unir le Créateur et Sa *Shekhina*, même si ce sont des choses contradictoires, car la Providence est contraire au discernement de la récompense et de la punition. Et c'est le pouvoir des grands justes, qu'ils peuvent unir le Créateur et la *Shekhina*, c'est-à-dire le discernement de la Providence individuelle à la récompense et à la punition. Et c'est précisément des deux qu'émerge la perfection complète et désirable.

106 - Que suggèrent les douze *Khalot* du Shabbat ?
J'ai entendu, *Eloul*, août 1942

Dans les chants du Shabbat, il est écrit : « Il nous révélera la saveur de douze *Khalot* qui sont une lettre dans Son Nom, multipliée et légère. »

Nous devons interpréter les paroles du saint Ari. Nous savons que par le deuxième *Tsimtsoum* (restriction) deux *Vav* ont été faits, à savoir le côté droit et le côté gauche. C'est le sens de la multiplication, du mot « multiplié ». Et de cela, de la force de la correction du deuxième

Tsimtsoum, quand il y avait une association de la qualité de la miséricorde avec le jugement, le jugement est devenu plus léger par rapport à avant l'adoucissement.

Par la suite les deux *Vav* brillent dans *Malkhout*, ce qui signifie « le rassemblement des *Zayin* ». Les *Zayin* sont que *Malkhout*, appelée « septième », rassemble en elle les deux *Vav*.

Le septième jour est considéré comme *Gmar Tikoun* (la fin des corrections), discerné comme l'avenir. Toutefois, il brille également dans les six mille ans. C'est le sens des six jours d'action, discernés comme « Que Dieu a créé et fait ». Et le Shabbat est appelé « repos » (comme il est écrit, « et le septième jour, Il cessa le travail et se reposa »).

Il s'agit du Shabbat qui brille dans les six mille ans, car alors Shabbat n'est considéré que comme un repos, comme l'homme qui porte une charge et se repose à mi-chemin pour regagner des forces. Ensuite, il doit à nouveau porter la charge.

Mais au Shabbat de *Gmar Tikoun* il n'y a plus rien à ajouter, donc il n'y a plus de travail du tout.

107 - Concernant les deux anges
J'ai entendu à *Tetzavé*, février 1943, Jérusalem

Concernant les deux anges qui accompagnent l'homme à la veille du Shabbat, un bon ange et un mauvais ange.

Le bon ange est appelé « droite », avec qui il se rapproche pour servir le Créateur. Ceci est appelé « la droite rapproche ». Et le mauvais ange est considéré comme « gauche », qui éloigne. Cela veut dire qu'il lui apporte des pensées étrangères, que ce soit dans l'esprit ou dans le cœur.

Et quand l'homme surmonte le mal et se rapproche du Créateur, cela signifie qu'à chaque fois qu'il surmonte le mal et se rattache au Créateur, il s'avère que par les deux il s'est rapproché de l'adhésion au Créateur, signifiant que les deux effectuent une seule tâche, à savoir qu'ils ont fait qu'il arrive à la *Dvékout* au Créateur, alors l'homme dit : « **Venez en paix** ».

Quand l'homme a déjà terminé tout son travail, à savoir qu'il a déjà fait entrer toute la gauche dans la *Kedousha*, comme il est écrit « il n'y a pas un endroit pour se cacher de Toi », alors le mauvais ange n'a plus rien à faire, car l'homme a déjà surmonté toutes les difficultés que le mal a apportées. À ce moment, le mauvais ange est inutile et l'homme lui dit : « **Allez en paix** ».

108 - Si tu me quittes un jour, Je te quitterai pour deux
J'ai entendu, en 1943, Jérusalem

Chaque homme est éloigné du Créateur par la réception qu'il a. Mais il est éloigné simplement à cause de son désir de recevoir. Cependant, puisque l'homme ne désire pas ardemment la spiritualité mais les plaisirs de ce monde, il s'avère qu'il est éloigné du Créateur d'un jour, c'est-à-dire une distance d'un jour, ce qui veut dire qu'il est loin de Lui sous un seul aspect – en étant immergé dans le désir de recevoir les désirs de ce monde. Cependant quand l'homme se rapproche du Créateur, ce qui veut dire qu'il annule la réception dans ce monde, il est considéré comme proche du Créateur. Mais si plus tard, il chute dans la réception du monde à venir, il est alors éloigné du Créateur parce qu'il veut recevoir les plaisirs du monde à venir et il tombe également dans la réception des plaisirs de ce monde. Il s'avère qu'à présent il s'est éloigné du Créateur de deux jours : 1) en recevant des plaisirs dans ce monde, dans lequel il a de nouveau chuté ; 2) puisqu'il a maintenant le désir de recevoir la couronne du monde à venir. C'est parce qu'en s'engageant dans la *Torah* et les *Mitsvot* il force le Créateur à le récompenser pour son travail dans la *Torah* et les *Mitsvot*. Il s'avère qu'au début il a marché un jour et s'est rapproché du service du Créateur, et ensuite, il a reculé de deux jours. Ainsi, cet homme a maintenant besoin des deux types de réception : 1) de ce monde ; 2) du monde à venir. Ainsi, il est allé dans un état opposé. Le conseil pour cela est d'aller toujours sur le chemin de la *Torah* qui est de donner sans réserve. Et l'ordre devrait être que d'abord l'homme doit être prudent avec les deux rudiments :

1. le fait de faire la *Mitsva* ;

2. la sensation de plaisir de la *Mitsva*. L'homme doit croire que le Créateur tire un grand plaisir quand on observe Ses commandements.

Par conséquent, il s'avère que l'homme doit réellement observer la *Mitsva* et aussi croire que le Créateur a du plaisir du fait que l'inférieur observe Ses *Mitsvot*. Et ici il n'y a pas de différence entre une grande *Mitsva* et une petite *Mitsva*. En fait, le Créateur retire du plaisir même du plus petit acte qui est fait pour Lui. Ensuite, il y a un résultat, qui est le but principal que l'homme devrait rechercher. En d'autres mots, un homme devrait ressentir plaisir et délice en procurant du contentement à son Créateur. C'est la principale dimension du travail qui est appelée « servez le Seigneur avec joie ». Cela devrait être la récompense de son travail : recevoir délice et plaisir pour avoir été récompensé de réjouir le Créateur. C'est le sens de « le *Guer* (converti) qui est parmi vous s'élèvera plus haut que toi ; […] Il te prêtera et tu ne le lui prêteras pas. »

Le « *Guer* » est le désir de recevoir (alors qu'il commence à servir le Créateur, le désir de recevoir est appelé *Guer*, avant cela il est un *Goy* complet.) « Il te prêtera ». Quand il donne de la force pour le travail, il donne la force par la voie du prêt. Cela veut dire que lorsqu'il a travaillé un jour dans la *Torah* et les *Mitsvot*, même s'il n'a pas reçu de salaire sur-le-champ, il croit qu'on le paiera plus tard pour les forces qu'il a données pour le travail. Donc, après le jour de travail, il vient et réclame la dette qu'on lui a promise, la récompense pour les forces que le corps lui a données pour s'engager dans la *Torah* et les *Mitsvot*. Mais il ne lui donne pas. Alors le *Guer* crie : « Qu'est-ce que ce travail, travailler sans salaire ? » C'est pourquoi le *Guer* par la suite ne veut pas donner à Israël la force de travailler. « Et tu ne lui prêteras pas ». Si tu lui donnes la nourriture et que tu demandes qu'il te donne de la force pour le travail, alors il te dira qu'il n'a pas de dette à te payer pour la nourriture que tu lui donnes. C'est parce que « je t'ai d'abord donné la force pour le travail et c'était à la condition que tu m'achètes des possessions. Donc, ce que tu me donnes maintenant a tout à voir avec la condition précédente. Par conséquent, maintenant tu viens à moi pour que je te donne plus de force pour le travail, afin que tu m'amènes de nouvelles possessions. » Ainsi, le désir de recevoir est devenu plus intelligent et il utilise son intelligence pour calculer la rentabilité de l'affaire. Parfois, il lui dit qu'il se contente de peu, que les possessions qu'il a sont suffisantes et, de ce fait, il ne souhaite pas lui donner plus de forces. Parfois, il dit que le chemin que tu prends est dangereux et que, peut-être, tous tes efforts seront vains. Parfois, il dit que l'effort est plus grand que la récompense, c'est pourquoi je ne te donnerai pas de forces pour travailler.

Par la suite, quand l'homme lui demande la force de marcher sur le chemin du Créateur afin de donner sans réserve et que tout soit uniquement pour augmenter la gloire du ciel, il dit : « Qu'est-ce que j'ai à gagner ? » Ensuite viennent les arguments bien connus, tels que « Qui » et « Quoi », c'est-à-dire « Qui est le Seigneur pour que j'écoute Sa voix ? », comme l'argument de Pharaon, ou « Quel est ce travail pour vous ? » comme l'argument du méchant. Tout cela est parce qu'il a un argument juste, que c'est sur quoi ils se sont mis d'accord. Ceci est appelé « si tu n'écoutes pas la voix du Seigneur », alors il se plaint parce qu'il ne suit pas les conditions. Mais « quand tu écoutes la voix du Seigneur », signifiant juste à l'entrée (l'entrée est une chose constante parce que chaque fois qu'il a une descente il doit recommencer. C'est pourquoi ceci est appelé « entrée ». Naturellement, il y a beaucoup de sorties et d'entrées), il dit à son corps : « Sache que je veux entrer dans le travail de Dieu. Mon intention est uniquement de donner sans réserve et de ne recevoir aucune récompense. Tu ne devrais pas espérer de recevoir quoi que ce soit pour tes efforts, mais tout est afin de donner sans réserve. » Et si le corps demande « Quel intérêt vas-tu retirer de ce travail ? », signifiant « Qui est celui qui reçoit ce travail, pour que je veuille travailler dur et faire des efforts ? » Ou bien il demande, plus simplement, « Pour qui est-ce que je travaille si dur ? » Alors il doit lui répondre que j'ai la foi dans les sages qui ont dit que je devrais croire dans la foi abstraite, au-dessus de la raison, que le Créateur nous a commandé ainsi d'accepter la foi, qu'Il nous a ordonné d'observer la *Torah* et les *Mitsvot*. Et nous devons aussi croire que le Créateur retire du plaisir du fait que nous observons la *Torah* et les *Mitsvot* par la foi au-dessus de la raison. De plus, l'homme devrait être content du fait que le Créateur retire du plaisir de son travail. Ainsi, il y a quatre choses ici :

1. Croire en la foi des sages, que ce qu'ils ont dit est vrai.

2. Croire que le Créateur a ordonné de s'engager dans la *Torah* et les *Mitsvot* uniquement par la foi au-dessus de la raison.

3. Qu'il y a de la joie quand les créatures observent la *Torah* et les *Mitsvot* sur la base

de la foi.

4. L'homme doit recevoir du plaisir, délice et joie pour avoir été récompensé du fait de réjouir le roi. Et la mesure de la grandeur et de l'importance de son travail sont mesurées par la mesure de joie qu'il tire pendant son travail. Et cela dépend de la mesure de la foi, qu'il croit en ce qui a été dit plus haut. Il s'avère que lorsque « tu écoutes la voix du Seigneur », toutes les forces qu'il reçoit du corps ne sont pas considérées comme s'il avait reçu un prêt du corps qu'il faille rembourser. De même, « si tu n'écoutes pas la voix du Seigneur » et si le corps demande « Pourquoi devrai-je te donner des forces pour le travail quand tu ne promets rien en contrepartie ? », il doit répondre « parce que c'est pour ça que tu as été fait. Que puis-je faire si le Créateur te hait, comme il est écrit dans le saint *Zohar* que le Saint béni soit-Il hait les corps. »

De plus, quand le saint *Zohar* dit que le Saint béni soit-Il hait les corps, cela réfère spécialement aux corps des serviteurs du Créateur, puisqu'ils veulent recevoir éternellement, car il veut aussi recevoir la couronne du monde à venir. Ceci est considéré « et tu ne lui prêteras pas ». Cela veut dire que tu ne dois rien lui donner pour l'énergie que le corps t'a donnée pour le travail. Mais « si tu lui prêtes », si tu lui donnes un plaisir quel qu'il soit, ce n'est que sous forme de prêt et il doit te donner en retour la force pour le travail, mais pas gratuitement.

Et il doit toujours te donner l'énergie, c'est-à-dire gratuitement. Tu ne lui donnes aucun plaisir et tu lui demandes toujours d'avoir la force pour le travail, puisque « l'emprunteur est l'esclave du prêteur ». Ainsi, il sera toujours l'esclave et tu seras le maître.

109 - Deux sortes de chair
J'ai entendu, le 20 *Heshvan*

Nous distinguons généralement deux sortes de chair : la chair d'animal et la chair du poisson, et dans les deux, il y a des signes d'impureté. La *Torah* nous a donné des signes pour savoir comment nous en éloigner et ne pas tomber dans le domaine de l'impureté qui est en eux.

Dans le poisson, nous avons les signes des nageoires et des écailles. Quand on voit ces signes dans les poissons, on sait alors être prudent et ne pas tomber dans le domaine de l'impureté.

Snapir (nageoire) nous suggère *Soné-**Péh**-Ohr* (haïr-bouche-lumière). Ceci réfère à *Malkhout* appelée « ***Péh*** », et toutes les Lumières viennent d'elle, ce qui est discerné comme étant la foi.

Et quand on voit qu'on est dans l'état d'un goût de poussière, au moment où on doit croire, alors on sait avec certitude devoir corriger nos actes. Cela s'appelle « la *Shekhina* (Divinité) dans la poussière ». Il faut prier pour relever la Divinité de la poussière.

Kaskesset (écailles) signifie qu'au moment de *Snapir*, on est incapable de travailler. Mais quand on surmonte le *Snapir*, une question sur la Providence nous vient à l'esprit. Cela s'appelle *Kash* (paille). Alors on chute de notre travail. Ensuite, on surmonte et commence à travailler au-dessus de la raison et une autre question sur la Providence nous vient à l'esprit.

Il s'avère qu'on a deux fois *Kash*, ce sont les *Kaskesset* (écailles). Et chaque fois qu'on s'élève au-dessus de la raison, on monte et après on descend. C'est alors qu'on voit qu'on ne peut vaincre à cause de la multiplication des doutes. Il n'y a alors pas d'autre conseil que de crier vers le Créateur, comme il est écrit : « Les enfants d'Israëël soupirèrent à cause de l'esclavage et leur cri arriva jusqu'à Dieu, et Il les fit sortir d'Égypte », c'est-à-dire échapper à tous leurs problèmes.

Nous connaissons la règle rapportée par nos sages, que le Saint béni soit-Il a dit : « Lui et Moi ne pouvons résider dans la même demeure », ceci est parce qu'ils sont opposés l'un à l'autre. Il en est ainsi, car il y a deux corps en l'homme :
- le corps intérieur ;
- le corps extérieur.

Le corps intérieur est revêtu par la vitalité spirituelle, discernée comme foi et don, appelés « esprit et cœur ».

Le corps extérieur a une vitalité matérielle, qui est le savoir et la réception.

Et au milieu, entre le corps intérieur et le corps extérieur, il y a un corps intermédiaire, qui ne porte pas son propre nom. Donc, si l'homme fait de bonnes actions, le corps intermédiaire adhère au corps intérieur, et s'il fait de mauvaises actions, le corps intermédiaire adhère au corps extérieur. Ainsi, l'homme a soit une vitalité matérielle, soit une vitalité spirituelle.

Il s'avère que puisqu'il y a une contradiction entre l'intériorité et l'extériorité, donc si le corps intermédiaire adhère au corps intérieur, ceci est considéré comme la mort du corps extérieur. S'il adhère au corps extérieur, c'est alors la mort du corps intérieur. Le choix est donc dans le corps intermédiaire : continuer à adhérer à la *Kedousha* (Sainteté) ou le contraire.

110 - Un champ que le Seigneur a béni
J'ai entendu, en 1943

« Un champ que le Seigneur a béni ». La Sainte *Shekhina* (Divinité) est appelée « un champ ». Et parfois un champ se transforme en mensonge. Le *Vav* dans le *Hey* est l'âme et le *Dalet* représente la Sainte *Shekhina*. Lorsque l'âme est revêtue en elle, elle est appelée *Hey* ; et quand l'homme veut ajouter à la foi, il étend le *Vav* en bas et il devient un *Kouf*.

Alors le **Dalet** devient **Reish**, sous la forme de maigre et pauvre qui désire rajouter. Et il devient *Reish*, comme « un pauvre est né dans son royaume », quand le **pauvre** devient **pauvre**. En d'autres termes, en insérant le mauvais œil en lui, à la fois dans l'esprit et dans le cœur, comme « le sanglier dans le bois le ravage » : l'œil est suspendu, puisqu'il retourne à la séparation, car la *Sitra Arkha* est destinée à devenir un ange saint.

Ceci est la signification de « Que la gloire du Seigneur dure à jamais », car il est arrivé à l'état de l'animal de *Ya'ar* (forêt), venant du mot **Iro (sa ville)**, ce qui veut dire que toute sa vitalité a été déversée et il se renforce à chaque fois. Alors il est récompensé du « champ que le Seigneur a béni », quand le mauvais œil est transformé en bon œil.

C'est la signification d'un « œil suspendu », voulant dire qu'il est suspendu à un doute, soit au bon œil, soit au mauvais œil. C'est ainsi qu'il retourne à la séparation. C'est le sens de « l'un en face de l'autre », comme le dirent nos sages : « Il n'y a pas eu de joie devant Lui comme le jour où la terre et les cieux furent créés ».

Il en est ainsi, car à la fin le « Seigneur ne fera qu'Un et Son nom ne sera qu'Un », ce qui est le but de la création. Pour le Créateur, passé et présent sont identiques. Donc, le Créateur regarde la création sous sa forme ultime, comme elle sera à *Gmar Tikoun* (à la fin de la correction), lorsque toutes les âmes, dans toute leur perfection, seront incluses dans le monde *Ein Sof* (infini), comme il en sera à *Gmar Tikoun*. Leur forme parfaite y est déjà présente et rien ne manque.

Mais chez ceux qui reçoivent, il est apparent qu'ils aient encore à compléter ce qu'ils doivent compléter. C'est : « ce que Dieu a créé et fait », voulant dire les manques et l'irascibilité. Ceci est la signification de ce que nos sages ont dit : « un coléreux ne peut que se mettre en colère » ; et aussi « tous ceux qui sont avides se fâchent », ce qui est la véritable forme du désir de recevoir dans sa véritable forme, à quel point il est indécent.

Et toutes les corrections sont pour le transformer afin de donner sans réserve, ce qui est tout le travail des inférieurs. Avant que le monde ne fût créé, il était sous la forme « Lui et Son nom ne font qu'Un ». À savoir que bien que Son Nom soit déjà sorti de **Lui** et devienne révélé, et qu'il soit déjà appelé « **Son Nom** », Il n'a jamais fait qu'Un. Ceci est la signification de « l'un en face de l'autre ».

111 - Vent, voix et parole
J'ai entendu, le 29 de *Sivan*, 2 juillet 1943, Jérusalem

Il y a un discernement du vent (mais aussi vanité), de la voix et de la parole. Et il y a un discernement de la glace et il y a un discernement du Terrible. Le vent s'appelle *Ohr Hozer* (lumière réfléchie) sortant du *Massakh* (écran), considéré comme une force de limitation. Tant que ce n'est pas accumulé jusqu'à la mesure de « qu'ils ne retournent pas à la sottise », c'est appelé « vanité ».

Lorsque sa mesure est complète, cette limitation – le *Massakh* avec *Ohr Hozer* – est appelée « voix ». La voix est comme un avertissement qui lui dit de ne pas transgresser les lois de la *Torah*. Et s'il transgresse, dès qu'il est en infraction, il arrête de goûter. Ainsi, quand il sait avec certitude que s'il transgresse il s'arrêtera, il respecte la limitation. Alors il arrive à l'état de « parole », qui est *Malkhout*. À ce moment-là, il peut y avoir le *Zivoug* (accouplement spirituel) du Créateur et de Sa *Shekhina* (Divinité), et l'illumination de *Hokhma* (la Sagesse) s'étend en bas.

Nous savons qu'il y a deux degrés :

1. Don sans aucune réception ;
2. Réception afin de donner.

Alors, quand il voit qu'il est déjà arrivé à un degré où il peut recevoir afin de donner, pourquoi a-t-il besoin de la servitude, qui est uniquement sous la forme de donner afin de donner ? Après tout, le Créateur obtient plus de contentement de la réception afin de donner, car la Lumière de *Hokhma*, qui vient dans le récipient de réception, est la lumière du but de la création. Alors, pourquoi devrait-il s'engager dans le travail de donner afin de donner, qui est la lumière de la correction de la création ?

À ce moment-là, il arrive immédiatement à l'arrêt du goût et il reste nu et sans rien. C'est parce que la Lumière de *Hassadim* (grâce) est la lumière qui revêt la lumière de *Hokhma*. Et si le vêtement manque, même s'il a la lumière de *Hokhma*, il n'a toujours rien pour revêtir *Hokhma*.

Alors il arrive à un état appelé « la glace terrible ». C'est parce que *Yessod* de *Aba* – qui donne *Hokhma* et est appelé « étroit *de Hassadim* et long de *Hokhma* » – est la glace. C'est comme l'eau qui a été cristallisée : même s'il y a de l'eau, elle ne se déverse pas en bas.

Et *Yessod de Ima* est appelé « terrible », considéré comme court et large. Il est court parce qu'il y a blocage sur *Hokhma*, car *Hokhma* est absente en raison du *Tsimtsoum Bet* (la deuxième restriction). Et c'est « terrible ». C'est pourquoi c'est précisément par les deux : *Hokhma* qui s'étend par *Yessod de Aba* et *Hassadim* qui s'étend à travers *Yessod de Ima*.

112 - Les trois anges
J'ai entendu, *Vayera*, octobre 1942

Il faut comprendre :

1. La question des trois anges qui sont venus visiter Abraham lors de la circoncision.

2. La question du Créateur qui est venu lui rendre visite et de ce qu'Il lui a dit lors de la visite.

3. Et que le visiteur – nos sages ont dit – prend la soixantième partie de la maladie.

4. La séparation d'avec Loth.

5. La destruction de Sodome et Gomorrhe.

6. La demande d'Abraham de ne pas détruire Sodome.

7. La femme de Loth qui a regardé en arrière et est devenue une statue de sel.

8. La duplicité de Shimon et Levi envers le peuple de Sichem concernant la circoncision, quand ils ont dit : « car c'est un opprobre pour nous ».

9. Les deux séparations qui sont sorties de Loth, qui ont été effacées à l'époque de David et de Salomon, qui sont opposées l'une à l'autre.

Pour comprendre ce qui précède, il faut d'abord dire que nous savons que nous discernons *Olam-Shana-Nefesh* (monde-année-âme) en tout. Ainsi, concernant la circoncision, qui est la conclusion de l'alliance de la peau, le discernement *Olam-Shana-Nefesh* s'applique aussi. (Il y a quatre alliances : les yeux, la langue, le cœur et la peau ; et la peau les inclut toutes.)

La peau, considérée comme le prépuce, est la *Behina Dalet* (quatrième discernement), qui doit être enlevée de son lieu, c'est-à-dire au discernement de la poussière. Cela est considéré comme *Malkhout* à sa place, c'est-à-dire abaisser *Malkhout* à un état de poussière. C'est comme il est écrit : « *Aba* (père) donne la blancheur », signifiant qu'il abaisse *Malkhout* de toutes les trente-deux voies à sa place. Il se trouve que les *Sephirot* ont été blanchies de l'*Aviout* (épaisseur) de *Malkhout* de la qualité de jugement qui était en elles, car la brisure s'est produite à cause de cette *Malkhout*.

Ensuite, *Ima* (la mère) donne la rougeur, quand elle reçoit *Malkhout* adoucie dans *Bina*, appelée terre et non pas poussière. Il en est ainsi, car nous faisons deux distinctions dans *Malkhout* :

1. la terre
2. la poussière

La terre s'appelle *Malkhout* qui est adoucie dans *Bina*, appelée « *Malkhout* qui s'est élevée à *Bina* ».

La poussière s'appelle « *Malkhout* à l'endroit de *Malkhout* », qui est *Midat ha Din* (la qualité du jugement).

Quand Abraham a dû engendrer Isaac, qui est discerné comme l'ensemble d'Israël, il dut se purifier avec la circoncision, de sorte que l'ensemble d'Israël sorte pur. La circoncision, du discernement de son ***Nefesh*** **(âme)**, est appelée circoncision qui consiste à enlever le prépuce et à le jeter dans la poussière. Le discernement de ***Olam*** **(monde)** dans la circoncision est appelé la destruction de Sodome et Gomorrhe.

L'inclusion des âmes dans le monde (un monde signifie l'inclusion de beaucoup d'âmes) est appelée « Loth » et la circoncision dans le monde est appelé « la destruction de Sodome ». La guérison de la douleur de la circoncision est appelée « le sauvetage de Loth ». Loth vient du mot « terre maudite », appelée *Behina Dalet*.

Nous devrions savoir que lorsque l'homme a atteint la *Dvékout* (adhésion) avec le Créateur, lorsqu'il a alors l'équivalence de forme et son seul souhait est de donner sans réserve et de ne rien recevoir dans son propre intérêt, il arrive à un état où il n'a pas de place pour travailler, car il n'a besoin de rien pour lui-même, et pour le Créateur ; il voit que le Créateur n'a aucun manque. C'est pourquoi il reste sans travail. Alors il ressent la grande douleur de la circoncision, parce que la circoncision lui a donné un endroit pour travailler, car la circoncision représente la suppression du désir de recevoir pour soi-même.

Il s'avère qu'en supprimant le désir de recevoir, quand ce dernier ne le contrôle plus, il n'a plus rien à ajouter à son travail. Et il y a une correction pour ceci : même après avoir été récompensé de se circoncire du désir de recevoir, il reste encore en lui des étincelles de *Behina Dalet* qui attendent elles aussi la correction. Elles ne sont adoucies que par l'extension des Lumières de *Gadlout* (grandeur) et ainsi il a un endroit pour travailler.

C'est dans ce sens que le patriarche Abraham souffrait après la circoncision et que le Créateur vint lui rendre visite. Et c'est dans ce sens que l'ange Raphaël le guérit de sa douleur (il ne faut pas dire que puisque l'ordre des quatre anges est que Michaël est à droite, Gabriel est à gauche, Ouriel est devant et Raphaël est derrière – *Malkhout* qui est suggérée par l'ouest – est parce qu'il guérit *Malkhout* après l'enlèvement du prépuce, pour qu'il y ait encore un endroit pour le travail.)

Le deuxième ange est venu pour renverser Sodome. Comme nous avons dit, l'enlèvement du prépuce dans le discernement de *Nefesh* est appelée « circoncision », et dans le discernement de *Olam*, il est appelé « la destruction de Sodome ». Comme ils ont dit qu'après l'enlèvement du prépuce la douleur reste, il faut alors guérir cette douleur. De même, dans la destruction de Sodome, la guérison est appelée « le sauvetage de Loth », en raison de deux bonnes séparations qui vont en sortir.

Il est apparemment difficile de comprendre la question des bonnes séparations. Si c'est une séparation, comment peut-elle être bonne ? Mais comme nous l'avons dit, après la suppression du prépuce, il y a la douleur ; il en est ainsi parce qu'il n'a pas de place pour le travail. Et ces séparations, c'est-à-dire les étincelles qui sont restées de *Behina Dalet*, lui donnent un endroit pour travailler, du fait qu'il doit les corriger.

Elles ne peuvent pas être corrigées avant l'enlèvement du prépuce, puisque d'abord il faut élever et corriger les 248 étincelles. Ensuite, les trente-deux étincelles, appelées « le cœur de pierre », seront corrigées. Donc, en premier lieu, le prépuce doit être complètement enlevé.

C'est pourquoi cela doit être un *Sod* (secret), que l'on ne devrait pas connaître à l'avance, qu'ils doivent rester sous la forme de *Reshimot*. C'est la signification de *Sod* : grâce à la correction de la circoncision, qui est la l'exposition de

Yessod (Fondation), c'est-à-dire l'exposition du *Youd* (la première lettre de *Yessod*). Alors le *Sod* devient *Yessod*.

C'est le sens de l'ange Raphaël qui va ensuite sauver Loth en raison des « bonnes séparations », qui est le sujet de Ruth et Naomie, considérées comme l'esprit et le cœur. Ruth vient du mot *Réouia* (digne), lorsque l'*Aleph* est à peine prononcé. Et Naomie vient du mot *Noam*, quelque chose qui est agréable au cœur, qui est ensuite adouci chez David et Salomon.

Cependant, auparavant l'ange dit : « ne regarde pas derrière toi », car « Loth » est *Behina Dalet*, mais elle est toujours connectée à Abraham. Par contre, « derrière toi », derrière *Behina Dalet*, il n'y a que *Behina Dalet* brute, sans adoucissement. C'est le sens des grands monstres marins, dont nos sages disent que c'est un Léviathan (baleine, et son épouse, qui a tué la *Noukva* et l'a salée pour les justes à venir. À venir signifie après toutes les corrections.

C'est le sens de la femme de Loth regardant en arrière, comme il est écrit : « Sa femme regarda derrière lui et se transforma en statue de sel. » Mais avant il faut la tuer, ce qui est la destruction de Sodome. Mais il faut aussi sauver Loth, qui est considéré comme le Léviathan (le lien qu'a *Behina Dalet* avec Abraham).

C'est ce qui explique une question que le monde demande : « Comment l'ange qui a guéri Abraham pouvait-il sauver Loth ? Après tout, il y a une règle selon laquelle un ange ne peut effectuer deux missions. Mais en fait, c'est un seul sujet, car il doit rester un *Reshimot* de *Behina Dalet*. Mais cela doit être un secret, c'est-à-dire qu'avant qu'il ne se circoncise, il n'y avait aucun besoin de le savoir. Mais il faut plutôt la tuer. Et le Créateur la sale pour les justes à venir, lorsque le *Sod* devient *Yessod*.

C'est le sens de la querelle entre les bergers du bétail d'Abraham et les bergers du bétail de Loth (« Bétail » veut dire possessions spirituelles). Car le bétail d'Abraham était dans le but d'accroître Abraham, qui est la foi, c'est-à-dire que de cette manière, il a pris pour lui-même de plus grandes forces pour aller au-delà de la raison, car il a vu que précisément par ce chemin de la foi au-delà de la raison, nous sommes récompensés d'avoir toutes les possessions.

Il s'avère que la raison pour laquelle il veut

les possessions est que ces *Kinyanim* témoignent du chemin appelé « la foi au-delà de la raison », ce qui est le vrai chemin. La preuve en est qu'il lui est donné d'En-Haut des possessions spirituelles. Il s'avère que par ces possessions, il s'efforce d'aller seulement sur le chemin de la foi au-delà de la raison. Cependant, il ne veut pas des possessions spirituelles, car elles sont de grands degrés et de grandes réalisations.

Donc ce n'est pas qu'il croit au Créateur afin d'atteindre par la foi de grandes réalisations, mais il a besoin de grandes réalisations pour savoir qu'il est sur le vrai chemin. Dès lors, après toute la *Gadlout* (grandeur), il veut précisément aller sur le chemin de la foi, car ainsi, il voit qu'il fait quelque chose.

Ce n'est pas le cas des bergers du bétail de Loth, dont la seule intention était d'obtenir de grandes possessions et de grandes réalisations, ce qui est appelé « agrandir le discernement de Loth ». Car Loth est appelé « la terre maudite », qui est son désir de recevoir, appelé *Behina Dalet*, que ce soit dans l'esprit ou dans le cœur. C'est pourquoi Abraham a dit : « sépare-toi de moi, je t'en prie », pour que *Behina Dalet* se sépare de lui, du discernement de *Olam-Sha-*

na-Nefesh.

C'est le sens de la circoncision et de l'enlèvement du prépuce. La suppression de la *Behina Dalet* dans le discernement de *Nefesh* est appelée « circoncision ». Dans le discernement de *Olam*, l'enlèvement du prépuce est appelé « la destruction de Sodome » et dans le discernement de *Shana*, c'est l'inclusion de nombreuses âmes, ce qui est appelé *Shana* (année). C'est le discernement de Loth, du mot « malédiction », appelée « la terre maudite ». C'est pourquoi Abraham a dit à Loth : « sépares-toi de moi, je t'en prie ».

Cependant Loth était le fils de Haran, se référant au *Tsimtsoum Bet* (la seconde restriction), appelé « un fleuve qui sort d'Éden pour arroser le jardin ». Et il y a le discernement de « au-delà de la rivière », être hors de la rivière, c'est-à-dire *Tsimtsoum Aleph* (la première restriction) et il y a une différence entre *Tsimtsoum Aleph* et *Tsimtsoum Bet*.

Dans le *Tsimtsoum Aleph*, les *Dinim* (jugements) sont en dessous de toutes les *Sephirot* de *Kedousha* (sainteté), car ils sont sortis au début, selon l'ordre de l'enchaînement des mondes.

Cependant dans *Tsimtsoum Bet*, ils se sont élevés à l'endroit de la *Kedousha* et ils ont déjà une prise sur la *Kedousha*. Par conséquent, à cet égard, ils sont pires que *Tsimtsoum Aleph*, ils n'ont plus d'expansion supplémentaire.

Ainsi « la terre de Canaan » vient du *Tsimtsoum Bet*, qui sont très mauvais, parce qu'ils ont une prise sur la *Kedousha*. C'est pourquoi il est écrit à leur sujet : « tu ne laisseras rien vivre qui respire ». Loth, par contre, qui est *Behina Dalet*, il faut le sauver. C'est pourquoi les trois anges sont venus comme un seul. Un pour bénir la semence, considérée comme l'ensemble d'Israël, ce qui suggère aussi la multiplication dans la *Torah*. Tel est le sens de la révélation des secrets de la *Torah*, appelée *Banim* (fils) du mot *Havana* (compréhension). Et tout cela ne peut-être atteint qu'après la correction de la circoncision.

C'est le sens des paroles du Seigneur : « Est-ce que je cache à Abraham ce que je fais » ? Abraham avait peur de la destruction de Sodome, de peur qu'il ne perde tous ses récipients de réception. C'est pourquoi il dit : « Peut-être y a-t-il cinquante justes », car un *Partsouf* complet est cinquante degrés. Et après, il demanda :

« Peut-être y a-t-il quarante-cinq justes » c'est-à-dire *Aviout* de *Behina Guimel*, qui est de quarante et *Dalet* de *Hitlabshout* (revêtement), qui est *VAK*, un demi-degré, soit les cinq *Sephirot* etc. Enfin, il demanda : « Peut-être y a-t-il dix justes ? » c'est-à-dire le niveau de *Malkhout* qui est dix seulement. Ainsi, lorsqu'il vit que même le niveau de *Malkhout* ne pouvait pas sortir de là, Abraham accepta la destruction de Sodome.

Il s'avère que lorsque le Créateur vint lui rendre visite, il pria pour Sodome, comme il est écrit : « est-ce comme son cri » ce qui signifie qu'ils étaient tous plongés dans le désir de recevoir. « **Tous...**, sinon, je saurais ». C'est-à-dire que s'il y a des discernements de don en eux, alors nous saurons que c'est une question de connexion. C'est-àdire qu'Il les connectera à la *Kedousha* (sainteté). Et puisqu'Abraham vit que rien de bon ne sortirait d'eux, il accepta la destruction de Sodome.

C'est pourquoi, après que Loth se soit séparé d'Abraham, il est écrit « il dressa ses tentes jusqu'à Sodome », qui est la demeure du désir de recevoir pour soi. Ceci n'est que dans la terre d'Israël.

Par contre, au-delà de la rivière, qui est *Tsimtsoum Aleph*, sous la domination de *Behina Dalet*, il n'y a pas de place pour le travail, car elle règne et domine dans son propre lieu et ce n'est qu'en terre d'Israël, considérée comme *Tsimtsoum Bet*, qu'il y a la place pour tout le travail. C'est pourquoi Abraham est appelé *Bé Hey Bare'am* (créés avec la lettre *Hey*). Cela signifie que le *Youd* de Saraï a été divisé en deux *Hey*, *Hey* inférieur et *Hey* supérieur et Abraham a pris de l'inclusion du *Hey* inférieur avec le *Hey* supérieur.

Maintenant nous pouvons comprendre Shimon et Lévi, qui ont dupé les gens de Sichem. Puisque Sichem voulait Dina, car toute son intention était dans le désir de recevoir, ils ont dit qu'ils devaient être circoncis, ce qui signifie annuler le récipient de réception. Et puisque leur seul but était le désir de recevoir, il s'avère qu'ils ont été tués par la circoncision elle-même, du fait que par la circoncision ils ont perdu le désir de recevoir. Pour eux, c'était comme la mort.

Il s'avère donc qu'ils se sont dupé eux-mêmes, puisque toute leur intention était pour leur sœur Dina. Ils pensaient qu'ils pourraient recevoir Dina dans les récipients de réception. Ainsi, après avoir été circoncis et ils voulaient recevoir Dina, ils ne purent utiliser que les récipients du don, car ils avaient perdu les récipients de réception par la circoncision. Mais comme il leur manquait l'étincelle du don, puisque Sichem était le fils de Hamor, qui ne connait que les récipients de réception, ils ne pouvaient pas recevoir Dina dans les récipients du don, car c'est contraire à leur racine. Leur racine est seulement Hamor (âne), le désir de recevoir, donc ils ont perdu des deux côtés. Ceci est considéré comme si Shimon et Lévi avaient causé leur mort, mais en réalité, c'était leur propre faute, pas celle de Shimon et de Levi.

Tel est le sens des paroles de nos sages : « Si ce scélérat t'a rencontré, attire-le au séminaire ». Il faut comprendre ce qu'est « s'il t'a rencontré ». Cela signifie qu'il ne trouve pas toujours le scélérat, c'est-à-dire le désir de recevoir. Cependant, cela signifie que tout le monde ne considère pas le désir de recevoir comme un scélérat. Mais s'il y a quelqu'un qui ressent le désir de recevoir comme un scélérat et veut s'en débarrasser, comme il est écrit : « il faut toujours confronter le bon penchant au mauvais penchant. S'il l'emporte, tant mieux, sinon, qu'il s'engage dans la *Torah*, sinon, qu'il récite la prière *Shéma* et sinon, qu'il lui rappelle le jour de sa mort »(*Bérakhot*, p.5). Alors il a trois conseils ensemble et l'un est incomplet sans les autres.

À présent nous pouvons comprendre la question de tout le monde, à la fin de la citation de la *Guémara*. Si le premier conseil « attire-le au séminaire » n'aide pas, alors « qu'il récite la prière *Shéma* ». Et si cela ne l'aide pas, « qu'il lui rappelle le jour de sa mort ». S'il en est ainsi, pourquoi at-il besoin des deux premiers conseils, s'il est peu probable qu'ils l'aident ? Pourquoi ne pas prendre tout de suite le dernier conseil, c'est-à-dire lui rappeler le jour de sa mort ? Il répond que cela ne veut pas dire qu'un seul conseil peut aider, mais qu'il faut avoir tous les trois conseils ensemble.

Et cela signifie :

1. Attire-le au séminaire, ce qui signifie la *Torah*.

2. Lire la prière *Shéma*, signifiant le Créateur et *Dvékout* (adhésion) au Créateur.

3. Lui rappeler le jour de sa mort, ce qui signifie la dévotion. Ceci est considéré

comme Israël, qui sont comparés à une colombe qui étend son cou. En d'autres termes, les trois discernements sont une unité, appelée « la *Torah*, Israël et le Créateur sont un ».

On peut recevoir l'aide d'un Rav pour le discernement de la *Torah* et la lecture du *Shéma*. Cependant, pour le discernement d'Israël, qui est la circoncision, qui est la dévotion, l'homme doit travailler seul. Et même si pour cela il y a également l'aide d'En-Haut, comme nos sages ont dit, « Il conclut une alliance avec lui », signifiant que le Créateur l'a aidé, quoi qu'il en soit l'homme doit commencer. Tel est le sens de « lui rappeler le jour de sa mort ». Nous devons toujours nous souvenir et ne pas oublier, puisque c'est l'essence du travail de l'homme.

À propos des *Reshimot* qu'il faut laisser dans le sauvetage de Loth, c'est en raison des deux bonnes séparations, qui est le sens de Haman et Mardochée. Mardochée ne veut que donner, il n'a pas besoin d'étendre les Lumières de *Gadlout*. Mais Haman, qui veut avaler toutes les lumières pour lui-même, est la cause qui éveille l'homme à étendre les lumières de *Gadlout*. Cependant, après avoir déjà étendu les lumières, il est interdit de les recevoir dans les récipients de

Haman, appelés les récipients de réception, mais seulement dans les récipients du don. Tel est le sens de ce qui est écrit, que le Roi dit à Haman : « fais ainsi à Mardochée, le Juif », ce qui est considéré comme les lumières de Haman brillant dans les récipients de Mardochée.

113 - La prière de dix-huit
Shabbat, J'ai entendu, le 15 *Kislev*

Dans la prière *Shmone Esrei* (dix-huit) : « Car Tu écoutes la prière de chaque bouche de Ton peuple, Israël, avec miséricorde. » Cela semble déroutant : d'abord nous disons « car Tu écoutes la prière de chaque bouche », signifiant que même une bouche indigne, le Créateur entend aussi. Il est écrit « chaque bouche », signifiant même celle qui est indigne. Ensuite il est dit : « Ton peuple, Israël, avec miséricorde », signifiant précisément une prière qui est dans la miséricorde, sinon, elle n'est pas entendue.

Le fait est que nous devons savoir que toute la lourdeur dans le travail de Dieu est à cause de la contradiction qui se trouve à chaque étape. Par exemple, il y a une règle disant que l'homme doit être humble. Mais si nous suivons cette extrémité, même si nos sages ont dit « soit très, très humble », toujours est-il que cette extrémité ne signifie pas qu'elle devrait être une règle, car nous savons que l'homme doit aller contre le monde entier et non pas être annulé devant la prolifération des points de vue qui abondent dans le monde, comme il est écrit : « son cœur fut élevé dans les voies du Seigneur ». Par conséquent, cette règle n'est pas une règle que nous pouvons appeler complète.

Et si nous allons vers l'autre extrémité, qui est l'orgueil, cela aussi est faux, puisque « celui qui est fier », dit le Créateur, « lui et Moi ne pouvons résider dans la même demeure ». Et nous pouvons également voir la contradiction dans la question des souffrances. Si le Créateur envoie de la souffrance à une certaine personne, et nous devons croire que le Créateur est bienveillant, donc les souffrances qu'il a envoyées sont nécessairement pour le bien de la personne. Alors pourquoi prions-nous pour que le Créateur nous retire les souffrances ?

En ce qui concerne les souffrances, il faut savoir que les souffrances ne viennent que pour nous corriger, afin que nous soyons qualifiés pour recevoir la Lumière du Créateur. Le rôle de la souffrance est uniquement de nettoyer le corps, comme nos sages ont dit : « comme le sel adoucit la viande, la souffrance purifie le corps ». En ce qui concerne la prière, ils l'ont établie à la place des souffrances. Ainsi, la prière nettoie également le corps.

Toutefois, la prière est appelée « le chemin de la *Torah* ». C'est pourquoi la prière est plus efficace pour adoucir le corps que la souffrance. Par conséquent, c'est une *Mitsva* de prier pour les souffrances, puisqu'il en découle un avantage supplémentaire, pour l'individu et pour tout le monde.

À cause de cela, la contradiction cause à l'homme de la lourdeur et des interruptions dans le travail de Dieu. L'homme ne peut pas continuer le travail et se sent mal. Il lui semble qu'il est indigne d'assumer la charge du Royaume des cieux « comme un bœuf au fardeau et comme un âne à la charge ». Ainsi, à ce moment-là, il est appelé « indésirable ».

Toutefois, puisque sa seule intention est d'étendre la foi, appelée *Malkhout*, c'est-à-dire d'élever la *Shekhina* (Divinité) de la poussière, le but de l'homme est de glorifier Son nom dans le monde, c'est-à-dire Sa grandeur, de sorte que la sainte *Shekhina* ne prenne pas la forme d'indigence et de pauvreté. Alors le Créateur « écoute la prière de chaque bouche », même de celui qui n'est pas si digne, qui se sent encore éloigné du travail de Dieu.

C'est le sens de « car Tu écoutes la prière de chaque bouche ». Quand entend-Il chaque bouche ? Quand le peuple d'Israël prie avec miséricorde, c'est-à-dire simplement avec miséricorde. Quand l'homme prie pour élever la Divinité de la poussière, pour recevoir la foi.

Cela ressemble à quelqu'un qui n'a pas mangé depuis trois jours. Quand il demande à un autre de lui donner quelque chose à manger, il ne demande pas des choses luxueuses ou superflues, mais simplement qu'il lui donne quelque chose pour faire revivre son âme.

De même, dans le travail de Dieu, quand il se trouve maintenu entre ciel et terre, l'homme ne demande rien de superflu au Créateur, mais uniquement la lumière de la foi, que le Créateur lui ouvre les yeux pour qu'il puisse assumer la foi. Ceci est appelé « élever la *Shekhina* (Divinité) de la poussière ». Et cette prière est acceptée de

« chaque bouche ». En fait, quel que soit l'état où l'homme se trouve, s'il demande de faire revivre son âme avec la foi, cette prière est exaucée.

Et c'est ce qu'il appelle « avec miséricorde », lorsque la prière est uniquement pour que d'En-Haut on ait pitié de lui, pour qu'il puisse maintenir sa vitalité. Et c'est le sens de ce qui est écrit dans le *Zohar*, que la prière pour les pauvres est tout de suite acceptée, c'est-à-dire que quand elle est pour la *Shekhina*, elle est tout de suite acceptée.

114 - La prière
J'ai entendu, en 1942

Nous devons comprendre comment une prière, considérée comme « miséricorde », est pertinente. Après tout, il y a une règle : « J'ai trouvé et je n'ai pas fait d'effort, n'y crois pas. » Le conseil est que l'on doit promettre au Créateur de Lui remettre l'effort par la suite.

115- Minéral, végétal, animal et parlant
J'ai entendu, en 1940, Jérusalem

Le minéral est quelque chose qui n'a pas sa propre autorité, mais qui est sous l'autorité de son propriétaire et qui doit satisfaire chaque souhait de son propriétaire. De ce fait, quand le Créateur créa la création pour Sa gloire, comme il est écrit « tout ce qui est appelé par Mon nom je l'ai créé pour Ma gloire », cela veut dire que le Créateur créa la création pour Ses propres besoins. La nature du propriétaire est imprimée dans les créatures, c'est-à-dire que toutes les créatures ne peuvent pas travailler dans l'intérêt d'un autre, mais seulement dans leur propre intérêt.

Le végétal est ce qui a déjà sa propre autorité dans une certaine mesure. Il peut déjà faire quelque chose qui est contraire à l'opinion du propriétaire. Cela veut dire qu'il peut déjà faire des choses non pas pour lui-même, mais pour donner. C'est déjà contraire à la volonté du Propriétaire, qu'Il a imprimée dans les inférieurs, à l'effet de ne travailler qu'avec le désir de recevoir pour soi.

Toutefois, comme nous pouvons le voir avec les plantes matérielles, même si elles sont mobiles et se développent en longueur et en largeur, toujours est-il que toutes les plantes n'ont qu'une seule propriété. En d'autres mots, il n'y a pas une seule plante qui puisse aller contre le système de toutes les plantes. En vérité, elles doivent suivre les lois de la flore et sont incapables de faire quoi que ce soit contre l'esprit de leur espèce.

Ainsi, elles n'ont pas de vie par elles-mêmes, mais sont des parties de vie de toute la flore. Cela veut dire que toutes les plantes ont une seule forme de vie pour toutes les plantes. Toutes les plantes sont comme une créature unique et les plantes individuelles sont comme les organes de cette forme de vie.

De même, dans la spiritualité, il y a des gens qui ont déjà acquis la force de surmonter un peu le désir de recevoir, mais sont asservis à leur environnement. Ils n'ont pas encore la force d'agir contrairement à l'environnement dans lequel ils vivent, et pourtant ils font le contraire de ce que leur désir de recevoir veut. Cela veut dire qu'ils travaillent déjà avec le désir de donner.

L'animal : nous voyons que chaque animal a ses propres caractéristiques ; il n'est pas confiné à l'environnement, mais chacun possède ses propres sensations et caractéristiques. Il peut certainement agir dans une certaine mesure contre la volonté du Propriétaire, c'est-à-dire qu'il peut travailler pour le don et n'est pas asservi à l'environnement. En fait, il a sa propre vie et sa vie ne dépend pas de la vie de celle de son ami. Pourtant, il ne peut ressentir au-delà de sa propre individualité et il ne ressent pas autrui ; il ne peut donc pas se soucier des autres.

Le parlant a ses vertus :

1. Il agit contre la volonté du Propriétaire ;

2. Il n'est pas asservi à son environnement comme le végétal, c'est-à-dire qu'il est indépendant de l'environnement ;

3. Il ressent aussi les autres, et de ce fait il peut se soucier d'eux et les compléter, car il ressent et regrette avec le public, et il est capable de se réjouir du réconfort du public. Il est aussi capable de recevoir du passé et du futur. L'animal, par contre, ne ressent que le présent et sa propre individualité.

116 - Selon celui qui a dit que les *Mitsvot* ne nécessitent pas d'intention
J'ai entendu

« Les *Mitsvot* ne nécessitent pas d'intention » et « il n'y a pas de récompense dans ce monde pour une *Mitsva* ». Cela signifie que celui qui dit que les *Mitsvot* ne nécessitent pas d'intention croit que la récompense d'une *Mitsva* n'est pas en ce monde. Car l'intention est la raison et la saveur d'une *Mitsva*, et ceci est la vraie récompense d'une *Mitsva*.

Si nous goûtons à la saveur d'une *Mitsva* et en comprenons la logique, nous n'avons pas besoin d'une plus grande récompense. Ainsi, si les *Mitsvot* ne nécessitent pas d'intention, alors la récompense d'une *Mitsva* n'est certainement pas de ce monde, puisqu'on ne trouve pas de saveur et de raison dans la *Mitsva*.

Il s'avère que s'il se trouve dans un état où il n'a aucune intention, il est dans un état où la récompense d'une *Mitsva* n'est pas dans ce monde, car la récompense pour une *Mitsva* consiste en une saveur et une raison, et s'il n'en a pas, il n'a certainement pas de récompense pour une *Mitsva* dans ce monde.

117 - Tu t'es forcé et tu n'as pas trouvé, n'y crois pas
J'ai entendu

Se forcer est une chose nécessaire. Puisque le Créateur donne à l'homme un cadeau, Il veut que l'homme ressente la beauté dans le cadeau. Sinon, il serait comme un idiot, comme l'ont dit nos sages : « Qui est l'idiot ? Celui qui perd ce qui lui a été donné », parce qu'il n'en apprécie pas l'importance, il ne garde pas minutieusement le cadeau.

C'est la règle que l'homme ne ressent aucunement l'importance de quoi que ce soit, s'il n'en a pas besoin. Et selon la mesure de ce besoin et de la souffrance induite s'il ne l'obtient pas, il ressent alors plaisir et joie à la satisfaction de ce manque. Comme l'exemple de celui à qui on offre toutes sortes de boissons ; s'il n'a pas soif, il ne ressent aucun goût, comme il est écrit « comme de l'eau fraîche sur une âme fatiguée ».

C'est pourquoi, lorsque des repas sont préparés pour faire plaisir aux gens, il est de coutume de préparer des viandes et des poissons et toutes sortes de bonnes choses ; on prend soin de servir quelque chose d'amer et de piquant, comme la moutarde et du piment, et des choses aigres et salées. Tout ceci pour éveiller les tourments de la faim, car lorsque le cœur goûte une saveur piquante et amère, cela évoque la faim et le manque, ce dont nous avons besoin pour satisfaire notre manque lors du repas avec de bons mets.

Personne ne devrait penser à demander : « Pourquoi ai-je besoin de ces choses qui éveillent les tourments de la faim ? Après tout, l'hôte ne devrait que préparer ce qui satisfait le manque, c'est-à-dire le repas, et non préparer des choses qui évoquent le besoin de satisfaction. » La réponse évidente est que puisque l'hôte veut que les gens apprécient le repas, dans la mesure où ils ont un besoin pour ce repas, dans cette même mesure ils apprécieront le repas.

Il s'avère que s'il multipliait les bonnes choses, elles ne les aideraient toujours pas à apprécier le repas, en vertu de la raison ci-dessus, à savoir qu'il n'y a pas de satisfaction sans manque.

C'est pourquoi pour être récompensé de la lumière de Dieu, il doit aussi y avoir un manque.

Ce qui manque, c'est le labeur : dans la mesure où l'homme fait des efforts et requiert l'aide du Créateur lors de la plus grande dissimulation, dans cette mesure il ressent le besoin du Créateur, c'est-à-dire que le Créateur lui ouvre les yeux pour être récompensé de marcher sur le chemin du Créateur.

Ensuite, une fois doté de ce *Kli* (récipient) de manque, quand le Créateur lui apportera Son aide d'En-Haut, il saura comment garder ce présent. Il s'avère que l'effort est considéré *Akhoraïm* (postérieur). Et lorsqu'il reçoit l'*Akhoraïm*, il dispose d'un endroit pour être récompensé de *Panim* (face).

Il est dit à ce propos : « l'idiot ne veut pas la sagesse ». Ceci signifie qu'il n'a pas un fort besoin de s'exercer pour obtenir la sagesse. Ainsi, il n'a pas d'*Akhoraïm* et ne peut naturellement pas être récompensé du discernement de *Panim*.

Telle est la signification de « le salaire est proportionnel à la peine », c'est-à-dire que la peine, appelée « effort », fait le *Kli* qui pourra être récompensé du salaire. Ce qui signifie que dans la mesure où il aura de la peine, dans cette mesure il pourra plus tard être récompensé de la joie et du plaisir.

118 - Pour comprendre la notion des genoux qui s'inclinent devant Baal
J'ai entendu

Il y a le discernement de la femme et il y a le discernement du Baal (mari). Une femme est considérée comme « elle n'a rien sauf ce que son mari lui donne », et un mari est considéré comme étendant l'abondance dans son propre aspect. Les genoux sont considérés comme l'inclinaison, comme il est écrit : « devant Toi chaque genou s'inclinera ».

Il y a deux discernements dans l'agenouillement :

1. Celui qui se soumet devant celui qui est plus grand que lui. Même s'il ne connaît pas son mérite, s'il croit qu'il est grand, de ce fait il s'incline devant lui.

2. Quand il connaît clairement sa grandeur et son mérite.

Il y a aussi deux discernements dans la foi en la grandeur du Supérieur :

1. Il croit qu'Il est grand car il n'a pas d'autre conseil, c'est-à-dire qu'il n'a aucun

moyen de connaître sa grandeur.

2. Il a un moyen de connaître Sa grandeur en toute certitude, mais il choisit néanmoins le chemin de la foi, car « C'est la gloire de Dieu que de dissimuler une chose ». Cela signifie que bien qu'il y ait des étincelles dans son corps qui veuillent précisément connaître Sa grandeur et ne pas être comme un animal, il choisit néanmoins la foi, pour la raison mentionnée ci-dessus.

Il s'avère que celui qui n'a pas d'autre conseil que de choisir la foi est considéré comme une femme, c'est-à-dire une femelle. « Il s'est vidé de sa force comme une femelle », et elle reçoit seulement de son mari.

Mais celui qui a un conseil et qui lutte pour emprunter le chemin de la foi est appelé un « homme de guerre ». De là ceux qui ont choisi la foi alors qu'ils avaient l'option d'avancer sur la voie de la connaissance appelée Baal, sont appelés « ceux qui ne se sont pas agenouillés devant Baal », c'est-à-dire qu'ils ne se sont pas soumis au travail du Baal, considéré comme la connaissance, mais ont choisi le chemin de la foi.

119 - Ce disciple qui apprit en cachette
J'ai entendu, le 5 de *Tishrei*, le 16 septembre 1942

Ce disciple qui apprit en *Khashaï* (cachette), Brouria le frappa et dit « tout est en règle », s'il l'est dans les 248, il existe.

Cachette signifie *Katnout* (petitesse), du mot *Khash-Mal*. *Khash* signifie *Kélim de Panim* (récipients antérieurs) et *Mal* signifie *Kélim de Akhor* (récipients postérieurs), les *Kélim* sous *Khazé* (poitrine), qui apportent la *Gadlout* (grandeur).

Ce disciple pensait que s'il avait été récompensé de l'état de *Khash*, un désir de donner sans réserve, et que si toutes ses intentions étaient seulement de donner, alors il aurait été récompensé de la complétude. Cependant, le but de la création des mondes était de faire le bien à Ses créatures, c'est-à-dire de recevoir tous les plaisirs supérieurs de sorte que l'homme atteigne toute la hauteur, même sous le *Khazé*, c'est-à-dire tous les 248.

C'est pourquoi Brouria lui dit le verset « tout est en règle », c'est-à-dire dans tous les 248. Cela signifie qu'il étendra également sous le *Khazé*, signifiant qu'il devra également étendre la *Gadlout*. Ceci est *Mal*, le discours, soit une révélation qui révélera tout le niveau. Cependant, pour éviter un dommage, il faut tout d'abord recevoir la *Katnout*, appelée *Khash*, qui est en cachette, pas encore révélée. Ensuite, il faut clarifier également le discernement de *Mal*, soit la *Gadlout*, et alors tout le niveau sera révélé.

Ceci est « en règle […] et garanti » quand chez lui c'est déjà garanti, c'est-à-dire *Katnout*, et il peut alors étendre la *Gadlout* et ne rien craindre.

120 - La raison pour laquelle on ne mange pas de noix à *Rosh Hashana*
J'ai entendu à la fin de *Rosh Hashana*,
1942, Jérusalem

La raison pour laquelle on ne mange pas de noix à *Rosh Hashana* (le Nouvel An juif) est qu'*Egoz* (noix), en gématrie, est *Het* (péché). Et il a demandé : « Mais *Egoz*, en gématrie, est Tov (bien) ? »

Et il a dit qu'*Egoz* évoque l'arbre de la connaissance du bien et du mal. Avant que l'homme ne se repente par amour, l'*Egoz* en lui est encore un péché. Et celui qui a déjà été récompensé de la repentance par amour, ses transgressions deviennent des mérites. De là, son *Het* est devenu bien, et alors il a le droit de manger des noix. C'est pourquoi il faut faire attention de ne manger que des choses qui ne comportent pas la moindre allusion au péché, qui sont considérées comme l'arbre de la vie. Cependant, les choses ayant une gématrie de *Het* sous-entendent l'arbre de la connaissance du bien et du mal.

121 - Elle est comme les navires marchands
J'ai entendu

Dans le verset : « Elle est comme des navires marchands ; elle amène de loin son pain. » Quand l'homme demande et insiste que « elle est toute à moi », que tous les désirs soient dédiés au Créateur, la *Sitra Akhra* s'éveille à son encontre et prétend, elle aussi, « elle est toute à moi ».

Alors il y a une négociation. Une négociation veut dire qu'un homme veut acheter un certain objet et l'acheteur et le vendeur débattent de sa valeur, signifiant que chacun d'entre eux prétend avoir raison.

Et ici le corps examine lequel il vaut mieux écouter : celui qui reçoit ou la force qui donne. Tous deux affirment clairement « elle est toute à moi ». Et comme il voit sa propre bassesse, qu'il y a en lui aussi des étincelles qui ne sont pas d'accord pour observer la *Torah* et les *Mitsvot* ne serait-ce que d'un iota, mais que tout le corps prétend « elle est toute à moi ».

Alors « elle amène son pain de loin », signifiant que de loin l'homme voit combien il est éloigné du Créateur et regrette et demande au Créateur de le rapprocher : « elle amène son pain ».

Le pain signifie la foi. Dans cet état, il est récompensé d'une foi permanente puisque « Dieu a fait en sorte qu'il Le craigne ». Ceci signifie que tous les éloignements qu'il ressent lui ont été amenés par le Créateur pour qu'il ait le besoin d'assumer la crainte des cieux.

Ceci est le sens de « l'homme ne vit pas seulement de pain, mais de tout ce qui sort de la bouche du Seigneur. » Cela signifie que la vie de *Kedousha* (Sainteté) en l'homme ne vient pas spécifiquement du rapprochement, des entrées, c'est-à-dire des admissions dans la *Kedousha*, mais aussi des sorties, des éloignements. Il en est ainsi car la *Sitra Akhra* se revêt dans son corps et prétend « elle est toute à moi », avec un argument juste, et en surmontant ces états, l'homme est récompensé d'une foi permanente.

Cela veut dire que l'homme doit tout unir au Créateur, c'est-à-dire, que même les sorties viennent de Lui. Et quand il est récompensé, il voit que les sorties comme les entrées étaient toutes de Lui.

Par cela il est forcé d'être humble, puisque maintenant il voit que le Créateur fait tout, les sorties aussi bien que les entrées. Et ceci est le sens de ce qu'il est dit à propos de Moïse, qu'il était humble et patient – qu'il faut tolérer les bassesses. Ainsi, à chaque degré, il doit maintenir la bassesse, et dès l'instant où il quitte la bassesse, il perd immédiatement tous les degrés de « Moïse » qu'il avait atteints jusque-là.

C'est la notion de patience. La bassesse existe en chacun ; mais tout le monde ne ressent pas cette bassesse comme une bonne chose et on ne veut pas souffrir. Cependant, Moïse tolérait l'humilité, c'est pourquoi il était appelé « humble », puisque la bassesse lui procurait de la joie.

Ceci est la règle : « Là où il n'y a pas de joie, la *Shekhina* (Divinité) ne réside pas. » De là, durant la période de purification, la *Shekhina* ne peut-être là, bien que la purification soit une chose nécessaire (comme les toilettes : bien que l'on doive s'y rendre, toujours est-il qu'il est certain que ce n'est pas le Palais du Roi.)

Ceci est la signification de *Brakha* (bénédiction) et *Bekhora* (droit d'aînesse), dont les lettres sont identiques (en hébreu). Le droit d'aînesse est *GAR* et la *Sitra Akhra* veut *GAR*, mais pas les bénédictions, puisqu'une bénédiction est le vêtement sur *Mokhin* et Esaü voulait le droit d'aînesse sans le vêtement, mais il est interdit de recevoir *Mokhin* sans le vêtement. Ceci est la signification des mots d'Esaü : « N'as-tu pas réservé une bénédiction pour moi ? » « Une bénédiction » veut dire le contraire des bénédictions, c'est-à-dire une malédiction. Il est dit de cela : « il aimait la malédiction et elle est venue sur lui ; il ne désirait pas la bénédiction ».

122 - Comprendre ce qui est écrit dans le *Shoulkhan Aroukh*

J'ai entendu, la veille du Shabbat, *Nitsavim*, 22 d'*Eloul*, 4 septembre 1942

Comprendre ce qui est écrit dans *Shoulkhan Aroukh* (Table dressée – Code des lois juives), que la règle est que l'homme doit réfléchir répétitivement aux prières des « Jours terribles » (les dix jours entre *Rosh Hashana* et *Yom Kipour*), afin que lorsque qu'arrive le temps de la prière, il soit déjà vieux et habitué à la prière.

Le fait est que la prière doit être dans le cœur, ce qui est le sens du travail dans le cœur, c'est-à-dire que le cœur acquiesce à ce qu'il dit avec sa bouche (sinon, c'est une duperie, c'est-à-dire que sa bouche et son cœur ne sont pas pareils.) De là, pendant le mois d'*Eloul* (qui précède *Rosh Hashana*) il doit s'habituer au grand travail.

L'essentiel est qu'il puisse dire « inscris-nous pour la vie », c'est-à-dire que lorsqu'il dit « inscris-nous pour la vie », le cœur aussi doit être d'accord (de sorte que cela ne soit pas une flatterie), que sa bouche et son cœur soient égaux, « car l'homme regarde l'apparence, mais le Seigneur regarde le cœur. »

Ainsi, quand il crie, « inscris-nous pour la vie », « la vie » signifie l'adhésion à la Vie des Vies, que par cela l'homme veut travailler entièrement afin de donner et que toutes ses pensées pour les plaisirs personnels soient entièrement révoquées. Alors lorsqu'il ressent ce qu'il dit, son cœur peut craindre que sa prière soit acceptée, c'est-à-dire qu'il n'ait plus de désir pour lui-même.

À propos du plaisir personnel, un état apparaît dans lequel il semble qu'il abandonne tous les plaisirs de ce monde, tous les gens, les amis, sa famille, toutes ses possessions. Il se retire pour aller dans le désert où il n'y a rien d'autre que des bêtes sauvages, sans personne qui ne le connaisse ou ne se soucie de son existence. Il lui semble qu'il perd son monde d'un seul coup et ressent qu'il perd un monde plein de joie de vivre et qu'il accepte la mort de ce monde. Il lui semble qu'il commet un suicide lorsqu'il pense à cette image.

Parfois, la *Sitra Akhra* l'aide à visualiser cet état avec toutes les couleurs sombres. Alors le corps rejette cette prière et dans un tel état sa prière ne peut être acceptée, puisque lui-même ne veut pas que sa prière soit acceptée.

Pour cette raison, il doit y avoir une préparation à la prière, pour s'habituer à la prière, comme si sa bouche et son cœur étaient égaux. On peut y parvenir si le cœur accepte, par habitude, de comprendre que la réception signifie la séparation et que le plus important est l'adhésion à la Vie des Vies, qui est le don sans réserve.

On doit toujours faire des efforts dans le travail de *Malkhout*, appelée « écriture », considéré comme encre et *Shakharit* (noirceur). Cela veut dire ne pas vouloir que son travail soit sous la forme de « *Libni* et *Shimei* », qu'uniquement dans la blancheur il observera la *Torah* et les *Mitsvot*, mais que ce soit inconditionnellement. Que ce soit blanc ou noir, ce sera toujours la même chose pour lui et quoi qu'il advienne, il doit toujours obéir aux commandements de la *Torah* et des *Mitsvot*.

123 - Son divorce et sa main viennent ensemble
J'ai entendu, en mémoire de l'Admor
(Baal HaSoulam)

En ce qui concerne *Hey* inférieur dans *Einayïm* (les yeux) cela signifie qu'un *Massakh* (écran) et une couverture ont été placés sur les yeux, car les yeux signifient vision et surveillance, quand l'homme voit la Providence cachée.

L'épreuve veut dire que l'homme ne peut pas décider dans un sens ou dans l'autre, qu'il ne peut pas clarifier le désir du Créateur et l'intention de son Rav. Même s'il est capable de travailler avec dévotion, l'homme ne peut pas décider si ce travail dans la dévotion est à sa place, ou l'inverse – si ce travail difficile est contre les vues de son Rav et celles du Créateur.

Pour trancher l'affaire, l'homme choisit ce qui ajoute du labeur. Cela signifie qu'il doit travailler selon la ligne voulant que le labeur est tout ce que l'homme doit faire, et rien d'autre. Alors l'homme n'a pas de place pour douter de ses actions, de ses pensées et de ses paroles, mais il doit toujours multiplier les efforts.

124 - Le Shabbat de *Béréshit* et des six mille ans
J'ai entendu

Il y a deux discernements du Shabbat :

1. de *Béréshit* (la Genèse) ;
2. des six mille ans.

La différence entre les deux est la suivante : nous savons qu'il y a l'arrêt et qu'il y a le repos. L'arrêt est où il n'y a plus rien à ajouter. Le repos, par contre, veut dire qu'il s'arrête pour se reposer, c'est-à-dire qu'il est au milieu de son travail et comme il n'a pas la force de continuer son travail, il s'arrête pour se reposer, pour recevoir de la vitalité et de nouvelles forces, et ensuite il continue son travail.

Le Shabbat de *Béréshit* est le discernement où il n'y a rien à ajouter. C'est ce qu'on appelle un arrêt.

Le Shabbat des six mille ans est le discernement du repos, par lequel on reçoit force et vitalité de continuer le travail pendant les jours de la semaine.

Maintenant, nous pouvons comprendre les paroles de nos sages, que Shabbat a dit : « Tu as donné à tous un conjoint, mais pas à moi. » Et le Créateur a répondu : « Israël sera ton conjoint. » Un conjoint veut dire ZA. S'il y a une *Noukva*, il peut y avoir un *Zivoug* (accouplement) et du *Zivoug* vient la progéniture, c'est-à-dire renouvellement et ajouts.

Noukva est le manque. S'il y a un manque quelque part, il y a de la place pour corriger le manque et quand on étend la Lumière Supérieure à l'endroit du manque, toutes les corrections sont considérées comme ayant été complétées. Il s'avère qu'il n'y avait pas ici de manque pour commencer, mais tout le manque, que l'homme avait considéré comme étant une carence, est venu sous la forme de correction pour commencer, signifiant qu'ainsi l'abondance supérieure s'écoulerait d'En-Haut.

Cela ressemble à celui qui étudie un sujet et s'efforce de le comprendre. Quand il est arrivé à comprendre, alors c'est l'inverse, il ne ressent pas qu'il souffrait avant, quand il ne comprenait pas la question. Mais il est heureux parce que maintenant il a de la joie. La joie est mesurée par l'ampleur de l'effort qu'il a fait avant de comprendre le sujet.

Ainsi, le temps de l'étude est appelé *Noukva*, manque. Et quand l'homme s'unit au manque, il engendre la progéniture, le renouvellement. C'est ce que le Shabbat a fait valoir : « Comme Shabbat n'est pas le temps du travail, il n'y aura pas de progéniture ni de renouvellement. »

125 - Celui qui réjouit le Shabbat
J'ai entendu, le 8 *Sivan*, 15 juin 1949, à Tel Aviv

« Celui qui réjouit le Shabbat, un domaine illimité lui est donné, comme il est dit : "Alors tu te réjouiras dans le Seigneur et Je te ferai chevaucher sur les hauts lieux de la terre et Je te nourrirai de l'héritage de Jacob, ton père", etc. Contrairement à Abraham, à propos duquel il est écrit : "Lève-toi, parcours le pays dans sa longueur", etc. Et non pas comme Isaac, comme il est écrit : "à toi et ta descendance, Je donnerai tous ces pays", mais comme Jacob, à propos duquel il est écrit : "tu te propageras à l'ouest et à l'est, au nord et au sud." » (Shabbat, 118)

Il est difficile de comprendre cette *Guémara* littéralement. Sera-t-il donné à chacun d'Israël le monde entier, un domaine illimité ?

Commençons par les paroles de nos sages : « Dans l'avenir, le Créateur sortira le soleil de son fourreau et assombrira. Les méchants sont jugés par lui et les justes sont guéris par lui, comme il est écrit : "Car voici, le jour vient, ardent comme un brasier, et tous les scélérats et les méchants seront comme la paille. Ce jour-là, ils seront consumés par le feu, dit le Seigneur des armées, Il ne leur laissera ni racine ni branche, ni racine dans ce monde, ni branche dans le monde à venir." » Les justes sont guéris par lui, comme il est écrit : « "Mais pour vous qui craignez Mon Nom, le soleil de justice se lèvera qui portera dans ses ailes la guérison", etc. Et de plus, ils sont raffinés par lui. » (*Avoda Zara*, 3b)

Il faut comprendre l'énigme des sages : qu'est-ce que le soleil et qu'est-ce que le fourreau, et d'où vient cette contradiction ? Aussi, que veut dire « ni racine dans ce monde ni branche dans le monde à venir » ? Et « de plus, ils sont raffinés par lui » ? Il aurait dû dire, « guéris et raffinés par lui », et pourquoi le « de plus » qu'il a dit ?

Maintenant, nous pouvons comprendre les paroles de nos sages : « Israël compte par la lune et les nations du monde, par le soleil. » (*Soucca* 29) Cela veut dire que la lumière du soleil est une épithète pour la plus claire des connaissances, comme il est écrit : « clair comme le soleil ». Et les nations du monde, qui n'ont pas reçu la *Torah* et les *Mitsvot*, comme il est écrit que le Créateur la donna à chaque nation et à chaque langue, car ils ne voulaient pas se réjouir dans la lumière de la *Torah*, considérée comme « la lune », qui reçoit de la lumière du Créateur, qui est la lumière du soleil, c'est-à-dire la lumière générale. Cependant, ils ont la soif et le désir ardent d'étudier le Créateur et de Le connaître Lui-même.

Par contre, Israël compte par la lune, qui est la *Torah* et les *Mitsvot*, dans lesquels la lumière du soleil est revêtue. C'est pourquoi la *Torah* est le fourreau du Créateur. Il est écrit dans le *Zohar* que « la *Torah* et le Créateur ne font qu'un ». Cela signifie que la Lumière du Créateur est revêtue dans la *Torah* et les *Mitsvot*, et Lui et Son fourreau ne font qu'un. Par conséquent, Israël compte par la lune, pour se compléter dans la *Torah* et les *Mitsvot*. Ainsi, il est également récompensé du Créateur. Cependant les nations du monde qui n'observent pas la *Torah* et les *Mitsvot*, c'est-à-dire le fourreau, n'ont même pas la lumière du soleil.

Tel est le sens de « dans l'avenir, Il sort le soleil de son fourreau ». Et ils dirent : « La *Shekhina* (Divinité) dans les inférieurs ; un besoin sublime ». Cela signifie que le Créateur le désire ardemment et y aspire. C'est le sens des six jours d'action, c'est-à-dire le travail dans la *Torah* et les *Mitsvot*, car « le Seigneur a fait tout pour Son propre dessein ». Et même le travail des jours de la semaine est aussi le travail de Dieu, comme il est écrit : « Il ne l'a pas créée afin d'être un chaos, Il l'a formée pour être habitée ». C'est pourquoi il est appelé le fourreau.

Le Shabbat est la lumière du soleil, le jour de repos à la vie éternelle, c'est-à-dire qu'Il a préparé le monde en deux degrés :

1. Pour que Sa Divinité soit révélée par la *Torah* et les *Mitsvot* dans les six jours d'action ;

2. Pour qu'Il se révèle dans le monde sans la *Torah* et les *Mitsvot*.

C'est le sens de : « en son temps, je vais la hâter ». Récompensés – je vais la hâter, par la *Torah* et les *Mitsvot*. Non récompensés – en son temps. Il en est ainsi parce que le développement de la création par l'augmentation des souffrances amène la fin et la rédemption à l'humanité, jusqu'à ce que le Seigneur place Sa Divinité dans les inférieurs. C'est ce qu'il appelle « en son temps », l'évolution au fil du temps.

126 - Un sage vient en ville
J'ai entendu, pendant le repas de *Shavouot* (la fête du don de la *Torah*), mai 1947, à Tel-Aviv

« Un sage vient en ville ». Le Créateur est appelé Sage. Il vient en ville, car à *Shavouot*, Il se révèle au monde.

« Le paresseux dit : "il y a un lion sur la route, le sage n'est peut-être pas dans sa maison, la porte est peut-être verrouillée ?" » Comme nos sages ont dit : « si tu t'es forcé et que tu n'as pas trouvé, n'y crois pas. » Par conséquent, s'il voit qu'il n'a pas trouvé encore la proximité avec le Seigneur, alors il est dit qu'il n'a pas fait suffisamment d'efforts. C'est pourquoi le verset l'appelle « paresseux ».

Et quelle est la raison pour laquelle il n'a pas fait d'effort ? S'il recherche la proximité du Créateur, pourquoi n'a-t-il pas voulu faire un effort ? Après tout, même si on veut obtenir quelque chose de matériel, on n'y arrive pas sans effort. En fait, il veut faire des efforts et ce n'est pas qu'il dit « Il y a un lion sur la route », signifiant la *Sitra Akhra*, comme il est écrit : « le lion guette en embuscade ». Cela signifie que celui qui commence le chemin du Seigneur rencontre le lion sur la route. Et celui qui échoue sur la route ne peut pas se redresser.

C'est pourquoi il a peur de commencer, car qui peut le vaincre ? Alors on lui dit : « il n'y a pas de lion sur la route », signifiant « il n'y a rien hormis Lui », comme c'est écrit. C'est parce qu'il n'y a pas d'autre force que Lui, par voie de « Dieu l'a fait ainsi que les hommes Le craignent. »

Alors il trouve une autre excuse : « le Sage n'est peut-être pas dans sa maison. » Sa maison est *Noukva*, la Sainte *Shekhina* (Divinité). Dans ce cas, il ne peut pas savoir avec certitude s'il marche sur le chemin de *Kedousha* (sainteté) ou non.

C'est pourquoi il dit que peut-être le Sage, signifiant le Créateur, n'est pas dans Sa maison. C'est-à-dire que ce n'est pas Sa maison, pas celle de la *Kedousha*. Alors comment peut-il savoir qu'il avance dans la *Kedousha* ? Alors on lui dit : « Le Sage est dans sa maison », signifiant « l'âme de l'homme lui apprendra » et, enfin, il saura qu'il avance dans la *Kedousha*.

Alors il dit : « la porte est peut-être verrouillée » et il est impossible d'entrer à l'intérieur du palais, comme il le dit : « pas tous ceux qui souhaitent prendre le Seigneur peuvent venir Le prendre » ? Alors on lui répond : « La porte n'est pas verrouillée ». Après tout, nous voyons que beaucoup de gens ont été récompensés par le fait d'entrer dans le palais.

Et alors, il répond : « De toute façon, je n'irai pas », c'est-à-dire que s'il est paresseux et ne veut pas faire d'effort, il devient ingénieux et critique, et il pense qu'ils ne font que lui alourdir le travail.

Mais en vérité, celui qui veut faire des efforts voit le contraire. Il voit que beaucoup ont réussi. Et celui qui ne veut pas faire d'effort voit qu'il y a des gens qui n'ont pas réussi. Et s'ils n'ont pas réussi, c'est parce qu'ils ont découvert qu'ils ne voulaient pas faire d'effort. Mais comme il est paresseux et ne veut que justifier ses actes, il prêche comme un sage. En vérité, il faut accepter le fardeau de la *Torah* et des *Mitsvot* sans arguments ni polémiques, et alors il réussira.

127 - La différence entre l'essentiel, la substance et l'ajout d'abondance
Quatrième jour de *Souccot*, 30 septembre 1942

Nous savons que le départ de *Mokhin* et la cessation du *Zivoug* (accouplement) se produit seulement aux ajouts des *Mokhin*, et le cœur du degré dans *ZON* est *Vav* et *Nékouda* (un point). Cela signifie que dans son essence *Malkhout* n'a pas plus qu'un point, un point noir qui n'a pas de blancheur.

Et si l'homme accepte ce point comme la part importante et non pas comme quelque chose de superflu dont il souhaite se débarrasser, et qu'il l'accepte en plus comme ornement, elle est appelée « une belle demeure dans le cœur ». Il en est ainsi parce qu'il ne réprouve pas cette servitude, mais la considère comme essentielle pour lui. Ceci est appelé « Élever la *Shekhina* (Divinité) de la poussière ». Et quand il maintient la base comme essentielle, il ne peut jamais tomber de son degré, puisqu'il n'y a pas de départ dans l'essence.

Et quand il entreprend de travailler comme un point noir, où même dans la plus grande obscurité du monde, la *Shekhina* dit : « il n'y a pas de place pour se cacher de Toi ». Par conséquent, « je suis attaché à Lui par un nœud » et « il ne sera jamais détaché ». À cause de cela, l'homme n'a aucune interruption dans la *Dvékout* (adhésion).

Et s'il lui vient une certaine illumination d'En-Haut, appelée « ajout », il l'accepte comme « inévitable et non intentionnelle », car elle provient de l'Emanateur, sans l'éveil de l'inférieur. C'est le sens de « je suis noire et belle », si tu peux accepter la noirceur, tu verras comme je suis belle.

C'est le sens de « que celui qui est naïf vienne ici ». Quand il se détourne de toutes ses affaires et veut travailler uniquement dans l'intérêt du Créateur, et qu'il travaille par voie de « j'étais comme une bête devant toi », il est alors récompensé de voir la perfection absolue. Tel est le sens de « celui qui est dépourvu de cœur, elle lui dit ». Cela signifie que, puisqu'il est dépourvu de cœur, il doit être naïf, autrement il lui est impossible de s'approcher.

Mais parfois, nous rencontrons l'état de la *Shekhina* en exil, lorsque le point descend à *BYA* de séparation. Alors il est appelé « Comme une rose parmi les épines », car il a la forme d'épines et des chardons. Dans cet état, il est impossible de l'accepter, car c'est la domination des *Klipot* (écorces).

Et cela arrive par l'action de l'homme, car les actions de l'homme en bas influent sur la racine de son âme en haut, dans la Sainte *Shekhina*. Cela veut dire que si l'homme en bas est asservi par le désir de recevoir, il fait ainsi que la *Klipa* (écorce) domine la *Kedousha* (sainteté) en haut.

C'est le sens de *Tikoun Hatzot* (correction de minuit) quand nous prions pour élever la *Shekhina* de la poussière, l'élever en haut pour qu'elle soit importante, car « en haut » et « en bas » sont des calculs d'importance. Alors elle est le discernement du point noir.

Dans le *Tikoun Hatzot*, il rassemble ses forces et dit qu'il veut garder le verset de « *Libni* et *Schimeï* ». *Libni* signifie *Lavan* (blanc) et non pas noir et *Schimeï* signifie *Shmi'a* (ouïe), c'est-à-dire raisonnable, ce qui signifie que c'est raisonnable et acceptable pour lui d'assumer la charge du royaume des cieux. Et le *Tikoun Hatzot* est le *Tikoun* de *Mehitza* (partition), la correction pour séparer la *Kedousha* de la *Klipa*, c'est-à-dire corriger la mauvaise sensation qui se trouve dans le désir de recevoir et de se connecter au désir de donner.

Gola (exil) a les lettres de *Guéoula* (rédemption), la différence étant l'*Aleph* (dans *Guéoula*). Cela signifie que nous devons étendre le *Alouph* (champion) du monde en *Gola*, alors nous ressentirons immédiatement la *Guéoula*. C'est le sens de « Celui qui s'est engagé à surveiller (un animal) est responsable des dégâts et doit indemniser (les victimes) à l'aide de ses meilleures possessions. » Et c'est le sens de « quand il y a jugement en bas, il n'y a pas de jugement en haut. »

128 - La rosée goutte de ce Galgalta à *Zeir Anpin*

J'ai entendu, le 3 de *Mishpatim*,
27 février Tel-Aviv, 1943

La rosée goutte de ce Galgalta à *Zeir Anpin*. Et à propos des cheveux pâles, il y a un creux sous chaque cheveu et c'est le sens de « Il m'accable sous un vent de tempête. » Et c'est le sens de « Alors, le Seigneur répondit à Job depuis la tempête. » Et c'est le sens de « Ce tribut, présenté par tous ceux compris dans le dénombrement, sera d'un demi-sicle, selon le poids du sanctuaire. » Et c'est le sens de « un *Béka* (une mesure d'argent) par tête, pour expier pour vos âmes. »

Pour comprendre la question des cheveux, c'est le noir et l'encre. Cela signifie que lorsque l'homme se sent éloigné du Créateur, parce qu'il a des pensées étrangères, c'est ce qu'il appelle « cheveux ». Et « pâle » signifie blancheur. Cela signifie que lorsque la lumière de Dieu se déverse sur lui, elle le rapproche du Créateur, et les deux ensemble sont appelés Lumière et *Kli* (récipient).

Et l'ordre de travail, c'est que lorsqu'il se réveille pour le travail de Dieu, c'est par le fait qu'il lui soit donné la pâleur. À ce moment, il ressent la vitalité et la vie dans le travail de Dieu. Ensuite lui vient une pensée étrangère, par laquelle il tombe de son degré et s'éloigne du travail. La pensée étrangère est appelée *Se'ara* (tempête / cheveu). Et il y a un creux sous les cheveux, qui est une cavité et une déficience dans le crâne.

Avant que ne lui viennent les pensées étrangères, il avait une *Rosh* (tête) complète et il était près du Créateur, et à cause des pensées étrangères, il s'est éloigné du Créateur. Et cela est considéré comme une déficience à la tête. Et par le chagrin, à savoir qu'il le regrette, il étend un flot d'eau. Ainsi, les cheveux deviennent un tuyau pour le transfert de l'abondance, par lequel il est considéré comme ayant été récompensé de la blancheur.

Et après, les pensées étrangères reviennent de nouveau, et il se retrouve une fois de plus éloigné du Créateur. Cela crée un creux de plus, une cavité et une déficience dans le crâne, et par le chagrin, à savoir qu'il le regrette, il étend une fois de plus un flot d'eau et les cheveux deviennent un tuyau pour le transfert de l'abondance.

Ce processus continue à maintes reprises, par des hauts et des bas, jusqu'à ce que les cheveux soient accumulés dans une mesure complète. Cela signifie que chaque fois qu'il corrige, il étend l'abondance. Cette abondance est appelée « la rosée », comme dans « ma tête est remplie de rosée ». C'est parce que l'abondance vient de façon intermittente, et chaque fois, c'est comme s'il recevait une goutte. Et quand son travail est terminé, il réalise la totalité du montant, jusqu'à ce qu'« il ne retourne plus à la folie » ; nous considérons que de cette rosée les morts seront ressuscités.

Et c'est le sens de « *Béka* » (fissure, creux), que les pensées étrangères font des creux dans la tête.

Et encore, concernant la question du demi-sicle, à savoir qu'il est à moitié digne et à moitié indigne. Mais nous devons comprendre que les deux moitiés n'existent pas en même temps, mais chaque fois, il doit y avoir une chose entière. Parce que s'il a transgressé une *Mitsva* et ne l'a pas observée, il n'est pas considéré comme demi-méchant, mais comme entièrement méchant.

Toutefois, c'est en deux temps. Une fois, il est juste, il adhère au Créateur, et alors il est tout à fait digne. Et quand il vit une descente, il est méchant. C'est le sens de « le monde n'a été créé que pour les gens qui sont complètement justes ou complètement méchants. » Et c'est pourquoi on parle de « demi », car il y a deux temps.

Et c'est « pour faire expiation pour vos âmes ». Par la fissure, il sent que sa tête est incomplète, car lorsqu'une pensée étrangère arrive, son esprit n'est pas entièrement avec le Créateur. Et quand il le regrette, cela le fait expier pour son âme. Il en est ainsi parce que s'il se repent chaque fois, alors il étend l'abondance jusqu'à ce que l'abondance soit remplie, comme « ma tête est remplie de rosée ».

129 - La Divinité dans la poussière
J'ai entendu

« Tu aimes la souffrance. Alors il dit : "ni eux ni leur récompense" au sujet de cette beauté, qui disparaît dans la poussière », car la souffrance est principalement à un endroit qui est au-dessus de la raison. Et la mesure de la souffrance dépend de la mesure selon laquelle elle contredit la raison. Nous considérons cela comme la foi au-dessus de la raison et ce travail donne satisfaction au Créateur. Il s'avère que la récompense est que, par ce travail, il y a contentement de la part du Créateur.

Mais entre-temps, avant qu'il ne puisse surmonter et justifier Sa guidance, la Divinité est dans la poussière. Cela signifie que le travail par le biais de la foi, appelée la sainte Divinité, est en exil, annulé dans la poussière. Et il dit à ce sujet : « ni eux ni leur récompense ». Cela signifie qu'il ne peut pas tolérer la période entre-temps. C'est pourquoi il lui a répondu : « Je pleure pour ceci et pour cela ».

130 - Tibériade de nos sages, ta vue est bonne
J'ai entendu à Adar 1, 21 février 1947, lors d'un voyage à Tibériade

Tibériade de nos sages, ta vue est bonne. « Voir » signifie *Hokhma* (sagesse). « Bonne » signifie que là il peut être récompensé ici de la sagesse. Rabbi Shimon Bar Yochaï purifiait les marchés de Tibériade. Il s'agit de l'impureté des morts, c'est-à-dire du désir de recevoir, comme « les méchants au cours de leur vie sont appelés morts. » Et toutes les impuretés n'appartiennent qu'à *Hokhma*. Donc à Tibériade, où il y a la qualité de *Hokhma*, il fallait purifier le marché.

131 - Celui qui vient pour se purifier
J'ai entendu, en 1947

« Celui qui vient pour se purifier est assisté. » Cela signifie que l'on doit toujours être dans l'état de « celui qui vient ». Alors, de toute façon, s'il sent qu'il a déjà été purifié, il n'a plus besoin d'assistance, puisqu'il a été purifié et il est parti. Et s'il sent qu'il est dans l'état de celui qui vient et va, alors il est certainement assisté, car il n'y a pas de prévention face au désir, puisqu'il est à la recherche de la vérité.

« Car ton amour est meilleur que le vin »[56]. C'est-à-dire que le vin peut enivrer ; et l'ivrogne, le monde entier est à lui, car il n'a pas de manque, même pendant six millénaires.

---

[56] Cantique des cantiques.

132 - À la sueur de ton visage, tu mangeras du pain
J'ai entendu, le 14 *Adar* 6 mars 1947, Tel-Aviv

« C'est à la sueur de ton visage que tu mangeras du pain »[57]. Le pain signifie la *Torah*, c'est le sens de « Allez, luttez avec Mon pain »[58]. L'étude de la *Torah* doit être dans la crainte, le tremblement et la sueur, ainsi le péché de l'arbre de la connaissance est adouci.

133 - Les lumières de Shabbat
J'ai entendu, en 1947

Les lumières de Shabbat viennent au discernement de *Gouf* (corps). Ainsi, nous disons au jour du Shabbat : « de David, Bénis le Seigneur, ô mon âme, et tout en moi »[59], c'est-à-dire *Gouf*. Par contre, le début du mois est considéré comme *Neshama* (l'âme), qui ne vient qu'au discernement de *Neshama*, et non au *Gouf*. C'est pourquoi nous disons seulement « Bénis le Seigneur, ô mon âme » et non « et tout en moi », car

---
[57] Genèse 3,19.
[58] Pain et Lutte ont la même racine en hébreu.
[59] Psaumes 103,1.

elles n'atteignent pas le *Gouf* (voir *Zohar* 1,97).

134 - Le vin enivrant
J'ai entendu, en 1947

Il est impossible d'acquérir le discernement de la *Torah* totalement. Et par l'intoxication du vin de la *Torah*, quand il sent que tout le monde est à lui, même s'il n'a pas encore toute la sagesse, il pense et sent qu'il a tout à la perfection.

135 - Ne tue pas un innocent ni un juste
J'ai entendu, le 2 *Nissan* 23 mars 1947, Tel-Aviv

« Ne tue pas un innocent ni un juste »[60].

Un juste est celui qui justifie le Créateur : tout ce qu'il sent, que ce soit bon ou mauvais, il l'accepte au-dessus de la raison. Ceci est considéré comme la droite.

« Innocent » réfère à la pureté de la chose, l'état tel qu'il le voit. Car « le juge a seulement ce que ses yeux voient. » Et si on ne comprend pas la chose, ou qu'il n'arrive pas à la percevoir,

---
[60] Exode 23,7.

il ne faut pas brouiller les formes telles qu'elles apparaissent à ses yeux. Ceci est considéré comme la gauche. Et il faut nourrir les deux.

136 - La différence entre les premières lettres et les dernières lettres
J'ai entendu, le jour de *Pourim* 1947

La différence entre les premières lettres et les dernières lettres n'est que dans la copie de l'écriture, c'est-à-dire le contenu de l'écriture qui provient de la maison du Roi. Les scribes du roi étendent le contenu pour le rendre compréhensible pour tous.

Le contenu était simplement « qu'ils devraient être prêts pour ce jour. » Et les scribes l'ont interprété comme s'appliquant aux nations, qui devaient être prêtes à se venger des Juifs. Et cette force était de sorte que Haman pense : « Qui est celui que le roi voudrait honorer plus que moi. » Ainsi, dans les dernières lettres il écrit spécifiquement, directement du roi, « que les Juifs devraient être prêts », contrairement aux premières lettres, où il n'est pas écrit explicitement « les Juifs », c'est pourquoi ils avaient la force de récriminer.

La raison pour laquelle cette force a été donnée est parce qu'il ne faut pas justifier un désir de recevoir les Lumières, c'est-à-dire étendre les lumières supérieures ci-dessous, car tout le travail était afin de donner. Par conséquent, il ne peut pas étendre quelque chose d'en bas. Ainsi, en donnant la force à Haman, il veut précisément les lumières les plus grandes, comme son nom l'atteste, Haman l'Agaguite, le *Gag* (toit) du degré, qui est *GAR*.

137 - Tselofkhad ramassait du bois
J'ai entendu, en 1947

Tselofkhad ramassait du bois. Le *Zohar* explique qu'il mesurait quel arbre était le plus grand : l'arbre de vie ou l'arbre de la connaissance. Un juste est appelé « l'arbre de vie », qui est tout afin de donner. À cela les externes ne peuvent pas s'accrocher. Toutefois, la perfection est dans l'arbre de la connaissance, l'extension de *Hokhma* (la sagesse) ci-dessous. C'est le sens de faire du bien à Ses créatures. Il est défendu de les mesurer ; il faut « qu'ils ne fassent qu'un dans ta main. »

Cela signifie que l'un sans l'autre est incomplet. Mardochée était du discernement de l'arbre de vie, ne voulant rien étendre en bas, car il n'avait aucun manque. C'est pourquoi il fallait augmenter le discernement d'Haman, pour qu'il attire les lumières en bas. Et ensuite, quand il montre le manque, Mardochée les reçoit sous forme de réception afin de donner.

Maintenant nous pouvons voir pourquoi plus tard, quand Mardochée avait bien parlé du roi, quand il l'avait sauvé de la mort, le roi promu Haman qui était son ennemi, comme ce qu'ont dit nos sages « selon la volonté de chacun », selon la volonté de Haman et Mardochée, qui se détestaient l'un l'autre.

138 - À propos de la crainte et de la crainte qui vient parfois à une personne
J'ai entendu, en 1942

Quand la crainte vient à une personne, il doit savoir qu'il est écrit « qu'Il n'y a rien hormis Lui ». Même la sorcellerie.

Et s'il voit que la crainte se renforce, il doit dire que ce n'est pas par hasard, mais que Dieu lui a donné l'occasion d'En-Haut et qu'il doit examiner et étudier pourquoi on lui a envoyé cette crainte. C'est sûrement afin qu'il rassemble ses forces et dise « Il n'y a rien hormis Lui ».

Mais si après tout cela, la crainte et la peur ne l'ont pas quitté, il doit prendre ceci comme un exemple et dire que la servitude du Créateur doit être dans la même mesure que celle de la crainte, c'est-à-dire que la crainte de Dieu, qui est un mérite, doit être de la même façon que la crainte qu'il a maintenant. C'est que le corps est impressionné par cette crainte extérieure et la crainte de Dieu doit être exactement de la même façon que l'impression du corps.

139 - La différence entre les six jours d'action et le Shabbat
J'ai entendu

Les six jours d'action sont considérés comme *ZA* et Shabbat est considéré comme *Malkhout*. Et il demanda : mais *ZA* est un degré plus élevé que *Malkhout*, alors pourquoi Shabbat est-il plus important que les jours de la semaine ? D'ailleurs, pourquoi sont-ils appelés *Yemey* (les jours de) *Khol*[61] ?

Le fait est que le monde ne se nourrit que par *Malkhout*. C'est pourquoi *Malkhout* est appelée « l'assemblée d'Israël », car toute la bonne affluence qui arrive à l'ensemble d'Israël vient de là. Par conséquent, bien que les six jours suggèrent *ZA*, il n'y a pas d'union entre *ZA* et *Malkhout*. C'est pourquoi c'est appelé *Khol*, car il n'y a pas d'abondance qui s'étend de *ZA* à *Malkhout*. Et quand la *Kedousha* (sainteté) ne s'étend pas de *Malkhout*, c'est appelé *Yemey Khol*.

Par contre, le jour de Shabbat il y a l'union de *ZA* et *Malkhout*, alors la *Kedousha* s'étend de *Malkhout*. C'est pourquoi il est appelé « Shabbat ».

140 - Ô combien j'aime Ta Loi
J'ai entendu à la fin du 7ᵉ jour de Pâque, 1943

« Ô combien j'aime Ta Loi ! Elle est ma conversation toute la journée »[62]. Il a dit que même lorsque le roi David avait déjà atteint la

---

[61] *Khol* vient du mot *Kholin* – séculier, non sacré.
[62] Psaumes 119,97.

perfection, il désirait encore la *Torah*, parce que la *Torah* est plus grande et plus importante que toute la perfection du monde.

141 - La fête de Pâque
J'ai entendu

La fête de Pâque est *Mokhin de Haya* et le compte[63] est *Mokhin de Yekhida*. Ainsi, pendant le compte, il y a le départ des *Mokhin*, puisque le compte est considéré comme l'élévation de *MAN*, et on sait que lors de l'élévation de *MAN* les lumières se retirent. Mais après le compte, les *Mokhin* reviennent. Il en est ainsi parce que la *Katnout* (petitesse) pendant le compte est *Katnout* de *Yekhida*, mais en même temps, il y a les *Mokhin* des jours de semaine, ce qui est *YESHSOUT*. Et les *Mokhin* du Shabbat, qui sont *Mokhin* d'*AVI*.

142 - L'essence de la guerre
J'ai entendu

Le principe de la guerre doit être dans l'es-

---

[63] Les 50 jours que l'on compte entre la Pâque et la fête de *Shavouot* (la fête du don de la *Torah*).

pace de la permission. Ce n'est pas le cas avec la *Mitsva* et la transgression, où la perte est proche et la récompense est lointaine. Donc là, on doit observer sans aucune considération.

Ce n'est pas le cas pour l'espace de la permission, où on peut faire la guerre et observer la *Mitsva* de choix, parce que l'action est facultative. Par conséquent, même si l'on échoue, le péché ne sera pas si grand. C'est pourquoi c'est considéré comme proche de la récompense, car si on gagne la guerre, on apportera un nouveau domaine sous la *Kedousha*.

143 - Mais Dieu est bon pour Israël
J'ai entendu de mon père, maître et enseignant.

« Mais Dieu est bon pour Israël, pour ceux qui ont le cœur pur »[64]. On sait que « mais » est un diminutif. C'est-à-dire que partout dans la *Torah* où il est écrit « mais », il s'agit de diminuer.

Par conséquent, en matière de travail, il faut l'interpréter comme lorsqu'on se réduit et on s'abaisse. L'abaissement s'applique quand on veut être fier, ce qui signifie qu'il veut être en

---
[64] Psaumes 73,1.

Gadlout (grandeur). C'est-à-dire que l'homme veut comprendre absolument tout, qu'il est avide de voir et d'entendre tout, et malgré cela, il s'abaisse et il accepte d'aller les yeux fermés et d'observer la *Torah* et les *Mitsvot* dans la simplicité absolue. C'est ce que signifie « bon pour Israël », car le mot Israël (Yashar-El) est composé des lettres *Li Rosh* (la tête est à moi).

C'est-à-dire qu'il croit qu'il a *Rosh* de *Kedousha* (sainteté), même si c'est discerné comme « seulement », ce qui signifie qu'il est dans un état de diminution et de bassesse. Et il dit de ce « seulement » que c'est le bien absolu. Alors le verset « Dieu est pour ceux qui ont le cœur pur », se manifeste en lui, ce qui signifie qu'il lui est attribué un cœur pur. C'est le sens de « je vais enlever le cœur de pierre de votre chair et je vous donnerai un cœur de chair. » La chair est *Mokhin* de *VAK*, appelé *Mokhin* de revêtement, qui vient du Supérieur. Par contre, *Mokhin* de *GAR* doit provenir du côté de l'inférieur, c'est-à-dire par les examens minutieux de l'inférieur.

La question de *VAK* de *Mokhin* et *GAR* de *Mokhin* demande une explication : il y a beaucoup de discernements *VAK* et *GAR* dans chaque degré. Et peut-être qu'il réfère à ce qui est écrit à plusieurs endroits, que la *Katnout*, appelée *GE* de l'inférieur, s'élève à *MAN* par le *Kli* qui élève *MAN*, appelé *AHP* du supérieur. Il s'ensuit donc que le supérieur élève l'inférieur. Ensuite, pour recevoir *GAR* des Lumières et *AHP* des *Kélim*, l'inférieur doit s'élever lui-même.

144 - Il y a un certain peuple
J'ai entendu, dans la nuit de *Pourim*,
après la lecture de la Meguila, 1950

« Il y a un certain peuple dispersé et séparé parmi les peuples. » Haman dit qu'à son avis on arrivera à détruire les Juifs parce qu'ils sont séparés les uns des autres et que, donc, notre force contre eux l'emportera car elle entraînera la séparation entre l'homme et Dieu, et, par conséquent, Dieu ne les aidera pas, car ils sont séparés de Lui.

C'est pourquoi Mardochée alla corriger ce défaut, comme il est clarifié dans le verset « Les Juifs se rassemblèrent […] pour se rassembler et se défendre. » Cela signifie qu'ils furent sauvés grâce à leur union.

145 - Pourquoi il donnera la sagesse précisément aux sages
J'ai entendu, le 5 Truma, 11 février 1943

« Il donnera la sagesse aux sages. »

Il demanda : n'aurait-il pas plutôt dû dire « Il donnera la sagesse aux sots » ?

Il répondit que l'on sait qu'il n'y a pas de contrainte en spiritualité, mais on donne à chacun en fonction de sa propre volonté. La raison en est que la spiritualité est la source de vie et de plaisir. Alors comment peut-il y avoir de la contrainte dans une bonne chose ? Par conséquent, si nous voyons en nous engageant dans la *Torah* et les *Mitsvot* par contrainte que nous devons surmonter le corps car il n'est pas d'accord, parce qu'il ne ressent pas de plaisir dans ce travail, c'est sûrement parce qu'il n'en ressent pas la spiritualité – comme nous avons dit, la spiritualité est la source de la vie et du plaisir, et comme il est écrit dans le *Zohar* : « Là où il y a un travail pénible, il y a la *Sitra Akhra*. »

C'est la raison pour laquelle seulement aux sages il peut être donné la sagesse, car les sots n'ont pas besoin de sagesse. Seulement aux sages il peut être donné la sagesse, car c'est leur nature : celui qui est sage aime la sagesse et c'est son seul souhait ! Et suivant la règle « il n'y a pas de prévention face au désir », il fait tous les efforts pour obtenir la sagesse. Ainsi, il se verra finalement attribuer la sagesse. Par conséquent, celui qui aime la sagesse peut déjà être appelé « sage », d'après ce qui sera à la fin

Par contre, il est écrit au sujet des sots : « Un sot ne désire pas l'intelligence ». Donc, le verset « Il donnera la sagesse aux sages » veut dire que celui qui aime la sagesse ne doit pas se soucier de ne pas l'avoir encore obtenue, malgré les efforts considérables qu'il a faits. Mais il doit continuer son travail, et il va certainement atteindre la sagesse, car il aime la sagesse. C'est pourquoi on dit « Vas par ce chemin et tu es sûr de réussir ».

Cependant, il faut comprendre : que peut-on faire si, par nature, « l'homme naît comme un âne sauvage » ? D'où prendra-t-il le désir de vouloir la sagesse ?

Pour cela, on nous donne le conseil de travailler comme « ceux qui suivent Sa parole », avec la gloire de « ceux qui obéissent à Sa parole ». Cela signifie que l'on fait des actes pour obtenir la chose que l'on veut. C'est pourquoi, ici, quand il n'a aucun désir pour la sagesse, il se trouve que ce qu'il lui manque, c'est le désir de la sagesse. C'est pourquoi il commence à œuvrer et prendre des mesures pour obtenir le désir de la sagesse, car c'est la seule chose qu'il lui manque.

Et l'ordre est que l'on doit œuvrer dans la *Torah* et le travail bien qu'on n'en ait aucun désir. C'est ce qui s'appelle « labeur », quand on pose des actions même si on n'a aucun désir pour le faire. C'est comme nos sages ont dit : « Fais tout ce que tu peux, tout ce qui est à la portée de ta main. » Et par la vertu de la connaissance, on obtiendra le désir et la soif de la sagesse. Alors le verset « Il donnera la sagesse aux sages » va se manifester, et on arrivera à l'état de « ceux qui obéissent à Sa parole ». Ainsi, ce qui était avant comme un acte sans volonté, on obtient maintenant le désir de le faire.

Par conséquent, si nous voulons savoir qui aime la sagesse, nous devons regarder celui qui œuvre pour la sagesse, même s'il n'a pas encore été gratifié d'être parmi ceux qui aiment la sagesse. La raison en est, comme nous l'avons dit, que grâce à l'effort, il aura le privilège d'être parmi ceux qui aiment la sagesse. Ensuite, une fois qu'il a le désir de la sagesse, il lui sera attribué la sagesse. Ainsi, le désir de la sagesse est le *Kli* (récipient) et la sagesse est la lumière. C'est le sens de « il n'y a pas de contrainte en spiritualité ».

La lumière de la sagesse c'est la lumière de la vie. La sagesse n'est pas perçue par nous comme un concept intellectuel, mais comme la vie propre, l'essence de la vie, dans la mesure où, sans elle, on est considéré comme mort. (C'est pourquoi nous pouvons dire que pour cette raison la sagesse est appelée *Yaya* [vivante].)

146 - Un commentaire sur le *Zohar*
J'ai entendu, en 1938

Dans le *Zohar* : « Quand on naît, il nous est donné une âme du côté de la bête pure. » Et il interprète que même l'âme bestiale accepte d'être le serviteur du Créateur.

« S'il est privilégié, il lui est donné une âme du côté des (saintes) roues. » Cela signifie qu'il a une âme qui aspire toujours et roule d'un endroit à l'autre, comme une roue qui tourne toujours. Ainsi elle tourne et roule pour s'accrocher à la *Kedousha* (sainteté).

147 - Le travail de réception et de don
J'ai entendu, le 21 *Adar*, 8 mars 1953

La question du travail de réception et de don dépend du cœur. Ceci est le discernement de *VAK*. Par contre, le travail de la foi et de la connaissance est le discernement de *GAR*. Et même si elles sont un seul discernement, c'est-à-dire que la foi est acceptée selon la valeur du travail de réception et de don, ils sont quand même deux discernements distincts.

Il en est ainsi parce que, même si l'on peut travailler pour le don, on veut voir à qui on donne et qui reçoit notre travail. Par conséquent, on doit travailler sous la forme de *Mokha* (l'esprit), ce qui signifie croire qu'il y a un Guide qui reçoit le travail des inférieurs.

148 - L'examen de l'amer et du doux, de la vérité et du mensonge
J'ai entendu

Il y a l'examen de « l'amer et du doux » et il

y a l'examen de « la vérité et du mensonge ». L'examen de « la vérité et du mensonge » est dans *Mokha* (le cerveau, l'esprit) et l'examen de « l'amer et du doux » est dans le cœur. C'est pourquoi il faut prêter attention au travail du cœur, qu'il soit sous la forme de don et non sous la forme de réception.

Par nature, seule la réception est douce pour l'homme et le don est amer. Le travail consiste à transformer la réception en don, c'est ce qui est appelé « le travail dans le cœur ».

L'esprit, c'est le travail de « la vérité et du mensonge ». Et pour cela, il faut travailler dans la foi, c'est-à-dire croire en la foi des sages. Il en est ainsi parce que le travailleur ne peut pas examiner lui-même la question de « la vérité et du mensonge ».

149 - Pourquoi nous devons étendre *Hokhma*
J'ai entendu, le 22 *Adar,* 9 mars 1953, Tel-Aviv

Il demanda : « Pourquoi faut-il étendre *Hokhma* (la sagesse), qui est le discernement de la raison, si tout notre travail est par voie de la foi au-delà de la raison ? »

Et il répondit : « Si le juste de la génération n'était pas du discernement de la connaissance, l'ensemble d'Israël ne serait pas en mesure de travailler par voie de la foi au-delà de la raison. Mais justement, lorsque le juste de la génération étend l'illumination de *Hokhma*, sa raison brille dans l'ensemble d'Israël. »

Par exemple, si le cerveau humain sait et comprend ce qu'il veut, les organes exercent leur action et n'ont pas besoin d'intelligence. La main et le pied et le reste des organes font ce qu'ils doivent faire. Et aucune personne sensée ne songerait à dire que si la main et le pied avaient de l'intelligence, leur travail serait plus élevé.

Ainsi, l'intelligence n'importe pas pour les organes, mais les organes s'organisent en fonction de la grandeur du cerveau. Cela signifie que si le cerveau a une grande intelligence, tous les organes sont nommés d'après lui ; ils sont appelés de grands organes.

De même, si le collectif adhère à un véritable juste qui a déjà acquis la connaissance, le collectif peut agir au moyen de la foi. Ils ont une satisfaction absolue et il ne leur manque aucun discernement de la connaissance.

150 - Taillez jusqu'à l'Éternel, car Il a fait la fierté[65]
J'ai entendu, le 14 *Shevat*

Dans le verset « *Zamrou*[66] à l'Éternel, car il a fait la fierté[67] », il semble que « *Zamrou* », soit comme « mon courage et la *Zimra*[68] (de l'Éternel) ». Cela signifie qu'il faut toujours tailler et enlever les épines du vignoble du Créateur. Et même quand l'homme sent qu'il est parfait et qu'il pense avoir déjà enlevé les épines, le verset conclut « car Il a fait la fierté ». Cela signifie qu'Il a apparemment créé la fierté dans ce monde, que l'homme aime être fidèle et honnête à ses propres yeux. Et quand il ressent en lui-même qu'il a déjà enlevé les épines et qu'il est un homme parfait, c'est une sorte de fierté.

Plutôt, on doit toujours examiner nos actions

---
[65] Ésaïe 12,5.
[66] *Zamrou*, en hébreu signifie à la fois « chantez » et « taillez ».
[67] *Guéout* signifie aussi la magnificence, la grandeur.
[68] *Zimra*, en hébreu signifie à la fois « le chant » et « la taille ».

et les vérifier avec dix sortes d'examens et ne pas compter sur notre sensation temporaire, car c'est seulement une sorte de fierté. C'est comme on commente au nom des justes le verset « Vous êtes paresseux, paresseux, c'est pourquoi vous dites "Allons sacrifier au Seigneur notre Dieu" ». Cela signifie qu'il a dit aux enfants d'Israël : « Quand vous dites "Allons sacrifier" […] et que vous sentez que vous êtes déjà prêts à vous sacrifier sur l'autel devant le Seigneur, c'est comme la paresse et la faiblesse, que vous ne voulez plus travailler et vous examiner tout le temps, pour être prêts pour cette grande servitude. C'est pourquoi il vous semble que vous êtes déjà parfaits dans cette servitude, comme ils interprètent à la fin du verset : "Car Il a fait la fierté" ».

151 – Et Israël vit les Égyptiens
J'ai entendu, sur *Beshalakh*

Dans le verset, « Israël vit les Égyptiens morts sur le bord de la mer et le peuple craignit le Seigneur et ils crurent en l'Éternel et en Moïse, Son serviteur. »

Il faut comprendre pourquoi il est dit « ils

crurent », car il est évident que le miracle de l'exode d'Égypte et de la partition de la mer a amené Israël à une plus grande foi que celle qu'ils avaient avant. Après tout, nos sages ont dit à propos du verset « C'est mon Dieu et je Le glorifie » que ce qu'une servante avait vu à la mer était plus que ce qu'avait vu le prophète Ezéchiel.

Donc, cela signifie que l'exode d'Égypte est un cas de miracles révélés, qui mène à la connaissance du Seigneur, qui est contraire au sens de la « foi », car ce n'est pas au-dessus de la raison. Quand on voit des miracles être révélés, il est très difficile de demeurer dans la foi puisque, justement, c'est là où il y a expansion de la raison. Par conséquent, quel est le sens du texte « ils crurent en l'Éternel » ?

Il faut toutefois interpréter selon le commentaire « tout le monde croit qu'il est un Dieu de la foi. » Le verset fait l'éloge d'Israël qui, même après avoir vu les miracles révélés, n'a pas perdu de sa dévotion à l'endroit du Créateur, en raison de la foi au-dessus de la raison. C'est un excellent travail, après avoir eu le privilège et la possibilité de servir le Créateur dans la raison, de se maintenir sur le chemin de la foi et de ne pas le considérer à la légère.

152 - Car le pot-de-vin aveugle les yeux des sages
J'ai entendu, le 24 *Tevet,* 6 janvier 1948

« Car le pot-de-vin aveugle les yeux des sages ».

Quand l'homme commence à critiquer le travail et ses conditions, il se peut qu'il soit incapable de recevoir le travail pour deux raisons :

1. La récompense pour le travail n'est pas garantie à cent pour cent. Il ne voit personne qui ait déjà été récompensé, et quand il vient voir ceux qui se sont efforcés de prendre sur eux le poids du travail, il ne voit pas s'ils ont déjà été récompensés pour leur travail. Et quand il se demande « Pourquoi n'ont-ils rien reçu ? », s'il réussit à donner la réponse la plus élevée, c'est parce qu'ils n'ont pas rempli toutes les conditions du travail à la lettre. Celui qui suit les ordres à la lettre reçoit toute sa récompense.

Alors apparaît la deuxième question : il sait qu'il est plus apte que son ami à s'adapter aux conditions du travail. Par conséquent, il est à cent pour cent certain qu'il n'y a personne qui puisse lui reprocher de se soustraire, mais qu'il est à cent pour cent dans son droit.

2. Donc la question se pose : celui qui commence le travail a certainement fait tous les comptes, et pourtant, il a entrepris ce travail. Alors comment s'est-il trouvé toutes ces excuses ? Le fait est que pour voir la vérité, il faut regarder avec les yeux ouverts. Autrement, on pense voir seulement qui a raison – le juste ou le monde. Mais, en vérité, on ne voit pas la justice. Et pour avoir les yeux ouverts, il faut se méfier du pot-de-vin, « car le pot-de-vin aveugle les yeux des sages et corrompt les paroles des justes. »

L'essence du pot-de-vin est dans la volonté de recevoir. Par conséquent, il n'y a pas d'autre conseil que d'accepter tout d'abord le travail avec tous ses termes, sans aucune connaissance, mais seulement avec la foi au-dessus de la raison. Ensuite, quand il est débarrassé de la volonté de recevoir, quand il critique la situation, il peut espérer en comprendre la vérité. C'est pourquoi celui qui ne regarde qu'avec la raison ne peut certainement rien demander, car il possède la vérité et la raison, et il aura toujours gain de cause, car il ne sera pas en mesure de voir la vérité.

153 - La pensée est une conséquence du désir
J'ai entendu, le 7 *Shevat*, 18 janvier 1948, Tel-Aviv

La pensée est une conséquence du désir. L'homme pense à quelque chose qu'il veut, il ne pense pas à quelque chose qu'il ne veut pas. Par exemple, il ne pense pas au moment de sa mort. Au contraire, il contemple constamment sa perpétuité, car c'est là son désir. Ainsi, il pensera toujours à ce qui est désirable.

Cependant, la pensée a un rôle spécial : elle intensifie le désir. Le désir est inerte de par lui-même : il n'a pas le pouvoir de s'accroître et d'entrer en action. Lorsque quelqu'un pense et contemple une problématique et que le désir demande à la pensée d'apporter conseil et avis pour accomplir sa réalisation ; en fait, c'est de cette façon qu'il grandit, augmente et accomplit son travail.

Il s'ensuit que la pensée sert le désir et le désir est le « moi » de la personne. Maintenant, il peut y avoir un grand ou un petit moi. Un grand moi domine les petits moi. Celui qui a un petit moi n'a aucun pouvoir et l'avis pour agrandir le moi est par la persistance de la pensée sur le désir, puisqu'il se développe dans la mesure où quelqu'un y pense

Et ainsi, « dans Sa Loi il médite jour et nuit », pour qu'en persistant en elle, il se développe en un grand moi, jusqu'à devenir concrètement celle qui commande.

154 - Il ne peut y avoir un espace vide dans le monde
J'ai entendu, le 7 *Shevat,* 18 janvier 1948, Tel-Aviv

Il ne peut y avoir un espace vide dans le monde. Et puisque l'essence de l'homme est le désir, car c'est l'essence de la création et par là la grandeur et la petitesse de l'homme sont mesurées, il s'ensuit que l'on doit avoir un certain désir, soit pour la matérialité soit pour la spiritualité. Celui qui est dépourvu de tout désir est considéré comme mort, puisque la création tout entière n'est que le désir, considéré existence à partir de l'absence. Et parce qu'il lui manque cette substance, qui est toute la substance de la création, il est naturellement considéré comme avorté, comme un être ne pouvant survivre.

Donc il faut s'efforcer d'avoir un désir, car c'est toute la substance de la création. Mais le désir doit être clarifié, car il est naturel que chaque animal sente ce qui est nocif pour lui-même ; il faut s'assurer que le désir soit pour quelque chose.

155 - La propreté du corps
J'ai entendu, lors d'un repas de Shabbat, *Shevat* 13

La propreté du corps démontre la pureté de l'esprit. La propreté de l'esprit est appelée « vérité », où aucun mensonge n'est impliqué. En cela tous ne sont pas égaux : certains sont partiellement méticuleux, mais la propreté du corps n'est pas si importante à préserver, car le fait que nous abhorrions la saleté est parce que la saleté est considérée comme nocive et que nous devrions le préserver de tout mal.

Ainsi, avec le corps, il n'est pas si important d'être méticuleux, car il sera finalement annulé, même si nous y apportons toutes sortes de soins.

Par contre l'âme est quelque chose d'éternel, et là il vaut la peine d'être méticuleux avec toutes sortes de soins, pour éviter tout type de saleté, car toute saleté est considérée comme nocive.

156 - De peur qu'il prenne de l'Arbre de Vie
J'ai entendu, le 15 *Shevat*

« De peur qu'il prenne de l'arbre de vie et mange et vive éternellement. »

Baal HaSoulam interprète que peut-être il va prendre des *Hassadim* couverts, considérés comme partant du *Khazé* vers le haut. Car en cela, il y a suffisance complète, donc le péché de l'arbre de la connaissance ne sera pas corrigé, car il est considéré comme partant du *Khazé* vers le bas. Il s'ensuit que l'arbre de vie est appelé « du *Khazé* vers le haut » où il y a des *Hassadim* couverts. Et je pense que nous devrions ainsi interpréter ce que nous disons, « la vie dans laquelle il y a la crainte du ciel et la vie dans laquelle il y a la crainte du péché. »

La différence entre elles, comme le Baal HaSoulam interprète, c'est que ce qu'il prend de la vie c'est par la crainte du péché, c'est-à-dire qu'il n'a pas d'autre choix. Mais la crainte du ciel signifie qu'il a d'autres choix. C'est-à-dire que même s'il ne prend pas ce discernement, il ne péchera toujours pas, mais de toute façon, il le choisit à cause de la crainte du Créateur.

Cependant, on ne peut pas dire que *Hassadim* couverts soient considérés comme *Katnout*. C'est précisément là où il n'a pas d'autre choix. Mais quand il atteint *Hassadim* révélés du discernement de Rachel, alors le discernement de Léa, qui est *Hassadim* couverts, est également appelé *GAR* et *Gadlout* (grandeur).

Cela s'appelle la crainte du ciel, quand il a *Hassadim* révélés, mais il choisit néanmoins *Hassadim* couverts. Ainsi, il existe deux types de *Hassadim* couverts :

1. quand il n'a pas le discernement de Rachel, il est appelé *VAK* ;

2. quand il a le discernement de Rachel, il est appelé Léah, *GAR*.

157 - Je dors et mon cœur veille[69]
J'ai entendu, à *Nissan* 9, le 18 avril 1948

Dans le *Zohar*, (*Parashat Emor*, 95a) : « L'assemblée d'Israël dit : Je dors en exil en Égypte, où mes enfants étaient dans une dure

---
[69] Cantique des cantiques 5,2.

servitude. » Les *Mokhin* étaient à l'état de sommeil, comme on interprète le verset « il y a », le Dieu de ceux-là dort.

« Et mon cœur veille pour les garder, qu'ils ne disparaissent pas en exil. » Cela signifie que quand ils reçoivent *Mokhin* de l'*Akhoraïm*, ils sont gardés par eux, même s'ils ne brillent pas encore en elle et qu'ils sont toujours en exil. Toutefois, il est considéré éveillé, par voie de « il ne se révèle pas du cœur à la bouche. » Le cœur est *VAK*, car il est *VAK* de *Hokhma*. Ainsi, même au temps de *Gadlout*, il n'y a pas là d'autres *Hokhma*, mais seulement de ce qu'elle a reçu ici.

« La voix de mon bien-aimé frappe. » C'est le battement, le *Massakh* (écran) de *Hirik* (un signe de ponctuation) dans *ZA*.

« Je me suis souvenu de mon alliance. » Ceci est la circoncision, qui est *Dinim* (jugements) *de Noukva*, qui annulent *Dinim de Dekhoura* (mâle). *Dinim* sont le discernement qui annule *GAR* et cela est considéré comme une coupure.

Il y a d'autres corrections, appelées « déchirure ». « Ouvre-Moi une ouverture comme la pointe d'une aiguille et Je vais ouvrir pour toi les portes sublimes. » Le sens de cette légère ouverture ce sont les petits chemins, car *Hokhma* sans *Hassadim* brille d'une façon minuscule. Ce n'est qu'ensuite, lorsqu'il étend *Hassadim*, que *Hokhma* est intégrée à *Hassadim, VAK*, les grands chemins. Et le sens des portes sublimes, c'est *Hassadim* du discernement de *AVI*, appelés « air pur ». Car seulement quand il a *Hokhma* et qu'il étend *Hassadim*, ces *Hassadim* sont appelés « air pur », car il préfère *Hassadim* à *Hokhma*.

Cependant, quand il a *Hassadim* sans *Hokhma*, c'est considéré *Katnout*. « Ouvre-moi » ce *ZA* et sa sœur *Malkhout*, sous la forme de *Hokhma*, qu'elle étende *Hokhma*. « Car la porte pour entrer chez Moi est en toi. » Ainsi, seulement quand tu auras *Hokhma*, je vais avoir une ouverture pour entrer sous la forme d'*Hassadim*, que j'ai du discernement de *AVI*, appelés « air pur ».

« Viens et vois : Lorsque le Créateur tuait les premiers-nés d'Égypte et abaissait les degrés de haut en bas. » L'Égypte est la ligne de gauche, mais sous la forme de *Klipa* (écorce), sans aucune intégration de la droite. Et quand Israël était en Égypte, ils étaient sous leur domination et ils étaient obligés de recevoir la gauche. Et le fléau des premiers-nés, c'est-à-dire la révocation de la domination du *GAR* de la gauche, c'est « abaissait les degrés de haut en bas. À ce moment, Israël entra dans l'alliance du saint signe. »

La circoncision réfère aux *Dinim de Noukva*, ce qui est *Massakh de Hirik*, qui annule *Dinim de Dekhoura*. Ce faisant, elle annule *GAR* de la gauche et seulement *VAK* brille. Il s'ensuit que du fait que le Créateur a frappé leurs premiers-nés, ils avaient la force de garder l'alliance, « alors ils montraient le sang sur la porte. »

« Il y avait deux sangs : un de la Pâque et un de la circoncision. » Le sang de la Pâque est la correction de l'intégration de la ligne de gauche, et le sang de la circoncision est la correction des *Dinim de Noukva*, qui est le *Hirik*. Et le sang de Pâque…

158 - Pourquoi il n'est pas d'usage de manger les uns chez les autres lors de la Pâque
J'ai entendu au cours d'un repas *Shaharit* (matin) de la Pâque, 1948

Il explique pourquoi il est d'usage de ne pas

manger les uns chez les autres, pour des raisons de *Kashrout*[70]. Et pourquoi n'est-ce pas d'usage toute l'année ? En outre, même chez quelqu'un qui est connu pour être complètement *Kasher*, encore plus que dans notre propre maison, la coutume est toujours de ne pas manger. Il en est ainsi parce que l'interdiction du *Hametz* (levain, levure) est sur « quelque chose »[71] et il est impossible de se garder soi-même de « quelque chose ». Seul le Créateur peut veiller sur lui, qu'il ne transgresse pas avec quelque chose.

C'est pourquoi il est écrit qu'il faut être prudent avec « quelque chose » du *Hametz*. La prudence est recommandée à l'homme et il doit demander des conseils : comment ne pas venir à « quelque chose » du *Hametz*.

Toutefois, l'homme ne peut pas se surveiller lui-même. Seul le Créateur le surveille. Et certes, la surveillance est telle que tout le monde n'est pas égal. Il y en a que le Créateur surveille davantage et il y en a qu'Il ne surveille pas tellement. Cela dépend des besoins de la personne. Il y a des gens qui savent qu'ils ont besoin de

---

[70] Caractère rituel des aliments.
[71] Une toute petite mesure.

plus de surveillance, de sorte qu'ils attirent une plus grande surveillance, et il y a des gens qui estiment qu'ils n'ont pas besoin de cette surveillance d'En-Haut. Cela ne peut pas être dit, car cela dépend de la sensation : certains se sentent déficients et ont besoin d'un plus grand soin.

159 - Et il arriva au cours de ces jours
J'ai entendu

« Et il arriva, au cours de ces jours, que le roi d'Égypte mourût et les enfants d'Israël soupirèrent en raison du travail et ils criaient et leur cri monta vers Dieu en raison du travail. Et Dieu entendit leurs gémissements. » (Exode 2,23-4). Cela signifie qu'ils ont souffert à tel point qu'ils ne pouvaient plus le supporter. Et ils ont tant plaidé par la prière, que « leur cri monta vers Dieu ».

Mais nous voyons qu'ils disaient : « Si seulement nous avions [...] quand nous étions assis près des pots de viande, quand nous mangions du pain à satiété. » Et ils disaient aussi : « Nous nous souvenons des poissons que nous avions coutume de manger en Égypte gratuitement, les concombres et les melons et les poireaux et les oignons et l'ail. »

Le fait est qu'en effet ils aimaient bien le travail d'Égypte. Tel est le sens de « Ils se sont mêlés avec les nations et ont appris de leurs œuvres. » Cela signifie que si Israël est sous la domination d'une certaine nation, cette nation les domine et ils ne peuvent se soustraire à leur domination. Ainsi, ils ont suffisamment goûté à la saveur de ce travail et ils ne pouvaient être rachetés.

Alors qu'est-ce que le Créateur fit ? « Le roi d'Égypte mourut », ce qui signifie qu'ils avaient perdu cette servitude. Ainsi, ils ne pouvaient plus travailler, ils avaient compris que, s'il n'y a pas la perfection de *Mokhin*, la servitude est également incomplète. Par conséquent, « les enfants d'Israël soupiraient en raison du travail. » Le travail, cela veut dire qu'ils n'avaient pas de satisfaction dans le travail, qu'ils n'avaient aucune vitalité dans la servitude.

Tel est le sens de « le roi d'Égypte mourut », que toutes les dominations du roi d'Égypte, qu'il nourrissait et fournissait, étaient mortes. C'est pourquoi ils avaient l'espace pour découvrir la prière. Et ils furent immédiatement sauvés. Et ensuite, quand ils marchaient dans le désert et arrivèrent à un état de *Katnout* (petitesse), ils avaient la nostalgie de la servitude qui était la leur avant le décès du roi d'Égypte.

160 - La raison de la dissimulation des *Matsot*
J'ai entendu

Il a expliqué pourquoi il est de coutume que les *Matsot* (pains azymes) soient toujours placés à l'abri des regards, dans une pochette spéciale, ou recouverts de quelque chose. Il est écrit : « Le peuple emporta sa pâte avant qu'elle n'ait levé, leurs pétrins étaient enveloppés dans leurs vêtements sur leurs épaules. » L'allusion se trouve dans les mots « enveloppés dans leurs vêtements ». Le fait est qu'à *Pessah* (Pâque), les *Kélim* n'étaient pas correctement réparés. C'est pourquoi il y a le sujet du décompte[72], afin de corriger les *Kélim*. Telle est la signification de ses mots, « J'ai vu comme une goutte de rose ». Cela signifie que pendant la nuit de *Pessah*, il y eut un miracle, que même s'il avait pu y avoir

---

[72] Les 50 jours qu'il compte entre la Pâque et *Shavouot* appelés *Sephirat Ha Omer*.

une prise, il n'y en eut pas, parce que c'était recouvert et que rien n'était reconnaissable à l'extérieur. C'est ce que suggère « enveloppés dans leurs vêtements ».

161 - À propos du don de la *Torah*
J'ai entendu au cours d'un repas à la fête de *Shavouot* (la fête du don de la *Torah*)

Au sujet du don de la *Torah*, qui eut lieu à la révélation au Mont Sinaï. Cela ne veut pas dire qu'alors fut donnée la *Torah* et que maintenant cela n'est plus le cas, mais que le don de la *Torah* est un sujet éternel, que le Créateur donne toujours. Cependant nous ne sommes pas capables de recevoir. Et alors, lors de la révélation au Mont Sinaï, nous étions ceux qui ont reçu la *Torah*. C'est toute la valeur de ce qu'il y avait alors, où nous étions comme « Un seul homme vivant au rythme d'un seul cœur », autrement dit, nous n'avions alors tous qu'une seule pensée, à savoir la réception de la *Torah*.

Mais du côté du Créateur, Il est tout le temps en train de donner, comme cela est rapporté au nom du Ribash, que « L'homme est obligé chaque jour d'entendre les dix commandements sur le mont Sinaï ».

La *Torah* est appelée « L'élixir de vie et l'élixir de mort », et il faut se demander : comment deux contraires peuvent-ils se trouver dans un seul sujet ? Tout ce que nous voyons de nos yeux n'est rien de plus que ce qui est ressenti, mais la réalité en tant que telle ne nous intéresse pas. C'est pourquoi, lorsque l'homme étudie la *Torah* et que la *Torah* l'éloigne de l'amour du Créateur, c'est évident que cette *Torah* est appelée « l'élixir de mort », et si la *Torah* le rapproche du Créateur, elle est évidemment appelée « l'élixir de vie ».

Mais la *Torah* en elle-même, c'est-à-dire la réalité telle quelle, il n'y a pas à en discuter. Ce sont les sensations qui déterminent notre réalité en bas. Et la *Torah* en elle-même, c'est-à-dire sans ceux qui la reçoivent, la *Torah* en elle-même est considérée comme lumière sans *Kli* (récipient), qu'il est impossible d'atteindre. C'est comme l'essence sans la matière et nous ne pouvons pas avoir une perception de l'essence, même l'essence matérielle, a fortiori l'essence spirituelle.

Lorsque l'homme travaille pour son propre

intérêt, cela est appelé *Lo Lishma*[73]. Et de *Lo Lishma*, nous arrivons à *Lishma*[74]. Par conséquent, si l'homme n'a pas encore eu le privilège de recevoir la *Torah*, alors il espère que l'année d'après il la recevra. Et lorsque l'homme reçoit *Lishma* de façon complète, alors il n'a plus rien à faire dans ce monde-ci.

C'est pourquoi chaque année, il y a le temps de la réception de la *Torah*, du fait que le temps est propice à l'éveil d'en bas. Car alors se réveille le temps où la Lumière du don de la *Torah* était révélée chez les inférieurs. Par conséquent, il y a toujours un éveil en haut, pour que les inférieurs puissent agir à présent comme autrefois. Donc, s'il emprunte le chemin de *Lo Lishma* qui l'amènera à *Lishma*, il se trouve qu'il va dans l'ordre où il espère qu'au final il méritera de recevoir la *Torah Lishma*. Et si le but n'est pas devant ses yeux en permanence, il se trouve qu'il va dans une ligne opposée à la *Torah* qui est ap-

---

[73] *Lo Lishma*, litt. pas pour elle-même, c'est-à-dire qu'il observe la *Mitsva* (commandement) pour recevoir une récompense ou par peur d'une punition.
[74] *Lishma*, litt. pour elle-même, c'est-à-dire qu'il observe la *Mitsva* d'une façon désintéressée, non pas pour recevoir une récompense.

pelée « l'Arbre de Vie ». Et par conséquent, elle est considérée comme un « élixir de mort » du fait que chaque fois il s'éloigne de la ligne de la vie.

« J'ai fait des efforts et je n'ai pas trouvé, n'y crois pas ». Il faut comprendre quel est le sens de « J'ai trouvé ». Que faut-il trouver ? « J'ai trouvé » veut dire trouver grâce aux yeux du Créateur.

« Je n'ai pas fait d'efforts et j'ai trouvé, n'y crois pas ». Il faut comprendre qu'il ne ment pas, car certainement qu'il n'est pas question d'un homme par rapport à lui-même comme individu, mais il s'agit d'une généralisation. Mais s'il voit qu'il a trouvé grâce aux yeux du Créateur, que signifie « n'y crois pas » ? C'est que parfois, l'homme a pu trouver grâce par la prière. Car c'est la qualité spéciale de la prière, qu'elle peut agir comme l'effort. (Comme nous le voyons dans la réalité matérielle, il y a celui qui subvient à ses besoins par ses efforts et il y a celui qui subvient à ses besoins par la prière – où, du fait qu'il demande de quoi vivre, il reçoit de quoi subvenir à ses besoins.)

Ce n'est pas le cas pour la spiritualité : bien

qu'il ait trouvé grâce, de toute façon, il devra après en payer tout le prix, c'est-à-dire selon l'effort que tout le monde donne. Sinon, il perd son *Kli*. C'est pourquoi il a dit « Je n'ai pas fait d'effort et j'ai trouvé, n'y crois pas », c'est-à-dire qu'il va tout perdre. Mais après, il devra compléter tout son effort.

162 - À propos de *Hazak* que nous disons après la conclusion de la série

J'ai entendu au cours d'un repas *Shaharit* (matin)
le jour de Shabbat, Av 2, Tel-Aviv

Le *Hazak*[75] que l'on dit après la conclusion de la série signifie que la conclusion devrait nous donner la force de terminer tous les degrés. Comme le corps a 248 organes et 365 tendons, l'âme, elle aussi, a le discernement de 613, qui sont les canaux de l'âme par lesquels l'abondance est attirée. Et ces canaux sont ouverts par la *Torah*. Tant qu'ils ne sont pas tous ouverts, alors un déficit apparaît même dans le degré privé, car le degré privé est inclus dans l'ensemble.

---

[75] *Hazak* (fort) est une bénédiction dite à la conclusion de chaque Livre des cinq Livres de Moïse (le Pentateuque).

Ainsi, si un détail manque dans l'ensemble, ce discernement est aussi absent du détail et ils s'incarnent graduellement par l'ordre des degrés. Et quand ils sont tous terminés, ce sera la fin de la correction. Avant cela, ils viennent et se corrigent l'un après l'autre. Maintenant, on peut comprendre ce que nos sages ont dit : « la *Torah* a précédé le monde ». Cela signifie que, avant que la limitation du monde fût faite, la *Torah* était déjà là.

Et comment pourrait-elle alors briller dans le monde, qui est considéré comme une frontière ? C'est que la *Torah* brille par discernement de l'un après l'autre. Et lorsque tous les discernements sont terminés, il est obligé de quitter ce monde, car il a récolté de tout le discernement de la *Torah*. C'est pourquoi chaque conclusion doit nous donner la force de continuer plus loin. Et les cinq livres de la *Torah* correspondent aux sept *Sephirot*, dont l'essence est cinq, car *Yessod* et *Malkhout* ne sont pas leur essence – elles sont seulement incluses.

163 - Ce que les auteurs du *Zohar* ont dit
J'ai entendu à la sortie du Shabbat,
Parashat Masa'ei, le 7 août 1948, Tel-Aviv

À propos du fait que les auteurs du *Zohar* ont prononcé leurs paroles dans le sens de la moralité, ce n'était pas nécessaire, car ils auraient pu révéler leurs secrets par d'autres revêtements. Toutefois, ils ont voulu mettre sur leurs secrets un vêtement de morale afin que le lecteur puisse bien comprendre que l'important n'est pas la sagesse qu'il y a dans la *Torah*, mais le Donneur de la *Torah*. Car l'essence de la *Torah* et des *Mitsvot* est uniquement de s'attacher au Donneur de la *Torah*.

Ainsi, puisque le revêtement de moralité nous rappelle le mieux ceci, ils l'ont mis dans ce vêtement. Et s'ils lui donnent souvent un vêtement de sagesse, c'est pour qu'il ne se trompe pas et qu'il dise qu'il n'y a rien de plus que la moralité, qu'aucune sagesse n'y est cachée, mais que c'est tout simplement la moralité. C'est pourquoi ils ont écrit en deux revêtements, et que l'un pointe vers l'autre.

164 - Il y a une différence entre la matérialité et la spiritualité
J'ai entendu, à Av 3, 8 août 1948

Il y a une différence entre la matérialité et la spiritualité : dans la matérialité, la force précède l'action, comme il est écrit : « avant qu'ils appellent, Je réponds ». Ici, c'est arrangé en fonction de la fin de la correction, où on ne fait rien avant d'avoir la force de le faire. Ce n'est pas le cas pour la spiritualité, où il n'y a pas encore de correction en fonction de la fin, seulement par l'ordre des clarifications. Il faut donc commencer le travail avant d'obtenir la force, comme il est écrit : « ceux qui exécutent Sa parole, en obéissant à Sa parole ».

165 - Une explication à la demande d'Elisha à Élie
J'ai entendu

Élie lui demanda : « que ferai-je pour toi ? » Et il répondit : « une double portion de ton esprit ». Et il lui répondit : « Tu as demandé une chose difficile ».

Le fait est qu'il y a l'examen de 248 et il y a

le discernement du cœur de pierre qui ne peut pas être examiné. Toutefois, lors de l'examen de 248, le cœur de pierre est examiné aussi, mais il est interdit de le toucher lui-même. Donc celui qui examine ces 248 examine aussi le cœur de pierre.

166 - Deux discernements dans la compréhension
J'ai entendu

Il y a deux discernements :

1. le discernement de l'enchaînement des mondes de haut en bas.

2. le discernement de bas en haut.

Premier discernement : « que Dieu a créé pour faire ». Cela signifie que le Créateur nous a préparé une place pour le discernement par le travail.

Deuxième discernement : quand on commence à œuvrer et à revêtir de bas en haut. Toutefois, avant d'atteindre la complétude du degré, on ne peut rien savoir clairement. C'est ce qu'il appelle « d'abord apprendre, après comprendre ».

C'est comme un petit qui commence à manger du pain et n'a encore aucune connaissance à part le pain. Et quand il commence à grandir, il commence à comprendre qu'il y a une raison pour le pain qui cause la forme du pain, qui le façonne tel qu'il apparaît à ses yeux : blanc, doux, savoureux, etc.

Alors il perçoit la forme du pain, après qu'il a été retiré du four. Alors le pain est trop mou et très chaud, à tel point qu'il n'est pas bon à manger. Il lui manque quelque chose, c'est-à-dire le temps de sécher et de se refroidir, car l'air amène le pain à recevoir la forme qu'il aura quand il arrive à table.

Mais alors commencent d'autres investigations et il voit encore une autre forme, c'est-à-dire avant qu'il ne soit placé dans le four. Même s'il avait à peu près la même forme, il y a de grandes différences. Ainsi, par la chaleur du four, le pain devient plus grand et plus dur et se couvre de croûte. Auparavant, il était blanc et maintenant il est d'une couleur différente. Et quand il commence à investiguer, il voit que le pain a acquis sa forme et son poids avant même d'être placé dans le four.

Et ainsi de suite, jusqu'à ce qu'il arrive à l'état où on prend du blé et on le sème dans la terre. Jusque-là, il ne peut que recevoir du pain, c'est-à-dire diminuer le pain qui existe dans la réalité du monde. Mais après, il sait déjà comment ajouter.

De même dans la spiritualité : d'abord il a besoin de recevoir de bas en haut, alors il ne peut que recevoir et pas ajouter. Mais après, dans le second état, il peut aussi ajouter.

167 - La raison pour laquelle on l'appelle Shabbat *Téshouva*
J'ai entendu, à Shabbat *Téshouva* 9 octobre 1948, Tel-Aviv

La raison pour laquelle on l'appelle « Shabbat *Téshouva* » (Shabbat du repentir) est que (à la fin des dix jours de pénitence, le Jour de *Kipour* [Grand Pardon]), on dit « **pour un péché** »[76]. Et quiconque contemple les « pour un péché » ne trouve sûrement pas sa place là-bas, au moins à soixante pour cent, et quarante pour cent, on

---

[76] C'est une coutume de demander pardon pour toute une série de péchés qui commence chacun par « pour un péché que j'ai péché devant Toi en... »

peut expliquer et excuser – peut-être qu'il y a là un doute, qu'il ne ressent pas. Mais à soixante pour cent, il ne se retrouve absolument pas.

C'est pourquoi il y a la vertu du Shabbat, car avec la lumière du Shabbat il est possible d'éclairer et de voir qu'il peut se retrouver dans tous les cent pour cent de « pour un péché », que cela n'a été formulé que pour lui et non pour les autres. Mais sans la lumière, on ne le ressent pas.

C'est pourquoi on l'appelle « Shabbat *Téshouva* ». Le Shabbat est utile pour la *Téshouva* (repentir), pour qu'il puisse ressentir le péché. Car il faut avouer le péché et alors on peut demander pardon. Mais si on dit « pour un péché » sans ressentir le péché, quel genre de confession est-ce ? Après tout, il se dit dans son cœur qu'il n'a pas péché. Et ce qu'il dit avec sa bouche quand son cœur n'est pas avec lui, un tel aveu est certainement sans valeur.

168 - Les coutumes d'Israël
J'ai entendu

Les coutumes d'Israël sont si importantes, que l'on peut dire qu'elles donnent plus de spiritualité à l'homme que les *Mitsvot* elles-mêmes. Même si on transgresse les coutumes, il n'y a pas de punition, tandis que si on transgresse les commandements, il y a punition. En ce qui concerne le bénéfice, c'est-à-dire provoquer la crainte du ciel, les coutumes apportent plus de spiritualité. Car les Grands qui ont établi les coutumes les ont arrangées pour que la spiritualité brille par leur intermédiaire.

C'est pourquoi il dit que celui qui évite la coutume de manger de la viande et du poisson le Shabbat se prive de spiritualité. Toutefois, cela ne concerne que celui qui n'a pas encore atteint la perfection, c'est-à-dire qu'il ne voit pas ce qu'il fait. Cela signifie qu'il ne lui a pas encore été accordé les saveurs des *Mitsvot* ; il a donc besoin d'observer les coutumes.

C'est comme une pomme : avant qu'elle ne pourrisse, elle se gâte ; et du moment qu'elle est gâtée, la pourriture est certaine. De même, avant que l'homme devienne libre, il rejette les coutumes, et à la suite du rejet, soit il devient libre lui-même, soit ses enfants deviennent libres.

169 - La notion de juste accompli
J'ai entendu

La notion de « juste accompli » veut dire qu'il n'a pas péché. Pourtant, il est écrit : « il n'y a pas un homme juste sur la terre qui fait du bien et ne pèche pas. »

Il a répondu que dans chaque degré il y a un discernement de « juste accompli », où le péché n'est pas pertinent ; donc, dans ce degré, il n'a jamais péché. C'est le discernement du *Khazé* (poitrine) vers le haut de chaque degré, considéré comme l'arbre de vie et comme *Hassadim* (miséricorde) couverts.

Mais dans le discernement de *Khazé* vers le bas, il y a péché et repentir. Et quand on le corrige, on arrive à un degré plus élevé. Et là aussi cet ordre commence, c'est-à-dire « juste accompli », et « il n'y a pas un homme juste sur la terre qui fait du bien et ne pèche pas. »

170 - Tu n'auras point dans ta poche une grosse pierre
J'ai entendu

« Tu n'auras point dans ta poche une grosse

pierre et une petite pierre. » La pierre est le discernement de la foi (pierre avec laquelle peser). C'est un petit discernement qui est au-dessus de la raison. Mais en même temps, tu diras alors que tu as une « grosse pierre », c'est-à-dire que tu as la connaissance. C'est-à-dire que ce que tu fais ne ressemble pas au reste du monde, mais que tu as une base solide, qui est *Gadlout* (grandeur) et non *Katnout* (petitesse) – sans fondement ni pierre entière.

Il doit y avoir une « petite pierre », mais qu'elle soit « entière », c'est-à-dire que l'ensemble de la *Torah* et des *Mitsvot* puissent demeurer basées sur la « petite pierre », et seulement alors elle est appelée « entière ».

Mais si elle est « petite » et te fait faire seulement de petites actions, ce n'est pas considéré comme une « pierre entière ».

Et une grande mesure et une petite mesure ? S'il a une petite base, il est considéré comme petit. Mais quand il a une « grosse pierre », c'est-à-dire une grande base, alors il se considère comme grand, c'est-à-dire qu'il est grand. Et « une pierre entière », c'est quand il se voit gratifié de la Providence privée.

171 - *Zohar, Amor*
J'ai entendu, le 4ᵉ jour de la Pâque, le 18 avril 1949

Dans le *Zohar, Parashat Emor*, l'assemblée d'Israël, a dit : « Je suis endormie dans l'exil d'Égypte » (*Zohar, Amor*, p. 43).

Le départ de *Mokhin* est appelé « sommeil ». « Et mon cœur est éveillé ». Le cœur est considéré comme les 32 voies de la Sagesse. À savoir que *Hokhma* brillait en eux, mais sans le revêtement des *Hassadim*. C'est ce qui est appelé « l'exil d'Égypte ». Pour cette raison, c'est appelé « sommeil ». Mais en même temps, ils méritaient de recevoir *Mokhin* de *Hokhma*, mais sous la forme de *Akhoraïm* (l'arrière).

« La voix de mon amant frappe », c'est-à-dire la voix de *ZA* (*Zeir Anpin*), qui est considéré comme *Hassadim*. Et le Créateur a dit : « Pratique-Moi une ouverture comme le chas d'une aiguille. » Cela signifie qu'au temps de la rédemption Il leur a demandé d'attirer le discernement de *Hokhma* une nouvelle fois. Et quand elle est sans *Hassadim*, l'ouverture est considérée de la taille d'un « chas d'aiguille », puisqu'elle ne brille pas sans *Hassadim*.

« Et Je t'ouvrirai les Portes Supérieures »,

c'est-à-dire qu'Il lui donnera sans réserve le discernement de *Hassadim*, et alors elle pourra jouir de l'abondance, *Hokhma* et *Hassadim*.

« Ouvre-moi [...] parce que l'ouverture pour rentrer chez Moi est en toi, car Mes enfants ne rentreront pas chez Moi, mais en toi. » Cela signifie qu'Il ne peut rien donner aux enfants, qui ont besoin de *Mokhin* de *Hokhma*, car Son discernement n'est que *Hassadim*. Cependant quand elle attirera *Hokhma*, il sera possible pour les enfants de recevoir aussi *Hokhma*. C'est pourquoi il est considéré qu'elle est la seule capable d'ouvrir l'ouverture.

Par contre, « Je suis fermé, aussi ils ne Me trouveront pas », c'est-à-dire « qu'ils ne Me trouveront pas en complétude ». Quand *ZA* ne possède que *Hassadim*, il n'a que *VAK* et il est appelé « simplement de l'air ». Cependant, quand il a aussi *Hokhma*, même s'il ne reçoit que *Hassadim*, ses *Hassadim* sont appelés « air pur ». Il en est ainsi car ses *Hassadim* sont meilleurs que *Hokhma*, bien que sans *Hokhma*, il ne sera pas considéré comme complet. C'est la signification des mots « pour m'accoupler avec Toi et être toujours en paix avec Toi. Viens et vois, quand le Créateur tuait les premiers-nés d'Égypte, ceux qu'Il avait tués à minuit dont Il avait abaissé les degrés d'En-Haut vers le bas ». Ceci est fait par la correction du *Massakh de Hirik*, ce qui cause deux discernements : le départ de *GAR* et l'extension de *Hassadim*, et, par cette *Hitkalelout* (intégration), il y a la capacité de l'expansion de *Mokhin* d'En-Haut vers le bas.

« Au moment où Israël entra dans l'alliance du saint signe, ils furent circoncis. » Car le « fléau des premiers-nés », le « sang de Pessah » et « le sang de la circoncision » ne sont qu'un seul discernement. Ce n'est pas un secret que le Dieu d'Égypte était un agneau. Cela signifie que le sacrifice de Pessah était à l'intention de leur Dieu. La Klipa d'Égypte était qu'ils désiraient déployer du discernement de la fin de la correction, comme le péché de l'Arbre de la Connaissance, où ils voulaient déployer la Lumière de GAR d'En-Haut vers le bas. Et par l'abattage de Pâque, ils abattirent GAR de Hokhma, par laquelle il y eut le fléau des premiers-nés. Car le premier-né est considéré GAR et ils annulèrent GAR. Ceci se produisit par l'effet du Massakh de Hirik, qui est considéré comme l'élévation de Man'oula (la serrure), qui cause l'annulation de GAR.

***Dam* (le sang)** est dérivé du mot ***Dmama* (silence)** qui met GAR à mort. Ceci est la signification du sang de la circoncision. Le scalpel représente les *Dinim de Noukva* et les *Dinim* annulent les *Dinim de Dekhoura*, comme il est écrit : « il y avait deux sangs, le sang de *Pessah* et le sang de la circoncision. » En aspergeant le sang de *Pessah* sur le linteau, GAR était annulé et il y avait l'*Hitkalelout* dans le *Tikoun* des trois lignes. C'est la signification du linteau et des deux *Mézouzot* (montants de la porte).

« Et au quatrième [...] Israël quitta l'autre autorité et ils furent unifiés par le saint lien de la *Matsa* ». Car *Hametz* (levain, levure)[77] est *Mokhin* qui se déploie depuis le *Khazé* vers le bas, alors ils brillent de Haut en bas. Tandis que la *Matsa* est *Mokhin* qui brille à partir de *Khazé* vers le Haut, un discernement dans lequel il n'y a pas de prise pour les extérieurs. Et la raison est que *Man'oula*, qui fit son apparition durant la nuit de *Pessah*, par laquelle il y a eu l'abattage de *Pessah* et le fléau des premiers-nés, opère seulement d'elle-même vers le bas. Cela veut dire qu'elle fût révélée dans *Khazé*.

---

[77] Pendant les sept jours de *Pessah*, il est défendu de manger des aliments qui contiennent du *Hametz*.

Il s'ensuit que tout ce qui se trouve au-dessus du *Khazé* ne fonctionne pas avec le jugement qui s'y trouve. Il n'en est pas de même du *Khazé* vers le bas, parce que toute l'expansion est en deçà de son propre discernement. Voilà pourquoi le jugement qui s'y trouve peut-être ressenti, et c'est pourquoi Israël fut prudent et ne mangea que des *Matsot* et pas de *Hametz*.

Il y a une valeur dans la *Matsa* qui ne se trouve pas dans le *Hametz* et il y a une valeur dans le *Hametz* qui ne se trouve pas dans la *Matsa*. La valeur même de *Matsa* est qu'elles sont *Mokhin* complètes du discernement de *GAR de Hokhma* qui sont aussi considérées comme les deux grands Luminaires. Cependant, elles sont considérées comme *Akhoraïm* parce qu'elles ne peuvent pas briller en l'absence de *Hassadim*.

Et il y a un avantage au *Hametz* : bien qu'il ne soit que *VAK*, il est déjà revêtu dans *Hassadim*. Au Temple, il y avait *Mokhin de Hokhma*, elles étaient sous la forme du *Khazé* vers le Haut, considéré comme *Matsa*. C'est pourquoi il est dit : « vous ne brûlerez ni levure ni miel sur l'autel ».

172 - À propos des obstacles et des retards

J'ai entendu, le 7ᵉ jour de Pâque, 20 avril 1949

Tous les obstacles et les retards qui surgissent devant nous ne sont que des moyens de nous rapprocher, car le Créateur veut nous rapprocher de Lui. Tous les empêchements sont là pour que nous nous rapprochions de Lui, car sans eux, il n'y aurait aucune possibilité de se rapprocher de Lui.

Du point de vue de la nature, il n'y a pas de plus grand éloignement qu'entre nous, qui sommes pétris d'argile, et le Créateur, qui est plus grand que tout. Ce n'est que lorsque l'homme commence à se rapprocher qu'il commence à ressentir la distance entre nous, et chaque obstacle qu'il surmonte lui raccourcit le chemin.

(Remarquez qu'il a l'habitude d'aller sur la voie de l'éloignement, et s'il ressent chaque fois combien il s'éloigne, cela ne cause aucun changement dans son processus, car il savait à l'avance qu'il était sur le chemin de l'éloignement. Telle est la vérité, que la distance entre nous et le Créateur est ineffable. C'est pourquoi, chaque fois qu'il ressent un éloignement plus grand que ce qu'il pensait, cela ne lui cause pas d'ennui.)

173 - Pourquoi disons-nous *Lekhaim* ?
J'ai entendu, lors d'un repas à Shabbat, *Parashat Akharei-Kedoshim*, le compte de l'*Omer* 23[78], 7 mai 1949

Il a dit à propos du fait que nous disions *Lekhaim*[79] [2], lorsque nous buvons du vin, il en est comme nos sages ont dit : « le vin et la vie selon les sages et leurs disciples ». Cela paraît difficile à comprendre : pourquoi précisément selon les sages ? Pourquoi pas selon les ignorants ?

Le fait est, quand on dit *Lekhaim*, qu'on fait allusion à la vie supérieure. Lorsque nous buvons du vin, nous devons nous rappeler que le vin fait allusion au « vin de la *Torah* », un rappel que nous devons attirer la lumière de la *Torah*, appelée « vie ». Ce n'est pas le cas pour la vie matérielle, que nos sages appellent « Les méchants, dans leur vie, sont appelés "morts" ».

---

[78] Les 50 jours que l'on compte entre la Pâque et *Shavouot* (la fête du don de la *Torah*).
[79] À la vôtre, à votre santé. Litt. : à la vie.

C'est pourquoi, seulement pour nos sages, on peut dire « le vin et la vie », car ils sont les seuls qualifiés pour attirer la vie spirituelle. Les ignorants, cependant, n'ont pas d'instruments avec lesquels ils peuvent attirer. (Et peut-être que « selon nos sages » veut dire selon le point de vue de nos sages. C'est-à-dire que la vie, ce qu'ils appellent « la vie », réfère à la vie spirituelle.)

174 - La dissimulation
J'ai entendu

En ce qui concerne la dissimulation, c'est pour la correction, sans quoi l'homme serait incapable d'atteindre la perfection, car il ne serait pas digne de concevoir l'importance de la question. Cependant, quand il y a dissimulation, cela devient important pour lui. Même si par lui-même il ne peut pas apprécier l'importance telle qu'elle est vraiment, la dissimulation lui donne une idée de l'importance. C'est parce que dans la mesure où il ressent la dissimulation, une couche d'importance est créée en lui.

C'est comme des échelons qu'il monte un à un jusqu'à ce qu'il arrive à l'endroit désigné.

Cela signifie qu'il perçoit une certaine mesure d'importance qui lui fait tenir le coup – bien que la véritable importance et la sublimité du Créateur soient incommensurables –, une mesure qui lui suffit donc pour survivre.

Toutefois, la dissimulation en soi n'est pas considérée comme dissimulation. La dissimulation est mesurée selon la demande. Plus la demande pour quelque chose est persistante, plus la dissimulation est évidente. Ainsi, nous pouvons comprendre le sens de « la terre entière est remplie de Sa gloire ». Bien que nous croyions cela, de toute façon, la dissimulation remplit également la terre entière.

Il est écrit au sujet de l'avenir : « Je serai une muraille de feu autour d'elle et je serai sa gloire au milieu d'elle. » « Feu » indique la dissimulation. Mais de toute façon, la gloire est au milieu d'elle, c'est-à-dire qu'alors la gloire sera révélée. C'est parce que la demande sera très grande, même si la dissimulation sera également présente. La différence est qu'à présent il y a dissimulation mais pas de demande, ce qui est considéré comme « l'exil ». Mais là, bien qu'il y ait la dissimulation, il y aura aussi la demande, et ce qui importe, c'est seulement la demande.

175 - Si la route est trop longue pour toi

J'ai entendu, lors d'un repas *Shevat, Parashat Behar-Bekhoukotai, Iyar* 22, 21 mai 1949

« Si la route est trop longue pour toi, que tu ne pourras pas le porter. »

Il a expliqué pourquoi la route est si longue, c'est parce que « tu ne pourras pas le porter ». C'est parce qu'il ne peut pas porter le fardeau de la *Torah* et des *Mitsvot* que la route lui semble longue. Le conseil dans ce cas-là, comme le dit le verset, c'est « tu lieras *Kessef* (l'argent) dans ta main. » *Kessef* c'est pour *Kissoufin* (nostalgie / désir ardent), qu'il tirera la nostalgie, désir ardent du travail. Ainsi, grâce au désir et à la nostalgie du Créateur, il sera en mesure de supporter le fardeau de la *Torah* et *Mitsvot*. *Kessef* est aussi une question de honte. Parce que l'homme est créé dans le but de glorifier le ciel, comme il est écrit : « Béni soit Celui qui nous a créés pour Sa gloire. »

En général, la *Torah* et les *Mitsvot* sont des choses que l'homme fait pour plaire au Créateur. Car c'est la nature de l'esclave de vouloir plaire à son maître, pour que le cœur de son maître se tourne vers lui. Même chose ici : les nombreuses actions et les rigueurs auxquelles l'homme s'astreint ne sont qu'un moyen pour plaire au Créateur, et alors il obtiendra de Lui l'objectif qu'il souhaite.

Et l'homme observe la *Torah* et les *Mitsvot* pour bien paraître aux yeux des gens et il fait des besoins du ciel un moyen. C'est-à-dire qu'à travers elles, il arrivera à bien paraître aux yeux des gens. Et tant qu'il n'a pas atteint le discernement de la *Torah Lishma*[80], il travaille pour les gens.

Et même s'il n'a pas d'autre choix que de travailler pour les gens, il devrait de toute façon avoir honte de cette sorte de servitude. Et alors, par moyen de ce *Kessef*, il se verra décerner le *Kessef* de *Kedousha* (sainteté), c'est-à-dire le désir pour la *Kedousha*.

« Tu lieras l'argent dans ta main. » Cela signifie que même si le désir ne dépend pas de l'homme, s'il n'a pas de désir pour ce faire, il n'y peut rien. Néanmoins, il doit découvrir le

---

[80] *Lishma*, litt. pour elle-même, c'est-à-dire qu'il observe la *Mitsva* (commandement) d'une façon désintéressée, non pas pour recevoir une récompense.

désir de *Kissoufin* (la nostalgie), le désir de vouloir (et peut-être *VeTzarta* [tu lieras] vient du mot *Ratzita* [tu voudras].) Il faut faire preuve d'un désir pour ceci, pour découvrir le désir et l'envie pour le Créateur, c'est-à-dire de vouloir augmenter la gloire du ciel, plaire à son Créateur et Lui faire plaisir.

Il y a un discernement de *Zahav* (or) et il y a un discernement de *Kessef* (argent).

Kessef, quand il a *Kissoufin* (nostalgie) en général ; *Zahav* (fait des mots « donne ceci ») signifie qu'il ne veut qu'une chose et tous les désirs et l'envie qu'il avait d'autres choses sont annulés dans ce désir. Et il dit : « donne ceci » seulement, car il ne veut aucune chose si ce n'est que d'élever la *Shekhina* (Divinité) de la poussière. C'est tout ce qu'il veut.

Il s'ensuit que même s'il voit qu'il n'a pas l'envie et le désir nécessaires, l'homme doit malgré tout veiller et s'efforcer d'obtenir le désir par des actes et des pensées. C'est ce qu'il appelle « tu lieras l'argent dans ta main ». Il ne doit pas penser que parce que c'est entre ses mains c'est une petite chose. Au contraire, « dans le gros (la grâce) et le petit bétail », etc., c'est-à-dire que grâce à cela, il lui sera accordé les lumières les plus sublimes.

176 - En buvant du Brandy après la *Havdala*[81]

J'ai entendu après *Yom Kipour* 21 septembre 1950

« Il faisait une fête en sortant de la sainteté. »

La sainteté, c'est le discernement de *Hokhma* (la sagesse) et de la ligne de gauche, où il y a la peur des *Dinim* (jugements). Par conséquent, il n'y a pas de place pour une fête là-bas. Tandis « qu'en sortant de la sainteté », appelée « sagesse » et « ligne gauche », il faisait alors le discernement correspondant à la fête, car il s'agit de la lumière de *Hassadim* (la grâce).

177 - Expiations
J'ai entendu

« L'expiation des péchés » se fait par le dévoilement de la lumière de *Hokhma* (la sagesse). C'est le sujet de la confession, qui s'étend de

---

[81] La cérémonie à la fin de Shabbat qui symbolise la séparation entre le saint et le séculier.

Hokhma. Plus il confesse, plus la *Hokhma* apparaît en lui. Il est dit à ce sujet : « ce jour-là, l'iniquité de Jacob sera recherchée et ne sera pas trouvée. » C'est parce que pour chaque péché, quand il est pardonné, il n'est pardonné que lorsque *Hokhma* s'étend sur lui. C'est pourquoi ils ont cherché les iniquités, pour attirer sur lui la lumière de *Hokhma*.

« L'étreinte de la gauche », le prolongement de la ligne gauche. Sur chacun des dix jours de pénitence, un discernement des dix *Sephirot* de *Mokhin* de *Hokhma*, appelé « ligne de gauche », est étendu. Et le jour du *Yom Kipour* (Jour du Grand Pardon), c'est le *Zivoug* (accouplement).

L'étreinte de la droite est le prolongement de *Hokhma* en dessous du *Khazé* (la poitrine), le lieu du dévoilement, où elle est déjà adoucie par *Hassadim* (la grâce). C'est principalement considéré comme une extension de *Hassadim* ; la construction de la *Noukva* se poursuit jusqu'au huitième jour de *Souccot*, et le huitième jour, c'est le *Zivoug*.

178 - Trois partenaires de l'Homme
J'ai entendu, lors d'un repas célébrant la conclusion de la partie neuf du *Zohar*, *Iyar* 3, 9 mai 1951

À propos des trois partenaires de l'homme : le Créateur, le père et la mère.

Il a dit qu'il y a un quatrième partenaire : la terre. Car si l'homme ne prend pas la nourriture de la terre, il ne peut pas survivre. La terre est considérée comme *Malkhout*, qui est généralement considérée comme ayant quatre discernements, appelés *HB TM*.

Et la nourriture que l'homme reçoit de la terre est l'aspect de distinction – par la nourriture, on distingue la *Klipa* (écorce) de l'aliment.

Il y a deux discernements dans *Malkhout* :
 1. *Kedousha* (sainteté) ;
 2. Lilith, la mégère.

Ainsi, quand une personne mange et fait la première et la dernière bénédiction, la nourriture sort ainsi de la domination de la *Sitra Akhra* (l'autre côté). Et puisque la nourriture devient du sang et le sang est considéré comme *Nefesh* (âme), sa *Nefesh* devient séculière et non de la *Sitra Akhra*.

Cependant, quand il mange un repas de

Mitsva, où l'aliment est considéré comme *Kedousha*, s'il mange avec intention, la nourriture devient du sang et le sang devient comme *Nefesh*. Alors il arrive à l'état de *Nefesh* de *Kedousha*.

C'est pourquoi le mauvais penchant vient à une personne et lui fait toujours comprendre que ce n'est pas la peine de manger à un repas de *Mitsva*, pour plusieurs raisons. Son intention principale est de ne pas manger à un repas de *Mitsva* pour la raison ci-dessus, puisqu'il s'agit d'une partie de *Kedousha*.

179 - Les trois Lignes
J'ai entendu au deuxième jour de *Pessah* (la Pâque), le 23 avril 1951

Il y a la question des trois lignes et la question d'Israël tenant le corps du Roi. Il y a la question de l'exil en Égypte, où le peuple d'Israël devait descendre en Égypte, et la question de l'exode d'Égypte. Et il y a la question de « celui qui va épouser une femme, qu'il amène avec lui un ignorant. » Et il y a la question qu'Abraham a posée : « Comment saurai-je que je vais en hériter ? Et le Créateur lui répondit : Sache bien que ta postérité sera étrangère dans un pays qui n'est pas le leur, on les opprimera pendant quatre cents ans, et après cela, ils sortiront avec de grandes richesses. » Il y a la question de *GAR*, la question de *VAK* et la question de *VAK de GAR*.

Car la Pensée de la Création a été de faire plaisir à Ses créatures, et le *Tsimtsoum* (restriction) et le *Massakh* (écran) n'ont été que pour éviter le pain de la honte. De là s'étend le lieu du travail et de là s'étendent les trois lignes.

La première ligne est considérée comme la droite, considérée comme *VAK* sans *Rosh* (tête), considérés comme « foi ».

La deuxième ligne est considérée comme la gauche, l'entendement. Les deux sont en dispute, puisque la foi est en contradiction avec l'entendement et l'entendement est en contradiction avec la foi.

Ensuite, il y a le discernement de la ligne médiane, considéré comme *VAK de GAR*, ou *Hokhma* et *Hassadim*, ou la ligne droite et la ligne gauche intégrées l'une dans l'autre. C'est-à-dire qu'il arrive à l'entendement dans la mesure où il a la foi. C'est-à-dire que dans la mesure où il a la foi, il reçoit la même mesure d'entendement.

Et là où il n'a pas la foi, il n'attire pas l'entendement pour la compléter, mais il pèse tout le temps les lignes, pour que l'une ne prévale pas sur l'autre. Et *GAR* s'appelle (qui apparaît devant lui) la considération de l'entendement sans la foi. C'est ce qu'il appelle « le travail des *Goyim* (nations) ». Et le travail d'Israël est le discernement de la foi, où l'entendement est inclus. C'est ce qu'il appelle « le corps du Roi », qui signifie la foi et l'entendement.

Abraham est appelé « le patriarche de la foi », le discernement de *Hassadim*. Alors il saura que toute personne qui veut venir près du Créateur doit d'abord assumer le discernement de la « droite », c'est-à-dire de la foi. Mais la foi est en contradiction avec l'entendement. Alors comment peuvent-ils attirer l'entendement quand ils n'ont pas les *Kélim* (instruments) pour cela ? C'est pourquoi Il lui a dit : « ta postérité sera étrangère dans un pays qui n'est pas le leur. » C'est le sens de « Ils se sont mêlés aux nations et ont imité leurs façons de faire », c'est qu'ils seront sous la domination des nations, qu'eux aussi seront sous leur domination et attireront *GAR de Hokhma*.

C'est le sens de l'exil en Égypte, qu'Israël

aussi a étendu *GAR de Hokhma*. Et c'est leur exil, lorsque le discernement des ténèbres est étendu. L'exode d'Égypte s'est fait par le fléau des premiers-nés. Les premiers-nés se rapportent à *GAR de Hokhma*, car le Seigneur a frappé les premiers-nés de l'Égypte. C'est le sens du sang de *Pessah* et le sang de la circoncision, et c'est ce qui est écrit dans le *Zohar* (*Emor*, 43) : « Pendant que le Créateur tuait les premiers-nés de l'Égypte […], en même temps Israël entrait dans l'alliance du signe sacré, ils se sont circoncis et se sont liés dans l'assemblée d'Israël. »

La ligne de gauche est appelée « prépuce », car elle bloque la lumière. Ainsi, quand Il tuait les premiers-nés, ce qui signifie l'annulation de *GAR*, Israël en bas se faisait circoncire, ce qui signifie couper les prépuces. C'est ce qu'il appelle *Din de Dekhoura* (jugement du masculin), qui bloque la lumière. Ainsi, grâce à la circoncision avec un ciseau, qui est en fer, appelé *Dinim de Noukva* (jugements du féminin), les *Dinim de Dekhoura* sont annulés. Et puis *VAK de Hokhma* s'étend à eux.

Cela signifie qu'au début il faut attirer le discernement de la perfection, c'est-à-dire *GAR de Hokhma*. Il est impossible d'attirer un demi-degré. Et cela doit passer expressément par les Égyptiens, et c'est ce qu'il appelle « l'exil », où les Juifs, aussi, doivent être sous leur domination. Ensuite, par l'exode d'Égypte, qui signifie la correction du *Massakh de Hirik*, ils sortent de leur domination, c'est-à-dire que les Égyptiens eux-mêmes crient : « Levez-vous et sortez ».

Et c'est « Moi et pas un messager ». « Moi » signifie *Malkhout*, dans le sens de *Man'oula* (serrure), qui annule le *GAR*, par lequel il y a l'inclusion de la gauche dans la droite et de la droite dans la gauche.

Et c'est « Celui qui veut épouser une femme », qui signifie *Hokhma*, qui est appelé « gauche ». « Qu'il amène un ignorant avec lui » parce qu'il est dans l'état de « droite », qui est la foi. Ainsi, expressément par moyen d'un ignorant peut-il tirer *Hokhma*, car il a la repentance, mais seulement pour l'entendement, pas pour la foi.

« Je me suis levée pour ouvrir à mon bien-aimé, de mes mains de la myrrhe a coulé, de la myrrhe onctueuse a goutté de mes doigts jusque sur la poignée de la serrure. » Myrrhe signifie « Il ne cachera plus ceux qui t'enseignent, tu verras de tes yeux les maîtres qui t'instruisent. »

Et « mes mains », c'est l'entendement. Et les doigts, c'est voir, comme dans « chacun montre du doigt, en disant : c'est notre Dieu. » « La poignée de la serrure » réfère au discernement de *Man'oula*.

180 - Dans le *Zohar*, *Emor*
J'ai entendu à la Pâque Inter 2,
le 23 avril 1951, Tel-Aviv

Dans le *Zohar* (*Emor*, 43) : « Rabbi Hiyah ouvrit : "Je dors et mon cœur est éveillé" […] L'assemblée d'Israël dit : "Je dors en exil en Égypte, où mes enfants étaient sous un dur asservissement, et mon cœur est éveillé afin de s'assurer qu'ils ne périssent pas dans l'exil. La voix de mon bien-aimé frappe", c'est le Créateur qui dit : "Je me suis souvenu de mon alliance" ».

Nous devons comprendre la question du sommeil. Quand Israël était en Égypte, ils étaient sous leur domination et eux aussi ont étendu *GAR de Hokhma*. Et puisque *Hokhma* ne brille pas sans *Hassadim*, c'est appelé « sommeil ». Et c'est ce qu'il appelle le dur asservissement d'Égypte, c'est-à-dire un travail dur, appelé *Dinim de Dekhoura* (jugements du masculin).

« Et dans toutes sortes de travaux dans les champs », ce qui est considéré comme *Dinim de Noukva* (jugements du féminin).

« Et mon cœur est éveillé » signifie que même si elle dort du côté de la ligne gauche, là où *Malkhout* est considérée comme « les deux grands luminaires », alors *Malkhout* est appelée « le quatrième pied ». Elle est considérée comme *Tifféret*, au-dessus du *Khazé*. « Et mon cœur est éveillé » signifie que là se trouve déjà l'ombre du point de la serrure, qui suscite la détermination de la ligne médiane, qui retourne au point qui est considéré comme *Panim*, par lequel ils ne périront pas en exil.

Tel est le sens de « Pratique-Moi une ouverture comme le chas d'une aiguille ». Cela veut dire que *ZA* dit à *Malkhout* d'attirer *Hokhma*. Et même si *Hokhma* ne peut briller sans *Hassadim* – ce pour quoi elle est appelée « comme le chas d'une aiguille » –, « Je vais t'ouvrir les portes supérieures ». C'est-à-dire qu'après Il lui donnera le discernement de *Hassadim*, et ainsi elle recevra l'abondance. Toutefois, si elle n'attire pas *Hokhma*, c'est-à-dire s'il n'y a pas extension de *Hokhma* mais de *Hessed* (grâce), c'est ce qu'il appelle « Ouvre-moi, ma sœur ». Ainsi, du point de vue de *Hokhma*, *Malkhout* est appelée « sœur ».

181 - L'honneur
J'ai entendu à *Nissan* 25, 1ᵉʳ mai 1951

L'honneur est quelque chose qui immobilise le corps, et dans cette mesure, il nuit à l'âme. C'est pourquoi tous les justes qui sont devenus célèbres et qui ont de l'honneur, c'est en guise de punition. Mais les grands justes, quand le Créateur ne veut pas qu'ils se perdent du fait qu'ils sont réputés comme justes, Il les garde afin qu'ils ne soient pas honorés, pour ne pas nuire à leurs âmes.

Ainsi, dans la mesure où ils sont honorés d'une part, d'autre part ils sont contestés. Ces justes sont insultés avec toutes sortes d'humiliations. Pour donner un poids égal à l'honneur rendu à un juste, l'autre côté le déshonore dans la même mesure.

182 - Moïse et Salomon
J'ai entendu à *Iyar* 3, le 10 mai 1951

Moïse et Salomon sont considérés comme *Panim* (antérieur) et *Akhoraïm* (postérieur). Il est écrit à propos de Moïse : « tu verras mon *Akhoraïm* ».

Salomon, cependant, est considéré comme *Panim*. Et seul Salomon a utilisé les *Akhoraïm* de Moïse.

C'est pourquoi les lettres de *Shlomo* (Salomon) sont les mêmes que pour *LeMoshe* (à Moïse)[82].

183 - Le discernement du Messie
J'ai entendu

Il y a le discernement du Messie fils de Joseph et du Messie fils de David.

Les deux doivent s'unir. Alors ils connaîtront la vraie perfection.

---

[82] *Shlomo* – המלש ; *LeMoshe* – השמל.

184 - La différence entre la foi et la raison
J'ai entendu à *Shevat* 15, 14 février 1949

La différence entre la foi et la raison[83].

Il y a un mérite à la foi parce qu'elle agit sur le corps plus que la raison, car elle est plus proche du corps. La foi est considérée comme *Malkhout* et le corps se rapporte à *Malkhout*, c'est pourquoi elle agit sur lui.

Par contre, la raison est attribuée aux « Neuf Premières » et ne peut donc pas vraiment agir sur le corps. Cependant, il y a un mérite à la raison, car elle est considérée comme spirituelle selon la valeur de la foi relative au corps. Il y a une règle en spiritualité : « il n'y a pas d'absence en spiritualité », et « chaque pièce de monnaie s'accumule en une grosse somme ».

Ce n'est pas le cas pour la foi qui se rapporte à la matérialité, qui est considérée comme une séparation. Il n'y a pas d'accumulation dans la matérialité, car ce qui est passé n'est plus. Ce qui est arrivé dans le passé ne s'accumule pas dans le présent ou l'avenir.

---

[83] *Sekhel* (לכש) signifie la cervelle, la raison, l'intellect, l'intelligence.

Ainsi, bien que pendant l'acte la foi en quelque chose agisse sur lui cent pour cent de fois plus que l'effet de la raison, elle ne fonctionne que pour un temps. La raison, cependant, même si elle n'agit qu'à un pour cent, ce un pour cent existe constamment. Ainsi, au bout de cent fois, elle s'accumule à un montant égal à celui de la foi amassé en une seule fois. En ce qui concerne la foi, même s'il travaille cent fois, il restera dans le même état. Par contre, en ce qui concerne la raison, ça restera constamment en lui, comme existant en lui.

Par exemple, quand on étudie quelque chose avec l'intellect, même si on l'oublie, le cerveau en garde la trace. Cela signifie que dans la mesure où on apprend avec l'esprit, l'esprit évolue. Ce n'est pas le cas pour les choses matérielles qui s'étendent dans le temps et l'espace ; l'Est ne viendra jamais à l'Ouest, ou l'heure passée à l'heure actuelle. Dans la spiritualité, par contre, tout peut-être en même temps.

185 - L'ignorant, la crainte du Shabbat est sur lui
J'ai entendu

Nos sages ont dit : « L'ignorant, la crainte du Shabbat est sur lui. » Un disciple sage est considéré comme le Shabbat, et Shabbat est considéré comme *Gmar Tikoun* (la fin de la correction). Ainsi, comme dans *Gmar Tikoun*, les *Kélim* (récipients) seront corrigés et adaptés pour recevoir et revêtir la Lumière Supérieure. De même, le Shabbat est considéré comme *Gmar* (fin). Cela signifie que la Lumière Supérieure peut apparaître et revêtir les inférieurs, mais c'est considéré seulement comme un éveil d'En-Haut.

186 - Fais de ton Shabbat un jour de semaine et n'aie pas besoin des gens
J'ai entendu

Le Shabbat, il est interdit de travailler, ce qui signifie un éveil d'en bas. Le disciple sage, celui qui a été privilégié d'être le disciple du Créateur, est appelé « sage », qui est considéré aussi comme un éveil d'En-Haut, parce qu'il révèle les secrets de la *Torah*.

Par conséquent, quand vient l'éveil d'En-Haut, ça s'appelle aussi Shabbat. Alors l'ignorant, c'est-à-dire le corps, a peur et évidemment il n'y a pas de place pour le travail.

187 - S'assurer de faire des efforts
J'ai entendu

À propos du *Hé* inférieur dans *Enayim* (les yeux), soit un écran et une couverture sur les yeux, car les yeux sont le secret de la Providence, qu'il voit le discernement de la Providence cachée.

L'essai signifie que l'homme ne peut pas décider d'un côté ou de l'autre. Il n'est pas en mesure de savoir ni de clarifier la volonté du Créateur et l'intention de son maître. Même s'il est capable de travailler avec dévouement, il ne peut pas déterminer si ce travail de dévouement est effectif ou inversement, que ce difficile travail est en opposition avec l'avis de son maître et avec l'avis du Créateur.

Pour se décider, il décide de faire plus d'effort dans ce travail. Cela signifie qu'il doit agir conformément à son maître et que seuls les efforts relèvent de l'homme et rien d'autre. Ainsi, il n'a pas à douter de ses actions, ni de ses pensées ni de ses paroles, mais il doit toujours multiplier les efforts.

188 - Tout le travail est là où il y a deux chemins
J'ai entendu à la sortie de Shabbat, le 14 *Shvat* 1948

Tout le travail est seulement là où il y a deux chemins, comme il est écrit « pour vivre en eux et non pas mourir en eux. » Le sujet de « qu'on le tue plutôt que de le voir transgresser » ne s'applique qu'à trois *Mitsvot* (commandements)[84]. Cependant, nous trouvons que les premiers *hassidim* sacrifiaient leur vie pour des *Mitsvot* positives. Mais en vérité, c'est tout le travail. Quand l'homme doit observer la *Torah*, alors tout le lourd fardeau s'impose, et quand la *Torah* veille sur l'homme, tout cela n'est plus difficile, comme « l'âme de l'homme nous enseignera » ; autrement dit, la *Torah* veille sur l'homme.

---

[84] Ce sont trois *Mitsvot* négatives : tu n'auras pas d'autres dieux, tu ne tueras pas, tu ne commettras pas d'adultère. Toutes les autres *Mitsvot*, on a le droit de les transgresser si c'est une question de vie ou de mort.

189 - L'action agit sur la pensée
J'ai entendu, le 27 *Tishrei*

Comprendre la raison de l'acuité, de l'excitation et de la finesse lorsque tous les organes travaillent en coordination à pleine vitesse, quand l'homme pense à des biens matériels. Mais en ce qui concerne l'âme, pour les besoins de l'âme, la personne, le corps et tous les sens travaillent avec lourdeur.

Le fait est que l'esprit et la pensée de l'homme ne sont que des projections de ses actions et se reflètent comme dans un miroir. Par conséquent, si la plupart de ses actions sont pour des besoins matériels, cela se reflète dans le miroir de l'esprit. C'est-à-dire qu'elles sont suffisamment perçues dans l'esprit, et alors il peut utiliser l'esprit pour ce qu'il veut, car le cerveau reçoit sa nourriture de choses matérielles.

Ainsi, l'esprit agit là où il reçoit sa subsistance. Et puisqu'il n'y a pas assez de *Reshimot* (traces) dans le cerveau en ce qui concerne les besoins de l'âme, ou pour suffire à recevoir des impressions et de la vitalité, l'esprit est donc peu disposé à servir les besoins de l'âme.

Pour cette raison, l'homme doit surmonter et

faire beaucoup d'actions et de choses, jusqu'à ce qu'elles soient enregistrées dans le cerveau. Alors la connaissance augmentera certainement et l'esprit le servira avec astuce et rapidité, plus encore que pour les besoins matériels, car l'esprit est un vêtement proche de l'âme.

190 - Chaque action laisse une empreinte
J'ai entendu, lors d'un repas, la Pâque 1, le 15 avril 1949

Il a demandé si le rachat de notre terre des oppresseurs a un effet sur nous. Nous avons eu le privilège d'être libérés du joug des nations et de devenir comme toutes les nations, où l'une n'est pas asservie par l'autre. Et si cette liberté a eu un effet sur nous afin que nous puissions avoir une certaine sensation de la servitude du Créateur.

Il a dit que nous ne devrions pas penser que cela n'a pas eu un effet sur nous, qu'aucun changement n'est apparent dans la servitude de cette liberté. Cela est impossible, puisque le Créateur n'agit pas en vain. Au contraire, tout ce qu'il fait nous impressionne, pour le meilleur ou pour le pire. C'est-à-dire qu'une puissance supplémentaire nous est étendue de tout acte qu'Il accomplit, positif ou négatif, la lumière ou l'obscurité. De cet acte, nous pouvons aussi nous élever, car en spiritualité, il n'y a pas toujours la permission et la force avec lesquelles continuer.

Par conséquent, on ne peut pas dire que la liberté qu'il a atteinte n'a induit aucun changement en nous. Si nous ne sentons pas de changement pour le mieux, alors nous devons dire que c'est un changement pour le pire, même si nous ne sentons pas.

Et il l'a expliqué après la fête, après la *Havdala* (la bénédiction à la fin de la fête), que c'est comme un repas de Shabbat ou de fête, où les plaisirs corporels éveillent les plaisirs spirituels par voie de la branche et de la racine, une allusion au monde à venir. Et certainement, la dégustation du monde à venir exige de grands préparatifs au cours des six jours d'action. La sensation est selon la mesure de la préparation.

Mais sans une bonne préparation pour étendre le goût spirituel de Shabbat, il y a un effet contraire : on devient pire en raison des plaisirs corporels. Car après le repas corporel on ne veut rien d'autre que dormir, car après avoir mangé vient le sommeil. Ainsi, sa dégustation l'a descendu plus bas.

Mais il faut de grands efforts pour arriver à la spiritualité par moyen de plaisirs corporels, car c'était la volonté du roi. Bien qu'ils soient en contradiction, car la spiritualité est sous la ligne du don sans réserve et la corporalité est sous la réception, car c'était la volonté du roi, c'est pourquoi la spiritualité est attirée par les plaisirs corporels, située sous les *Mitsvot*, qui sont les plaisirs de Shabbat et de fête.

Il faut aussi voir que même avec cette liberté que nous avons obtenue, nous avons besoin d'une grande préparation et de l'intention, pour attirer la liberté spirituelle, appelée « la libération de l'ange de la mort ». Ensuite, nous serions gratifiés avec « toute la terre est remplie de Sa gloire », appelé *Mokhin de AVI*. Cela signifie que nous ne verrions pas un moment ou un lieu qui n'est pas revêtu par le Créateur, que nous ne serions pas en mesure de dire que « Il ne peut pas se revêtir » sur ce moment ou cet endroit, mais plutôt que « la terre entière est remplie de Sa gloire ». Avant cela, il y a une différence « entre la lumière et les ténèbres et entre Israël et les nations » : car le Créateur réside dans un lieu de lumière, pas dans un lieu de ténèbres.

De même, en Israël, il y a une place pour la lumière divine d'Israël. Ce n'est pas le cas pour les nations du monde : le Créateur ne se revêtit pas en eux. « Entre le septième jour et les six jours d'action. » Pourtant, lorsque nous sont attribués *Mokhin de AVI*, nous sommes gratifiés avec « toute la terre est remplie de Sa gloire ». Alors il n'y a pas de différence entre les temps et Sa Lumière est présente partout et en tout temps.

C'est le sens de la Pâque, quand Israël a reçu le discernement de la liberté, ce qui signifie *Mokhin de AVI*, considérés comme « la terre est remplie de Sa gloire ». Naturellement, il n'y a pas de place pour le mauvais penchant, car il n'est pas distancé par ses actions de la servitude de Dieu. Bien au contraire, nous voyons comment il a rapproché l'homme de son travail. Mais ce discernement est seulement du côté de l'éveil d'En-Haut. C'est pourquoi ils ont dit que la Sainte *Shekhina* dit : « J'ai vu l'image d'une goutte d'une rose rouge. » Cela signifie qu'il a vu qu'il y avait une place qu'il fallait encore corriger, car là le Créateur ne pouvait pas briller. C'est pourquoi ils devaient compter les sept semaines du compte de l'*Omer*[85] pour corriger ces lieux, de sorte que nous voyons que « toute la terre est remplie de Sa gloire. »

Il est semblable à un roi qui a une tour remplie de bonnes choses, mais pas d'invités. C'est pourquoi il a créé les gens, pour qu'ils viennent recevoir son abondance. Mais nous ne voyons pas la tour remplie de bonnes choses. Au contraire : tout le monde est rempli de souffrance. L'explication est que « le vin royal était en abondance », que du point de vue de *Malkhout* le vin ne manque pas, c'est-à-dire les plaisirs qui sont comparables au vin.

La déficience est seulement du côté des *Kélim* (récipients), que nous n'avons pas les récipients adéquats pour recevoir l'abondance, car c'est justement dans les récipients du don que nous pouvons recevoir. La mesure de l'abondance est fonction de l'ampleur des *Kélim*. Par conséquent, tous les changements ne sont que dans les récipients, pas dans les lumières. C'est ce que le texte nous dit : « [il y avait] une variété de différents récipients et le vin royal était en abondance », comme c'était dans la Pensée de la

---

[85] Les sept semaines entre la Pâque et la Pentecôte.

Création de faire du bien à Ses créatures, selon Sa capacité divine.

191 - Le temps de la chute
J'ai entendu, le 14 *Sivan* 1938

Il est difficile de décrire le temps de la chute, lors duquel nous perdons tout notre travail et nos efforts investis jusqu'à présent, depuis le début du travail jusqu'à la chute. Et il semble à celui qui n'a jamais goûté au travail du Créateur que c'est quelque chose qui ne le concerne pas, c'est-à-dire que c'est quelque chose qui arrive à ceux qui sont parvenus à des degrés élevés. Tandis que les simples gens, ils ne se sentent pas concernés par le travail du Créateur et ils aspirent uniquement au désir de recevoir matériel, que l'on trouve chez tout le monde et qui inonde le monde entier avec ce désir.

Cependant, il convient de comprendre pourquoi ils sont arrivés à cet état. Que l'homme le veuille ou non, il n'existe aucun changement dans la création du ciel et de la terre, celle-ci se conduit de façon bonne et bienfaisante, donc d'où provient un tel état ?

Mais il faut dire que cela vient pour annoncer

la grandeur du Créateur, que l'homme ne doit pas se comporter comme celui dont le cœur est grossier, c'est-à-dire que l'homme doit se comporter en craignant la grandeur et savoir quelle valeur et quel écart il existe entre lui et le Créateur. D'un point de vue extérieur, il est difficile de comprendre ou d'avoir la possibilité de lier ou d'associer le Créateur et la création.

Lors de la chute, l'homme sent alors qu'il n'a pas la possibilité de s'unir et de se sentir appartenir au Créateur au niveau de la *Dvékout* (l'adhésion), parce qu'il ressent que le travail est quelque chose de bizarre dans tout le monde. Et c'est véritablement ainsi. Cependant, « Là où tu trouves Sa Grandeur, tu trouves Sa modestie », c'est-à-dire qu'il est question d'être au-dessus de la nature, que le Créateur a donné ce cadeau à la création, pour leur permettre d'être en union avec Lui.

C'est pourquoi lorsque l'homme est à nouveau lié, alors il doit toujours se souvenir de son état de chute pour savoir, comprendre et apprécier le moment de *Dvékout*. Qu'il sache que maintenant il est sauvé d'une façon qui est au-delà de la nature.

192 - Les Lots
J'ai entendu, en 1949, Tel-Aviv

Le sens des lots est quand ils sont tous deux égaux et qu'il est impossible de vérifier logiquement qui est le plus important. C'est pourquoi le lot est nécessaire. Dans le *Zohar*, *Emor*, il demande : « comment un bouc pour le Seigneur et un bouc pour *Azazel* (bouc émissaire) peuvent-ils être égaux ? »

En fait, le bouc pour le Seigneur est considéré comme « droite » et le bouc pour *Azazel* est considéré comme « gauche », où il y a *GAR de Hokhma*. Il est dit à ce sujet « ceux qui ont mérité ont bien, ceux qui n'ont pas mérité ont mal. » C'est-à-dire que *Malkhout* de la qualité de *Din* (jugement) est apparue, comme *Man'oula* (la serrure) qui bloque les Lumières. *Man'oula* se trouve au *Khazé* dans chaque *Partsouf*, donc *Hokhma* peut briller jusqu'au lieu de *Man'oula* mais s'arrête au *Khazé*, étant donné que tout *Tsimtsoum* (restriction) ne s'applique qu'à partir de lui vers le bas et non de lui vers le haut.

Le bouc pour le Seigneur est intégré à la gauche du bouc pour *Azazel*, c'est-à-dire à *Hokhma*. Cependant, ce n'est pas comme la gauche de *Azazel*, qui est du haut en bas, c'est pourquoi la lumière cesse, puisque *Man'oula* prend effet. C'est seulement du bas en haut, quand *Man'oula* est dissimulée et *Miftakha* (la clé) est révélée.

Il s'ensuit qu'en ce qui concerne *Hokhma*, le bouc pour *Azazel* a *Hokhma* venant de *GAR*, alors que le bouc pour le Seigneur est considéré *VAK*. Toutefois, *VAK* peut briller, tandis que *GAR* doit être arrêté, d'où le bouc pour *Azazel*, de sorte que Satan (le diable) ne récrimine pas.

Il récrimine parce que son seul souhait est d'étendre *Hokhma*, qui appartient à *Behina Dalet*, car il n'est pas complété par un autre degré, car sa source est *Behina Dalet*. Par conséquent, s'il ne reçoit pas dans son propre degré, il n'est pas complété.

C'est pourquoi il induit toujours l'homme à étendre dans *Behina Dalet*, et si l'homme ne veut pas, il a toutes sortes de stratagèmes pour le forcer à étendre. Ainsi, quand il lui est donné une partie du discernement de *Hokhma*, il ne récrimine pas Israël, car il a peur que l'abondance qu'il a déjà soit arrêtée.

Cependant, quand il étend *GAR de Hokhma*,

en même temps, Israël étend *VAK* de *Hokhma*. Cette lumière de *Hokhma* est appelée « la Lumière de l'absolution des méfaits », par lequel est décernée la repentance par l'amour et les péchés deviennent comme des vertus. C'est dans ce sens que le bouc pour *Azazel* (bouc émissaire) porte sur lui les péchés des enfants d'Israël, c'est-à-dire que tous les péchés d'Israël deviennent des vertus.

Il y a la parabole que le *Zohar* rapporte à propos du fou du roi. Quand on lui donne du vin et qu'on lui raconte tout ce qu'il a fait, même les mauvaises actions qu'il a faites, il dit que tous ses actes sont de bonnes actions et qu'il n'y a personne comme lui dans le monde entier. En d'autres termes, le diable est appelé « le fou ». Quand on lui donne du vin, c'est-à-dire *Hokhma*, quand il l'attire, c'est la lumière de l'absolution et donc tous les péchés sont comme des vertus.

Il s'ensuit qu'il dit que toutes les mauvaises actions sont bonnes parce que les péchés sont devenus comme des vertus. Et puisque le diable veut qu'il lui donne sa part, il ne récrimine pas Israël. Tel est le sens des récriminations qu'il y a eu en Égypte ; car il demandait : « Comment ceux-ci sont-ils différents de ceux-là ? » Soit Israël doit mourir comme les Égyptiens, soit Israël retourne en Égypte.

Au fait, l'Égypte est la source de l'extension de *Hokhma*, mais là c'est *Hokhma* sous la forme de *GAR*, et quand Israël était en Égypte, ils étaient sous leur contrôle.

193 - Un mur qui sert les deux
J'ai entendu

La question de *Akhoraïm* (arrière) concerne principalement le manque de lumière de *Hokhma* (la sagesse), qui est l'essence de la vitalité, appelée la lumière directe. Et cette lumière a été réduite afin de ne pas arriver à la disparité de forme. C'est pourquoi *ZON* n'ont pas de *GAR* quand ils ne sont pas corrigés, pour ne pas nourrir la *Sitra Akhra*.

Pourtant, puisqu'il y a un manque de *GAR*, il est à craindre que les externes s'accrochent, car ils jouissent partout où il y a une déficience de *Kedousha* (sainteté), car ils viennent poser la question « où » et il est impossible de répondre à cette question avant qu'il y ait *Hokhma* (la sagesse). C'est pourquoi il y a une correction à *ZON* : ils s'élèvent et s'intègrent dans *Bina*, considérée comme *Hafetz Hessed* (qui veut la miséricorde), qui rejette *Hokhma*. *Bina* en elle-même n'a pas besoin de *Hokhma*, car elle est l'essence même de *Hokhma*.

C'est ce qu'on appelle tout faire selon l'avis du Rav, que toute leur fondation est leur racine, c'est-à-dire l'avis de leur Rav. Et là, la question « Où est la place de Son honneur ? » est hors de propos.

Ils sont dans *Bina* jusqu'à ce qu'ils soient corrigés en élevant *MAN* des forces et des efforts, jusqu'à ce qu'ils soient purifiés de la réception pour eux-mêmes. Alors ils sont qualifiés pour recevoir *Hokhma*, et alors seulement sont-ils autorisés à divulguer leur propre discernement – qu'ils sont déficients car ils n'ont pas *Hokhma* – et à accepter la réponse, d'étendre la lumière de *Hokhma* pour briller en eux comme illumination de *Hokhma*. Dans cet état, ils sont sous leur propre autorité et non sous l'autorité de *Bina*, car ils ont la lumière de *Hokhma* et la lumière efface et expulse les externes. C'est peut-être le sens de « savoir que répondre à un mécréant ».

C'est ce qu'il appelle « un mur », qui est à l'arrière (*Akhoraïm*) de *Bina*, qui est suffisant pour les deux, et qui est un bouclier contre la *Sitra Akhra*. En d'autres termes, en se fondant sur l'avis de son Rav, en ne faisant qu'un avec son Rav, cela signifie que le mur que son Rav a, qui est *Hafetz Hessed*, est suffisant pour lui aussi. Cependant, après, quand ils se séparent, quand il étend l'illumination de *Hokhma*, il peut être seul tandis qu'il est en mesure de répondre à toutes les questions de la *Sitra Akhra*.

194 - Sept complets
Copié à partir des écrits de mon père, Seigneur et le Maître

À propos des sept (jours) complets de la sanctification de la Nouvelle Lune, il est de coutume d'attendre pendant sept (jours) complets, et la fin du Shabbat aussi. Ce n'est pas comme la coutume qui veut que, si la fin du Shabbat tombe au milieu des sept jours, on sanctifie la Nouvelle Lune ; ou si les sept jours ont été accomplis d'un temps à l'autre, on n'attend pas la fin du Shabbat. Ce n'est pas le cas, car il faut attendre les sept complets, particulièrement à la fin du

Shabbat.

Le fait est que la lune est considérée comme *Malkhout*, appelée « septième », qui est « Il est en moi ». Cela signifie que lorsque le Shabbat se remplit des six jours d'action, ce qui s'appelle « Il », le Shabbat dit : « Il est en moi ». « Il » est le soleil et « en moi » est la lune, qui reçoit toute sa lumière du soleil et n'a rien d'elle-même.

Cependant, elle a deux *Béhinot* (discernements), appelés « Shabbat » et « Mois ». Car *Malkhout* elle-même est considérée comme les quatre discernements connus, *HB* et *TM*. Les trois premiers *Béhinot* (*Hokhma*, *Bina* et *Tifféret*) sont le Shabbat. Ce sont les trois repas, appelés et sous-entendus dans la Sainte *Torah* par (la mention) trois fois de « ce jour ». La quatrième *Béhina*, c'est la fin du Shabbat, ou du mois, et il n'est pas compris dans (la mention de) « ce jour », car c'est la nuit et non pas le jour.

Et nous pourrions demander : le premier repas du Shabbat est aussi dans la nuit, alors pourquoi la sainte *Torah* l'appelle « ce jour » ? Toutefois, la veille du Shabbat est considérée comme « Il y aura un jour qui sera connu sous le nom du Seigneur, ni jour ni nuit, et il arrivera qu'il y ait de la lumière le soir. » Ce n'est pas le cas pour la nuit de la fin du Shabbat qui est encore obscure et n'a pas de lumière. C'est pourquoi nos sages nous ont instruit dans la *Torah* orale de mettre aussi en place une table à la fin du Shabbat, afin d'aussi corriger cette obscurité et cette nuit qui ne sont pas encore corrigées. C'est ce qu'il appelle « *Melaveh Malkah* »[86], qui soutient et complète cet « Os de Luz », qui est *Behina Dalet*, qui ne reçoit rien des trois repas de Shabbat, comme nous l'avons expliqué. Pourtant, cette *Behina Dalet* se complète progressivement par voie de « le mois, le jour ». Tel est le sens de la sanctification du mois, qu'Israël sanctifie le temps, c'est-à-dire ce résidu d'Israël qui n'est pas nourri par le repas du Shabbat.

Ainsi, même le plus grand parmi les prêtres, si grand qu'il n'y a personne de plus élevé que lui dans la sainteté, est prévenu d'être prudent, de ne souiller aucun mort parmi ses proches. L'écriture l'avertit : « seulement pour un parent qui lui est proche, il peut se rendre impur ». De tout ce qui précède, on peut comprendre que toute *Kedousha* (sainteté) supérieure provient du Shabbat.

---

[86] Accompagnement de la reine. Shabbat est appelé « la reine ».

Et puisque ce « Os de Luz », c'est-à-dire *Behina Dalet*, appelée « ses proches », ne reçoit pas du repas de Shabbat, le grand prêtre n'est pas dispensé d'être souillé par elle.

En effet, le sens de la correction dans la sanctification du mois s'étend du Shabbat et de ses illuminations. Tel est le sens de « Moïse était perplexe, jusqu'à ce que le Créateur lui montrât la similitude d'une pièce de feu et lui dit : vois ceci et sanctifie. » Cela signifie que Moïse était très hésitant parce qu'il ne pouvait pas le sanctifier, parce que toute la puissance de Moïse est le Shabbat, puisque la *Torah* a été donnée le jour du Shabbat. Par conséquent, il n'a pas trouvé une correction à ce résidu dans toutes les lumières de la Sainte *Torah*, car ce résidu n'est pas alimenté par tout cela. Et c'est pourquoi Moïse était perplexe.

Que fit le Créateur ? Il la prit et moulut en elle une forme dans une forme, comme une pièce (de monnaie) de feu, où la forme imprimée d'un côté n'est pas comme la forme de l'autre, comme nos sages ont dit au sujet de la pièce d'Abraham, qu'un vieil homme et une vieille femme sont d'un côté, représentant *Behina Bet*, l'attribut de la miséricorde ; et un jeune homme et une vierge sont de l'autre côté, représentant *Behina Dalet*, l'attribut du jugement sévère, tiré des mots « aucun homme ne l'avait connue ».

Et ces deux formes ont collaboré de sorte que, lorsque le Créateur veut étendre une correction des lumières de Shabbat, grâce au travail des justes, le Créateur montre à ces justes cette forme qui s'étend des trois premiers discernements de *Malkhout*. Nous l'appelons *Behina Bet*, et les justes peuvent la sanctifier avec les lumières de Shabbat, comme mentionné plus haut. C'est le sens de…

195 - S'ils méritent, je vais la hâter
J'ai entendu, dans l'année 1938

« S'ils méritent, je vais la hâter », par le chemin de la *Torah*. « S'ils ne méritent pas, au moyen des souffrances » – qui est le chemin de l'évolution –, car au final tout arrivera à la perfection.

« Le chemin de la *Torah* » signifie qu'il donne à l'homme simple un remède, pour qu'il puisse se construire des *Kélim* (instruments) à cette fin. Les *Kélim* se font par la propagation et le retrait de la lumière. Le *Kli* se nomme le désir de recevoir, c'est-à-dire qu'il lui manque quelque chose, et nous savons « qu'il n'y a pas de lumière sans *Kli* » et qu'il convient de capter la lumière dans un certain récipient afin de la saisir. Or, il est impossible à l'homme ordinaire d'avoir un manque pour les choses élevées, du fait qu'il ne peut y avoir manque avant qu'il n'y ait eu satisfaction, comme il est écrit : « la propagation de la lumière, [etc.] »

Par exemple, si l'homme dispose de 1000 livres, il est alors riche et il s'en contente ; mais si par la suite il gagne plus d'argent, disons jusqu'à 5000 livres, puis qu'il les perd et qu'il ne lui reste que 2000 livres, alors il ressent déjà un manque : il dispose déjà de *Kélim* pour 3000 livres, du fait qu'il les avait auparavant et qu'il les a précisément perdues.

C'est pour cela qu'il existe le chemin de la *Torah*. Lorsque l'homme est habitué au chemin de la *Torah*, il regrette d'avoir atteint si peu à chaque fois, puis il bénéficie de quelques illuminations, qui se divisent et lui causent d'avoir plus de chagrin et davantage de *Kélim*.

Cela signifie que chaque *Kli* a besoin de lumière, qu'il n'est pas rempli, et qu'il lui manque de lumière. Il s'avère que partout où il en manque, il y a la place pour la foi. Alors que si la lumière le remplissait, il n'y aurait ni récipient ni place pour la foi.

196 - Une prise pour les externes
J'ai entendu, en 1938

Nous devrions savoir que les *Klipot* (écorces) ont prise seulement là où il y a manque. Mais là où il y a plénitude, elles s'enfuient et ne peuvent pas y toucher.

Maintenant, nous pouvons comprendre la question de la brisure : il est écrit en plusieurs endroits qu'elle représente la séparation de la lumière de *Hokhma* (Sagesse) de la lumière de *Hassadim* (miséricorde). En d'autres termes, puisque la *Parsa* (division / partition) a été faite entre *Atsilout* et *BYA*, la lumière de *Hokhma* ne peut plus descendre. Seule la lumière de *Hassadim*, qui contenait auparavant la lumière de *Hokhma*, s'est séparée de la lumière de *Hokhma* et est descendue. Ainsi, ils ont encore les pouvoirs qu'ils avaient avant, et c'est ce qu'il dit, « qu'il fait descendre la *Kedousha* (sainteté) dans la *Klipa* (écorce) ».

197 - Livre, auteur, histoire
J'ai entendu, en 1938

Livre, auteur, histoire. Le livre est considéré comme préalable à la création. L'auteur est le propriétaire du livre. L'auteur est l'unification de l'auteur et du livre, qui doit recevoir la forme d'une histoire. C'est-à-dire la *Torah*, de pair avec le donneur de la *Torah*.

198 - Liberté
J'ai entendu, en 1938

Harout (gravé) ne se prononce pas *Harout*, mais *Hérout* (liberté). Il est écrit : « écris-les sur la table de ton cœur. » Écrire, c'est avec de l'encre, qui est considérée comme une noirceur. Et chaque fois qu'une personne écrit, cela signifie qu'elle prend des décisions sur la façon de se comporter et ensuite récidive, car l'écriture a été effacée. Ainsi il faut écrire chaque fois, mais que ce soit *Harout*, c'est-à-dire gravé dans son cœur, qu'il ne puisse pas l'effacer.

Alors il gagne immédiatement le discernement de *Hérout* (liberté). Ainsi, le *Kli* pour la liberté est la mesure dans laquelle il s'écrit dans le cœur. Et le salut est en proportion de la gravure. Car l'essence du *Kli* est l'espace, comme il est écrit : « mon cœur est *Halal*[87] en moi ». Alors il lui est accordé la libération vis-à-vis l'ange de la mort, car la bassesse est *SAM* lui-même, et il faut le connaître à fond et le vaincre jusqu'à ce que le Créateur l'aide.

199 - Chaque homme d'Israël
J'ai entendu, Inter 3

Chaque homme d'Israël a un point interne dans le cœur, qui est considéré comme la foi simple. C'est l'héritage de nos ancêtres, qui se tenaient sur le mont Sinaï. Toutefois, il est couvert de nombreuses *Klipot* (écorces), qui sont toutes sortes de revêtements de *Lo Lishma*[88], et il faut enlever toutes les écorces. Sa fondation sera seulement la foi, sans aucun soutien ni aide de l'extérieur.

---

[87] *Halal* signifie espace et aussi quelqu'un qui a été tué.
[88] *Lo Lishma*, litt. « pas pour son nom, à elle », c'est-à-dire qu'il observe la *Mitsva* (commandement) pour recevoir une récompense ou par peur de punition.

200 - La purification du *Massakh*
J'ai entendu à Tibériade, *Kislev* 1, Shabbat

La purification du *Massakh* (écran), qui prend place dans le *Partsouf*, provoque aussi le départ de la Lumière. La raison en est que, après le *Tsimtsoum* (restriction), la lumière est captée uniquement dans le *Kli* du *Massakh*, qui est la force de rejet. Ceci est l'essence même du *Kli*.

Et quand ce *Kli* s'en va, la lumière s'en va aussi. C'est-à-dire que le *Kli* est considéré comme la foi au-dessus de la raison. C'est alors que la lumière apparaît. Et quand la lumière apparaît, sa nature est de purifier le *Kli*, c'est-à-dire d'annuler le *Kli* de la foi. Par conséquent, puisqu'elle lui est venue sous la forme de connaissance, la lumière s'en va aussitôt. Donc, il doit veiller à augmenter le *Kli* de la foi, le *Massakh*, au-dessus de la connaissance, alors l'abondance n'arrêtera pas de lui parvenir.

C'est le sens de chaque *Kli* ayant une déficience en lumière, il n'est pas rempli de la lumière qui lui manque. Il s'ensuit que partout où il y a déficience, cela devient une place pour la foi. Par contre, s'il était rempli, il n'y aurait aucune possibilité pour un *Kli*, aucune place pour la foi.

201 - Spiritualité et matérialité
J'ai entendu, le premier jour de *Hanoukah*,
18 décembre 1938

Pourquoi voyons-nous qu'il y a beaucoup de gens qui travaillent avec tant de diligence pour la matérialité, même dans des lieux où il y a danger de mort, mais que dans la spiritualité, chacun prend garde et veille à son âme très attentivement ? De plus, on peut travailler pour la matérialité même quand il n'y a pas de belle récompense pour le travail. Mais dans la spiritualité, l'homme ne peut pas accepter de travailler à moins qu'il sache avec certitude qu'il recevra une bonne récompense pour le travail.

Le fait est que l'on sait que le corps n'a aucune valeur. Après tout, tout le monde voit qu'il passe et s'en va sans laisser de trace ; il est donc facile de l'abandonner, car il ne sert à rien de toute façon.

Cependant, dans la spiritualité, il y a un discernement de *Klipot* (écorces), qui garde le corps et le soutient. C'est pourquoi il est difficile de lâcher prise. C'est pourquoi nous voyons qu'il est plus facile pour les personnes laïques d'abandonner leur corps, qu'ils ne trouvent pas de lourdeur dans leur corps.

Ce n'est pas le cas pour la spiritualité. C'est grâce à *Akhoraïm* (l'arrière) de *Kedousha* (sainteté), appelée « dévotion », qu'on peut recevoir la Lumière. Et tant que l'on n'est pas entièrement dévoué, on ne peut atteindre aucun degré.

202 - À la sueur de ton visage tu mangeras du pain
J'ai entendu

La diminution de la lumière est sa correction. Cela signifie que l'on n'obtient rien sans effort. Et parce qu'il est impossible d'atteindre la lumière complètement dans la clarté absolue, le conseil est de diminuer la lumière. De cette manière, il est possible de l'atteindre avec le peu d'effort que l'inférieur est capable de fournir.

Par exemple, si quelqu'un veut déplacer un grand bâtiment, bien sûr que cela est impossible. Alors que fait-il ? Il démonte le bâtiment en petites briques et alors il peut déplacer chaque pièce. Il en est de même ici : grâce à la diminution de la lumière, on est en mesure de fournir un petit effort.

203 - L'orgueil de l'homme l'abaissera
J'ai entendu au 2ᵉ jour de *Souccot*, 12 octobre 1938

« L'orgueil de l'homme l'abaissera. » On sait qu'un homme est né dans la bassesse absolue. Toutefois, si l'humble reconnaît sa place, il ne souffre pas d'être humble, car c'est sa place. Les pieds, par exemple, ne sont pas du tout dégradés parce qu'ils marchent toujours dans la litière et doivent porter le poids du corps, tandis que la tête est toujours au-dessus. Il en est ainsi parce qu'ils reconnaissent leur place, donc les pieds ne sont pas du tout dégradés et ne souffrent pas d'être à un degré inférieur.

Par contre, s'ils voulaient être au-dessus, mais étaient contraints d'être en bas, ils sentiraient la souffrance. Et c'est le sens de « l'orgueil de l'homme l'abaissera ». S'il avait voulu rester humble, il ne ressentirait aucune humiliation, donc aucune souffrance, à l'exemple de « l'homme naît comme un âne sauvage ». Mais les hommes veulent être fiers, donc ils ressentent l'humiliation, et alors ils souffrent.

La souffrance et l'humiliation vont de pair. Si l'on ne ressent aucune souffrance, c'est qu'il n'y a pas l'humiliation. C'est précisément en fonction de la mesure de son orgueil, ou du bien qu'on veut avoir mais qu'on n'a pas. Et cette humiliation devient plus tard un instrument de fierté, comme il est écrit : « Le Seigneur règne, Il est vêtu de fierté. » Car ceux qui s'attachent au Créateur ont un vêtement de fierté, comme il est écrit : « La fierté et la gloire sont à l'Éternel. » Ainsi ceux qui s'attachent à l'Éternel ont la fierté et la gloire. Et dans la mesure où il ressent l'humiliation et éprouve de la souffrance, l'homme se voit accorder le vêtement du Créateur.

204 - Le but du travail
J'ai entendu, dans l'année 1938

En effet, lors de la préparation, tout le travail se fait par les *Mitsvot* négatives, c'est-à-dire par le *Lo* (non, pas), comme il est écrit « Et ils seront affligés dans une terre qui n'est pas… » Par contre, en ce qui concerne le langage, qui est l'aspect du moi, il faut d'abord gagner le discernement de l'amour.

Mais lors de la préparation, il n'y a que le travail par les *Mitsvot* négatives, qui est « tu n'auras pas », et la multiplication des *Lo* fait aboutir à *El* (Dieu)[89] de la miséricorde. Avant ce stade, il y a beaucoup de *Lo*, ce qui correspond à d'autres dieux, beaucoup de *Mitsvot* négatives, car de *Lo Lishma*[90] on arrive à *Lishma*.[91]

Du fait que la *Sitra Akhra* (l'Autre Côté) offre du soutien, même quand on travaille et qu'on attire la sainteté, lorsqu'elle retire le soutien, on chute du degré, et alors elle prend toute l'abondance qui avait été attirée. C'est de cette façon que la *Sitra Akhra* a par la suite la force de dominer l'homme, de l'entraîner à sa suite pour qu'il satisfasse son désir. Il ne dispose pas de conseil autre que de s'élever à un niveau supérieur. Puis l'ordre recommence, comme auparavant, avec les 49 portes d'impureté.

Cela signifie que l'homme va selon les degrés de sainteté jusqu'aux 49 portes. Mais là, elle exerce son emprise en prenant toute la vie et l'abondance jusqu'à ce que l'homme chute à

---

[89] *Lo* (אל) et *El* (לא)) contiennent les mêmes lettres en sens inverse.
[90] *Lo Lishma*, litt. pas pour elle-même.
[91] *Lishma*, litt. pour elle-même.

chaque fois dans la porte d'impureté plus élevée, car « Dieu a fait l'un en face de l'autre. » (L'Ecclésiaste 7,14)

Lorsqu'il arrive devant la porte 49, l'homme ne peut plus s'élever, et ce jusqu'à ce que le Créateur vienne et le sauve, et alors « Il a englouti les richesses, il les vomira, Dieu les arrachera de son ventre. » (Job 20,15) Autrement dit, toute l'abondance et la vie que la *Klipa* (écorce) prenait de toutes les 49 portes de sainteté, maintenant c'est l'homme qui les prend, tel est le secret du « pillage de la mer ».

Tant que l'on ne ressent pas l'exil, le salut est impossible. Lorsqu'on progresse dans les 49, alors on ressent l'exil, et à la cinquantième porte le Créateur nous sauve. Il n'y a pas de différence entre *Gola* (l'exil) et *Guéoula* (la rédemption) à l'exception de la lettre *Aleph* (א), qui est le secret de *l'Alouf* (Maître) du Monde[92]. C'est pourquoi même l'exil, si l'homme ne l'a pas atteint comme il faut, son degré n'est pas complet.

---

[92] Lorsqu'on ajoute la lettre *Aleph* (א) au mot *Gola* (גולה), on reçoit *Guéoula* (גאולה).

205 - La sagesse crie dans les rues
J'ai entendu, en 1938

« La sagesse crie dans les rues, elle fait entendre sa voix sur la place publique, que le niais vienne ici, "tu manques de cœur", elle lui dit. »

Cela signifie que lorsque l'homme a le privilège de s'attacher au Créateur, la Sainte *Shekhina* lui dit que le fait qu'il dût d'abord être un niais n'est pas parce qu'il en est réellement ainsi. La raison en est qu'il était sans cœur. C'est pourquoi nous disons : « Et tous croient qu'Il est un Dieu de la foi. »

Cela signifie que plus tard, quand il arrive à un véritable attachement (*Dvékout*), il n'est pas considéré comme étant niais, que je dise que c'est au-dessus de la raison. Au contraire, il doit travailler et croire que son travail est au-dessus de la raison, même si ses sens lui disent que son travail est à l'intérieur de la raison. C'est exactement le contraire : avant il voyait que la raison ne l'obligeait pas à travailler, donc il devait travailler au-dessus de la raison et dire que c'était la véritable raison.

Cela signifie qu'il estime que la servitude est la véritable réalité. Et après c'est le contraire :

tout son travail l'oblige, lui et sa raison. En d'autres termes, la *Dvékout* (attachement) l'oblige à travailler. Cependant, il croit que tout ce qu'il voit dans la raison est au-dessus de la raison. Et ce n'était pas ainsi avant, quand tout ce qui est au-dessus de la raison était dans les limites de la raison.

206 - La Foi et le plaisir
J'ai entendu, en 1938

Personne ne demande à propos du plaisir « Quel est le but de ce plaisir ? » Si même la plus petite pensée sur son but effleure l'esprit, c'est signe que ce n'est pas un vrai plaisir. Car le plaisir remplit toutes les places vides, donc il n'y a pas de place vide dans l'esprit pour s'interroger sur son but. Et si l'on se pose des questions sur son but, c'est signe que le plaisir est incomplet, car il n'a pas comblé toutes les places.

Il en est de même avec la foi. La foi doit remplir toutes les places de la connaissance. Par conséquent, nous devrions imaginer ce que serait d'avoir la connaissance, et dans la même mesure, très exactement, devrait exister la foi.

207 - Recevoir afin de donner
J'ai entendu à Shabbat, 13 *Tevet*

Les gens du monde marchent sur deux pieds, appelés le plaisir et la douleur. Ils poursuivent toujours le lieu du plaisir et fuient toujours le lieu de souffrance. Ainsi, quand l'homme a le privilège de savourer la *Torah* et les *Mitsvot*, comme il est écrit « Goûtez et voyez que le Seigneur est bon », alors il poursuit la servitude du Créateur. Ainsi, il se voit toujours accordé des degrés de la *Torah* et les *Mitsvot*, comme il est écrit « il médite dans Sa *Torah* jour et nuit. »

Mais comment peut-on limiter son esprit à une seule chose ? C'est que l'amour et le plaisir lient toujours les pensées de telle sorte que l'esprit et le corps sont attachés à l'amour et au plaisir, comme on le voit avec l'amour corporel. Il en est précisément de même quand on a déjà atteint l'expansion de l'esprit qui engendre l'amour. Ce discernement est appelé « dans les limites de la raison ». Mais il faut toujours se rappeler le travail au-dessus de la raison, car c'est ce qu'il appelle « la foi et le don sans réserve ».

Par contre, dans les limites de la raison tous

les organes sont d'accord avec son travail, car ils reçoivent eux aussi l'amour et le plaisir, c'est pourquoi c'est appelé « dans les limites de la raison ». À ce moment, l'homme est dans une position difficile : il est interdit d'abîmer le discernement, car c'est l'abondance du ciel, une illumination divine qui est en lui. Donc il doit corriger les deux, c'est-à-dire la foi et la raison.

Alors il doit l'arranger pour que tout ce qu'il a obtenu à ce jour – la *Torah* qu'il a désormais atteinte et l'abondance qu'il a maintenant, d'où est-ce que tout cela provient ? Ce n'est que parce qu'il avait eu une préparation préalable, en acceptant ce qui est au-dessus de la raison. C'est-à-dire que grâce à l'engagement dans *Dvékout* (attachement), il s'est attaché à la racine et a donc acquis le discernement de la raison. Cela signifie que la raison qu'il a obtenue par voie de la foi a été une véritable révélation. Il s'ensuit qu'il apprécie avant tout ce qui est au-dessus de la raison, et il apprécie aussi la raison, car il a eu le privilège de découvrir Ses noms pour attirer l'abondance.

C'est pourquoi il doit se renforcer maintenant encore plus par la raison et accepter un discernement plus élevé de ce qui est au-dessus de la raison. Car l'essence de *Dvékout* à la racine est seulement par la foi, et c'est tout son but. C'est ce qu'il appelle *Kabbalah* (réception), c'est-à-dire la raison qu'il attire afin de donner. Ainsi il peut accepter la foi au-dessus de la raison dans la plus grande mesure, en quantité et en qualité.

208 - Le Labeur
J'ai entendu

Les efforts que l'on fait ne sont que des préparatifs pour arriver à la dévotion. C'est pourquoi il faut toujours s'habituer à la dévotion, car on ne peut obtenir aucun degré sans la dévotion, comme c'est le seul instrument qui rend possible l'obtention de tous les degrés.

209 - Les trois conditions dans une prière
J'ai entendu

Il y a trois conditions dans une prière.

1. Croire qu'Il peut le sauver, bien qu'il soit dans les pires conditions qui soient parmi tous ceux de sa génération, dans tous les cas « Le bras du Seigneur serait-il trop court pour le

sauver ? » Sinon cela signifierait, Dieu nous en préserve, « qu'il n'y a pas de Maître de maison qui pourrait sauver ses *Kélim* (récipients) ».

2. Que désormais il n'a plus aucun conseil, qu'il a déjà fait tout ce qu'il pouvait de ses propres forces et que ses maux n'ont pas été guéris.

3. Que si on ne l'aide pas, il préférera mourir plutôt que de continuer à vivre. En effet, la prière c'est qu'au plus profond de son cœur il est complètement perdu. Et plus il se sent perdu, plus sa prière sera grande. Il est évident qu'il n'y a pas de ressemblance entre celui à qui il manque quelque chose de superflu et celui qui a été condamné à mort et à qui il ne manque plus que l'exécution de la sentence. Il est déjà lié par des chaînes en fer et il se tient et supplie et invoque la clémence pour son âme. Il est clair qu'il ne se reposera pas un seul instant, ni ne dormira, ni ne sera distrait un seul moment de prier pour le salut de son âme.

210 - Un beau défaut chez toi
J'ai entendu

Dans le Talmud : « Celui qui lui dit, à sa femme : "Jusqu'à ce que tu voies un beau défaut chez toi." Rabbi Ismaël, fils de Rabbi Yossi, dit que le Créateur dit qu'elle ne pourra pas s'attacher à lui, jusqu'à ce que tu voies un beau défaut chez toi. » (*Nedarim* 66b) Selon le premier commentaire des *Tosfot,* cela veut dire qu'il lui est interdit de jouir jusqu'à ce qu'elle puisse trouver quelque chose de beau.

Cela signifie que si un homme peut dire qu'il a, lui aussi, de belles choses avec lesquelles il a aidé le Créateur, de sorte qu'ils peuvent s'attacher l'un à l'autre, alors pourquoi n'a-t-il pas contribué à une autre ? Cela doit être parce qu'il a de bonnes choses en lui, qu'il a la bonne foi ou de belles qualités, car il a un bon cœur, qu'il peut prier.

Et c'est le sens du commentaire : « Il leur dit : "peut-être comme une belle femme" », c'est-à-dire qu'il y a un esprit externe, mieux que tous ses contemporains. Ou « peut-être ses cheveux sont beaux », c'est-à-dire qu'il est méticuleux vis-à-vis de lui-même comme un brin de cheveu. Ou « peut-être ses yeux sont beaux », c'est-à-dire qu'il a plus de grâce provenant de la sainteté que tous ses contemporains. Ou « peut-être ses oreilles sont belles », c'est-à-dire qu'il ne peut entendre aucune médisance.

211 - Comme celui qui se tient devant un roi
J'ai entendu, le 1ᵉʳ *Eloul*, le 28 août 1938

Celui qui est assis dans son foyer n'est pas comme celui qui se tenait devant un roi. C'est-à-dire que la foi doit faire en sorte qu'il se sente toute la journée comme s'il se tenait debout devant le roi. Alors l'amour et la crainte qu'il ressent seront sûrement complets. Et tant qu'il n'a pas atteint ce genre de foi, il ne doit pas se reposer, « car c'est notre vie et la longueur de nos jours », et on ne voudra accepter aucune compensation.

Le manque de foi doit être tissé dans ses membres jusqu'à ce que l'habitude devienne une seconde nature, dans la mesure de « quand je me rappelle de Lui, Il ne me laisse pas dormir. » Mais toutes les affaires corporelles assouvissent ce manque, car de toutes les choses qui lui donnent du plaisir, le plaisir annule le manque et la douleur.

Il doit donc ne vouloir recevoir aucune consolation et doit être prudent avec toute chose matérielle qu'il reçoit – que ça n'annule pas son manque. Et ceci en regrettant que, par ce plaisir, les étincelles et les pouvoirs des instruments de *Kedousha* viennent à lui manquer, c'est-à-dire les manques de *Kedousha*. Par le chagrin, il peut éviter de perdre les instruments de *Kedousha*.

212 - Étreinte de la droite, étreinte de la gauche
J'ai entendu, à *Kislev* 8, le 28 novembre 1941

Il y a l'étreinte de la droite et il y a l'étreinte de la gauche. Et les deux doivent être pour l'éternité. Cela signifie que lorsque l'on est dans le discernement de droite, on doit penser qu'il n'y a pas de discernement de gauche dans le monde. De même, quand on est dans la gauche, on doit penser qu'il n'y a pas de discernement de droite dans le monde.

Le discernement de droite désigne la Providence privée ; et le discernement de gauche, c'est la Providence par récompense et punition. Et bien qu'il y ait une opinion qui dit qu'il n'y a aucune réalité avec la droite et la gauche ensemble, il doit travailler au-dessus de la raison, pour que la raison ne l'arrête pas.

Le plus important est au-dessus de la raison. Cela signifie que tout son travail est mesuré par ce qu'il fait au-dessus de la raison. Et bien qu'il y arrive plus tard à l'intérieur, il n'en est rien, puisque sa fondation est au-dessus de la raison, et alors il se nourrit toujours de sa racine.

Cependant, s'il entre dans les limites de la raison, il veut se nourrir précisément au sein de la raison, et à ce moment la lumière part immédiatement. Et s'il veut attirer, il doit commencer au-dessus de la raison, car c'est toute sa racine. Et après, il arrive à la raison de *Kedousha*.

213 - La révélation du manque
J'ai entendu

La chose essentielle la plus importante, c'est d'accroître le manque, car c'est la base sur laquelle toute la structure est construite. Et la solidité de la construction est mesurée par la fondation.

Beaucoup de choses obligent l'homme à faire des efforts, mais ne visent pas le but. C'est pourquoi la fondation compromet l'ensemble du bâtiment. Bien que de *Lo Lishma* on en vient à *Lishma*, beaucoup de temps passe avant que l'on revienne vers le but. Par conséquent, il faut voir que le but est toujours devant les yeux, comme il est écrit dans le *Choulkhan Aroukh* (code de conduite) : « Je contemple le Seigneur devant moi, toujours. » Car celui qui reste à la maison n'est pas comme celui qui se tient devant le roi. Celui qui croit en la réalité du Créateur, que « la terre entière est pleine de sa gloire », est rempli de crainte et d'amour et n'a besoin d'aucune préparation ou d'observation, seulement de s'annuler complètement devant le roi par sa nature même.

Tout comme nous le voyons dans la matérialité, celui qui aime vraiment son ami ne se soucie que du bien de son ami et évite tout ce qui ne lui est pas bénéfique. Tout cela se fait sans aucun calcul et ne demande pas un grand esprit, car c'est aussi naturel que l'amour d'une mère pour son enfant, qui ne veut que le bien de son enfant. Elle n'a pas besoin de préparation préalable et de pensée pour aimer son enfant, car une chose naturelle n'a pas besoin que l'intelligence l'exige, mais se fait par les sens eux-mêmes, car les sens travaillent avec dévotion. C'est ainsi dans la nature ; en raison de l'amour pour quelque chose, on se donne corps et âme, jusqu'à ce qu'on atteigne l'objectif. Et tant qu'on n'y arrive pas, la vie n'est pas une vie.

Ainsi celui qui sent, comme il est écrit dans le *Choulkhan Aroukh*, « que pour lui c'est pareil [etc.] », il est certainement intègre, ce qui signifie qu'il a la foi. Et tant qu'il ne ressent pas qu'il se tient devant le roi, alors c'est tout le contraire.

Par conséquent, l'homme doit d'abord voir que le labeur passe avant tout et il doit regretter de ne pas avoir assez de foi, que le manque de foi est sa fondation, et il doit prier pour le travail et le désir de sentir ce manque, car s'il n'a pas de manque, il n'a pas le récipient pour recevoir le remplissage. Il faut croire que le Créateur écoute chaque prière et qu'il sera aussi sauvé dans la foi complète.

214 - Connu dans les portes
J'ai entendu à *Shavouot* (la fête du don de la *Torah*),
1939, Jérusalem

« Je suis le Seigneur ton Dieu. » (Exode 20,2). Aussi dans le *Zohar* : « connu dans les portes » (Proverbes 31,23). Question : Pourquoi nos sages ont dévié de la parole écrite qui appelle la fête de *Shavouot* par le nom « le don de notre *Torah* » ? Dans la *Torah*, elle est désignée sous le nom « offrande des premiers fruits », comme il est écrit : « le jour des premiers fruits » (Nombres 28,26) et nos Sages sont venus et l'ont nommée « le don de notre *Torah* ».

Le fait est que nos sages n'ont rien changé, ils n'ont fait qu'interpréter la question de l'offrande des premiers fruits. Il est écrit : « Que le champ exulte avec tout ce qui s'y trouve ; que les arbres des forêts crient de joie. » (Psaumes 96, 12) La différence entre le champ et la forêt est que le champ porte ses fruits et que la forêt correspond à des arbres stériles, qui ne portent pas de fruits.

Cela signifie que le champ est le discernement de *Malkhout*, qui est l'acceptation du fardeau du Royaume des Cieux, qui est la foi au-dessus de la raison.

Mais quelle est la mesure de la foi ? Cela a une mesure, ce qui signifie qu'elle doit être remplie dans la mesure même de la connaissance. Alors elle s'appelle « un champ que le Seigneur a béni » (Genèse 27,27), ce qui signifie qu'il porte ses fruits. C'est le seul moyen par lequel il est possible de s'attacher au Créateur, car cela n'impose aucune limite sur lui, car il est au-dessus de la raison.

Par contre, la connaissance est limitée. La

mesure de la grandeur est fonction de la mesure de la connaissance. Et c'est ce qu'il appelle « un autre Dieu est stérile et ne porte pas de fruits ». C'est pourquoi il est appelé « la forêt ». Mais dans tous les cas, les deux sont considérés comme extrémités et il doit y avoir un discernement de la ligne médiane, c'est-à-dire qu'il a besoin de la connaissance aussi. Mais à condition qu'elle ne lui gâte pas la foi au-dessus de la raison.

Pourtant, s'il travaille avec la connaissance un peu mieux qu'avec la foi, il perd immédiatement tout. Ce doit être sans aucune différence pour lui. Alors « la campagne exulte […], les arbres des forêts crient de joie », car alors il y a une correction même pour « un autre Dieu », discerné comme la forêt qui se renforce par la foi.

Tel est le sens de ce qui est écrit au sujet d'Abraham : « marche devant Moi et sois intègre. » (Genèse 17,1) Rachi interprète qu'il n'a pas besoin de soutien. Et à propos de Noé, il est écrit : « Noé marchait avec Dieu » (Genèse 6,9), ce qui signifie qu'il avait besoin de soutien, mais en tout cas, c'est le soutien du Créateur. Cependant, le pire qui peut arriver, c'est qu'on ait besoin du soutien des gens. Il y a deux discernements :

- Un cadeau.
- Un prêt.

Un cadeau que l'on prend des gens, c'est quand on prend le soutien. On ne veut pas le rendre, on veut l'utiliser pour le reste de la vie.

Un prêt, c'est quand l'homme prend pour un certain temps, jusqu'à ce qu'il gagne sa propre force et son courage. Mais il espère que par le travail et les efforts dans la sainteté et la pureté, il obtiendra sa propre force. Alors, il va rendre le soutien qu'il a pris. Pourtant, cela, aussi, n'est pas bon, car s'il n'arrive pas à l'obtenir, il tombe certainement.

Revenons à la question « le don de la *Torah* », et non « la réception de la *Torah* », c'est parce qu'ils ont atteint le discernement du Donneur de la *Torah*, comme il est écrit : « nous souhaitons voir notre Roi ». Donc, l'essentiel est qu'ils ont atteint le discernement du Donneur de la *Torah*. Alors c'est appelé « un champ que le Seigneur a béni », qui signifie un champ qui porte des fruits.

Tel est le sens de l'offrande des premiers fruits, c'est-à-dire du premier fruit du champ.

C'est signe qu'on est gratifié du « Donneur de la *Torah* » et de la pleine conscience. C'est pourquoi il dit : « mon père était un Araméen errant. » (Deutéronome 26,5) Auparavant, il avait des descentes et de l'astuce, mais maintenant il s'agit d'un lien durable. C'est pourquoi nos Sages expliquent que l'offrande des premiers fruits, c'est le « don de la *Torah* », qu'ils ont atteint le discernement du « Donneur de la *Torah* ».

215 - La foi
J'ai entendu

La foi, en particulier, est un travail pur, car le désir de recevoir ne participe pas à ce travail ; au contraire, le désir de recevoir s'y oppose, car la nature de ce désir n'est que de travailler dans un endroit qu'il voit et connaît, certainement pas au-dessus la raison. Ainsi, de cette manière, il peut y avoir *Dvékout* complète, car il y a l'équivalence, ce qui signifie que c'est vraiment afin de donner.

Par conséquent, lorsque cette base est fixe et solide, même lorsqu'il reçoit de bonnes choses, il estime que c'est une *Atrya* (avertissement) qui, en gématrie, est « *Torah* ». Donc cette *Torah* doit être considérée comme crainte. C'est-à-dire qu'il doit voir qu'il ne reçoit pas de soutien et d'assistance de la *Torah*, mais de la foi. Et même quand il considère que c'est superflu, car il reçoit déjà du discernement du « pays de cocagne »[93], il doit encore croire que c'est la vérité. C'est le sens de « et tous croient qu'il est un Dieu de la foi », car c'est par la foi qu'il peut maintenir le degré.

216 - Droite et gauche
J'ai entendu, le 6 *Tevet*

Il y a le discernement de « droite » et de « gauche ». À droite, il y a le discernement de *Hokhma*, *Hessed*, *Netzah*. Et à gauche, il y a le discernement de *Bina*, *Guevoura* et *Hod*. La droite est considérée comme « providence personnelle » et la gauche est considérée comme « récompense et punition ».

Quand on s'engage dans la droite, on doit dire que tout est dans la providence personnelle, et alors l'homme ne fait rien. Il se trouve donc

---

[93] Allusion à la terre d'Israël.

qu'il n'a commis aucune transgression. Autrement dit, les *Mitsvot*[94] que l'homme réalise ne sont pas les siennes mais des cadeaux du Ciel, alors l'homme devrait en être reconnaissant, comme pour les bienfaits matériels qu'Il lui a apportés.

Ceci est appelé *Netzah*, car l'homme a vaincu (*Nitzah*) la *Sitra Akhra*. Et de cela se déploie *Hessed* (miséricorde), qui est amour. Ensuite il arrive à *Hokhma*, appelée *Risha de Lo Etyada* (la tête inconnue). Après cela, l'homme doit aller à la ligne gauche, qui est le discernement de *Hod*.

217 - Si je ne suis pas pour moi, qui le sera ?
J'ai entendu, le 27 *Adar Aleph* [1]

« Si je ne suis pas pour moi, qui le sera, et s'il n'y a que moi, que suis-je ? »

Il y a là une contradiction.

Le fait est que l'homme doit faire tout son travail dans le discernement de « si je ne suis pas pour moi, qui le sera », car il n'y a personne

---

[94] Commandements, bonnes actions.

qui puisse le sauver, mais « tu peux le faire par ta bouche et par ton cœur », c'est-à-dire dans le discernement de récompense et punition. Mais dans son for intérieur, en privé, il doit savoir que « s'il n'y a que moi, que suis-je ? » C'est-à-dire que tout relève de la Providence privée et personne ne peut faire quoi que ce soit.

On peut se demander, si tout est sous le contrôle de la Providence, quel est le sens du travail dans le discernement de « si je ne suis pas pour moi, qui le sera ? » En fait, par le travail dans le discernement de « si je ne suis pas pour moi, qui le sera », on gagne la Providence privée, c'est-à-dire qu'on l'atteint. C'est-à-dire que tout est sur la voie de la réparation. Et la répartition du devoir et de la *Torah*, que l'on nomme « *Banim la Makom* » (les fils du Lieu), n'est pas révélée, sauf si c'est précédé par le travail dans le discernement de « si je ne suis pas pour moi, qui le sera ».

218 - La *Torah* et le Créateur ne font qu'un
J'ai entendu

« La *Torah* et le Créateur ne font qu'un ».

Certes, pendant le travail, ils sont deux choses. Et de plus, ils se contredisent l'un et l'autre.

Car le discernement du Créateur est *Dvékout* et *Dvékout* signifie l'équivalence, l'annulation dans la réalité. (Et l'homme doit toujours imaginer qu'il fut un temps où il avait un peu de *Dvékout*, qu'il était alors rempli de vivacité et de plaisir, et il doit toujours vouloir être en *Dvékout*, car une affaire spirituelle ne se divise pas. En outre, s'il s'agit de quelque chose qui remplit, il devrait toujours avoir la bonne chose. Et il doit se représenter le temps qu'il avait, car le corps ne ressent pas le négatif, mais la réalité des états qu'il a déjà eus. Ces états, le corps peut les prendre comme exemples.)

Le discernement de la *Torah*, c'est le discernement de la « Lumière » qui est en elle. C'est-à-dire que lors de l'étude, quand on sent la lumière et qu'on souhaite donner au Créateur avec cette lumière, comme il est écrit : « Celui qui connaît le commandement du Maître le servira. » Par conséquent, il sent qu'il existe, qu'il veut donner au Créateur, et c'est la sensation de soi-même.

Cependant, quand on reçoit le discernement

de « la *Torah* et le Créateur ne font qu'un », il se trouve que tout ne fait qu'un. Alors on ressent le discernement du Créateur dans la *Torah*. Il faut toujours désirer passionnément la lumière qui est en elle et on trouve cette lumière en étudiant, bien qu'il soit plus facile de trouver la lumière dans les paroles de la *Kabbalah*.

Pendant le travail, il y a deux extrémités.

L'un est attiré au discernement du Créateur, alors il ne peut pas étudier la *Torah*, et il est passionné par les livres des *Hassidim*.

L'autre désire le discernement de la *Torah*, à savoir les voies de Dieu, les mondes, leurs processus et les questions de Guidance.

Ce sont les deux extrémités. Mais à l'avenir « Il écrasera les flancs de Moab », c'est-à-dire qu'elles sont toutes deux incluses dans l'arbre.

219 - À propos de la dévotion
J'ai entendu

Le travail doit être effectué avec crainte et avec amour. Pour ce qui est de l'amour, il n'est pas nécessaire de dire qu'il faille s'y dévouer, parce que c'est une chose naturelle. L'amour acharné est vraiment à bout de souffle, comme il est écrit : « l'amour est aussi fort que la mort. » (Cantique des Cantiques 8,6) Cependant, l'essence de la dévotion est le discernement de la crainte, c'est-à-dire qu'il ne ressent pas encore le goût de l'amour dans le travail, mais que le travail est pour lui une contrainte.

C'est la règle que le corps ne ressent rien de ce qui se fait par la contrainte, parce qu'il s'est construit au moyen de la réparation (*Tikoun*). La réparation est que le travail doit se faire aussi par amour, ce qui est le but de la *Dvékout*, comme il est écrit : « là où il y a le labeur, il y a aussi la *Sitra Akhra* (l'autre côté) ».

L'essentiel du travail avec dévotion est dans le discernement de la crainte. Tout le corps refuse alors de travailler, car il ne ressent aucun goût lors du travail, et chaque action qu'il réalise, le corps fait le calcul que ce travail n'est pas parfait. S'il en est ainsi, pourquoi travaillerait-il ? Puisqu'il n'y a ni sens ni goût dans ce travail, seule la dévotion peut le faire surmonter tout cela. Cela signifie qu'il ressent de l'amertume lors du travail et que dans chaque acte entrepris, il ressent de terribles souffrances parce que le corps est habitué à ne pas travailler futilement ou bien à retirer de cet effort un avantage pour lui-même ou pour les autres.

Au temps de la petitesse (*Katnout*), il ne ressent pas davantage pour lui-même parce qu'il ne ressent en fait aucun plaisir lors du travail, et donc il ne croit pas qu'il y aura un avantage pour les autres, car il pense que si cela n'est pas important pour lui-même, alors quel plaisir pourraient y trouver les autres ? Il connaît alors d'âpres souffrances. Plus il travaille, plus les souffrances se multiplient, jusqu'à ce que les souffrances et le labeur atteignent une certaine mesure, jusqu'à ce que le Créateur ait pitié de lui et lui donne le goût du travail divin, comme il est écrit : « Jusqu'à ce qu'un souffle soit déversé sur nous d'En-Haut. »

220 - La souffrance
J'ai entendu

La dure souffrance que l'homme ressent n'est due qu'à l'absence de vitalité. Mais que peut-il faire ? Il n'est pas en son pouvoir de prendre de la vitalité. En pareils moments, l'homme arrive à un état d'ennui. Et c'est justement en des temps pareils que l'homme a besoin de renforcement, mais tu ne prends pas.

221 - Autorités multiples
J'ai entendu

Un *Kli* (récipient) ne quitte pas sa propre autorité sauf s'il est rempli par quelque chose d'autre. Il ne peut pas rester vide. De ce fait, parce qu'il est sous l'autorité de la *Sitra Akhra*, bien sûr il faut la faire sortir. Ainsi, il faut essayer de le remplir avec d'autres choses. C'est pourquoi il doit être rempli d'amour. Il est écrit : « et ensuite il sera pris après elle pour l'amour de soi. »

222 - La part accordée à *Sitra Akhra* pour la séparer de *Kedousha*
J'ai entendu

« Au commencement, Il créa le monde avec la qualité de *Din* (jugement). Il vit que le monde ne pouvait pas persister. » Interprétation : la qualité de *Din* est *Malkhout*, le lieu du *Tsimtsoum* (restriction), où de là vers le bas est le lieu où les extérieurs se tiennent.

Cependant, dans les neuf premières, il peut

y avoir réception de l'abondance sans aucune crainte, mais le monde ne pouvait pas persister, c'est-à-dire Behina Dalet. Le monde ne peut pas être corrigé, car c'est sa place et c'est impossible de changer, c'est-à-dire de révoquer les Kélim de réception, car c'est la nature et elle ne peut pas être changée. La nature est une Force Supérieure, car cela était Sa volonté divine, que le désir de recevoir soit complet et impossible à annuler.

Aussi, il est impossible de changer la nature chez l'homme en bas. Le recours pour ce faire a été de l'associer à la qualité de la miséricorde, ce qui signifie qu'Il fit la limite qui existe en *Malkhout* dans le lieu de *Bina*. Cela signifie qu'Il a fait comme s'il y avait une interdiction sur la réception et alors il est possible de travailler, c'est-à-dire de recevoir dans l'intention de donner. Il en est ainsi parce que ce n'est pas le lieu de *Behina Dalet*, c'est pourquoi on peut l'annuler.

Il s'ensuit que *Behina Dalet* est en fait corrigée, et ceci en abaissant *Behina Dalet* en bas. Cela signifie qu'elle découvre que ce n'est pas sa place. Et cela se fait par les *Mitsvot* et les bonnes actions. Quand il découvre, il examine

Behina Dalet dans *Behina Bet*, ce qui montre que sa place est en bas.

Et puis, le *Zivoug* (accouplement) s'élève et les *Mokhin* se répandent vers le bas. À ce moment-là, le *Hé* inférieur s'élève au niveau des *Einayïm* (yeux) et le travail de transformation des *Kélim* de réception recommence à nouveau.

Et l'essence de la correction est que cela donne une portion à la *Sitra Akhra*, c'est-à-dire qu'auparavant la place pour sa succion était seulement *Behina Dalet*, car seulement là il y a l'attribut de *Din*, ce qui n'est pas le cas dans *Bina*. Maintenant, cependant, *Bina*, aussi, prend le discernement de la diminution, puisque l'attribut de *Din* a été aussi mêlé à elle. Il s'ensuit que le lieu de l'attribut de *Din* a augmenté. Pourtant, c'est par cette partie qu'il y a de la place pour travailler, la capacité de rejeter, puisque ce n'est pas sa vraie place. Et puis, après avoir été habitué à la rejeter d'où cela est possible, il en résulte la capacité de la rejeter d'où cela était impossible auparavant.

Et c'est « Il a englouti des richesses et il les vomira. » (Job 20,15) Ainsi, en étirant ses limites, elle engloutit de grandes richesses et ainsi elle est elle-même corrigée complètement. Et cela est la signification de « un bouc pour *Azazel* » : il lui est donné une partie, par laquelle elle est ensuite séparée de la *Kedousha*, quand elle est corrigée dans le lieu qu'Il lui donne, qui n'est pas sa place.

223 - Vêtement, sac, mensonge, amande
J'ai entendu

« Personne ne peut venir à la porte du roi vêtu d'un sac de toile. » Cela signifie que quand un homme s'éveille au fait qu'il est éloigné du Créateur et qu'il est rempli de transgressions, de péchés et de crimes, il ne peut adhérer au Créateur ni recevoir aucun salut du Créateur. C'est parce qu'il est vêtu d'un sac de toile et ne peut entrer dans le palais du Roi.

Par conséquent, il est nécessaire de voir son véritable état, tel qu'il est sans le couvrir. Cependant, tout le but des *Klipot* (coquilles, écorces) est de couvrir, mais si l'homme est récompensé d'En-Haut, il peut découvrir et voir son véritable état. Toutefois, il faut savoir que cela n'est pas la perfection, mais une nécessité. Et un temps d'amertume est appelé *Dalet* (la lettre hébraïque

ד). Quand un קש (sac) est ajouté, ils forment דקש (Shaked = amande), qui accélère le salut.

Cependant, quand l'homme introduit lui-même l'amertume dans le travail, c'est-à-dire quand il peut faire un examen de conscience, il est heureux de voir la vérité. Nous considérons qu'il en fait le *Rosh* (la tête), c'est-à-dire l'importance. Et c'est appelé *Reish* euqïarbéh erttel al (ר) et ajouté à קש (sac) eérc alec רקש (*Shéker* = mensonge). Cependant, il doit faire ce travail comme s'il était contraint par un démon et il doit aussitôt se renforcer dans une foi complète que tout sera corrigé.

224 - *Yessod* de *Noukva* et *Yessod* de *Dekhoura*
J'ai entendu

Le sujet de l'ascension de *Malkhout* à l'endroit de *Einayïm* (les yeux) est appelé *Yessod* de *Noukva*. C'est parce que *Noukva* signifie manque, où la diminution est considérée comme un manque. Parce que c'est dans *Einayïm*, qui est *Hokhma*, elle est néanmoins appelée la *Behina Aleph* des quatre *Béhinot*. Par contre, lorsque le *Hé* inférieur est dans *Kéter*, *Kéter* étant le désir de donner, aucune diminution ne s'applique ici, car il n'y a aucune limitation au désir de donner. C'est pourquoi il est appelé *Yessod de Dekhoura* (mâle).

225 - S'élever
J'ai entendu

On ne peut pas s'élever au-dessus de son cercle. Par conséquent, l'homme est obligé de sucer de son environnement et n'a aucun autre conseil, sauf la *Torah* et beaucoup d'efforts. Par conséquent, si l'homme se choisit un bon environnement, il gagne du temps et des efforts, car il est tiré en fonction de son environnement.

226 - *Torah* écrite et *Torah* orale
J'ai entendu, le troisième jour de *Mishpatim*, 2 février 1943, Tel-Aviv

La *Torah* écrite est considérée comme un éveil d'En-Haut et la *Torah* orale est considérée comme un éveil d'en bas, et ensemble, elles sont considérées comme « il servira six années ; la septième, il sortira libre. »

La question du travail est pertinente précisément là où il y a résistance, ceci est appelé *Alma* (en araméen : le monde) à partir du mot *He'alem* (la dissimulation), car pendant la dissimulation, il y a résistance et ensuite il y a un endroit pour le travail. Tel est le sens des paroles de nos Sages : « Six mille ans le monde existe et un sera détruit », ce qui signifie que la dissimulation sera détruite et il n'y aura plus de travail. Au lieu de cela, le Créateur lui fait des ailes, qui sont des couvertures, de sorte qu'il ait du travail.

227 - La récompense d'une *Mitsva* : une *Mitsva*
J'ai entendu

Il faut désirer passionnément être récompensé d'une *Mitsva* (commandement / bonne action). Cela signifie que, grâce à l'observance des *Mitsvot* (pluriel de *Mitsva*), il sera récompensé d'adhérer au *Métzavé* (le Commandant).

228 - Le poisson avant la viande
J'ai entendu, *Adar* 2, 21 février 1947, Tibériade

La raison pour laquelle nous mangeons tout d'abord du poisson au cours d'un repas est que le poisson est servi gratuitement, sans préparation ; c'est pourquoi on en mange au début, car cela ne nécessite pas de préparation, comme il est écrit : « Nous nous souvenons des poissons que nous mangions gratuitement en Égypte » et le *Zohar* explique que « gratuitement » veut dire sans *Mitsvot* (commandements / bonnes actions), soit sans préparation.

Pourquoi les poissons ne nécessitent pas de préparation ? En effet, nous voyons que le poisson n'est que tête et n'a ni bras ni jambes. Le poisson est le discernement de « Joseph voulait du poisson et trouva une perle dans sa chair. »

Perle (*Margalit*) signifie « espion » (*Méraguelle*) et le sens du poisson est qu'il ne peut pas négocier car il n'a ni bras ni jambes. La division (*Hatsa*) est que lors de l'ascension de *Malkhout* à *Bina*, chaque degré se divisa en deux et, grâce à cette division, un endroit a été fait pour les espions. Et toute négociation n'est qu'à propos de ces espions, car toute la *Torah* découle de là. C'est le sens que la perle était accrochée à son cou et que chaque malade qui la regardait était immédiatement guéri.

Alors que pour ce qui est du poisson lui-même, il n'y a pas de récompense, sauf qu'il est gratuit, comme il est écrit : « que nous mangions gratuitement en Égypte ». Un œil « ouvert, qui ne dort jamais n'a pas besoin de garde », parce que le poisson est considéré *Hokhma* et Shabbat, qui ont précédé la *Torah*.

La *Torah* signifie négociation, c'est le sens de « Je n'ai trouvé ni bras ni jambes au séminaire », c'est-à-dire qu'il n'y a avait pas de négociation. Et « gratuitement » signifie sans négociation. Et la « *Torah* » est appelée le monde à venir, considérée comme « ils s'assouviront et se réjouiront », car la satiété n'éteint pas le plaisir, parce qu'il s'agit du plaisir de l'âme. Alors que pour ce qui est du « Shabbat qui précède la *Torah* », qui est *Hokhma*, il vient dans le corps et le corps est limité et la satiété éteint le plaisir.

229 - Les poches de Haman
J'ai entendu, lors de la nuit de *Pourim*, après la lecture de la *Méguila* (le livre d'Esther), 3 mars 1950

En ce qui concerne la consommation des *Tashim* de Haman, c'est-à-dire les poches de Haman, il a dit que puisque « l'homme doit s'enivrer à *Pourim* jusqu'à ce qu'il ne puisse pas distinguer entre Haman le maudit et Mardochée le béni », c'est pourquoi nous mangeons les poches de Haman, afin de nous souvenir que Haman ne nous a donné que des poches, les *Kélim* (récipients) et non l'intériorité. Cela signifie qu'il est seulement possible de recevoir les *Kélim* de Haman et non les lumières, appelées « l'intériorité ». Car la *Gadlout* (grandeur) des *Kélim* de réception est dans le domaine de Haman et c'est ce que nous devons lui prendre.

Toutefois, il est impossible d'étendre les lumières avec les *Kélim* de Haman, sauf avec les *Kélim* de Mardochée, qui sont des *Kélim* de don. Sur les *Kélim* de réception, il y a eu le *Tsimtsoum* (restriction), ce qui est expliqué dans le verset : « Haman dit en son cœur : "Qui donc le roi souhaiterait honorer plus de moi ?" »

C'est ce qui s'appelle « un vrai désir de recevoir ». C'est pourquoi il a dit « d'amener le vêtement royal que le roi a porté et le cheval que le roi a monté [...] » Mais en vérité, les *Kélim* de Haman, appelés les *Kélim* de réception, ne peuvent rien recevoir en raison du *Tsimtsoum*. Il n'a que désir et manque, c'est-à-dire qu'il sait ce qu'il faut demander. C'est pourquoi il est écrit : « Alors le roi dit à Haman : "Hâte-toi et prends le vêtement et le cheval, comme tu l'as dit, et fais de même avec Mardochée, le Juif." »

C'est ce qui s'appelle « les lumières de Haman dans les *Kélim* de Mardochée », c'est-à-dire dans les *Kélim* de don.

230 - Le Seigneur est élevé et le faible verra
J'ai entendu à Shabbat *Térouma* 5 mars 1949, Tel-Aviv

« Le Seigneur est élevé et l'humble verra. » Comment peut-il y avoir une équivalence avec le Seigneur alors que l'homme reçoit et le Seigneur donne sans réserve ? À ce propos, le verset dit : « Le Seigneur est élevé et l'humble verra. » Si l'homme s'annule, il n'y a aucune autorité qui puisse le séparer du Seigneur. Dans cet état, il « verra », c'est-à-dire qu'il a été récompensé de *Mokhin* de *Hokhma*.

Et « Il connaît le hautain de loin. » Mais celui qui est fier, qui a sa propre autorité, il est éloigné puisqu'il lui manque l'équivalence.

L'abaissement ne signifie pas s'abaisser devant les autres. Il s'agit ici d'humilité, quand l'homme ressent son travail comme étant en complétude. L'abaissement signifie que tout le monde le méprise. Et c'est justement quand les gens méprisent que c'est considéré comme bassesse et alors on ne ressent aucune complétude.

Car c'est la loi : l'homme est affecté par ce que pensent les gens. Si les gens l'apprécient, il se sent complet ; et celui que les gens méprisent se considère comme inférieur.

231 - La pureté des récipients de réception
J'ai entendu à *Tévet*, janvier 1928,
Guivat Shaül (Jérusalem)

Il faut faire attention à toute chose dont le corps se réjouit. L'homme doit le regretter, car en recevant, l'homme s'éloigne du Créateur. Il en est ainsi parce que le Créateur est le Donneur, et si maintenant il reçoit, il en vient alors à la disparité de forme. En spiritualité, la disparité de forme est l'éloignement, et ainsi il n'a pas de *Dvékout* avec le Créateur.

C'est le sens de « adhère à Lui ». Par la tristesse qu'il ressentira lors de la réception du plaisir, la tristesse révoquera le plaisir. C'est comme une personne souffrant de la gale à la tête. Elle doit se gratter et cela lui donne du plaisir. Cependant, elle sait très bien que la gale ne fera qu'empirer et que cette plaie se propagera, et qu'elle ne sera plus en mesure de guérir. Par conséquent, durant le plaisir, elle n'éprouve pas vraiment de délectation, même si elle ne peut cesser de recevoir le plaisir procuré par le grattement.

De même, l'homme doit voir que lorsqu'il reçoit du plaisir de quelque chose, il étend la tristesse sur ce plaisir, puisqu'ainsi il s'éloigne du Créateur à tel point qu'il sent que le plaisir n'en vaut pas la peine en comparaison de la perte que lui apportera ce plaisir.

Ceci est le travail dans le cœur :

Kedousha : ce qui rapproche l'homme du travail de Dieu est appelé *Kedousha*.

Touma'a : ce qui éloigne l'homme du travail de Dieu est appelé *Touma'a* (impureté).

232 - Compléter l'effort
J'ai entendu

« J'ai fait un effort et n'ai pas trouvé, n'y

crois pas. » Il faut comprendre la signification de « j'ai trouvé ». Que faut-il trouver ? En effet, « trouver » veut dire trouver grâce aux yeux du Créateur.

« J'ai trouvé et je n'ai pas fait d'effort, n'y crois pas. » Il faut demander : après tout il ne ment pas ; en fait, il ne s'agit pas d'une personne en tant qu'individu. Mais c'est une règle qui s'applique à tout le monde. Et si quelqu'un voit qu'il a trouvé grâce aux yeux du Créateur, pourquoi « ne pas y croire » ?

Le fait est que, parfois, une personne trouve grâce à travers la prière, car tel est le pouvoir de la prière – elle peut agir comme l'effort. (Nous voyons également dans la matérialité que certains subsistent par des efforts et que certains subsistent par la prière. De la sorte, lorsqu'il demande à être nourri, on lui permet de se nourrir.)

Toutefois, dans la spiritualité, bien qu'il ait été récompensé par le fait de trouver grâce, il devra néanmoins payer un fort prix plus tard – la mesure de l'effort que chacun donne. Sinon, il perdra le *Kli* (récipient). C'est pourquoi il a dit « J'ai trouvé et je n'ai pas fait d'effort, n'y crois pas », car il perdra tout. Donc, l'homme doit payer par la suite son plein effort.

233 - Clémence, pardon et expiation
J'ai entendu

Mekhila (clémence) vient de la ruine à la louange. Cela signifie que par le repentir de l'amour, ses péchés sont devenus comme des mérites. Ainsi, il transforme les péchés en louanges, c'est-à-dire en mérites.

Slikha (pardon) vient de *VeShalakh Et Be'iro* (« il envoie son bétail » échangeant la lettre *Samekh* par un *Shin*). Cela signifie qu'il renvoie ses péchés et dit que désormais il ne fera que des mérites. Ceci est considéré comme la repentance par la crainte, quand les péchés prémédités deviennent comme des erreurs.

Kapara (expiation) vient de *VeKipper Et HaMizbe'akh* (il fera l'expiation pour l'autel), comme « il veut expier ses mains en cet homme ».

Par conséquent, quand l'homme sait qu'il est sale, il n'a pas l'audace et l'impudence d'entrer dans le palais du Roi. C'est pourquoi, quand il voit et se souvient de ses mauvaises actions, qui sont contre la volonté du Roi, il lui est difficile de s'engager dans la *Torah* et les *Mitsvot*, et à plus forte raison de demander au Roi d'adhérer à Lui et de s'unir à Lui.

C'est pourquoi il a besoin de l'expiation, de sorte qu'il ne voit pas son pauvre état, qu'il est dans la bassesse absolue et donc qu'il ne se souvient pas de son état, de sorte qu'il lui sera possible de recevoir la joie en étant capable de s'engager dans la *Torah* et le travail. Alors, quand il aura la joie, il aura de la place pour demander à se connecter au Roi, car « la *Shekhina* (divinité) réside seulement dans un lieu de joie. » Par conséquent, il faut tout d'abord l'expiation ; après s'être repenti par la crainte, il est récompensé du pardon. Et puis de la repentance par amour, nous sommes récompensés par de la clémence.

Il faut croire que tout ce qui se passe dans notre monde est guidé, qu'il n'y a pas de coïncidences. Il faut aussi savoir que tout ce qui est écrit dans la remontrance, c'est-à-dire les malédictions, dans « si vous n'écoutez pas », est synonyme de terribles tourments – et non de ce que tout le monde pense. Certains disent que ce sont des bénédictions et non des malédictions.

Comme preuve de leurs paroles, ils apportent le diseur de Kouznitz qui montait toujours à la *Torah* à la *Parasha* des remontrances. Il dit que ce sont de véritables malédictions et des ennuis.

C'est comme nous voyons nous-mêmes que les malédictions existent dans la réalité, qu'il ressent dans ce monde de terribles et insupportables tourments. Cependant, nous devons croire qu'il faut attribuer tous ces tourments à la Providence, qu'Il fait tout. Moïse a pris ces malédictions et les a attribuées au Créateur. Tel est le sens de « à toute la grande terreur ».

Quand on croit ainsi, on croit aussi qu'il y a un jugement et qu'il y a un juge. C'est pourquoi le diseur montait à la *Parasha* des remontrances, car il n'y avait que lui qui pouvait attribuer les malédictions et la souffrance au Créateur, car il croyait « qu'il y a un jugement et qu'il y a un juge. » Et à travers tout cela, de réelles bénédictions découleraient de ces malédictions, car « Dieu a fait ainsi qu'il Le craigne. »

C'est le sens de « le bandage est fait du coup lui-même. » Cela signifie qu'à l'endroit même où les méchants échoueront, les justes marcheront. Car quand on arrive à un endroit où il n'y a pas de soutien, la *Sitra Akhra* a une prise sur ce lieu. Alors les méchants y échoueront. Ce méchant, incapable d'aller au-dessus de la raison, tombe parce qu'il n'a pas de soutien. Alors il reste entre le ciel et la terre, car ils sont méchants et ne peuvent agir que dans la raison, comme « mauvais œil, les yeux hautains ».

Par contre, les justes sont considérés comme « mes yeux ne sont pas hautains, mon cœur n'est pas arrogant », et ils marchent. Il s'avère que cela se transforme en bénédictions. Ainsi, en attribuant toute la souffrance à la Providence et en acceptant tout au-dessus de la raison, il crée en lui les récipients propres à recevoir des bénédictions.

234 - Celui qui interrompt les paroles de la *Torah* et s'engage en conversation
Premier *Adar* 1940, en route pour Gaza

« Celui qui interrompt les paroles de la *Torah* et s'engage dans une conversation, on lui fait avaler des braises de genêt. » Cela veut dire que lorsque l'homme s'engage dans la *Torah* et ne s'interrompt pas, la *Torah* est pour lui comme une flamme ardente qui brûle le mauvais penchant et il peut continuer dans son travail. Cependant, s'il s'arrête au milieu de son étude, même s'il recommence aussitôt, la *Torah* est déjà pour lui comme des braises de genêt. Cela veut dire qu'elle ne peut plus brûler le mauvais penchant et le goût de la *Torah* s'est altéré en lui, et il doit arrêter son travail.

De ce fait, quand il revient à son étude, il doit être prudent et accepter de ne plus s'arrêter au milieu de son étude. Par cette décision qui l'engage pour le futur, la flamme ardente de la *Torah* se rallumera.

235 - Consulter le livre à nouveau

Après que l'homme a vu quelques mots de la *Torah* dans un livre et les mémorise, puisque ce qui entre dans la tête est déjà terni, quand il consulte le livre à nouveau, il peut découvrir la lumière en recevant l'illumination de ce qu'il voit maintenant. C'est déjà considéré comme neuf et non terni.

236 - Mes adversaires m'outragent toute la journée
6 *Tichrei*, 17 septembre 1942

« Car le zèle pour ta maison me dévore ; mes adversaires m'outragent toute la journée. » La forme d'outrage et d'insulte apparaît de plusieurs manières :

1. Pendant le travail, quand il accomplit un acte de *Mitsva*, le corps lui dit : qu'as-tu à gagner, quels sont les avantages ? Par conséquent, même quand il surmonte et fait l'acte avec contrainte, cette *Mitsva* est considérée comme un fardeau et une charge. Cela soulève une question : s'il suit vraiment le commandement du Roi et se met au service du Roi, il devrait être heureux, comme il est naturel pour celui qui est au service du Roi d'être dans la joie. Mais ici, c'est le contraire. Il se trouve qu'il ressent ici un état d'outrage et d'insulte et cette contrainte prouve qu'il ne croit pas qu'il est au service du Roi et il n'y a pas de plus grand outrage que cela.

2. Ou bien il voit qu'il n'adhère pas au Créateur toute la journée, parce qu'il ne ressent pas quelque chose de réel, et il est impossible de s'attacher à une chose vide. Par conséquent, il éloigne son esprit du

Créateur (alors qu'il est difficile d'oublier quelque chose de réel, où il y a du plaisir, et s'il veut se changer les idées, il doit faire de grands efforts pour cesser d'y penser.) C'est « mes adversaires m'outragent toute la journée ».

Cette chose s'applique à toute personne, mais la différence est dans la sensation. Même si l'homme ne le ressent pas, c'est parce qu'il lui manque l'attention de voir la situation telle qu'elle est vraiment. Ça ressemble à quelqu'un qui a un trou dans la poche, l'argent tombe et il perd tout son argent. Il n'y a aucune différence s'il sait ou s'il ne sait pas qu'il y a un trou. La seule différence est que s'il sait qu'il y a un trou, il peut alors y remédier. Mais cela ne fait aucune différence en ce qui concerne la perte réelle de l'argent. Ainsi, quand il ressent la façon dont le corps, appelé « mes adversaires », maudit le Créateur, il dit « parce que le zèle pour ta maison me dévore », car il souhaite corriger cet état.

237 - Car l'homme ne peut Me voir et vivre

« Car l'homme ne peut Me voir et vivre. »

(Exode 33,20) Cela veut dire que si l'homme voit la révélation divine dans une mesure plus grande que ce qu'il est prêt à voir, il pourrait en venir à la réception, considérée comme opposition à la Vie des Vies, et ensuite il viendrait à mourir. C'est pourquoi il doit avancer sur le chemin de la foi.

238 - Heureux est l'homme qui ne t'oublie pas et le fils de l'homme qui s'exerce en Toi
10 *Eloul*

« Heureux est l'homme qui ne T'oublie pas et le fils de l'homme qui s'exerce en Toi » (de la prière Moussaf de *Rosh Hashana*). Quand l'homme marche sur la voie de la blancheur, il devrait toujours se rappeler que tout ce dont il a été récompensé, c'est parce qu'il a accepté le discernement de la noirceur. Et il devrait s'exercer dans la voie « en Toi », par la voie de « et tous croient qu'Il est Dieu de la foi », bien qu'actuellement il ne voit aucun lieu où il doit travailler dans la foi, car tout est révélé devant lui. Néanmoins, il doit croire au-dessus de la raison qu'il y a encore lieu de croire par le biais de la foi.

C'est le sens de « Israël vit la main puissante… et ils crurent au Seigneur », c'est-à-dire que bien qu'ils aient été récompensés de « vit », qui est la vue, ils avaient toujours la force de croire au moyen de la foi.

Cela demande beaucoup de pratique, autrement l'homme tombe de son degré, comme *Libni* et **Shimei**. Cela veut dire que s'il n'en était ainsi, l'homme ne pourrait entendre la *Torah* et les *Mitsvot* qu'en temps de blancheur, et c'est comme une condition. Cependant, l'homme doit écouter inconditionnellement. Donc, en temps de blancheur, il faut voir à ne pas dégrader la noirceur.

239 - La différence entre *Mokhin de Shavouot* et de Shabbat *Minkha*

Il y a une différence entre *Shavouot*, considéré comme l'ascension de ZA à *Arikh Anpin*, à *Behinat Dikna* – et Shabbat, durant *Minkha* – qui est également l'ascension à *Arikh Anpin*.

Shavouot est considéré comme *Mokhin* de *Hokhma* de YESHSOUT, signifiant de *Bina* qui redevient *Hokhma*. Par contre (Shabbat) est considéré *GAR de Bina*, considéré comme vraie *Hokhma*, considéré comme n'ayant pas quitté *Rosh* et comme étant revêtu dans *Mokha Stimaa*, qui est *GAR de Hokhma* et non pas *VAK*.

Et parce qu'elle est *GAR*, elle ne peut pas... seulement de bas en haut, sans aucune expansion vers le bas. C'est pourquoi elle est considérée comme Lumière féminine, car elle n'a pas d'expansion en bas. Et c'est pourquoi Shabbat est considéré *Noukva*.

Ce n'est pas le cas pour un bon jour (jour de fête férié), qui est considéré comme *ZAT de Bina*, considéré comme *VAK* – il a une expansion vers le bas. Donc, même après toutes les ascensions qui existent dans la réalité, l'échelle des degrés ne change pas.

Et il dit que la raison pour laquelle les gens du monde respectent un bon jour plus que Shabbat, bien que Shabbat soit un degré plus élevé, est qu'un bon jour est *ZAT de Bina*, qui est révélé en bas, tandis que Shabbat est considéré *GAR de Bina*, où il n'y a pas de révélation en bas. Et bien sûr le degré de Shabbat est bien plus élevé qu'un bon jour.

240 - Recherche ceux qui Te recherchent quand ils recherchent Ta face
Slikhot 1, de l'honorable mon père, mon maître, mon professeur

« Recherche ceux qui Te recherchent quand ils recherchent Ta face, réponds-leur du ciel de Ta demeure et ne ferme pas l'oreille à leurs implorations de supplications. » (*Slikhot* pour le premier jour) Voici [...] que le but de la création du monde était de faire du bien à Ses créations. Mais pour que la correction soit complète, il doit y avoir l'adoucissement de la qualité du jugement dans la miséricorde.

Le jugement est discerné comme *Gadlout* (grandeur). Mais pour éviter d'arriver par là à la disparité de forme, il doit y avoir un discernement qui est une sorte de compromis : d'après le jugement elle aurait dû recevoir plus, mais elle sera toujours en danger d'arriver à la disparité de forme. Cependant, lorsqu'elle est adoucie par la qualité de la miséricorde, elle ne reçoit pas la *Gadlout* de la Lumière et peut alors arriver à l'équivalence de forme. Cette correction se fait du fait que les *Kélim* (récipients) de réception se changent en réception en vue de donner.

Ainsi, quand l'homme vient rechercher le Créateur, il est encore attaché à la réception et celui qui a la réception est considéré comme déficient et maudit, et le maudit n'adhère pas au béni. Cependant, celui qui reçoit afin de donner est appelé béni parce qu'il ne manque de rien et n'a besoin de rien pour lui-même. Il s'ensuit que la seule difficulté est d'être dans l'état de béni, car ce n'est que par la vertu de la *Torah* et des *Mitsvot* que les récipients de réception peuvent être transformés en récipients de don. C'est pourquoi nous prions : « Recherche ceux qui Te recherchent ».

Il y a deux sortes de chercheurs : certains ne recherchent que Ta face, ne cherchant qu'à donner. Par conséquent, quand ils cherchent à recevoir un salut, c'est seulement pour Ta face. Il a dit à ce sujet : « quand ils recherchent Ta face », ceux qui recherchent Ta face, « réponds-leur du ciel de Ta demeure », signifiant que le ciel de ta demeure apparaîtra, car ils ne causeront plus de torts en Haut, car ils seront nettoyés de la réception. « À leurs implorations et supplications », que toutes leurs prières et leurs demandes sont encore pour eux-mêmes, qu'ils veulent être près du Créateur, ce qui signifie qu'ils ne sont pas encore nettoyés de la réception.

Il en est ainsi car il y a deux discernements dans le travail de Dieu : il y a ceux qui veulent que le Créateur se révèle dans le monde, que tout le monde sache qu'il y a la Divinité dans le monde. Dans cet état, ils ne sont pas au centre, mais ne font que vouloir. Alors on ne peut pas dire qu'il a le discernement de réception, car il ne prie pas pour se rapprocher du Créateur, mais seulement pour que la gloire du Ciel se révèle dans le monde.

Et il y a celui qui prie pour se rapprocher du Créateur, alors il est au centre et on peut l'appeler la réception pour soi-même, car il veut recevoir l'abondance dans le but de se rapprocher du Créateur. C'est ce qu'on appelle leurs « supplications » et leurs « implorations ». Ceux qui sont encore dans un état de supplication, pour se rapprocher, ils peuvent implorer, et à leur propos « ne ferme pas Ton oreille ».

Car seul celui qui a un manque crie. Mais pour un autre, ce n'est pas un cri, seulement une demande, comme dans « passer le bonjour ». Ainsi, avec la face, il y a seulement une demande.

« Du ciel de Ta résidence » réfère aux yeux,

la Lumière de *Hokhma* (la sagesse), qu'ils recevront l'essence de l'abondance, puisque leurs *Kélim* sont déjà sous la forme de réception en vue de donner. Mais ceux qui sont encore dans un état de supplication, « ne ferme pas Ton oreille ». Entendre veut dire *Bina,* ils doivent étendre la force pour avoir le don... sur la lumière de *Hassadim*.

241 - Appelez-Le pendant qu'Il est proche

« Appelez-Le pendant qu'Il est proche. » Il faut comprendre ce qu'est « pendant qu'Il est proche », car puisque « la terre est remplie de Sa gloire », il s'ensuit qu'Il est toujours proche. Donc, que signifie « pendant qu'Il est proche » ? Y aurait-il un temps où Il n'est pas proche ?

Le fait est que les états sont toujours évalués par rapport à l'individu qui atteint et ressent. Si l'homme ne sent pas la proximité du Créateur, alors rien n'en ressortira, car tout est mesuré en fonction de ses sensations. L'un pourra ressentir le monde comme étant plein d'abondance et un autre ne ressentira pas la bonté du monde et ne pourra pas dire que le monde est bon, mais seulement ce qu'il ressent – que le monde est rempli de souffrance.

C'est pourquoi le prophète avertit : « Appelez-Le pendant qu'Il est proche ». Il vient et dit : « Sachez que le fait que vous appeliez le Créateur signifie qu'Il est proche, c'est-à-dire que vous avez maintenant une opportunité ; si vous êtes attentif, vous sentirez que le Créateur est proche de vous et c'est le signe de la proximité du Créateur. »

La preuve, c'est qu'il faut savoir que l'homme n'est pas naturellement qualifié pour la *Dvékout* avec le Créateur, car c'est contre sa nature. C'est parce que par la création, il n'a que le désir de recevoir, tandis que la *Dvékout* n'est que pour donner. Toutefois, comme le Créateur appelle l'homme, Il lui crée une seconde nature, pour qu'il veuille annuler sa propre nature et adhérer à Lui.

Par conséquent, l'homme doit savoir que s'il prononce des paroles de la *Torah* et de la prière, ce n'est qu'à cause du Créateur. Il ne doit jamais penser à dire que c'est « par ma force et la puissance de ma main », car c'est tout le contraire de sa force. Cela ressemble à celui qui est perdu dans une forêt dense et ne voit aucun moyen d'en sortir et d'arriver à un lieu habité, alors il reste désespéré et ne pense jamais à retourner à son domicile. Mais quand il voit une personne de loin ou entend une voix humaine, le désir et l'envie de revenir à son origine s'éveillent en lui immédiatement et il commence à crier et à demander qu'on vienne le sauver.

De même, celui qui a perdu le bon chemin et est entré au mauvais endroit, qui s'est déjà habitué à vivre parmi les méchantes bêtes, sous la perspective du désir de recevoir, il ne lui viendrait jamais à l'esprit qu'il doit retourner à l'endroit de la raison et de la sainteté. Mais quand il entend la voix qui l'appelle, il se réveille pour se repentir.

C'est la voix de Dieu et non pas sa propre voix. Mais s'il n'a pas encore terminé ses actions sur la voie de la correction, il ne peut pas sentir ni croire que c'est la voix de Dieu, et il pense que c'est sa force et la puissance de sa main. C'est à ce propos que le prophète nous met en garde, que l'homme doit surmonter sa raison et sa pensée et croire de tout son cœur que c'est la voix de Dieu.

Ainsi, lorsque le Créateur veut le faire sortir de la densité de la forêt, il lui montre une lumière au loin et l'homme rassemble le reste de ses forces pour marcher sur le chemin que la lumière lui montre, afin de l'atteindre. Mais s'il n'attribue pas la Lumière au Créateur et ne dit pas que le Créateur l'appelle, alors la lumière disparaît et il se trouve de nouveau dans la forêt. Ainsi, là où il aurait pu montrer tout son cœur au Créateur pour qu'Il vienne le sauver d'un lieu malsain, le désir de recevoir, et qu'Il l'amène à l'endroit de la raison, appelé la place des fils d'Adam, comme dans Adamé lé *Elyon* (je ressemblerai au supérieur), signifiant le désir de donner, l'adhésion, il ne profite pas de cette opportunité et reste encore une fois comme avant.

242 - Qu'est-ce que réjouir le pauvre un bon jour dans le travail
J'ai entendu, 3ᵉ jour durant la fête de *Souccot*

Dans le *Zohar* : « La part du Créateur est de réjouir les pauvres », etc. Dans le commentaire du *Soulam*, il explique que puisque le Créateur vit que *Lo Lishma* ne l'amène pas à *Lishma*, Il s'éleva pour détruire le monde, c'est-à-dire que son abondance est arrêtée (*Zohar*, Introduction au livre du *Zohar*, points 6-7).

On peut dire que quand l'homme reçoit une illumination d'En-Haut, même s'il n'est pas encore purifié, si l'homme prend cette illumination afin de s'élever de sa bassesse pour s'approcher du don, nous considérons que *Lo Lishma* l'amène à *Lishma*. Cela veut dire qu'il avance sur le chemin de la *Torah*.

Et ceci est appelé « Celui qui se réjouit aux saisons », car une saison signifie un jour de fête. Et il n'y a certainement pas de jour de fête plus grand que lorsque quelque illumination brille pour l'homme d'En-Haut, ce qui le rapproche du Créateur.

243 - L'examen de l'ombre la nuit de *Hoshana Rabba*

J'ai entendu, le 24 d'*Adar* 1,
1ᵉʳ mars 1943 à Tel-Aviv

Concernant l'ombre, il est de coutume la nuit de *Hoshana Rabba* que chacun s'examine pour voir s'il a une ombre, et alors il est certain qu'il aura l'abondance (*Sha'ar HaKavanot* [Porte des intentions], commentaires de *Soukkot*, 6-7).

L'ombre suggère le vêtement, le vêtement dans lequel la Lumière se revêt.

Il n'y a pas de lumière sans vêtement, puisqu'il n'y a pas de lumière sans *Kli* (récipient) et selon la mesure des vêtements, les lumières augmentent et se multiplient. Et quand l'homme perd le vêtement, la lumière qui appartient à ce vêtement se retire proportionnellement de lui.

C'est le sens de vérité et foi. Vérité est appelée « lumière » et foi est appelée le *Kli*. C'est le sens du Créateur et de Sa *Shekhina*, et le sens de « Faisons l'homme à notre image » et « l'homme marche comme une image ». La marche de l'homme dépend du *Tsélèm* (image), c'est-à-dire de la foi. C'est pourquoi à *Hoshana Rabba*, l'homme doit voir si sa foi est complète.

Et pourquoi appelons-nous les mondes supérieurs *Tsélèm* ? Après tout, en Haut, il n'y a pas de mesure de la foi – ce qui nous apparaît comme sécheresse est une grande lumière En-Haut, sauf que nous appelons ce nom « En-Haut » parce que cela nous apparaît comme une ombre, et nous nommons En-Haut d'après l'inférieur.

Bina est appelée « la foi », qui est le sens de la lumière de l'oreille, l'ouïe. *Hokhma* est appelée la vue, qui est la lumière venant dans les récipients de réception, considérée les yeux.

Le Brillant
Rav Yéhouda Ashlag

Le Brillant !
Et depuis les cieux Il brille.
Là, dans le voile de l'écran.
Le secret des justes s'éclaire là !
Et la Lumière et l'obscurité brillent ensemble.
Qu'il est bon de pénétrer Ses actes,
Mais prends garde à ne pas Le dérober.
Vous l'entendrez alors et ainsi vous Le rencontrerez.
Dans la tour de puissance,
le Nom qui englobe tout.
Et les paroles de vérité vous seront délicieuses,
De parler sans tache.
Et tout ce que vous contemplerez,
Vos propres yeux le verront et non ceux d'un étranger !

CONTACTEZ-NOUS

*Bnei Baruch - Institut de recherche
et d'étude de la Kabbale*
www.kabbalah.info/fr

Kabbalah TV
www.kab.tv/fre

Librairie
www.kabbalahbooks.info
www.kabbalahbooks.info/kabbalah-books-french-s/36.htm

Le blog personnel de Michaël Laitman
www.laitman.fr

Centre d'Éducation de la Kabbale (en anglais)
edu.kabbalah.info

E-mail
groupefrancophonebb@gmail.com
info@kabbalah.info

Bnei Baruch Association
PO BOX 3228
Petach Tikva 49513
Israël
Tel : +972 3 922 6723

Kabbalah Books
1057 Steeles Avenue West, Suite 532
Toronto, ON, M2R 3X1
Canada
E-mail : info@kabbalahbooks.info
Site web : www.kabbalahbooks.info
Tel : +1 416 274 7287